2023

COORDENADORES

MARIO LUIZ **SARRUBBO**
MÁRCIO AUGUSTO **FRIGGI DE CARVALHO**
MICHEL **BETENJANE ROMANO**
PATRICIA **DE CARVALHO LEITÃO**
RICARDO JOSE **GASQUES DE ALMEIDA SILVARES**

MINISTÉRIO PÚBLICO ESTRATÉGICO

TUTELA PENAL E PROCESSUAL DA VIDA

ALUISIO ANTONIO **MACIEL NETO** • BENEDICTO **DE OLIVEIRA GUEDES NETO** • EVERTON LUIZ **ZANELLA** • FELIPE EDUARDO **LEVIT ZILBERMAN** • JULIANA **MENDONÇA GENTIL TOCUNDUVA** • LEONARDO AUGUSTO **DE A. CEZAR DOS SANTOS** • MÁRCIO AUGUSTO **FRIGGI DE CARVALHO** • MÁRCIO **SCHLEE GOMES** • MARCUS ALEXANDRE **DE OLIVEIRA RODRIGUES** • MAURO **MESSIAS** • NYCOLE **KATTAH DE GENNARO** • OCTAHYDES **BALLAN JUNIOR** • RAFAEL **SCHWEZ KURKOWSKI** • RICARDO **SILVARES** • RODRIGO **MONTEIRO** • ROGÉRIO RODRIGO **FERREIRA MOTA** • SIMONE **SIBILIO DO NASCIMENTO** • TICIANE LOUISE **SANTANA PEREIRA** • VALÉRIA **DIEZ SCARANCE FERNANDES** • WALFREDO **CUNHA CAMPOS**

Dados Internacionais de Catalogação na Publicação (CIP) de acordo com ISBD

M665

    Ministério Público Estratégico - Volume 04: tutela penal e processual da vida / coordenado por Mario Luiz Sarrubbo...[et al.]. - Indaiatuba, SP : Editora Foco, 2023.

    280 p. ; 16cm x 23cm.

    Inclui bibliografia e índice.

    ISBN: 978-65-5515-793-2

    1. Direito. 2. Ministério Público. 3. Tutela penal. I Sarrubbo, Mario Luiz. II. Carvalho, Marcio Augusto Friggi de. III. Romano, Michel Betenjane. IV. Leitão, Patricia de Carvalho. V. Silvares, Ricardo Jose Gasques de Almeida. VI. Título.

2023-1370   CDD 340   CDU 34

Elaborado por Odilio Hilario Moreira Junior - CRB-8/9949

Índices para Catálogo Sistemático:

1. Daireito 340

2. Direito 34

COORDENADORES

MARIO LUIZ **SARRUBBO**
MÁRCIO AUGUSTO **FRIGGI DE CARVALHO**
MICHEL **BETENJANE ROMANO**
PATRICIA **DE CARVALHO LEITÃO**
RICARDO JOSE **GASQUES DE ALMEIDA SILVARES**

MINISTÉRIO PÚBLICO
ESTRATÉGICO

TUTELA PENAL E PROCESSUAL DA VIDA

ALUISIO ANTONIO **MACIEL NETO** • BENEDICTO **DE OLIVEIRA GUEDES NETO** • EVERTON LUIZ **ZANELLA** • FELIPE EDUARDO **LEVIT ZILBERMAN** • JULIANA **MENDONÇA GENTIL TOCUNDUVA** • LEONARDO AUGUSTO **DE A. CEZAR DOS SANTOS** • MÁRCIO AUGUSTO **FRIGGI DE CARVALHO** • MÁRCIO **SCHLEE GOMES** • MARCUS ALEXANDRE **DE OLIVEIRA RODRIGUES** • MAURO **MESSIAS** • NYCOLE **KATTAH DE GENNARO** • OCTAHYDES **BALLAN JUNIOR** • RAFAEL **SCHWEZ KURKOWSKI** • RICARDO **SILVARES** • RODRIGO **MONTEIRO** • ROGÉRIO RODRIGO **FERREIRA MOTA** • SIMONE **SIBILIO DO NASCIMENTO** • TICIANE LOUISE **SANTANA PEREIRA** • VALÉRIA **DIEZ SCARANCE FERNANDES** • WALFREDO **CUNHA CAMPOS**

2023 © Editora Foco

Coordenadores: Marcio Augusto Friggi de Carvalho, Mário Luiz Sarrubbo, Michel Betenjane Romano, Patricia de Carvalho Leitão e Ricardo Jose Gasques de Almeida Silvares

Autores: Aluisio Antonio Maciel Neto, Benedicto de Oliveira Guedes Neto, Everton Luiz Zanella, Felipe Eduardo Levit Zilberman, Juliana Mendonça Gentil Tocunduva, Leonardo Augusto de A. Cezar dos Santos, Márcio Augusto Friggi de Carvalho, Márcio Schlee Gomes, Marcus Alexandre de Oliveira Rodrigues, Mauro Messias, Nycole Kattah de Gennaro, Octahydes Ballan Junior, Rafael Schwez Kurkowski, Ricardo Silvares, Rodrigo Monteiro, Rogério Rodrigo Ferreira Mota, Simone Sibilio do Nascimento, Ticiane Louise Santana Pereira, Valéria Diez Scarance Fernandes e Walfredo Cunha Campos

Diretor Acadêmico: Leonardo Pereira
Editor: Roberta Densa
Assistente Editorial: Paula Morishita
Revisora Sênior: Georgia Renata Dias
Capa Criação: Leonardo Hermano
Diagramação: Ladislau Lima e Aparecida Lima
Impressão miolo e capa: PRINT PARK

DIREITOS AUTORAIS: É proibida a reprodução parcial ou total desta publicação, por qualquer forma ou meio, sem a prévia autorização da Editora FOCO, com exceção do teor das questões de concursos públicos que, por serem atos oficiais, não são protegidas como Direitos Autorais, na forma do Artigo 8º, IV, da Lei 9.610/1998. Referida vedação se estende às características gráficas da obra e sua editoração. A punição para a violação dos Direitos Autorais é crime previsto no Artigo 184 do Código Penal e as sanções civis às violações dos Direitos Autorais estão previstas nos Artigos 101 a 110 da Lei 9.610/1998. Os comentários das questões são de responsabilidade dos autores.

NOTAS DA EDITORA:

Atualizações e erratas: A presente obra é vendida como está, atualizada até a data do seu fechamento, informação que consta na página II do livro. Havendo a publicação de legislação de suma relevância, a editora, de forma discricionária, se empenhará em disponibilizar atualização futura.

Erratas: A Editora se compromete a disponibilizar no site www.editorafoco.com.br, na seção Atualizações, eventuais erratas por razões de erros técnicos ou de conteúdo. Solicitamos, outrossim, que o leitor faça a gentileza de colaborar com a perfeição da obra, comunicando eventual erro encontrado por meio de mensagem para contato@editorafoco.com.br. O acesso será disponibilizado durante a vigência da edição da obra.

Impresso no Brasil (05.2023) – Data de Fechamento (05.2023)

2023
Todos os direitos reservados à
Editora Foco Jurídico Ltda.
Rua Antonio Brunetti, 593 – Jd. Morada do Sol
CEP 13348-533 – Indaiatuba – SP
E-mail: contato@editorafoco.com.br
www.editorafoco.com.br

PREFÁCIO

Em defesa da vida

Duzentos anos após a instalação do Tribunal do Júri no Brasil, o país apresenta inaceitáveis números de crime contra a vida, especialmente homicídios, que apesar de pequena queda, atingiram mais de 40 mil, em 2022, segundo o Fórum Brasileiro de Segurança Pública.

A realidade do número e índices de homicídios é desigual nas regiões, sendo que, segundo a mesma fonte, a maioria das vítimas é masculina, jovem e negra.

No entanto, há ainda um número trágico de feminicídios, crimes praticados em atividades de organização criminosa e contra população vulnerável, que variam no tempo e conforme a região do país.

Promotores de Justiça em atuação no Tribunal do júri são defensores da vida humana pois a impunidade de mortes violentas é poderoso fato criminógeno. Além disso, é preciso neutralizar a conduta de matadores contumazes.

A atividade não deve se limitar à atuação processual e investigatória, mas há a necessidade de se tomar iniciativa em projetos de prevenção em áreas mais violentas, dialogando com grupos mais vulneráveis, com articulação comunitária e com autoridades da área de segurança pública. Há se manter atenção igualmente para a letalidade policial e para os crimes praticados contra policiais e outros agentes públicos, sob a ótica de um Ministério Público não somente reativo, mas resolutivo.

Passados dois ´séculos do Tribunal do Júri entre nós, ainda há margem de aperfeiçoamento jurídico e prático do trabalho do Ministério Público na atuação em defesa da vida, como se pode ver pelos artigos que compõem esta valiosa obra "Tutela penal e processual da vida", escrito por Promotores e Promotoras de Justiça com experiência na área de atuação e que versam sobre assuntos como a proteção direitos das vítimas, limites da soberania dos veredictos, feminicídio, responsabilidade penal em crimes praticados por organização criminosa, colaboração premiada nos crimes contra a vida, dolo eventual e tantos outros temas de aplicação prática.

O profissional do Direito em geral e os membros do Ministério Público em especial, têm a necessidade de constante aperfeiçoamento para fazer frente a uma realidade que se altera a cada tempo e lugar.

Proteger a vida humana é uma das atividades mais importantes a ser exercida pelo Ministério Público e esta obra traz importante contribuição para a atualização de seus defensores.

São Paulo, abril de 2023.

Luiz Antonio Guimarães Marrey
Procurador de Justiça Criminal do MPSP. Ex-Procurador-Geral de Justiça e ex-Promotor de Justiça do 1º Tribunal do Júri da Capital.

APRESENTAÇÃO

Muito já se escreveu sobre o Tribunal do Júri, com as mais variadas abordagens.

Obras memoráveis exaltaram os grandes tribunos, verdadeiras lendas cujas vozes ainda parecem ecoar nos salões dos tribunais populares país afora.

Outras, trataram dos grandes julgamentos que marcaram a memória coletiva.

Outras, ainda, examinaram certas lutas por direitos, que sempre tiveram algum capítulo traçado nas salas do Júri. Como não se lembrar, por exemplo, do célebre *slogan* "quem ama não mata", popularizado por ocasião do julgamento de um feminicídio, quando nem se imaginava que um dia veríamos o termo empregado pela própria lei penal...

Não é por acaso que se escreve sobre o Júri, mas pelo simples fato de que o assunto, nas suas variadas facetas, é sempre muito cativante.

Duzentos anos depois de sua criação no Brasil, não obstante todas as mudanças políticas e sociais pelas quais passou nossa Nação, a essência do Júri permanece a mesma. E prossegue cativando muitos, sobretudo os que se enveredam no estudo do Direito, desde os bancos das faculdades.

Sim, falar do Júri é tratar da própria história do sistema judicial brasileiro e do próprio país, uma vez que ambos surgiram praticamente ao mesmo tempo. A inspiração inglesa, com tradução francesa, logo tomou uma via própria, com o *ethos* característico de nosso povo e com as soluções que pareceram mais adequadas à nossa realidade ou ao que apenas se mostrou conveniente às forças políticas de cada tempo.

Embora poucos dos crimes tenham permanecido sob a competência dessa antiga forma de julgar, é certo que até hoje passa a impressão de ser a forma por excelência de se buscar uma solução civilizada para os casos mais horrendos, tanto que, passado tanto tempo desde sua importação para nossas terras, ainda é a única atividade do Poder Judiciário que atrai cidadãos comuns para os seus prédios, munidos da simples curiosidade de assistir a um acalorado debate, com todas as suas inevitáveis intercorrências, nem sempre civilizadas – afinal, o Júri pode se transformar rapidamente em espetáculo – ou da vontade genuína de ver a Justiça sendo feita.

O Ministério Público é parte dessa história do Júri.

Não é segredo que a atividade do *Parquet* perante os órgãos do Poder Judiciário está intimamente ligada, ao menos no imaginário popular, com a atuação de seus membros perante o Tribunal do Júri. Este sempre foi o *locus* por excelência dos grandes tribunos, das heroicas batalhas retóricas, mas, sobretudo, da busca exaustiva por Justiça para aqueles que tiveram suas vidas tristemente ceifadas. E onde há luta por Justiça, há um membro do Ministério Público atuando de forma incansável. Durante muito tempo, promotor ou promotora de justiça era sinônimo de promotor ou promotora do Júri.

É verdade que, ao longo do tempo, foi o Ministério Público obtendo o alargamento de suas atribuições, que caminharam para muito além da esfera criminal. O *Parquet* deixou de ser visto apenas como a instituição dos julgamentos criminais, para se tornar a defensora de muitos e variados direitos, cada vez mais transversais e interconectados, alguns bem típicos de nossa contemporaneidade, calcada numa realidade pós-moderna, líquida, complexa, exigindo especializações e refinamentos intelectuais de seus membros.

Mas a área criminal continuou sendo, para o *Parquet*, a locomotiva da Instituição, que nunca pode parar. Também nesse campo nossa atuação ganhou gigantescos desafios, complexidades e riscos.

A atuação do Ministério Público no Tribunal do Júri deixou de ser vista como um *show* individual, um espetáculo de tribunos, para se transformar num dever de defender o direito à vida. Ainda existem os grandes oradores, é verdade, e estes não deixam de ser celebrados, mas isso já não tem mais a mesma importância vista no passado.

O que realmente importa, nos dias atuais, é que a vida tenha sua defesa perante os jurados, que a vítima tenha voz, que seus direitos, ou a apenas a sua memória, recebam os devidos respeitos, que os direitos daqueles que ficaram e sofrem com a perda sejam inegociáveis, e tudo isso realizado por um promotor ou por uma promotora que, a despeito de não serem necessariamente grandes tribunos, são, acima de tudo, dedicados, batalhadores e com atuação marcada pelo profissionalismo.

Quando, nesse início de novo século, surgem no horizonte inovações tecnológicas que podem levar a avanços que antes permaneciam apenas na imaginação de escritores de ficção científica, vemos, estarrecidos, as estatísticas anuais, reveladoras de dezenas de milhares de assassinatos no nosso País, números que, na época dos celebrados tribunos, eram algo impensável.

A realidade, triste, é que saímos da era da violência "artesanal", para outra, muito mais dura, "industrial", com envolvimento de potentes facções criminosas, algumas já com feições transnacionais e que têm a morte como método para se imporem e ganharem muito dinheiro.

Vimos explodir, ainda, a violência cometida entre quatro paredes, na vida doméstica, nas relações íntimas, tendo como vítimas, sobretudo, as mulheres.

Temos visto o preconceito em relação a diferenças étnicas, de gênero, de religião e outras mais desavergonhar-se, caminhar entre nós em plena luz do dia, impulsionado por elusivos algoritmos e usar, claro, da violência, pois essa sempre foi e sempre será a linguagem da incivilidade.

Esta obra trata do Júri com os olhos nessa realidade. Esta obra analisa o Júri numa perspectiva institucional estratégica e resolutiva, focando no Ministério Público do novo século, adaptado a esses novos e conturbados tempos.

Não desprezamos, por óbvio, o passado romântico, dos memoráveis discursos dos então ornamentados salões do Júri, mas o propósito agora é refletirmos na perspectiva destes novos e impiedosos tempos, que exigem dos membros do Ministério Público extremo profissionalismo, conhecimento técnico de alto nível, cuidados com a tutela dos direitos fundamentais das vítimas, testemunhas e dos réus, muita criatividade, a busca de soluções que previnam a ocorrência de outras mortes, enfim, uma realidade que exige um olhar mais amplo, mas ainda intransigente com qualquer ameaça ao direito à vida.

Os textos aqui selecionados, escritos por promotoras e promotores de Justiça de diversos Ministérios Públicos, trafegam por essa trilha, com altíssimo nível técnico, sempre com o foco nos temas mais atuais, que urgem serem abordados, estudados, discutidos, compreendidos, para apontar possíveis soluções a problemas que os modernos tribunos enfrentam na lida diária do Júri.

Boa leitura.

Mário Luiz Sarrubbo

Procurador-Geral de Justiça do Ministério Público do Estado de São Paulo.

SUMÁRIO

PREFÁCIO

Luiz Antonio Guimarães Marrey V

APRESENTAÇÃO

Mário Luiz Sarrubbo VII

A APLICAÇÃO DA TEORIA OBJETIVO-INDIVIDUAL DA TENTATIVA DE HOMICÍDIO DECORRENTE DE JULGAMENTO REALIZADO PELA ORGANIZAÇÃO CRIMINOSA "PCC – PRIMEIRO COMANDO DA CAPITAL"

Aluisio Antonio Maciel Neto 1

CRIMES COMETIDOS CONTRA JOVENS – NECESSIDADE DE ADEQUAÇÃO LEGISLATIVA E ASPECTOS PRÁTICOS POSSÍVEIS NO TRIBUNAL DO JÚRI

Benedicto de Oliveira Guedes Neto e Rogério Rodrigo Ferreira Mota.......... 17

PRISÃO PARA CUMPRIMENTO DE PENA APÓS A CONDENAÇÃO PELO TRIBUNAL DO JÚRI – ANÁLISE DO PRINCÍPIO DA SOBERANIA DOS VEREDICTOS FACE AO ESTADO DE INOCÊNCIA

Everton Luiz Zanella 29

O QUESITO ABSOLUTÓRIO E A SOBERANIA DOS VEREDICTOS

Felipe Eduardo Levit Zilberman 45

A PROTEÇÃO INTEGRAL E PROMOÇÃO DE DIREITOS E APOIO ÀS VÍTIMAS: APLICAÇÃO PRÁTICA DA RESOLUÇÃO 243/2021, DO CONSELHO NACIONAL DO MINISTÉRIO PÚBLICO, AO JÚRI

Juliana Mendonça Gentil Tocunduva e Walfredo Cunha Campos................ 55

UMA MIRADA SOBRE CRIMES CONTRA A HONRA PRATICADOS NOS DEBATES DO JÚRI E A ATUAÇÃO DO MINISTÉRIO PÚBLICO EM DEFESA DA VIDA

Leonardo Augusto de A. Cezar dos Santos e Rodrigo Monteiro 75

DESAFIOS NA ABORDAGEM PRÁTICA DO DOLO EVENTUAL NO JÚRI

Márcio Schlee Gomes 93

COMO COMBATER A TESE DO HOMICÍDIO PRIVILEGIADO, QUANDO INCABÍVEL

Marcus Alexandre de Oliveira Rodrigues 113

O JÚRI NOS EUA (E NO BRASIL): DO ASSENTO CONSTITUCIONAL À SUBSTITUIÇÃO POR ACORDOS PENAIS

Mauro Messias 131

O QUÊ, O PORQUÊ E PARA QUEM – O *CRIMINAL PROFILING* COMO INSTRUMENTO INVESTIGATIVO E PROCESSUAL NO TRIBUNAL DO JÚRI

Nycole Kattah de Gennaro e Márcio Augusto Friggi de Carvalho 147

ILEGALIDADE DA "OITIVA DOCUMENTADA": BURLA AOS ARTS. 422 E 479 DO CÓDIGO DE PROCESSO PENAL

Octahydes Ballan Junior e Ticiane Louise Santana Pereira 171

A CAPACIDADE DECISÓRIA DOS JURADOS PROTEGIDA PELA SOBERANIA DOS VEREDICTOS

Rafael Schwez Kurkowski 187

ASPECTOS RELEVANTES DA COLABORAÇÃO PREMIADA NO PROCEDIMENTO DOS CRIMES DOLOSOS CONTRA A VIDA

Ricardo Silvares 207

COLOCANDO EM PRÁTICA OS DIREITOS DAS VÍTIMAS NO TRIBUNAL DO JÚRI

Simone Sibilio do Nascimento 229

FEMINICÍDIO E "ILEGÍTIMA" DEFESA DA HONRA

Valéria Diez Scarance Fernandes 251

A APLICAÇÃO DA TEORIA OBJETIVO-INDIVIDUAL DA TENTATIVA DE HOMICÍDIO DECORRENTE DE JULGAMENTO REALIZADO PELA ORGANIZAÇÃO CRIMINOSA "PCC – PRIMEIRO COMANDO DA CAPITAL"

Aluisio Antonio Maciel Neto

Mestre em Direito pela Universidade Metodista de Piracicaba (UNIMEP). Coordenador do Núcleo de Apoio ao Tribunal do Júri (NAJ) do Ministério Público do Estado de São Paulo. Promotor de Justiça no Ministério Público do Estado de São Paulo. aluisioneto@mpsp.mp.br.

Sumário: 1. Introdução – 2. A construção da teoria objetivo-individual da tentativa sob o viés doutrinário e jurisprudencial – 3. A aplicação da teoria objetivo-individual nos "tribunais do crime" realizados pela organização criminosa "PCC – Primeiro Comando da Capital" – 4. Conclusão – 5. Referências.

1. INTRODUÇÃO

A dualidade entre estabilidade e transformação possui raízes na própria natureza humana. O fluxo e refluxo do cotidiano, as aspirações e inquietações da alma quase sempre se confrontam com o desejo de estabilidade e serenidade da razão.

Essa dualidade é bem ilustrada da filosofia na oposição de ensinamentos de Heráclito de Éfeso (544 a 480 a.C.) e Parmênides de Eleia (515 a 450 a.C.). Dizia Heráclito: "Este mundo, o mesmo de todos os seres, nenhum Deus, nenhum homem o fez, mas era, é e sempre será um fogo vivo, que se acende sob medidas e se apaga sob medidas". Dada a mutabilidade das coisas e a temporalidade dos seres, "um homem não entra duas vezes no mesmo rio", pois "tudo flui, nada persiste, nem permanece o mesmo". O ser não pode ser definido em sua essência, pois está em constante transformação. "Morte da terra é tornar-se água, morte da água é tornar-se ar, do ar fogo, e assim sucessivamente".

Essa passagem de Heráclito pode ser interpretada como a necessidade humana da transformação. Assim como um homem não entra duas vezes no mesmo rio, um homem é apenas o produto de suas experiências cotidianamente vividas. Logo, é possível que a experiência, que novos acontecimentos, criem novas aspirações, novas inquietações e que a forma de enxergar a vida e seus desafios também sejam diversos.

Todavia, por outro lado, há também a necessidade da estabilidade e da permanência. Neste sentido, Parmênides de Eleia se fundamenta na unidade do ser. O Ser é incompatível com o movimento e a multiplicidade do vir-a-ser, pois "o que é, sendo o que é, deve ser único". Trata-se da primeira demonstração do idealismo racional, considerando o ser eterno, imóvel, imutável, pleno e indivisível. "Não siga os olhos estúpidos, não siga os ouvidos ruidosos ou a língua, mas examine tudo somente com a força do pensamento". As percepções dos sentidos são pura ilusão.

Parmênides defende a existência de uma ordem ideal e racional para a filosofia, o justo e o Direito. Legislador deveria se inspirar no ideal de Justiça para a elaboração das leis e não necessariamente na experiência fática.

Essa dialética entre transformação e estabilidade tem profunda influência na relação humana. Nas lides que se sucedem no convívio coletivo, na necessidade humana em evoluir, mas também de se pacificar. E o Direito, como produto da vida coletiva, também reflete tal preocupação.

Seja o Estado derivado de um acordo de liberdades, como preconizado por Rousseau, seja um pacto para afugentar os riscos de se viver em estado natural, como definia Hobbes, o certo é que a sociedade busca sua evolução sob os trilhos da segurança.

Neste sentido, define Geraldo Ataliba:[1-2] "O direito é, por excelência, acima de tudo, instrumento de segurança. Ele é que assegura a governantes e governados os recíprocos direitos e deveres, tornando viável a vida social. Quanto mais segura uma sociedade, tanto mais civilizada. Seguras estão as pessoas que tem certeza de que o Direito é objetivamente um e que os outros comportamentos do Estado ou dos demais cidadãos dele não discreparão".

O embate entre as transformações da realidade e da necessidade de segurança pode ser visto diariamente na seara penal, notadamente nos conflitos hodiernos, onde a "certa inocência dos Tícios e Caios de antanho" foi substituída por organizações criminosas amplamente estruturadas, que se impõem como "Estado Paralelo", com seus próprios códigos de conduta a subjugar cidadãos que estejam inseridos nas comunidades em que exercem suas forças.

Nessa seara, destacam-se os famigerados julgamentos sumários realizados por organizações criminosas, nos denominados "Tribunais do Crime", onde pessoas são sequestradas, mantidas em cativeiro, julgadas, de acordo com o código de condutas dos faccionários, e executadas. Este roteiro criminoso tem se tornado cada vez mais frequente na lida forense, repetindo-se em cada ação realizada pelas

---

1. ATALIBA, Geraldo. *República e constituição*. 2.ed. São Paulo: Malheiros, 1998.
2. 1998, p. 184.

organizações criminosas, que busca, pelo medo e obediência, impor-se diante da coletividade o respeito ao seu "estatuto de condutas".

Todavia, nestes "Tribunais do Crime", não são raras as vezes em que o planejamento criminoso acaba por ser interrompido pela atuação policial, antes que a morte das vítimas seja consumada.

Vide, por exemplo, o caso em curso na Vara do Júri e Execuções Criminais da Comarca de Piracicaba,[3] onde determinada pessoa foi sequestrada, mantida em cativeiro e julgada por certa facção criminosa à pena de morte. No entanto, antes que fosse cumprida a ordem de homicídio, policiais militares descobriram o cativeiro, libertaram a vítima e prenderam os criminosos em flagrante delito.

A hipótese acima mencionada traz novamente à lume a velha discussão existente entre o início dos atos de preparação e de execução que norteia a caracterização ou não de um crime tentado. Se, naqueles exemplos clássicos de livros de Direito Penal, que retratavam a tentativa de homicídio entre Tício e Caio na boemia dos botequins de esquina, a questão poderia ser mais facilmente pontuada, a complexidade dos julgamentos realizados nos "Tribunais do Crime" merece uma atenção mais acurada, pois, nestes, a vítima está privada de sua liberdade e à mercê do talante de seus algozes, que agem à margem do Estado de Direito, impondo a pena de morte constitucionalmente vedada.

O presente artigo tem o escopo de aferir a devida interpretação do artigo 14, inciso II do Código Penal no contexto dos "Tribunais do Crime" a fim de analisar o momento adequado para se definir quais atos daquele roteiro criminoso possam ser efetivamente considerados atos de execução de crime de homicídio, a fim de que se alcance a desejável efetividade jurisdicional e o freio necessário à imposição do terror pelas organizações criminosas.

Importante frisar que, embora a realização dos "Tribunais do Crime" possa ser realidade aferível no cotidiano de toda e qualquer organização criminosa, o presente estudo buscou se circunscrever à atuação da facção "PCC – Primeiro Comando da Capital", dada a existência de conceituação mais robusta desta forma de atuação no cotidiano da Justiça Criminal bandeirante.

Assim, a pesquisa, valendo-se do método hipotético-dedutivo, com base na legislação, doutrina e jurisprudência, busca a delimitação a delimitação dos atos de execução de crime de homicídio em contexto de julgamentos sumários realizados pela organização criminosa "PCC – Primeiro Comando da Capital".

---

3. Processo 1500796-31.2021.8.26.0599.

2. A CONSTRUÇÃO DA TEORIA OBJETIVO-INDIVIDUAL DA TENTATIVA SOB O VIÉS DOUTRINÁRIO E JURISPRUDENCIAL

Todo e qualquer crime a ser praticado possui o seu aspecto subjetivo e objetivo. Dentro do aspecto subjetivo, reside a vontade do agente e a forma como se realizará o seu intento criminoso; no aspecto objetivo, a o desenrolar de todo planejamento construído, com ações concretas destinadas ao intento projetado. Todo este percurso é o que se denomina de *iter criminis*, ou itinerário do crime, o trajeto a ser percorrido pelo agente desde a cogitação à consumação delitiva.

De forma geral, o *iter criminis* pode ser dividido em quatro etapas distintas: a) a cogitação (quando o intento delitivo surge na esfera psíquica do agente); b) a preparação (quando o intento delitivo se materializa em condutas acessórias voltadas ao futuro cometimento do crime); c) a execução (quando o intento delitivo se exterioriza pelas condutas que iniciam a vulnerabilidade do bem jurídico protegido); d) a consumação (quando o intento delitivo definitivamente se concretiza no crime cometido).

O que poderia ser algo simples e meramente acadêmico se transveste de grande problema doutrinário e jurisprudencial na medida em que a Lei não traz a devida diferenciação entre o que sejam atos preparatórios e atos executórios. Não há, portanto, categorias estanques definidas *a priori* a fim de que o intérprete estabeleça com precisão aritmética a fórmula geral a ser utilizada para diferenciar um e outro dentro do itinerário do crime.

Aliás, conforme disposto no artigo 14, inciso II do Código Penal[4] o crime será considerado tentado "quando, iniciada a execução, não se consuma por circunstâncias alheias à vontade do agente". A norma em comento não traz qualquer conceituação do que seja "iniciada a execução", elenca tão somente os três requisitos para que determinado crime possa ser considerado tentado: a) vontade do agente dirigida à consumação delitiva; b) início dos atos de execução; c) não consumação por circunstâncias alheias à vontade do agente.

Todavia, a diferenciação entre atos preparatórios e executórios é de fundamental importância, pois, como o próprio artigo 14, inciso II, ao exigir o "início da execução" para a caracterização do crime tentado, por consequência lógica, em regra, tornam impuníveis os atos de cogitação e de preparação.

Como bem preceitua Greco,[5] "talvez um dos maiores problemas que enfrentamos ao iniciarmos o estudo do Direito Penal seja justamente tentar diferenciar os atos preparatórios, não puníveis pela nossa lei, dos chamados atos de execução, uma vez que a linha que os separa é por demais tênue".

---
4. Brasil, 1940.
5. GRECO, Rogério. *Curso de Direito Penal*. Parte Geral. 14. ed. Niterói: Editora Impetus, 2012.

Ao longo do tempo, a doutrina se debruçou sobre o tema e elaborou diversas teorias para se alcançar o ponto ótimo entre atos de preparação e de consumação.

a) Teoria Subjetiva

A Teoria Subjetiva preceitua que o crime tentado se caracterizaria pela simples demonstração inequívoca da intenção delitiva do agente. Isto é, independentemente de se estar diante de um ato preparatório ou de execução, a tentativa seria reconhecida se tais ações demonstrassem a inequivocidade da intenção criminosa.

Ao criticar a teoria subjetiva, Hungria[6] traça o seguinte exemplo:

> Tício tendo recebido uma bofetada de Caio, corre a um armeiro, adquire um revólver, carrega-o com seus balas e volta, ato seguido, à procura do seu adversário, que, entretanto, por cautela ou casualmente, já não mais se encontra no local da contenda; Tício, porém, não desistido de encontrar Caio, vai postar-se, dissimulado atrás da moita, junto ao caminho onde ele habitualmente passa, rumo de casa, e ali espera em vão pelo seu inimigo, que, desconfiado, tomou direção diversa. Não se pode conceber uma série de atos mais inequivocamente reveladores da intenção de matar, embora todos eles sejam meramente preparatórios. Segundo o critério subjetivista, Tício teria de responder por tentativa de homicídio. Mas, pergunta-se: ainda que Caio não se tivesse posto a salvo, teria Tício vencido, efetivamente, toda a distância que existe entre a concepção de um plano e a sua execução?

De fato, a crítica trazida por Hungria se faz adequada, pois a Teoria Subjetiva não traz qualquer diferenciação entre atos de preparação e de execução; bastando que a vontade seja demonstrável de forma inequívoca, tanto os atos de preparação quanto de execução são caracterizadores da tentativa.

b) Teorias Objetivas

As Teorias Objetivas visaram, cada qual a seu modo, estabelecer definição mais realística do que sejam atos de execução para a caracterização da tentativa criminosa.

b.1.) Teoria Objetivo-Formal

Dentro da construção de uma definição mais afeta ao princípio da legalidade, a Teoria Objetivo-Formal estabeleceu que a caracterização da tentativa criminosa dependeria da realização, ainda que em parte, do núcleo do tipo penal.

Nas palavras de Santos,[7] "a teoria objetiva formal indica a ação do tipo como elemento do início da execução. A tentativa se caracteriza pelo início da execução da ação do tipo: ação anteriores são preparatórias; ações posteriores são executivas. Como a ação do tipo é o objeto do dolo, o início de execução da ação do tipo é o início da realização do dolo".

---

6. 1958, p. 59.
7. SANTOS, Juarez Cirino dos. *Teoria do crime*. Rio de Janeiro, Forense. 1985.

Veja-se o mesmo exemplo trazido por Hungria no tópico anterior: naquela oportunidade, Tício queria matar Caio, armou-se com arma de fogo, perseguiu-o e ficou de tocaia, à espreita, para atacá-lo. Se para a Teoria Subjetiva, a tentativa já estaria caracterizada pelos atos até então realizados, pois estariam a demonstrar a vontade inequívoca de matar, para a Teoria Objetivo-Formal, os mesmos atos seriam meramente preparatórios; para esta teoria, os atos de execução se iniciariam com a realização de parte do núcleo do tipo – "matar alguém" – que somente ocorreria quando o gatilho fosse acionado por Tício contra Caio.

Há, na Teoria Objetivo-Formal, a conceituação restrita de atos de execução, que se situam tão somente na realização, ainda que em parte, do núcleo do tipo ("começou a matar"). Essa restrição interpretativa acaba por deixar ao largo da caracterização penal comportamentos que já ensejam ameaças reais ao bem jurídico tutelado, exigindo-se o sacrifício parcial dele para que se esteja efetivamente diante de um injusto penal.

Ao criticar a Teoria Objetivo-Formal, Zaffaroni e Pierangeli[8] lecionam que

> Seu simples enunciado parece revelar que nela existe uma exagerada estreiteza. Se recordarmos, por um instante, o fundamento que temos explicitado para a proibição da tentativa, veremos que esta começa a tornar-se temível porque se pode apreciá-la como ameaçadora um momento antes do começo da realização da ação típica. Logo, se tal é o fundamento da tipificação da tentativa, o "começo de execução do delito" não pode ser o começo da ação típica, no sentido próprio do verbo típico, e, por outra parte, nunca os nossos Tribunais o entenderam com esse critério, porque jamais teriam dúvida em condenar por tentativa de furto aquele que é detido ao saltar os muros de uma casa, sem ter em conta que, nos delitos de "pura atividade", a tentativa seria quase inimaginável.

b.2.) *Teoria Objetivo-Material*

A Teoria Objetivo-Material buscou complementar a Teoria Objetivo-Formal, ampliando o espectro dos atos de execução para os atos que tivessem vinculação necessária com a ação típica, sendo parte integrante dela por uma concepção natural. Frank *apud* Zafafaroni[9] estabeleceu o segundo princípio para a caracterização dos atos de execução da tentativa: "inclui na tentativa as ações que, por sua vinculação necessária com a ação típica, aparecem como parte integrante dela, segundo uma 'concepção natural'".

Naquele mesmo exemplo anterior de Hungria, para a Teoria Objetivo-Material, os atos de execução não seriam apenas o acionamento do gatilho da arma de Tício contra Caio, mas também os atos de sacar e apontar a arma contra a vítima.

---

8. ZAFFARONI, Eugênio Raúl; PIERANGELI, José Henrique. *Da tentativa*: doutrina e jurisprudência. Eugênio Raul Zaffaroni. 7. ed. São Paulo: Ed. RT, 2005.
9. ZAFFARONI, Eugênio Raúl; PIERANGELI, José Henrique. *Da tentativa*: doutrina e jurisprudência. 7. ed. São Paulo: Ed. RT, 2005.

No referido exemplo, não haveria grandes discussões sobre tais atos serem considerados como desdobramento por uma "concepção natural" do ato posterior. Porém, imagine-se a hipótese de que alguém arrebata a vítima em via pública, levando-a para um ligar ermo, onde será imediatamente executada; porém, dada a intervenção policial no trajeto, impede-se o desiderato homicida. Será que o arrebatamento se insere na "vinculação necessária da ação típica", sendo um desdobramento por uma "concepção natural"? não estaria o bem jurídico à mercê de condições ocasionais, que poderiam ou não ocorrer naquele momento?

b.3.) *Teoria da Hostilidade do Bem Jurídico*

Para esta teoria, conforme ensina Hungria,[10] "atos executivos são aqueles que atacam o bem jurídico (o primeiro ato de ataque é o começo da execução); atos preparatórios não representam ataque ao bem jurídico, cujo 'estado de paz' fica inalterado". E complementa:

> Assim, tendo-se em vista, por exemplo, o crime de homicídio, serão atos preparatórios: a aquisição da arma ou do veneno, a procura do local propício, a predisposição dos meios de fuga ou tendentes a evitar a descoberta do crime, o ajuste de auxiliares, o encalço do adversário, a emboscada, o fazer pontaria com a arma de fogo, o sacar o punhal; serão atos executivos: o disparo do tiro (ainda que erre o alvo), o deitar o veneno no alimento destinado à vítima, o brandir o punhal para atingir o adversário. Nos casos de irredutível dúvida sobre se o ato constitui um ataque ao bem jurídico ou apenas uma predisposição para esse ataque, o juiz terá de pronunciar o *non liquet*, negando a existência da tentativa.

É a teoria defendida por Mayer, nas palavras de Greco,[11] "para se concluir pela tentativa, teria se indagar se houve ou não uma agressão direta ao bem jurídico".

Vê-se, naquele exemplo anterior citado por Hungria, que somente haveria a tentativa de homicídio de Tício contra Caio na medida em que ele acionasse o gatilho na direção da vítima; o que, no fundo, não traz qualquer diferença com a Teoria Objetivo-Formal. Pelo contrário, reforça a situação de fragilidade passiva da vítima, pois contra ela somente haverá um crime tentado se houver uma agressão direta contra ela. Seria o mesmo que defender a necessidade de ferimento ou se colocar na linha de alvo para somente então se ter um injusto penal punível.

b.4.) *Teoria Objetivo-Individual*

A Teoria Objetivo-Individual, desenvolvida por Hans Welzel, traz uma aproximação da conduta típica ao caso concreto, a fim de que seja observado, para a caracterização dos atos executórios, o "plano individual do autor". Ou seja, não se parte de uma fórmula genérica como a preconizada pela Teoria Objetivo-Formal

---

10. HUNGRIA, Nelson. *Comentários ao Código Penal*. Rio de Janeiro: Editora Forense, 1958. v. I, t. 2.
11. GRECO, Rogério. *Curso de Direito Penal*. Parte Geral. 14. ed. Niterói: Editora Impetus, 2012.

(que basta o início da ação típica), mas traz ao centro da análise do plano concreto do autor no crime a ser executado.

Nas palavras de Welzel apud Zaffaroni,[12]

> posto que as possibilidades de realização do delito são ilimitadas, a pergunta acerca de se determinada conduta do autor é o último ato parcial antecipado à propriamente dita ação do tipo só poderá responder, vale dizer, quando se conhece exatamente o fim perseguido pelo autor com esta conduta (...) a tentativa começa com aquela atividade em que o autor, de conformidade com o seu plano de direito, se esmera de maneira imediata à realização do tipo do delito.

O saudoso professor Damásio[13] compartilhava do mesmo entendimento de Welzel:

> Há casos em que, embora o autor ainda não tenha iniciado a realização de um comportamento que se adapte ao núcleo do tipo, não se pode deixar de reconhecer o início de atos executórios do crime e a existência da tentativa. Em face disso, estamos hoje abandonando as teorias material e formal-objetiva e aceitando a objetiva-individual. Para ela, é necessário distinguir-se "começo de execução do crime" e "começo de execução da ação típica". Se o sujeito realiza atos que se amoldam ao núcleo do tipo, certamente está executando a ação típica e o crime. Mas, como começo de execução da conduta típica não é o mesmo que começo da execução do crime, o conceito deste último deve ser mais amplo. Por isso, o começo de execução do crime abrange os atos que, de acordo com o plano do sujeito, são imediatamente anteriores ao início de execução da conduta típica. Nosso Código penal, no art.14, II, fala em início da execução do crime, não se referindo a início de execução da ação típica. Diante disso, é perfeitamente aceitável o entendimento de que também são atos executórios do crime aqueles imediatamente anteriores à conduta que se amolda ao verbo do tipo.

A diferenciação proposta por Damásio entre início da execução do crime e início da conduta típica revela-se de fundamental importância para a melhor abordagem ao problema proposto. Vide, por exemplo, aquele exemplo inicial de Hungria: Tício quer matar Caio. Arma-se, procura pela vítima e fica de tocaia, no local onde ela costumeiramente passa, a fim de matá-la. A vontade de matar é inequívoca. Todo o planejamento do autor foi realizado. Ele estava à espreita, armado, aguardando o momento do ataque. Ou seja, a execução do crime já havia se iniciado, embora ainda não houvesse se iniciado a conduta do núcleo do tipo ("matar alguém). Logo, pela Teoria Objetivo-Individual, dado o plano individual do autor, se ele fosse abordado em instante anterior à passagem da vítima pelo local onde estava escondido, estar-se-ia caracterizada a tentativa de homicídio.

---

12. ZAFFARONI, Eugênio Raúl; PIERANGELI, José Henrique. *Da tentativa*: doutrina e jurisprudência. 7. ed. São Paulo: Ed. RT, 2005.
13. JESUS, Damásio de. *Código Penal anotado*. 21. ed. São Paulo: Saraiva, 2012.

É preciso sempre se ter em mente que a forma de execução de um crime de homicídio não segue um único padrão. Há aqueles que ocorrem em meio à uma discussão banal reguada à álcool nos botequins de esquina, sem planejamento qualquer, como espécie de ação imediata e impetuosa a cravar o punhal no peito da vítima, mas também há outros que são urdidos friamente a fim de que a vítima seja colhida de inopino, sem que saiba que está sendo alvo de uma investida criminosa. Em todos eles, as diversas teorias podem ser aplicadas, a depender do maior grau de interpretação que se confira à segurança da vítima e da coletividade ou à liberdade individual do criminoso.

Todavia, os conflitos atuais não mais se restringem aos crimes individuais ou quando muito de bandos nos sertões. Ao lado desses conflitos, que ainda persistem, há também os crimes cometidos por organizações criminosas, assassinatos em série de agentes de segurança pública, ou os recorrentes homicídios realizados nos "Tribunais do Crime", por ordens de integrantes de facções criminosas em julgamentos paraestatais. Nestes, o romantismo dos intérpretes não pode se alicerçar única e exclusivamente em paixões ideológicas, impedindo que se enxergue os riscos reais causados à sociedade com as ações orquestradas das aludidas facções criminosas.

Nesse interregno, importante a lição de Bruno[14] sobre a identificação do fim visado pelo agente para a definição do crime tentado:

> Na realidade, o ataque ao bem jurídico para construir movimento executivo de um crime tem de dirigir-se no sentido da realização de um tipo penal. O problema da determinação do início da fase executiva há de resolver-se em relação a cada tipo de crime, tomando-se em consideração sobretudo a expressão que a lei emprega para designar a ação típica. É em referência ao tipo penal considerado que se pode decidir se estamos diante da simples preparação ou já da execução iniciada. Para isso é preciso tomar em consideração o fim realmente visado pelo agente.
>
> (...) O mesmo pode ser meramente preparatório para determinado crime e já começo de execução para outro. Tudo está em assentar se, com o determinado momento, o agente já entrou na realização do tipo, isto é, começou o ato de matar ou o ato de subtrair, ou o ato de falsificar, segundo o objetivo que o autor tinha em vista.

Aliás, é justamente neste cenário que congrega a criminalidade organizada que a jurisprudência parece se despertar para a necessidade de se adotar a Teoria Objetivo-Individual da Tentativa.

Ao se alinhar à doutrina de Damásio, Estefam[15] colaciona importante julgamento realizado pelo Superior Tribunal de Justiça:

---

14. BRUNO. Aníbal. *Direito Penal*. Rio de Janeiro. Rio de Janeiro: Forense, 1967. t. II.
15. ESTEFAM, André. *Direito Penal*. 11. ed. São Paulo: Saraivajur, 2022. v. 1: Parte Geral.

Em caso interessante, envolvendo organização criminosa que adquiriu um imóvel próximo a uma agência bancária e planejou a escavação de um túnel para acessar o cofre da instituição e subtrair o dinheiro, o Superior Tribunal de Justiça reconheceu a tentativa, e não meros atos preparatórios, embora o túnel ainda não estivesse totalmente completo. De acordo com o Tribunal, a distinção entre atos preparatórios e executórios exige uma conjugação de critérios, tendo como ponto de partida a teoria objetivo-formal, associada a parâmetros subjetivos. Deve o julgador, segundo o STJ, 'definir-se, no caso concreto, foram exteriorizados atos tão próximos do início do tipo que, conforme o plano do autor, colocaram em risco o bem jurídico tutelado', ou ainda 'comportamentos periféricos que, conforme o plano do autor, uma vez externados, evidenciam o risco relevante ao bem jurídico tutelado também caracterizam início da execução do crime'. No caso concreto, os agentes 'mediante complexa logística, escavaram por dois meses um túnel de 70,30 metros entre o prédio que adquiriram e o cofre da instituição bancária, cessando a empreitada, em decorrência de prisão em flagrante, quando estavam a 12,80 metros do ponto externo do banco, contexto que evidencia, de forma segura, a prática de atos executórios (STJ, REsp 1.252.770/RS, rel. Min. Rogério Schietti Cruz, 6ª T., j. 24.03.2015).

Aliás, a decisão acima mencionada não foi a única tomada neste sentido pelo Superior Tribunal de Justiça. No começo deste ano, o STJ reformou decisão do Tribunal de Justiça do Estado de São Paulo, que havia absolvido condenados em primeira instância por crime de furto qualificado tentado, consistente na instalação de dispositivo eletrônico em terminal bancário com o intuito de captar cartões bancários de usuários da instituição financeira. Para o TJSP, os atos de instalação de dispositivo eletrônico seriam apenas atos preparatórios. Ao reformar o aludido acórdão, assim se pronunciou a Corte Superior:[16]

> (...) Como se vê, condenados os réus em primeiro grau pelo delito de furto qualificado tentado, o Tribunal houve por bem absolvê-los por considerar a conduta praticada, consubstanciada na instalação de dispositivo eletrônico de dispositivo eletrônico, em terminal bancário, com o objetivo de captar cartão bancário de usuários da Instituição Financeira, como atos preparatórios.
>
> Necessário, pois, distinguir atos preparatórios de início da execução. Como visto, o Tribunal de origem vale-se da teoria objetivo-formal ou da ação típica, que considera como início da execução apenas quando o agente efetivamente realiza uma parte do verbo descrito no tipo penal, ou algum ato próximo, o que enseja excessiva restrição do conceito de tentativa.
>
> A solução da questão ora suscitada, contudo, deve pautar-se por critérios mais objetivos, a partir de uma compreensão do caso concreto, em que sejam verificados se foram exteriorizados atos que evidenciam perigo real ao bem jurídico tutelado.
>
> Seguindo essa linha de entendimento, deve-se incluir no conceito de tentativa as ações com vinculação necessária e próxima ao tipo, sendo compreendidos como atos executórios aqueles que representam perigo direto para o bem jurídico protegido.

---

16. Supremo Tribunal de Justiça. REsp: 1959857SP2021/0273562-9, Relator: Ministro Olindo Menezes (Desembargador convocado do TRF 1ª REGIÃO). Disponível em: https://www.jusbrasil.com.br/jurisprudencia/stj/1369159531/decisao-monocratica-1369159539. Acesso em: 07 mar. 2023.

> Nesse contexto, considerando os atos praticados pelos agentes, que instalaram dispositivo de dispositivo eletrônico, em terminal bancário, com o objetivo de captar cartão bancário de usuários da Instituição Financeira, ou mesmo seus dados, tem-se por configurado o delito de furto mediante fraude em sua modalidade tentada.
> (STJ – REsp: 1959857 SP 2021/0273562-9, Relator: Ministro Olindo Menezes (Desembargador Convocado do TRF 1ª Região), Data de Publicação: DJ 1º.02.2022).

Portanto, é possível constatar que, embora haja profundas divergências doutrinárias entre a diferenciação de atos de preparação e de execução delitiva, parte da doutrina adota a Teoria Objetivo-Individual como forma de se conferir tutela mais efetiva às vítimas. Mais do que isso, dentro do contexto de organização criminosa, os últimos julgamentos realizados pelo Superior Tribunal de Justiça têm prestigiado a aludida teoria, justamente por se tratar de criminalidade mais complexa e coloca em risco à coletividade vítima de suas ações.

3. A APLICAÇÃO DA TEORIA OBJETIVO-INDIVIDUAL NOS "TRIBUNAIS DO CRIME" REALIZADOS PELA ORGANIZAÇÃO CRIMINOSA "PCC – PRIMEIRO COMANDO DA CAPITAL"

Dentre as formas de atuação das organizações criminosas, encontra-se invariavelmente o uso da força como forma de imposição de poder, a incutir temor entre todos que estejam sob seus desmandos. Uso da força que serve tanto para extorquir quanto também para impor as regras de conduta da facção criminosa.

Mendroni,[17] ao descrever a violência inerente no *modus operandi* dos integrantes de organizações criminosas, afirma:

> os mafiosos italianos, por exemplo, quando agem contra os empresários que não pagam as extorsões, primeiro ameaçam e concedem um prazo para o pagamento. Em segundo lugar, se os empresários não pagam, eles o agridem. Por fim, não sobrevindo o pagamento, eles incendeiam ou colocam uma bomba no estabelecimento comercial ou industrial. Outras máfias, ao invés de praticar atentados, neste terceiro nível de atitudes, sequestram pessoas do rol de familiares ou de amizades de empresários. Em atitude mais extrema, matam-nos.

Em nosso contexto nacional, a violência nas ações de organizações criminosas também perfaz o modo de agir de diversas facções, notadamente o "PCC (Primeiro Comando da Capital)", no aspecto disciplinar por ela desenvolvido para a aplicação de seu "Código de Conduta", em seus julgamentos sumários realizados nos famigerados "Tribunais da Morte".

---

17. MENDRONI, Marcelo Batlouni. *Crime organizado*. Aspectos gerais e mecanismos legais. 5. ed. São Paulo: Atlas, 2015.

Em estudo realizado pelo GAECO/MPSP, que embasou a denúncia ofertada contra dezenas de integrantes do "Primeiro Comando da Capital",[18] delineou toda a estrutura organizacional da aludida facção criminosa.

Fundado em 1993, durante rebelião ocorrida no Centro de Reabilitação Penitenciária, anexo à Casa de Custódia e Tratamento de Taubaté, em São Paulo, o "Primeiro Comando da Capital", até então apenas um time de futebol do presídio, apresentou-se como facção criminosa com o fito de controlar a massa carcerária e monopolizar o crime no Estado de São Paulo.

Aos poucos, a aludida facção criminosa se estruturou com escalões de hierarquia e funções definidas, bem como com disciplina rígida e a ser seguida por todos os seus integrantes. Vide, abaixo, a forma de estruturação geral do PCC disposta no organograma desenvolvido pelo estudo em comento:

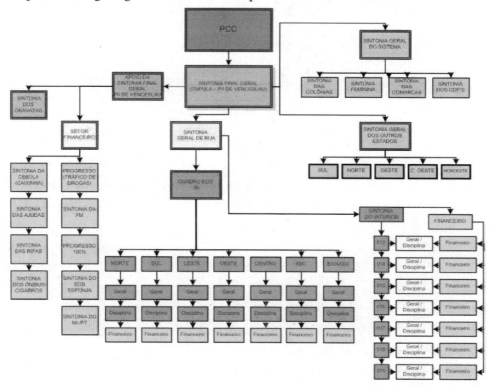

A divisão estrutural da organização criminosa PCC, com organização de poder de forma "piramidal" e a divisão das células que compõem os diversos setores em "sintonias", em outras palavras, centros de concentração de decisões e de difusão das ideias da organização. Cada região do Estado corresponde a uma dessas células de atuação, com a mesma estrutura hierarquizada.

---

18. Processo 0002529-47.2013.8.26.0483, que tramitou na 1ª Vara da Comarca de Presidente Venceslau/SP.

Para cada uma dessas subdivisões territoriais, individualmente ou em grupos, os membros do PCC assumem funções dentro de "instâncias" verticalmente hierarquizadas, que são assim denominadas: a) "Disciplina": criminoso ou grupo selecionado perante determinado Bairro ou Cidade, com o objetivo de disseminar a ideologia da Facção junto à Comunidade local, correspondendo à Primeira Instância na tomada de decisões e se reportando diretamente à "Sintonia Geral da Região"; b) a "Sintonia Geral da Região" é composta por criminoso ou grupo selecionado perante um conjunto de bairros ou cidades vizinhas, com o objetivo de disseminar a ideologia da Facção junto àquela área de atuação, correspondendo à Segunda Instância na tomada de decisões e se reporta diretamente à "Sintonia Final da Região"; c) "Sintonia Final da Região" é composta por criminoso ou grupo selecionado perante uma Região (Capital e Interior), com o objetivo de disseminar a ideologia da Facção junto àquela área de atuação, correspondendo à Terceira Instância na tomada de decisões e se reportam diretamente à cúpula do PCC, reclusos no sistema penitenciário, também denominada "Sintonia Final Geral".

Todo criminoso integrante do Primeiro Comando da Capital, ocupando ou não função nos quadros de liderança das sintonias, contribui, direta ou indiretamente, para os crimes operacionalizados pela organização.

Dentro desse contexto, uma das formas de atuação da facção criminosa em seu espectro disciplinar é a imposição de penas de morte para aqueles que eventualmente violarem suas normas de conduta. Em regra, o itinerário criminoso segue plano de ação notoriamente conhecido no Poder Judiciário: o sequestro da vítima, a sua manutenção em cárcere privado, sob tortura física e psicológica, julgamento por integrantes da facção criminosa com a participação das "instâncias" disciplinares acima descritas, assassinato e ocultação de cadáver.

O quadro abaixo ilustra cada um dos passos mencionados nos denominados "Tribunais do Crime", julgamentos realizados pela facção criminosa:

Nessa seara, insere-se justamente a questão central do presente artigo: haveria tentativa de homicídio se, porventura, quando a vítima se encontra em cárcere privado, sentenciada à morte, e à espera de sua execução, seja libertada por eventual ação policial? Ou se haveria tão somente a caracterização de atos preparatórios para o crime de homicídio, restando tão somente a consumação dos delitos de sequestro, cárcere privado e tortura?

A resposta a esta indagação certamente dependerá da teoria da tentativa a ser adotada para a aplicação no caso concreto.

Todavia, seguindo a evolução doutrinária e jurisprudencial traçada no tópico anterior, notadamente pelo contexto de organização criminosa presente, tem-se como mais adequada a utilização da Teoria Objetivo-Individual.

Ao delinear a Teoria Objetivo-Individual, Zaffaroni e Pierangeli,[19] estabelecem quatro requisitos para a aplicação da referida teoria:

> a) o começo de execução do delito não é o começo de execução da ação típica; b) o começo da execução do delito abarca aqueles atos que, conforme o plano do autor, são imediatamente anteriores ao começo da execução típica (e, logicamente, também o começo de execução da ação típica; c) um ato parcial será imediatamente precedente da realização da ação típica quanto entre este e a ação típica não exista outro ato parcial; d) para se determinar se há ou não outro ato parcial intermediário dever-se-á tomar em conta o plano concreto do autor, e não o que possa observar um observador alheio.

Nos julgamentos realizados pelos "Tribunais da Morte", é observável cada um dos requisitos estabelecidos na Teoria Objetivo-Individual. O crime de homicídio – ou seja, o início da ação típica – não se confunde com o início do crime, pois o plano da facção criminosa engloba o sequestro e a manutenção da vítima em cárcere privado, sob tortura, antes do assassinato em si. Há, portanto, um desenrolar de atos criminosos que se seguem até o atingimento do desiderato final – "matar alguém". Cada um desses "atos parciais" perfazem o todo do itinerário a ser percorrido pelos criminosos, estando umbilicalmente atrelado um ao outro; em outras palavras, a realização do ato subsequente depende da concretização do anterior. Aliás, tanto o cárcere privado quanto o "julgamento" pelos criminosos se realiza simultaneamente, sendo, portanto, atos indissociáveis entre si.

Desta forma, na hipótese aventada, em que determinada vítima é libertada do cativeiro em momento que precede a sua morte deve ser considerado como ato inequívoco de começo da execução do crime de homicídio. Logo, seus algozes devem responder pelo crime de homicídio tentado, além da consumação dos

---

19. ZAFFARONI, Eugênio Raúl; PIERANGELI, José Henrique. *Da tentativa*: doutrina e jurisprudência. 7. ed. São Paulo: Ed. RT, 2005.

demais crimes (sequestro, cárcere privado e tortura), que possuem momentos consumativos distintos.

Afinal, dentro desse contexto criminoso, a vítima está completamente à mercê de sua sorte, desprovida de sua liberdade e no aguardo do abate determinado pelos seus algozes. Não há como conferir proteção efetiva à vítima se simplesmente o intérprete fechar os olhos para as circunstâncias mencionadas.

Como dito anteriormente, mais do que uma tese a respeito do tema, o presente estudo se baseou em caso concreto em curso na Vara do Júri e Execuções Criminais da Comarca de Piracicaba,[20] onde a vítima foi sequestrada, mantida em cativeiro e julgada por certa facção criminosa à pena de morte. No entanto, antes que fosse cumprida a ordem de homicídio, policiais militares descobriram o cativeiro, libertaram-na e prenderam os criminosos em flagrante delito. No aludido processo, os réus foram denunciados e pronunciados pelo crime de homicídio tentado duplamente qualificado (motivo torpe e recurso que dificultou a defesa da vítima), sequestro, tortura, organização criminosa, e demais delitos circunstanciais ao plano concreto dos autores (tráfico e porte de armas).

4. CONCLUSÃO

A distinção entre atos preparatórios e de execução sempre norteou os embates doutrinários na conceituação do crime tentado. Diversas teorias foram desenvolvidas a fim de que se atinge o ponto ótimo de diferenciação entre um e outro, a fim de que seja separado o que se contorna como indiferente penal (atos preparatórios) e atos puníveis (atos de execução delitiva).

Dentro da evolução traçada entre as teorias criadas, identificou-se a Teoria Objetivo-Individual que preconiza a definição dos atos de execução delitiva segundo o plano concreto do autor, diferenciado o começo da execução do delito e o início da ação típica. Assim, de acordo com a referida teoria, todo ato imediatamente anterior ao começo da execução típica, conforme o delineamento traçado pelo plano do agente, compõe a execução delitiva, a caracterizar a tentativa delitiva.

Conforme se constatou, a Teoria Objetivo-Individual tem sido adotada pelo Superior Tribunal de Justiça, notadamente nos delitos decorrentes da ação de organizações criminosas, pois decorrentes de empreitadas complexas e bem planejadas, que conferem risco coletivo de maior vulto e que enseja a necessidade de maior reprovação pelo Poder Judiciário a fim de que seja conferida a proteção penal eficiente.

---

20. Processo 1500796-31.2021.8.26.0599.

Neste sentido, demonstrou-se que a Teoria Objetivo-Individual também deve ser aplicada nos crimes decorrentes dos julgamentos realizados pelos "Tribunais do Crime" da facção criminosa "PCC – Primeiro Comando da Capital". Isto porque, conforme se constata na praxe forense, existe todo itinerário percorrido pelos integrantes da facção criminosa para o cumprimento da "sentença de morte" exarada pelos faccionários: sequestro, cárcere privado, tortura, homicídio e ocultação de cadáver. Assim, nas hipóteses em que as vítimas sejam libertadas do cativeiro antes de serem mortas, dado o plano concreto da facção criminosa, deve-se considerar que o ato de privação de liberdade já se insira no começo da execução delitiva do crime de homicídio, a caracterizar a sua forma tentada, sem prejuízo do cúmulo material dos demais delitos cometidos, dado o momento distinto de suas consumações.

A solução proposta - adoção da Teoria Objetivo-Individual no contexto de julgamentos paraestatais realizados por facção criminosa nos famigerados "Tribunais do Crime" – é forma adequada e necessária para que o Estado consiga se impor à audácia criminosa, que busca medir forças com os poderes constituídos, e a conferir a proteção penal eficiente à sociedade, cada vez mais vilipendiada pelo avanço da criminalidade organizada em seu meio.

5. REFERÊNCIAS

ATALIBA, Geraldo. *República e constituição*. 2. ed. São Paulo: Malheiros, 1998.

BRASIL. Código Penal. Disponível em http://www.planalto.gov.br/ccivil_03/decreto-lei/del2848compilado.htm . Acesso em: 07 mar. 2023.

BRASIL. Supremo Tribunal de Justiça. REsp: 1959857SP2021/0273562-9, Relator: Ministro Olindo Menezes (Desembargador convocado do TRF 1ª Região). Disponível em: https://www.jusbrasil.com.br/jurisprudencia/stj/1369159531/decisao-monocratica-1369159539. Acesso em: 12 de set. 2022.

BRUNO. Aníbal. *Direito Penal*. Rio de Janeiro. Rio de Janeiro: Forense, 1967. t. II.

ESTEFAM, André. *Direito Penal*. 11. Ed. São Paulo: Saraivajur, 2022. v. 1: Parte Geral.

GRECO, Rogério. *Curso de Direito Penal*. Parte Geral. 14. ed. Niterói: Impetus, 2012.

HUNGRIA, Nelson. *Comentários ao Código Penal*. Rio de Janeiro: Editora Forense, 1958. v. I, t. 2.

JESUS, Damásio de. *Código Penal anotado*. 21. ed. São Paulo: Saraiva, 2012.

MENDRONI, Marcelo Batlouni. *Crime organizado*. Aspectos gerais e mecanismos legais. 5. Ed. São Paulo: Atlas, 2015.

SANTOS, Juarez Cirino dos. *Teoria do crime*. Rio de Janeiro, Forense. 1985.

ZAFFARONI, Eugênio Raúl; PIERANGELI, José Henrique. *Da tentativa*: doutrina e jurisprudência. 7. ed. São Paulo: Ed. RT, 2005.

CRIMES COMETIDOS CONTRA JOVENS – NECESSIDADE DE ADEQUAÇÃO LEGISLATIVA E ASPECTOS PRÁTICOS POSSÍVEIS NO TRIBUNAL DO JÚRI

Benedicto de Oliveira Guedes Neto

Especialista em Processo Civil pela UNISUL/SC. Promotor de Justiça do Ministério Público do Estado do Tocantins. Titular da 10ª Promotoria de Justiça da Capital; Membro do Núcleo do Tribunal do Júri do MPTO – MPNujuri. E-mail: benedictoneto@mpto.mp.br. Lattes: http://lattes.cnpq.br/6970907186064210. Orcid: https://orcid.org/0000-0002-5837-93388.

Rogério Rodrigo Ferreira Mota

Especialista em Criminologia e Estado de Direito e Combate à Corrupção pela Escola Superior da Magistratura Tocantinense – ESMAT/TJTO. Promotor de Justiça do Ministério Público do Estado do Tocantins. Titular da 1ª Promotoria de Justiça de Dianópolis/TO. Coordenador do Núcleo do Tribunal do Júri do MPTO – MPNujuri. E-mail: rogeriomota@mpto.mp.br. Lattes: http://lattes.cnpq.br/0114545401959141. Orcid: https://orcid.org/0000-0001-7705-8508.

Sumário: 1. Introdução – 2. Cenário jurídico-normativo – 3. Da vedação da proteção deficiente – 4. Mandado implícito de criminalização – 5. Medidas práticas cabíveis no rito do Tribunal do Júri – 6. Conclusões – 7. Referências.

1. INTRODUÇÃO

O presente ensaio visa discutir a necessidade de adequação do Código Penal à nova realidade constitucional, no que tange à proteção deficiente da juventude brasileira, bem como demonstrar possíveis técnicas de potencializar a proteção à pessoa jovem na atuação do Ministério Público no Tribunal do Júri.

Como cediço, a Emenda Constitucional 65/2010 alterou o artigo 227 da Constituição Federal e ampliou para além das crianças e adolescentes o rol daqueles que devem estar insertos na esfera de proteção integral, a salvo de qualquer tipo negligência, discriminação, exploração, violência, crueldade e opressão, incluindo em tal contexto também *o jovem*.

Nessa linha programática estabelecida pelo constituinte, foi promulgada a Lei Federal 12.852/2013, também conhecida como "Estatuto da Juventude" que, dentre outras disposições, estabelece o direito à segurança pública e de uma vida segura aos cidadãos brasileiros com faixa etária entre 15 e 29 anos.

Todavia, percebe-se claramente que a legislação penal material brasileira não acompanhou essa diretriz constitucional, não se preocupando, até o momento, em inovar e reformar dispositivos legais com fulcro a concretizar esta maior reprovabilidade que deve ser aplicada aos autores de delitos contra vítimas jovens.

De tal realidade, duas conclusões emergem: a) é imprescindível a proposição ao Parlamento Brasileiro a iniciativa de projeto de lei que vise alterar o Código Penal, com a inserção de agravantes e causas de aumento de pena específicas para delitos contra a juventude brasileira, especialmente nos casos que envolvam violência e grave ameaça, e; b) considerando que a ordem constitucional vigente já contempla a necessidade de proteção integral do jovem, e este encontra-se conceituado pelo critério biológico previsto no Estatuto da Juventude, há premente necessidade de que os Promotores de Justiça se atentem para essa situação, a fim de, em casos de condenação criminal contra vítima jovem, exijam do Estado-Juiz uma maior exasperação da pena, na primeira fase da dosimetria (circunstâncias judiciais, artigo 59 do Código Penal).

Esta segunda conclusão tem especial relevância no caso de julgamentos de crimes dolosos contra a vida, eis que uma vez que o julgamento possui duas fases distintas, ambas com instrução probatória, e é regida pelo princípio da plenitude de defesa e acusação, inúmeras são as oportunidades concedidas às partes e ao magistrado sentenciante para angariar elementos concretos para fundamentar a exasperação de pena com base na condição jovem da vítima.

2. CENÁRIO JURÍDICO-NORMATIVO

Ao longo das últimas décadas, acompanhamos o legislador ordinário, na esteira das normas programáticas estabelecidas pela Carta Magna, promulgar diplomas legais que visam conferir uma maior proteção a vários nichos de cidadãos brasileiros considerados em condição de especial vulnerabilidade, merecedores portanto de especial proteção estatal.

Assim ocorreu com o Estatuto da Criança e do Adolescente (Lei 8.069/90), com a Lei 11.340/06, conhecida no mundo jurídico como Lei "Maria da Penha", com o Estatuto do Idoso (Lei 10.741/2003) e com o Estatuto da Juventude (Lei 12.582/2013).

Todos esses diplomas legais, com vieses nitidamente protecionistas, tiveram significativo impacto na esfera penal, alterando ou inserindo normas no âmbito criminal com o condão de punir mais gravemente vários delitos praticados contra crianças, adolescentes, mulheres e idosos.

Inexplicavelmente, embora igualmente protegidos pelo princípio da proteção integral e da absoluta prioridade, o Estatuto da Juventude não provocou a movimentação parlamentar para alterar o nosso Código Penal, a fim de conferir uma maior proteção à juventude brasileira, mesmo diante de um cenário desolador que aponta para mais de trinta mil jovens assassinados todos os anos no Brasil.

Com efeito, o Estatuto da Criança e do Adolescente foi inserido no nosso ordenamento com a finalidade precípua de assegurar às pessoas com até 18 (dezoito) anos de idade, uma efetiva proteção integral, conforme preconizado no artigo 227 da Constituição Federal.

Na lição de Wilson Donizeti Liberati:[1]

(...) O art. 4º praticamente transcreve o art. 227 da CF, que determina que, primeiro, a *família* e, supletivamente, o *Estado* e a *sociedade* têm o dever de assegurar, por todos os meios, de todas as formas e com *absoluta prioridade,* todos os direitos inerentes à constituição de um homem civilizado (...)

Aliás, os preceitos que inspiraram a Constituição Federal (artigo 227) e o Estatuto da Criança e do Adolescente encontram guarida no 9º Princípio da Declaração dos Direitos da Criança da Organização das Nações Unidas que preconiza que "A criança gozará de proteção contra quaisquer formas de negligência, crueldade e exploração..."

Diante de todo esse arcabouço protecionista, evidente que a legislação penal não poderia ser insensível aos anseios sociais de proteção às nossas crianças e aos nossos adolescentes, razão pela qual a Lei 8.069/90 criou vários novos delitos específicos e o Código Penal está recheado de dispositivos que punem mais severamente crimes cometidos contra o público crianças e adolescentes.

No Código Penal, podemos citar os seguintes exemplos, dentre outros: artigos 61, inciso II, alínea h; 121, § 4º, parte final; 122, § 3º, inciso II, § 6º e 7º; 126, parágrafo único; 129, § 7º; 136, § 3º; 147-A, § 1º, inciso I; 148, § 1º, inciso IV, 149, § 2º, inciso II; 149-A, § 1º, inciso II, 159, §1º; 171, § 5º, inciso II; 207, § 2; 216-A, § 2º, 217-A; 218; 218-A; 218-B; 218-B, § 2º, inciso I, 227, § 1º; 230, § 1º; 245; 247; 248 e 249.

Na mesma linha, outro instrumento de suma importância para a proteção sensível de parcela da sociedade é a Lei Maria da Penha, que estabeleceu normas de combate à violência doméstica e familiar contra a mulher.

Mais uma vez o legislador ordinário, atendendo às diretrizes constitucionais e à força dos tratados internacionais de direitos humanos, promulgou a Lei 11.340/06.

---

1. LIBERATI. Wilson Donizeti. *Comentários ao Estatuto da Criança e do Adolescente.* 7. ed. São Paulo: Malheiros Editores. p. 18.

Neste ponto é importante salientar que desde 1º de fevereiro de 1984, o Brasil subscreveu a Convenção da Mulher ou Convenção CEDAW que apresentou diversas recomendações aos Estados participantes, destacando-se a necessidade de que fossem implementadas legislações que visassem ao combate da violência doméstica e familiar contra a mulher.

Maria Berenice Dias aponta que essa Convenção deve ser tomada como parâmetro mínimo das ações estatais para promover os direitos humanos das mulheres, pois os Estados têm o dever de eliminar a discriminação contra a mulher através da adoção de medidas legais, políticas e programáticas.[2]

Em assim sendo, mais uma vez o legislativo brasileiro, sensível ao problema social que deve ser vigorosamente combatido pelo Estado Brasileiro, concretizou a Lei 11.340/06, visando conferir efetividade no combate à violência doméstica contra a mulher, trazendo importantes alterações ao Código Penal, inserindo normas que tornam mais graves os delitos cometidos contra mulher, v.g.: artigo 61, inciso II, alínea *f*; 121, § 2º, inciso VI e § 2º-A (feminicídio) e 129, § 9º (alteração do preceito secundário da norma – exasperação da pena).

Não fosse isso, a lei ainda criou um microssistema processual para o combate à violência doméstica, vedando a aplicabilidade da Lei dos Juizados Especiais, a prestação de cestas básicas como forma de substituição da pena privativa de liberdade, a possibilidade de aplicação de medidas protetivas de urgência específicas, permitindo a decretação da prisão preventiva em caso de descumprimento, a possibilidade de prisão em flagrante, mesmo quando o delito tenha pena inferior a dois anos etc.

Da mesma forma, a proteção integral aos idosos decorre de norma constitucional prevista no artigo 230 que dispõe: "A família, a sociedade e o Estado têm o dever de amparar as pessoas idosas, assegurando sua participação na comunidade, defendendo sua dignidade e bem estar e garantindo-lhes o direito à vida", bem como pelo Estatuto do Idoso, especificamente em seus artigos 3º e 4º.[3]

Não fosse isso, o Brasil é signatário de vários Documentos Internacionais que, direta ou indiretamente, tratam do tema, e que, por essa razão, obrigou-se a seguir como, por exemplo, a Declaração Universal dos Direitos Humanos (1948);

---

2. DIAS. Maria Berenice. *A Lei Maria da Penha na Justiça*. A efetividade da Lei 11.340/06 de combate à violência doméstica e familiar contra a mulher. 2. tir. São Paulo: Ed. RT, 2008.
3. Art. 3º É obrigação da família, da comunidade, da sociedade e do Poder Público assegurar ao idoso, com absoluta prioridade, a efetivação do direito à vida, à saúde, à alimentação, à educação, à cultura, ao esporte, ao lazer, ao trabalho, à cidadania, à liberdade, à dignidade, ao respeito e à convivência familiar e comunitária.
Art. 4º Nenhum idoso será objeto de qualquer tipo de negligência, discriminação, violência, crueldade ou opressão, e todo atentado aos seus direitos, por ação ou omissão, será punido na forma da lei.
§ 1º É dever de todos prevenir a ameaça ou violação aos direitos do idoso.

Declaração de Estocolmo (1972); Declaração da Filadélfia (1944); Carta da Organização dos estados Americanos (1948); declaração Americana dos Direitos e Deveres do Homem, Carta Internacional Americana de Garantias Sociais, Convenções 26, 36 e 37 da OIT e Recomendação 67 da OIT.[4]

Logicamente, diante de toda essa proteção legal, internacional e constitucional, os reflexos na esfera penal não foram esquecidos. O próprio Estatuto do Idoso adicionou ao ordenamento jurídico pátrio novos tipos penais, além de inovar significativamente o Código Penal Brasileiro, agravando a situação dos agentes que pratiquem delitos contra pessoas acima de 60 (sessenta) anos, *v.g.*, artigo 61, II, alínea *h*; 121, § 4º; 121, § 7º, inciso I, 133, § 3º, inciso III; 141, inciso IV; 147-A, § 1º, inciso I; 148, § 1º, inciso I, 159, § 1º, 171, § 4º e 244, todos do Código Penal.

Inobstante, quando passamos a analisar a proteção conferida aos jovens brasileiros, de início é importante ressaltar que, igualmente a todos os segmentos da sociedade acima apontados, recebem do legislador constituinte a absoluta prioridade e a proteção integral na tutela e garantia de seus direitos, conforme se depreende da redação conferida ao artigo 227 da Constituição Federal, alterado pela Emenda Constitucional 65/2010.[5]

Essa vigorosa proteção foi devidamente ratificada no nosso ordenamento jurídico pela edição do Estatuto da Juventude (Lei Federal 12.852/2013) que reitera, em vários dos seus dispositivos, a necessidade de se preservar os direitos fundamentais dos nacionais com idade entre 15 e 29 anos, assegurando que *as políticas públicas de juventude são regidas pelos princípios do reconhecimento do jovem como sujeito de direitos universais, geracionais e singulares, da promoção da vida segura, da paz, do bem-estar, do desenvolvimento integral do jovem, do convívio do jovem com as demais gerações, dentre outros*.[6]

Alie-se a tudo isso que o Brasil é membro da Organização Ibero-americana da Juventude, organismo internacional de natureza multigovernamental que reúne os ministérios da juventude dos países da Comunidade Ibero-americana

---

4. BRAGA. Pérola Melissa Vianna. *Curso de Direito do Idoso*. São Paulo: Jurídico-Atlas.
5. Art. 227. É dever da família, da sociedade e do Estado assegurar à criança, ao adolescente *e ao jovem, com absoluta prioridade, o direito à vida, à saúde*, à alimentação, à educação, ao lazer, à profissionalização, à cultura, à dignidade, ao respeito, à liberdade e à convivência familiar e comunitária, *além de colocá-los a salvo de toda forma de negligência, discriminação, exploração, violência, crueldade e opressão*. (Redação dada Pela Emenda Constitucional 65, de 2010) (grifei).
6. Art. 2º. O disposto nesta Lei e as políticas públicas de juventude são regidas pelos seguintes princípios:
    (...)
    IV – reconhecimento do jovem como sujeito de direitos universais, geracionais e singulares;
    V – promoção do bem-estar, da experimentação e do desenvolvimento integral do jovem;
    (...)
    VII – promoção da vida segura, da cultura, da paz, da solidariedade e da não discriminação, e;
    VIII – valorização do diálogo e convívio do jovem com as demais gerações.

e que tem como principal objetivo a inclusão e a integração dos jovens por meio de políticas públicas de juventude.[7]

Tal organização foi inclusive responsável pela confecção da Convenção Ibero-americana dos Direitos dos Jovens (CIJ) positivada em 44 (quarenta e quatro) artigos, que foi devidamente ratificada pelo Estado Brasileiro, cabendo salientar que em seu artigo 2º, os Estados participantes se reconhecem o direito de todos os jovens gozarem e desfrutarem de todos os direitos humanos e se comprometem a respeitar e garantir aos jovens a plena fruição e exercício dos seus direitos civis, políticos, econômicos, sociais e culturais.

Porém, de maneira incompreensível, mesmo diante de todas as similitudes de ordem normativo constitucional acima apontadas entre os jovens e os demais nichos sociais elencados, não houve a devida adequação da legislação penal, no sentido de conferir uma maior proteção (integral) aos direitos dos jovens brasileiros de maneira prioritária, principalmente na seara penal.

3. DA VEDAÇÃO DA PROTEÇÃO DEFICIENTE

Como exaustivamente demonstrado até agora, a Constituição Federal elegeu a proteção do jovem brasileiro como prioridade absoluta do nosso Estado Democrático de Direito; portanto, essa diretriz constitucional não abre qualquer espaço para admitir que esse mesmo estado proteja de forma deficitária a juventude nacional.

Como elucidam o Ministro do Supremo Tribunal Federal *Gilmar Ferreira Mendes e Paulo Gustavo Gonet Branco:*[8]

> (…) Os direitos fundamentais não podem, portanto, ser considerados apenas como proibições de intervenção. Expressam, igualmente, um postulado de proteção. Utilizando-se da formulação de Canaris, pode-se dizer que os direitos fundamentais contemplam não apenas uma proibição de excesso (*Übermassverbote*) como também uma proibição de proteção insuficiente (*Untermassverbote*).
>
> *Sob esse ângulo, é fácil ver que a ideia de um dever genérico de proteção, fundado nos direitos fundamentais, relativiza sobremaneira a separação entre a ordem constitucional e a ordem legal, permitindo que se reconheça uma irradiação dos efeitos desses direitos sobre toda a ordem jurídica.*
>
> *Assim, ainda que não se reconheça, em todos os casos, uma pretensão subjetiva contra o Estado, tem-se inequivocamente, a identificação de um dever estatal de tomar as providências necessárias à realização ou concretização dos direitos fundamentais.*
>
> (…)

---

7. LÉPORE. Paulo Eduardo. RAMIDOFF. Mário Luiz. ROSSATO. Luciano Alves. *Estatuto da Juventude Comentado*. Lei 12.852/2013. São Paulo: Saraiva.
8. MENDES. Gilmar Ferreira. BRANCO. Paulo Gustavo Gonet. *Curso de Direito Constitucional*. 16. ed. São Paulo: Saraiva. 2021.

> Assim, na dogmática alemã é conhecida a diferenciação entre o princípio da proporcionalidade como proibição de excesso *(Übermassverbot)* e como *proibição de proteção deficiente (Üntermassverbot)*. No primeiro caso, o princípio da proporcionalidade funciona como parâmetro de aferição da constitucionalidade das intervenções nos direitos fundamentais, como *proibições de intervenção*. No segundo, a consideração dos direitos fundamentais, como *imperativos de tutela* (Canaris), *imprime ao princípio da proporcionalidade uma estrutura diferenciada. O ato não será adequado quando não proteja o direito fundamental de maneira ótima; não será necessário na hipótese de existirem medidas alternativas que favoreçam ainda mais a realização do direito fundamental; e violará o subprincípio da proporcionalidade em sentido estrito se o grau de satisfação do fim legislativo é inferior ao grau em que não se realiza o direito fundamental de proteção* (...).

Segundo o Atlas da Violência (2020), conforme estudo realizado pelo IPEA (Instituto de Pesquisa Econômica Aplicada) em parceria com o Fórum Brasileiro de Segurança Pública aponta que 30.873 jovens na faixa etária entre 15 e 29 anos foram vítimas de homicídio no ano de 2018, o que representa 53,3% do total de 57.956 vítimas em todo o país.[9]

Oportuna a transcrição de algumas constatações constantes do Relatório Institucional contido no estudo acima mencionado, para termos a real dimensão do problema da violência contra os jovens no Brasil:[10]

> 3. Juventude perdida
>
> No Brasil, os homicídios são a principal causa de mortalidade de jovens, grupo etário de pessoas entre 15 e 29 anos. Esse fato mostra o lado mais perverso do fenômeno da mortalidade violenta no país, na medida em que mais da metade das vítimas são indivíduos com plena capacidade produtiva, em período de formação educacional, na perspectiva de iniciar uma trajetória profissional e de construir uma rede familiar própria.
>
> (...)
>
> Desde a década de 1980, o processo de vitimização letal da juventude tem se consolidado como um dos principais entraves para o avanço de patamares mínimos de segurança pública no país. Assim, a melhora dos dados de homicídios de jovens no ano de 2018 em relação ao ano anterior não é suficiente para que se possa afirmar uma reversão nesse quadro histórico. A manutenção das características dessas vítimas, como o sexo e a idade, indica que ainda há um longo percurso, em termos de investimento estatal em políticas públicas de segurança, até que se possa comemorar um efetivo avanço quanto à proteção da vida dos jovens brasileiros (...).

Como se percebe, o quadro histórico de violência contra os jovens tem íntima relação com o entrave ao desenvolvimento nacional (objetivo fundamental da República Federativa do Brasil- artigo da 3º da CF) e à implementação de efetivas políticas públicas de segurança pública.

---

9. Esse estudo tem como base de dados os números apresentados pelo Sistema de Informação sobre Mortalidade, do Ministério da Saúde (SIM/MS).
10. Disponível em: https://wwww.ipea.gov.br/atlasviolência/download/24/atlas-da-violencia-2020.

Mesmo diante desse cenário desolador, não se vislumbra, na esfera penal, qualquer intenção legislativa de se punir mais gravemente agentes que atentem contra a vida do jovem. Na mesma linha, o que se verifica na jurisprudência pátria são dosimetrias de pena entendendo que o fato de a vítima ser jovem é elemento inerente ao tipo penal, principalmente quando possui entre 18 e 29 anos e passa ser tutelada exclusivamente pelo Estatuto da Juventude,[11] não se verificando, nem mesmo em sede de circunstâncias judiciais, uma ínfima exasperação de pena em razão dessa circunstância.

4. MANDADO IMPLÍCITO DE CRIMINALIZAÇÃO

A Constituição Federal, a exemplo de outras Constituições espalhadas pelo mundo, trouxe os denominados *mandados de criminalização* de condutas que ofendam determinados bens e interesses jurídicos sensíveis ao nosso sistema.

Em verdade, diante dessas determinações constitucionais, não haveria espaço discricionário para o legislador ordinário, estando ele compelido, em razão da força suprema da Lei Magna, a legislar de forma adequada, prioritária e integral com a finalidade de proteger determinados bens.

Importante destacar que esses mandados podem se subdividir em explícitos, quando vêm delineados de forma expressa no corpo da Constituição, e implícitos, sempre que se vislumbrar um pressuposto lógico de proteção contra condutas que lesem bens e interesses exaustiva e prioritariamente protegidos pela Lei Maior, ainda que ela assim não determine.

Podemos citar vários exemplos de mandados de criminalização expressos no texto constitucional, a dizer:

a) a lei punirá qualquer discriminação atentatória dos direitos e liberdades fundamentais (art. 5º, XLI);

b) a prática do racismo constitui crime inafiançável e imprescritível, sujeitos à pena de reclusão, nos termos da lei (art. 5º, XLII);

c) a lei considerará crimes inafiançáveis e insuscetíveis de graça ou anistia a prática de tortura, o tráfico ilícito de entorpecentes e drogas afins, o terrorismo e os definidos como crimes hediondos, por eles respondendo os mandantes, os executores e os que, podendo evitá-los, se omitirem (art. 5º, XLIII);

d) constitui crime inafiançável e imprescritível a ação de grupos armados, civis ou militares, contra a ordem constitucional e o Estado Democrático (art. 5º, XLIV);

---

11. No que tange ao adolescente jovem há uma sobreposição categorial, ou seja, de acordo com o art. 1º, § 2º, do EJUVE, aos adolescentes com idade entre 15 e 17 anos aplica-se o ECA e, excepcionalmente, o EJUVE, quando não conflitar com as normas de proteção integral do adolescente. (LÉPORE. Paulo Eduardo. RAMIDOFF. Mário Luiz. ROSSATO. Luciano Alves. *Estatuto da Juventude comentado*. Lei 12.852/2013. São Paulo: Saraiva).

e) a proteção do salário, na forma da lei, constituindo crime sua retenção dolosa (art. 7º, X);

f) A lei punirá severamente o abuso, a violência e a exploração sexual da criança e do adolescente (art. 227, § 4º);

g) As condutas e atividades consideradas lesivas ao meio ambiente sujeitarão os infratores, pessoas físicas ou jurídicas, a sanções penais e administrativas, independentemente da obrigação de reparar os danos causados. (art. 225,§ 3º).

Por outro lado, os mandados implícitos de criminalização encontram seu amparo justamente na proibição da insuficiência de proteção a determinados direitos fundamentais. Com efeito, consiste no dever de criminalizar determinadas condutas de violação aos direitos fundamentais fundados exclusivamente na menção ao direito tutelado na Constituição Federal ou em tratados internacionais.

Essa teoria ganhou força no Brasil e teve enorme influência do Tribunal Constitucional Federal Alemão. Interessante decisão desta Corte que declarou inconstitucional dispositivo legal que descriminalizava o aborto. Vejamos:

> (...) se, a saber, a proteção ordenada constitucionalmente não puder ser alcançada de outra maneira, o legislador é obrigado a valer-se dos instrumentos do direito penal para garantir a vida em desenvolvimento (...). Não se trata, destarte, de um dever 'absoluto' de penalizar, porém da 'obrigação relativa' de utilizar a tipificação penal, surgida do reconhecimento da insuficiência de todos os demais meios (...) não convence a objeção de que não se possa deduzir de uma norma de direito fundamental garantidora de liberdade a obrigatoriedade do Estado de sancionar criminalmente. Se o Estado é obrigado, por meio de uma norma fundamental que encerra uma decisão axiológica, a proteger eficientemente um bem jurídico especialmente importante também contra ataques de terceiros, frequentemente serão inevitáveis medidas com as quais as áreas de liberdade de outros detentores de direitos fundamentais serão atingidas.[12]

Como já dito anteriormente, as políticas públicas voltadas para os jovens no Brasil, entre 15 e 29 anos, não conseguiram resultar na garantia do direito fundamental mais básico que é a vida. Ao contrário, há décadas convivemos com uma verdadeira carnificina da juventude brasileira, com um cenário que aponta para cerca de 30 mil mortes de jovens por ano, aproximadamente.

Certamente, essa realidade é diametralmente oposta ao que pretendeu o legislador constituinte, com a Emenda Constitucional 65/2010, ao inserir o jovem no texto do artigo 227 conferindo-lhe prioridade absoluta na defesa dos direitos fundamentais, especificamente colocando-o de a salvo qualquer tipo negligência, discriminação, exploração, violência, crueldade e opressão.

E é por tal razão que a *primeira conclusão* do presente ensaio é a de que é imprescindível a proposição ao Parlamento Brasileiro a iniciativa de projeto de lei

---

12. Bverfge 39, I, decisão de 25.02.1975. IN: Martins, Leonardo (Org.). *Cinquenta anos de jurisprudência do Tribunal Constitucional Federal Alemão*, op. cit., p. 271.

que vise alterar o Código Penal, com a inserção de agravantes e causas de aumento de pena específicas para delitos contra a juventude brasileira, especialmente nos casos que envolvam violência e grave ameaça, como forma de dar concretude aos comandos constitucionais acima elencados.

5. MEDIDAS PRÁTICAS CABÍVEIS NO RITO DO TRIBUNAL DO JÚRI

Não havendo disposição legal específica que dê eficácia às normas constitucionais acima citadas, é certo que nos meandros de uma instrução criminal, não é somente com base em agravantes e majorantes específicas que deve o aplicador da sanção penal pautar sua dosimetria.

Na primeira fase da aplicação da pena, inclusive, há disposição expressa no artigo 59 Código Penal no sentido de que, para a pena-base, deve o juiz atentar-se à culpabilidade, aos antecedentes, à conduta social, à personalidade do agente, aos motivos, às circunstâncias e consequências do crime, bem como ao comportamento da vítima, conforme seja necessário e suficiente para reprovação e prevenção do crime.

Em assim sendo, a *segunda conclusão* do presente ensaio é a de que urge que os membros do Ministério Público, seja durante a colheita da prova ou em seus peticionamentos finais, postulem aos magistrados sentenciantes pela majoração da pena-base a ser aplicada, com base na necessidade de equiparação do jovem, conforme etiquetado em lei, aos outros grupos vulneráveis dignos de proteção integral e absoluta prioridade.

Considerando que a ordem constitucional vigente já contempla a necessidade de proteção integral do jovem, e este encontra-se conceituado pelo critério biológico previsto no Estatuto da Juventude, há premente necessidade de que os Promotores de Justiça se atentem para essa situação, a fim de, em casos de condenação criminal contra vítima jovem, exijam do Estado-Juiz uma maior exasperação da pena, na primeira fase da dosimetria.

Importante ressaltar que entende-se que colheita da prova específica em relação a tal circunstância não se resume a aferir a idade biológica das vítimas de crimes. Exatamente por não haver até o momento previsão específica de majoração de pena para crimes cometidos contra jovens, deve o membro do Ministério Público buscar em suas inquirições e argumentações elementos concretos relativos à condição de jovem do ofendido que comuniquem-se com as circunstâncias judiciais previstas no artigo 59 do Código Penal.

Esta segunda conclusão tem especial relevância no caso de julgamentos de crimes dolosos contra a vida, uma vez que o julgamento possui duas fases distintas, ambas com instrução probatória, e é regido pelo princípio da plenitude de defesa e acusação, razão pela qual inúmeras são as oportunidades concedidas às partes e ao magistrado sentenciante para angariar elementos concretos para fundamentar a exasperação de pena com base na condição jovem da vítima.

Ademais, nos crimes contra a vida de resultado consumado, é certo que a culpabilidade, a conduta social, a personalidade do agente, e consequências do crime podem ser remansosamente valoradas negativamente quando considerado o prognóstico de futuro do ofendido e o vácuo deixado na unidade familiar pela perda precoce de um dos seus.

Na praxe judicial, nota-se esforço hercúleo dos membros do Ministério Público em convencer acerca da necessidade de que tais circunstâncias judiciais sejam valoradas negativamente, principalmente em um país em que vigora a "cultura da pena mínima".

Ocorre que com todo o arcabouço constitucional e convencional acima disposto, há concreta possibilidade de vincular as circunstâncias judiciais aos mandados implícitos de criminalização, e concretizar a efetiva proteção aos jovens vítimas de crimes.

Assim, além de instruir o processo de forma a buscar informações acerca do fato em si, salutar que o Promotor de Justiça permeie suas inquirições e apresentações de documentos com elementos efetivos que comprovem a maior reprovabilidade do ato pelo fato da vítima se tratar de pessoa jovem, nos termos da Lei Federal 12.852/13.

Em se tratando do rito processual do Tribunal do Júri, essencial que postule, durante sua sustentação, pela valoração negativa das circunstâncias judiciais aplicáveis ao caso concreto que se relacionem com a condição de jovem da vítima, a fim de, diante do vácuo legislativo, trazer maior compatibilidade das penas aplicadas com o que buscou o constituinte com a Emenda Constitucional 65/2010.

Neste ponto, ressalta-se que a presente conclusão foi apresentada, em forma de tese, no Congresso Nacional do Júri – 200 Anos do Tribunal do Júri no Brasil: Legados e Desafios, realizado entre 14 e 16 de setembro de 2022, em São Paulo/SP, onde foi aprovada por unanimidade pelo quórum daquele evento.

6. CONCLUSÕES

Diante de todo o estudado, o presente artigo se propõe a sedimentar o convencimento dos operadores do direito atuantes na seara criminal e, especialmente, no Tribunal do Júri, em duas frentes: 1. É imprescindível a proposição ao Parlamento Brasileiro a iniciativa de projeto de lei que vise alterar o Código Penal, com a inserção de agravantes e causas de aumento de pena específicas para delitos contra a juventude brasileira, especialmente nos casos que envolvam violência e grave ameaça, como forma de dar concretude aos comandos constitucionais acima elencados, e; 2. Urge que os membros do Ministério Público, seja durante a colheita da prova ou em seus peticionamentos finais, postulem aos magistrados sentenciantes pela majoração da pena-base a ser aplicada, com base na necessidade de equiparação do jovem, conforme etiquetado em lei, aos outros grupos vulneráveis dignos de proteção integral e absoluta prioridade.

Somente propiciando, seja no âmbito abstrato legislativo seja nos casos concretos, que a vítima jovem de crimes seja devidamente tutelada em seus direitos violados, caminhará o sistema judicial e legislativo brasileiro rumo à proteção suficiente que se espera nos termos da Constituição Federal.

7. REFERÊNCIAS

BRAGA. Pérola Melissa Vianna. *Curso de Direito do Idoso.* São Paulo: Jurídico-Atlas. 2011.

DIAS. Maria Berenice. *A Lei Maria da Penha na Justiça.* A efetividade da Lei 11.340/06 de combate à violência doméstica e familiar contra a mulher. 2. tir. São Paulo: Ed. RT, 2008.

LÉPORE. Paulo Eduardo. RAMIDOFF. Mário Luiz. ROSSATO. Luciano Alves. *Estatuto da Juventude comentado.* Lei 12.852/2013. São Paulo: Saraiva, 2013.

LIBERATI. Wilson Donizeti. *Comentários ao Estatuto da Criança e do Adolescente.* 7. Ed. São Paulo: Malheiros Editores, 2003.

MENDES. Gilmar Ferreira. BRANCO. Paulo Gustavo Gonet. *Curso de Direito Constitucional.* 16. ed. São Paulo: Saraiva. 2021.

MORAES. Alexandre. *Direito constitucional.* 32. ed. São Paulo: Jurídico-Atlas, 2016.

NOVELINO, Marcelo. *Manual de direito constitucional.* 9. ed. Rio de Janeiro. Forense. 2014.

PAULO. Vicente; ALEXANDRINO Marcelo. *Direito constitucional descomplicado.* 7. ed. São Paulo: Editora Método. 2011

PRISÃO PARA CUMPRIMENTO DE PENA APÓS A CONDENAÇÃO PELO TRIBUNAL DO JÚRI – ANÁLISE DO PRINCÍPIO DA SOBERANIA DOS VEREDICTOS FACE AO ESTADO DE INOCÊNCIA

Everton Luiz Zanella

Doutor e Mestre pela PUC/SP. Professor de Direito e Processo Penal e Membro do Núcleo Docente Estruturante da Faculdade de Direito da Universidade Presbiteriana Mackenzie. Professor do Programa de Pós-graduação *Stricto Sensu* da FADISP. Professor e Membro do Conselho Curador da Escola Superior do Ministério Público de São Paulo. Professor convidado da Escola Paulista da Magistratura e da Escola Paulista de Direito. Promotor de Justiça do Ministério Público de São Paulo, titular da Promotoria do II Tribunal do Júri da Capital.

Sumário: 1. Considerações iniciais – 2. Princípio do estado de inocência; 2.1 O estado de inocência e a prisão após condenação em 2ª instância – 3. Princípio da soberania dos veredictos – 4. Choque entre os princípios? Como resolver?; 4.1 A regra do artigo 492, I, "e", do código de processo penal; 4.2 O recurso extraordinário 1.235.349-STF; 4.3 Posicionamento do autor – 5. Referências.

1. CONSIDERAÇÕES INICIAIS

No Tribunal do Júri vige o princípio da soberania dos veredictos, de maneira que a decisão do Conselho de Sentença (grupo de 7 jurados sorteados), tomada por maioria de votos, é imutável quanto ao mérito, só cabendo em face dela, como veremos adiante, impugnação por nulidade ocorrida no curso do julgamento ou impugnação quando ela for manifestamente contrária à prova dos autos.

Sendo soberana a decisão, parte da Doutrina e Jurisprudência defendem o imediato cumprimento da pena fixada em sessão plenária do júri. Porém, outra parte sustenta que o réu é presumidamente inocente até o trânsito em julgado da decisão, sendo descabida, por conseguinte, a pronta execução da sanção penal.

O objetivo deste texto é discutir o assunto, trazendo os dois posicionamentos, para posteriormente assumirmos uma posição fundamentada.

2. PRINCÍPIO DO ESTADO DE INOCÊNCIA

O estado de inocência ou presunção de inocência é uma garantia basal que decorre do devido processo legal. Está estampada no art. 5º, LVII, da Constituição

Federal: "ninguém será considerado culpado até o trânsito em julgado da sentença penal condenatória".

Sobre tal garantia, assim se pronuncia Ferrajoli:

> Se é atividade necessária para obter a prova de que um sujeito cometeu um crime, desde que tal prova não tenha sido encontrada mediante um juízo regular, nenhum delito pode ser considerado cometido e nenhum sujeito pode ser reputado culpado nem submetido a uma pena.[1]

O processo penal tem por finalidade a aplicação do direito penal material, o qual comina infrações à Ordem Jurídica (violações a direitos) e as respectivas penas.

A pena prevista em Lei (no Código Penal ou legislação extravagante), preceito secundário do tipo penal, será aplicada se – e somente se – o acusado, respeitadas todas as regras do devido processo legal, for considerado definitivamente culpado. A responsabilidade penal surgirá apenas quando a prova produzida em juízo resultar em uma sentença condenatória transitada em julgado.[2] Enquanto isto não ocorrer, o réu mantém seu estado de inocência (ou se presume sua não culpabilidade).

Para Aury Lopes Junior, o princípio do estado de inocência possui duas dimensões: I) interna, como um dever imposto ao juiz, no sentido de que a prova é inteiramente do acusador;[3] de que a dúvida deve levar à absolvição; e de que não deve haver abuso nas prisões cautelares; II) externa, que significa que não deve haver exposição precoce e midiática da imagem do réu.[4]

O estado de inocência é princípio fulcral dentro do devido processo legal e repercute diretamente no ônus da prova. Isto porque, dentro do processo de natureza acusatória (artigo 3º-A do Código de Processo Penal, acrescido pela Lei 13.964/2019), o órgão responsável pela acusação (Ministério Público ou excepcionalmente o querelante), possui o ônus pleno (ou cabal) de provar, de forma

---

1. FERRAJOLI, Luigi. *Direito e razão*: teoria do garantismo penal. 4. ed. São Paulo: Ed. RT, 2014. p. 505.
2. O Superior Tribunal de Justiça, em respeito ao princípio, pacificou o entendimento de que, devido ao estado de inocência, é vedado ao juiz sentenciante utilizar-se de inquéritos policiais ou de ações penais em curso para elevar a pena base do acusado, na primeira etapa da dosimetria (Súmula 444).
3. Discordamos neste aspecto. O artigo 156 do Código de Processo Penal estabelece que o ônus da prova "é de quem alega", de maneira que o ônus é repartido entre as partes. Caberá à acusação (Ministério Público ou querelante) provar o que alega (ou seja, materialidade do crime, autoria, qualificadoras e causas de aumento de pena), ao passo que caberá à Defesa Técnica comprovar eventuais excludentes de ilicitude, culpabilidade ou teses outras que desconstituam a pretensão inicial do autor, como um álibi por exemplo. Reconhece-se, todavia, que o ônus da acusação é perfeito (pleno ou cabal), pois deve comprovar inequivocamente tudo que alega, uma vez que o réu é presumidamente inocente, enquanto o ônus da Defesa é imperfeito (ou incompleto), já que basta para ela trazer a dúvida, posto que, sendo o acusado um inocente presumido, a dúvida levará à absolvição (absolvição por insuficiência da prova acusatória, ou *in dubio pro reo*, estancado no artigo 386, VII, do CPP).
4. LOPES JUNIOR, Aury. *Direito processual penal*. 11. ed. São Paulo: Saraiva, 2014. p. 220.

inequívoca, a existência e a autoria do crime (além de eventuais qualificadoras ou majorantes de pena). Do contrário, o réu será absolvido, seja pela certeza seja pela dúvida.

Esta última hipótese, isto é, dúvida quanto à existência dos fatos ou da autoria do crime, levará à absolvição do acusado por força do *in dubio pro reo* ou princípio do *favor rei* ou ainda *favor libertatis*, previsto no art. 386, VII, do Código de Processo Penal, com redação dada pela Lei 11.690/2008:

> Art. 386. O juiz absolverá o réu, mencionando a causa na parte dispositiva, desde que reconheça: [...] VII – não existir prova suficiente para a condenação.

À Defesa Técnica, se assim alegar, caberá produzir a prova das excludentes de ilicitude e culpabilidade, ou então eventuais causas desconstitutivas da tese acusatória (como um álibi, por exemplo), fazendo surgir a certeza ou, ao menos, fundadas dúvidas sobre elas.

Importante observar que a jurisprudência pacífica de nossos tribunais assevera que o princípio do estado de inocência não é incompatível com as prisões cautelares, porquanto a Constituição Federal admite explicitamente a prisão em flagrante (*portanto, prisão de alguém ainda não condenado*), e outras formas de prisão provisória por "*ordem escrita e fundamentada de autoridade judiciária competente*" (art. 5º, LXI). Destarte, existindo motivação idônea, necessidade da medida e estando presentes os pressupostos, condições de admissibilidade e requisitos legais, será possível a decretação da prisão cautelar (temporária ou preventiva).

2.1 O estado de inocência e a prisão após condenação em 2ª instância

Em que pese a presunção de não culpabilidade como princípio constitucional processual penal, há intensa discussão sobre a possibilidade (ou não) de que o réu já condenado em 2ª instância de jurisdição inicie imediatamente o cumprimento da pena, independentemente da presença dos pressupostos e requisitos da prisão preventiva, se ainda estiver pendente o julgamento de recursos não ordinários, ou seja, aqueles direcionados aos tribunais superiores (*recurso especial* para o STJ e/ou *recurso extraordinário* para o STF).

A discussão ganhou corpo quando o Supremo Tribunal Federal julgou o *habeas corpus* 126.292, em fevereiro de 2016, decidindo, por maioria de votos (6 x 5), que o início da pena poderia ocorrer, imediatamente, a partir do acórdão condenatório de segunda instância (ou seja, dos Tribunais Regionais Federais ou Tribunais de Justiça); entendimento que foi ratificado, na sequência, com o julgamento liminar das ações declaratórias de constitucionalidade (ADC) 43 e 44[5] e no julgamento do recurso extraordinário 964.246-SP, com repercussão geral.

Referidas decisões relativizaram o estado de inocência ao confrontá-lo com os princípios da *efetividade e celeridade da Justiça* (art. 5º, LXXVIII, da CF), considerando a inegável estatística de que a ampla maioria dos recursos aos tribunais superiores são improvidos[6] e de que boa parte deles são meramente protelatórios, com vistas ao atingimento da prescrição, causando indesejável impunidade.

A nosso ver, o fundamento que embasa tais decisões é correto, uma vez que a garantia do *estado de inocência*, como qualquer outra garantia ou direito, é relativa, podendo ceder quando em choque, no caso concreto, com outro direito ou garantia igualmente fundamental. Se fosse absoluto o estado de inocência, convenhamos que sequer a prisão cautelar poderia ser aceita (como justificar a prisão de alguém presumido inocente?). Aliás, nesse aspecto, é relevante recordar que o próprio STF já decide, há muitos anos, pela possibilidade da execução provisória da pena (ou seja, cumpri-la antes do trânsito em julgado) quando o acusado aguarda seu julgamento preso preventivamente, podendo até mesmo progredir de regime (Súmula 716 do STF), uma vez que o tempo de prisão processual, ao final, por força da detração, será descontado do montante da pena (art. 42 do CP). Evidente que, nesses casos, há prisão cautelar decretada (não é um cumprimento automático de pena), mas, na essência, temos uma *execução de pena que ainda não é definitiva*, pois ainda há recurso(s) pendente(s).

É importante observar, ainda, que a Convenção Interamericana de Direitos Humanos (Pacto de *San Jose* da Costa Rica), ao tratar do direito fundamental ao recurso (direito de revisão das decisões judiciais), assegura tão somente o duplo grau de jurisdição (art. 8º, 2, "h"), mas não um triplo (ao STJ) ou quádruplo (ao STF) grau, o qual não existe (nem deveria existir) no nosso ordenamento jurídico.[7]

Ressalta-se que os recursos extraordinário e especial têm por escopo a análise de afrontas à Constituição Federal (art. 102, III, "a", CF), Leis ou Tratados Internacionais (art. 105, III, "a", CF) e não a reavaliação da prova processual (Súmulas 279 do STF e 7 do STJ), de modo que o julgamento de mérito ocorre somente em

---

5. Movidas com o escopo de declarar constitucional o art. 283 do CPP, que prevê que a prisão só é possível se houver condenação definitiva (prisão-pena) ou prisão cautelar decretada judicialmente.
6. No julgamento das ADC 43, 44 e 54, o Min. Luís Roberto Barroso expôs que a Assessoria de Gestão Estratégica do STF fez um levantamento do período de 1º.01.2009 a 19.04.2016, dentro do qual somente *2,93%* dos recursos extraordinários e agravos movidos junto à Corte suprema foram providos; e que o percentual de recursos acolhidos em favor dos réus é de *1,12%*, sendo que o número de absolvições é de *apenas 0,035%* dos casos.
7. Observamos que países como Inglaterra, Estados Unidos, Canadá, Alemanha, França, Portugal, Espanha e Argentina executam as penas dos condenados após julgamento em segunda instância judicial, conforme citado pelo Min. Rel. Teori Zavascki no voto dado no mencionado *habeas corpus* 126.292-SP.

primeiro e em segundo grau de jurisdição.[8] Por esta razão, referidos recursos, como regra, não possuem efeito suspensivo (art. 1.029 do Código de Processo Civil, aplicável por analogia ao processo penal).

Em suma, o fato de penderem julgamentos de recursos não ordinários e sem efeito suspensivo nos tribunais superiores (STF e STJ) não deveria impedir o cumprimento imediato da sanção penal confirmada ou aplicada em segunda instância, pois é ela (TRF ou TJ) que, julgando em último grau o arcabouço probatório, dá a palavra final sobre o mérito da causa.

Apesar dos argumentos acima dispendidos, o mesmo Supremo Tribunal Federal, ao julgar o mérito das ações declaratórias (ADC) 43, 44 e 54, em outubro de 2019 (ou seja, três anos depois), mudou o entendimento, para *vedar o cumprimento automático* da pena após a condenação em segunda instância, sob o argumento de que a presunção de inocência não deve ser relativizada, já que a Constituição é clara e não admite interpretações semânticas. Enfatizou, nesta oportunidade, que os recursos extraordinários (ao STF) e especiais (ao STJ) podem, conforme circunstâncias específicas da causa em julgamento, alterar o resultado útil do processo, absolvendo, declarando nulidades, alterando penas etc. Desta feita, consoante este novo posicionamento, ou o Poder Judiciário decreta a prisão cautelar (se presentes seus pressupostos, requisitos e condições de admissibilidade) ou então se deve aguardar o trânsito em julgado para efetivar o cumprimento da pena imposta ao condenado.

A decisão final das ADC 43, 44 e 54 (em 2019) restabeleceu o entendimento que a Corte assumia antes do HC 126.292-SP (de 2016). Tal posicionamento prevalece até hoje. Assim, de acordo com o STF, havendo recursos a se julgar (ainda que não ordinários) não há que se falar em cumprimento imediato de pena.

3. PRINCÍPIO DA SOBERANIA DOS VEREDICTOS

Estabelece o artigo 5º, XXXVIII, da Constituição Federal da República que é reconhecida no Brasil a instituição do júri, caracterizada pela competência para o julgamento dos crimes dolosos contra a vida (alínea "d"); pela plenitude de defesa ('a"); pelo sigilo das votações ('b"); e pela *soberania dos veredictos* dos jurados ('c").

O veredicto é a decisão do jurado, expressa por meio do seu voto "SIM" ou "não" na cédula de votação dos quesitos submetidos pelo Juiz-Presidente. O veredicto, conforme texto constitucional, é soberano, ou seja, *supremo, maioral, senhor*. Isto significa que os jurados decidem a causa e que a votação, por maioria, proferida pelo Conselho de Sentença é irreversível quanto ao seu mérito.

---

8. Salvo no tribunal de júri, no qual a decisão de mérito é exclusivamente dos jurados, como veremos mais adiante neste texto.

Nas palavras de José Frederico Marques, a soberania deve ser entendida "como a impossibilidade de os juízes togados se substituírem aos jurados na decisão da causa".[9]

Rogério Sanches Cunha e Ronaldo Batista Pinto sintetizam que, por ele (princípio da soberania dos veredictos), "somente os jurados podem decidir pela procedência ou não da imputação (...) um tribunal formado por juízes togados não pode modificar, no mérito, a decisão do júri popular".[10]

A Constituição Federal de 1988 traz a instituição do tribunal do júri no rol dos direitos fundamentais do cidadão brasileiro, elencados no seu importantíssimo artigo 5º. Trata-se de uma *cláusula pétrea* do ordenamento jurídico. Ao estabelecer a instituição do júri com referido *status*, o constituinte originário reconheceu que é uma garantia fundamental do cidadão ser julgado por um júri popular, composto por seus pares, quando praticar um crime doloso contra a vida consumado ou tentado.

A Carta Magna trouxe de volta tão importante instituição ("esquecida" na Constituição de 1967 e na emenda constitucional de 1969), símbolo do poder popular, essencial num Estado Democrático de Direito. Ora, se *todo poder emana do povo* (artigo 1º, parágrafo único, da CF/88), é preciosa a presença popular também dentro do Poder Judiciário, tomando parte do julgamento das condutas que dolosamente atentam contra a vida, bem jurídico-penal mais importante do nosso ordenamento jurídico.

Se a instituição do júri representa o poder do povo, é forçoso reconhecer que sua decisão deve ser soberana, portanto, imutável.

Nas lições de Márcio Augusto Friggi de Carvalho, "o respeito à soberania dos veredictos é essencial à própria existência da instituição, constituindo-se sua pedra fundamental".[11]

Ainda que seja um direito fundamental, um princípio basilar do Estado Democrático, a soberania dos veredictos, tal como os demais direitos e garantias que compõem o nosso sistema, não é absoluto, devendo ser submetido, por óbvio, a mecanismo de controle. Por isso, o Código de Processo Penal, em seu artigo 593, III, "d", prevê a possibilidade de interposição de recurso de apelação contra

---

9. MARQUES, José Frederico. *Elementos de Direito Processual Penal*. São Paulo: Milennium, 2003. vol. III, p. 262.
10. SANCHES CUNHA, Rogério; BATISTA PINTO, Ronaldo. *Tribunal do Júri*: procedimento especial comentado por artigos. 4.ed. Salvador: JusPodivm, 2018, p. 24.
11. FRIGGI DE CARVALHO, Márcio. *Colaboração premiada aplicada ao procedimento do tribunal do júri*. Belo Horizonte: Forum, 2022, p. 219.

a decisão do Tribunal do Júri, quando ela for *manifestamente contrária às provas dos autos*.[12]

Assim, embora vigore o princípio da soberania da decisão do Conselho de Sentença (7 jurados que julgam a causa), é preciso que exista um controle judicial da legalidade da decisão, que obviamente deve se basear no acervo probatório que integra o processo. Há soberania; não arbitrariedade.

Se o jurado não decidir de acordo com a prova, mas sim de forma claramente divergente dela, o Tribunal de apelação sujeitará o acusado a novo julgamento (art. 593, § 3º, do CPP). Isso se dá porque o tribunal *ad quem* fará um controle de legalidade da decisão, a qual, embora soberana, possui limites, não podendo ser ilegal ou arbitrária. Se o tribunal de apelação (TRF ou TJ) verificar que a decisão do Conselho de Sentença não tem lastro na prova dos autos, mandará realizar outro julgamento.

Note-se que, devido à soberania do júri popular, o tribunal *ad quem* não julgará o mérito (não substituirá o jurado), mas apenas determinará que um novo colegiado de jurados julgue, mais uma vez, o mérito. Desta forma, a 2ª instância (TRF ou TJ) não deverá apreciar o mérito (porquanto a opinião jurídica dos desembargadores sobre o caso não importa), mas sim verificar, simplesmente, se a decisão do júri possui (ou não) amparo na prova amealhada no processo.

Guilherme Madeira Dezem descreve que a decisão manifestamente contrária à prova dos autos é aquela que "não encontra nenhum respaldo no conjunto probatório". Segue, elucidando que "se há duas versões para o caso e ambas se encontram amparadas pelas provas dos autos, então não há que se falar em decisão manifestamente contrária à prova dos autos".[13]

Se o Tribunal *ad quem* entender que a decisão dos jurados é manifestamente contrária à prova dos autos, determinará a realização de outro julgamento pelo Tribunal do Júri. Neste segundo julgamento, haverá uma nova decisão e contra esta não caberá nova apelação com fulcro no art. 593, III, "d", do CPP, pois a lei processual limita esta hipótese a uma única vez (§ 3º, parte final).

---

12. O artigo 593, III, prevê 4 possibilidade de apelação contra as decisões do júri. 2 delas, contudo, não buscam revisar o veredicto dos jurados, mas sim a sentença do juiz-presidente, quando ela for contrária à lei expressa ou à própria decisão dos jurados ('b') ou quando houver erro ou injustiça no tocante à aplicação da pena ou da medida de segurança ("c"). Nestas 2 hipóteses, o tribunal *ad quem* fará a devida retificação (§§ 1º e 2º). Outra delas busca sanar nulidade posterior à pronúncia ("a"), a qual, se reconhecida, implicará em novo julgamento, escoimado da nulidade. Portanto, a revisão propriamente dita se dará somente na hipótese da alínea "d", quando o tribunal de apelação analisará se a decisão é contrária à prova dos autos.
13. MADEIRA DEZEM, Guilherme. *Curso de Processo Penal*. 7.ed. São Paulo: Thomson Reuters Brasil – Revista dos Tribunais, 2021, p. 1.322-1.323.

4. CHOQUE ENTRE OS PRINCÍPIOS? COMO RESOLVER?

Sendo soberano o júri, sua decisão de mérito é imodificável, ressalvada sua substituição por outra decisão do júri num segundo julgamento se – e somente se – o primeiro veredicto popular for considerado, pelo tribunal *ad quem*, manifestamente contrário à prova dos autos.

Manifestamente contrária à prova dos autos do processo é aquela decisão arbitrária, sem respaldo em nenhuma das teses ou versões sustentadas em plenário pelo Ministério Público ou pela Defesa Técnica. Portanto, ela não é usual, mas excepcional.

Se a decisão do Conselho de Sentença é definitiva quanto ao mérito, seria correto dizer que o réu condenado pelo júri popular perde seu estado de presumidamente inocente? Noutras palavras, se ele foi julgado por um tribunal popular soberano que reconheceu sua responsabilidade penal (e esta decisão de mérito é irreversível), ele passa a ser tecnicamente culpado, ainda que seu recurso de apelação esteja pendente de análise? Ou ainda: o princípio da soberania dos veredictos pode limitar o estado de inocência?

Antes de respondermos essas indagações, faremos uma análise do artigo 492, I, "e", do CPP (com redação dada pela Lei 13.964/2019) bem como dos votos já proferidos no Recurso Extraordinário 1.235.349 em trâmite no Supremo Tribunal Federal.

4.1 A regra do artigo 492, I, "e", do Código de Processo Penal

A Lei 13.964/2019, apelidada de "pacote anticrime", fez diversas alterações na legislação penal e processual penal. Referida norma, ao realizar mudanças no Código de Processo Penal, em nossa opinião reforçou o princípio de estado (ou presunção) de inocência no art. 313, § 2º, mas, paradoxalmente, o afrouxou no art. 492, I, "e".

Com efeito, o § 2º do artigo 313 do CPP prevê que "não será admitida a decretação da prisão preventiva com a finalidade de antecipação de cumprimento de pena". Tal dispositivo legal diferencia prisão-pena (prisão para execução da sentença condenatória) de prisão preventiva (prisão processual que depende da existência dos pressupostos, requisitos e condições de admissibilidade dos artigos 312 e 313 do CPP), deixando claro que não deve existir prisão processual para adiantamento de uma possível pena, afinal o réu processado é presumidamente inocente até sua culpa ser definitivamente demonstrada pelo órgão acusatório. O artigo 313, § 2º, segue a diretriz do mais recente entendimento do STF (2019) quanto à não flexibilização do estado de inocência.

Ocorre que o "pacote anticrime" também modificou a alínea "e" do inciso I do artigo 492 do CPP, prevendo que, no Tribunal do Júri, o Juiz Presidente mandará o acusado recolher-se ou recomendá-lo-á à prisão em que se encontra, se presentes os requisitos da prisão preventiva, ou, no caso de condenação a uma pena igual ou superior a 15 (quinze) anos de reclusão, determinará a execução provisória das penas, com expedição do mandado de prisão, se for o caso, sem prejuízo do conhecimento de recursos que vierem a ser interpostos.

Portanto, em caso de condenação do acusado no Tribunal do Júri, o Juiz-Presidente tem 2 opções ao proferir a sentença: determinar a prisão preventiva, se presentes os pressupostos e requisitos legais; ou, se a pena for de 15 anos ou mais, determinar que o réu inicie, *imediatamente*, o cumprimento da pena, ainda que haja recurso de apelação (o qual, como regra, não tem efeito suspensivo).

A nova redação do art. 492, I, "e", do CPP vai na contramão do entendimento prolatado em 2019 pelo STF, porquanto admite o início do cumprimento da sanção penal independentemente da análise dos requisitos da prisão preventiva e, em razão disso, tem sua constitucionalidade contestada tanto pela jurisprudência[14] como pela doutrina. Neste sentido, Guilherme Madeira Dezem arrazoa que a alínea "e" do inc. I do art. 492 do CPP é inconstitucional por violar o duplo grau de jurisdição e por determinar a prisão automática antes do trânsito em julgado.[15]

De outro lado, surge a posição de que o art. 492, I, "e" tem como fundamento a *soberania dos veredictos* estabelecida no art. 5º, XXXVIII, "c", da CF (como já estudamos acima), isto é, a decisão tomada pelo júri não pode ser alterada, no mérito, por nenhum Tribunal, razão pela qual ela pode ser prontamente executada.

Francisco Dirceu Barros, ao defender a imediata execução do veredicto condenatório do Tribunal do Júri, explana que:

> condicionar a aplicação da soberania dos veredictos ao transito em julgado da sentença penal condenatória equivale ao próprio esvaziamento do conteúdo nele impregnado – porque de ínfima interferência na eficácia social –, além de patente violação à proibição da proteção insuficiente dos direitos fundamentais em matéria criminal
>
> (...)
>
> a plena oportunidade para que o acusado exerça sua defesa no julgamento é, portanto, outro fator que agrega para justificar a execução imediata da pena. A plenitude de defesa é algo que não se repete nas fases recursais, que, se insiste, não revisam o mérito a não ser em casos excepcionalíssimos.[16]

---

14. Neste sentido, o HC 2042353-26.2020.8.26.0000 da 16ª Câmara do TJSP, Rel. Des. Camargo Aranha, julgado em 03/04/2020, que, amparando-se nas decisões das ADC 43, 44 e 54, concedeu ordem a paciente condenado a pena superior a 30 anos pelo II Tribunal do Júri de São Paulo (Capital), sob o argumento de que a pena somente pode ser iniciada após o julgamento de todas as possibilidade de recurso.
15. Op. cit., p. 1.325.
16. BARROS, Francisco Dirceu. *Manual do Júri*. 5.ed. Lem/SP, JH Mizuno, 2020, p. 849-850.

Aliás, no julgamento das ADC 43, 44 e 54, o Ministro Roberto Barroso alertou que o julgamento não absorveria as decisões do Tribunal do Júri, devido à soberania dos veredictos. Na ocasião, citando sua decisão tomada no HC 118.170, o Ministro expôs que a não execução da condenação determinada pelo júri popular representaria "proteção insatisfatória dos direitos fundamentais, como a vida, a dignidade humana e a integridade física e moral das pessoas". No mesmo sentido prelecionou o então Presidente Ministro Dias Toffoli, ao citar que a decisão dos jurados possui caráter de intangibilidade quanto ao seu mérito e mencionou decisão anterior proferida no HC 114.214-PA, no caso do homicídio da missionária Dorothy Mae Stang.[17]

Claro que se pode questionar: se o júri é soberano, por que não se executar qualquer pena, mas somente as iguais ou superiores a 15 anos?

Parece-nos que a opção do legislador foi fazer prevalecer a soberania dos veredictos sobre a presunção de inocência nos casos mais graves, ou seja, naqueles que a pena atinge 15 anos ou mais; mas inverter o raciocínio nos casos menos gravosos (penas inferiores). Há um evidente choque entre princípios constitucionais, optando o legislador por fazer um deles prevalecer sobre o outro a depender da gravidade maior ou menor do caso concreto.

Pensamos que é um critério descabido. A soberania dos veredictos não tem nenhuma relação com a maior ou menor gravidade do caso concreto. A soberania dos veredictos, como já explicado, tem assento constitucional na soberania popular (*todo poder emana do povo*), razão pela qual o mérito da decisão do júri não é reavaliado pelo tribunal *ad quem*. A prevalência ou não de um princípio sobre o outro (numa colisão entre *soberania dos veredictos* e o *estado de inocência*) deve ter como norte o *princípio da proporcionalidade* e uma ponderação entre os bens jurídico-penais envolvidos (como veremos no item 4.3) e não a pena concretamente aplicada pelo Juiz-Presidente.

Observamos, por fim, que a legislação prevê duas exceções para o cumprimento imediato da pena de 15 anos ou mais.

1 – Conforme art. 492, § 3º, *o Juiz-Presidente poderá, excepcionalmente, deixar de autorizar a execução provisória se houver questão substancial cuja resolução pelo tribunal ad quem possa, plausivelmente, levar à revisão da condenação*. Os termos utilizados pela Lei ("questão substancial" e "plausivelmente") são genéricos e não são autoexplicativos. Ao que parece, o legislador quis se referir a casos em que o Juiz-Presidente nota a possibilidade de anulação do julgamento pelo tribunal de

---

17. Disponível em: https://portal.stf.jus.br/processos/downloadPeca.asp?id=15344948872&ext=.pdf ,p. 474. Acesso em: 11 mar. 2023.

apelação ou que a decisão dos jurados foi manifestamente contrária à prova dos autos e que outro julgamento deverá ser realizado em substituição.

2 – Embora a apelação interposta contra decisão condenatória do Tribunal do Júri a uma pena igual ou superior a 15 (quinze) anos de reclusão não tenha efeito suspensivo (§ 4º), o tribunal *ad quem* poderá atribui-lo quando verificar que o recurso não tem propósito meramente protelatório (§ 5º, I); e, cumulativamente, levanta questão que possa resultar em absolvição, anulação da sentença, novo julgamento ou redução da pena para patamar inferior a 15 (quinze) anos de reclusão (§ 5º, II).

Parte do § 5º, II se reveste de *inconstitucionalidade*, pois não existe questão que possa resultar em absolvição pelo tribunal *ad quem*, pois este não julga o mérito, sob pena de ofensa à soberania dos veredictos. De todo modo, o Relator da apelação poderá conceder-lhe efeito suspensivo (obstando, por conseguinte, a execução imediata da pena) se o recurso não for protelatório e se verificar, de plano, que houve alguma nulidade no curso do julgamento ou que a decisão do júri foi manifestamente contrária a prova dos autos (nestas hipóteses, haverá a realização de outro julgamento, razão pela qual não se deve iniciar o cumprimento da pena imposta ao réu).

4.2 O Recurso Extraordinário 1.235.349-STF

Com base nas premissas constitucionais da competência do Tribunal do Júri para o julgamento de crimes dolosos contra a vida e da soberania dos veredictos, a 1ª Turma do STF, no julgamento do HC 118.770, em 2017, decidiu que a execução imediata da pena após condenação pelo Tribunal do Júri *não viola* o *princípio da presunção de inocência* ou da *não culpabilidade*, independentemente do julgamento da apelação ou de qualquer outro recurso.

Observa-se, todavia, que o próprio Supremo Tribunal Federal possui diversas decisões monocráticas em sentido oposto.

Em razão disso, foi dada pelo Relator Ministro Roberto Barroso, em 25.10.2019, *repercussão geral* no Recurso Extraordinário 1.235.340-SC, interposto pelo Ministério Público de Santa Catarina (MPSC) contra um acórdão do STJ que afastou a prisão imediata para cumprimento de pena – determinada pelo TJ/SC – de um réu condenado por feminicídio. No RExt, cujo julgamento ainda não foi finalizado, estabeleceu-se repercussão geral justamente para que o plenário do STF aponte a possibilidade (ou não) de execução provisória das decisões do Tribunal do Júri, por força da soberania dos veredictos.

Em 18.11.2019, a Procuradoria-Geral da República deu parecer favorável ao provimento do recurso, para admitir a execução imediata da pena. O Vice

Procurador-Geral da República, José Bonifácio Borges de Andrade, enfatizou que o veredicto condenatório do júri, por ser soberano, impõe à apelação uma devolutividade significantemente restrita porque a decisão do Conselho de Sentença não pode ser substituída pelo Tribunal *ad quem* (intangibilidade material). Argumentou, também, que a presunção de inocência é um princípio sem caráter absoluto e, por isso, "deve ceder à efetividade do sistema penal" porque a "consistência da imputação está substancialmente evoluída".[18]

O julgamento teve início em sessão virtual[19] realizada em 24 de abril de 2020.

O Relator Min. Roberto Barroso votou a favor da execução imediata da condenação, propondo a seguinte tese (tema 1.068 da repercussão geral):

> A soberania dos veredictos do Tribunal do Júri autoriza a imediata execução de condenação imposta pelo corpo de jurados, independentemente do total da pena aplicada.

O Min. Dias Toffoli acompanhou o Relator.

Na sequência, o Min. Gilmar Mendes abriu a divergência, votando pelo improvimento do recurso extraordinário, de modo a manter a vedação à execução imediata da pena imposta pelo Tribunal do Júri e pela declaração de inconstitucionalidade da nova redação determinada pela Lei 13.964/2019 ao art. 492, I, e, do Código de Processo Penal, propondo a seguinte tese:

> A Constituição Federal, levando em conta a presunção de inocência (art. 5º, inciso LV), e a Convenção Americana de Direitos Humanos, em razão do direito de recurso do condenado (art. 8.2.h), vedam a execução imediata das condenações proferidas por Tribunal do Júri, mas a prisão preventiva do condenado pode ser decretada motivadamente, nos termos do art. 312 do CPP, pelo Juiz Presidente a partir dos fatos e fundamentos assentados pelos Jurados.

Após pedido de vista do Min. Ricardo Lewandowski, o julgamento foi retomado em 10.11.2022, com o dito Ministro votando pelo improvimento do recurso extraordinário, com declaração incidental de inconstitucionalidade da nova redação do art. 492, I, "e", do CPP, aderindo integralmente à tese proposta no voto divergente do Ministro Gilmar Mendes.

Na sequência, votou o Ministro Alexandre de Moraes, que acompanhou o Relator, conhecendo do recurso e, no mérito, dando-lhe provimento, para determinar a execução imediata da condenação preveniente do Tribunal do Júri. O Ministro propôs a fixação da seguinte tese:

---

18. Disponível em: https://portal.stf.jus.br/processos/downloadPeca.asp?id=15341749648&ext=.pdf. Acesso em: 11 mar. 2023.
19. Virtual devido à pandemia de COVID-19.

A prisão do réu condenado por decisão do Tribunal do Júri, ainda que sujeita a recurso, não viola o princípio constitucional da presunção de inocência ou não culpabilidade, tendo em vista que as decisões por ele proferidas são soberanas (art. 5º, XXXVIII, da CF).

A Ministra Carmen Lúcia também acompanhou o Relator.

O Ministro André Mendonça pediu vista e o julgamento foi novamente suspenso, não tendo retornado até a data de publicação deste artigo.

A Ministra Rosa Weber (atual Presidente) antecipou seu voto, acompanhando o voto divergente e a tese proposta pelo Ministro Gilmar Mendes.

A situação atual, portanto, é de 4 votos favoráveis à execução imediata da pena (Ministros Roberto Barroso, Dias Toffoli, Alexandre de Moraes e Carmen Lúcia) e 3 votos contrários (Ministros Gilmar Mendes, Ricardo Lewandowski e Rosa Weber – voto antecipado).[20] Restam 4 votos (Ministros André Mendonça – que pediu vista –, Luiz Fux, Edson Fachin e Nunes Marques).

4.3 Posicionamento do autor

O princípio do estado de inocência é basilar e relevantíssimo num Estado Democrático de Direito. Todavia, ele não é absoluto, assim como nenhum outro direito e garantia. Portanto, quando confrontado com outro princípio – também de índole constitucional – ele pode ceder. Isto acontecerá quando o choque se der com o princípio da soberania dos veredictos.

A adequada solução do embate entre os princípios deve perpassar pelo *princípio da proporcionalidade*, o qual possui uma dupla faceta: a proibição do excesso e a proibição da proteção deficiente. Isto significa que a tutela estatal não pode, de um lado, ser imoderada em face do acusado, nem, de outro, ser ineficaz para amparar o bem jurídico-penal. Consoante Lenio Luiz Streck:

> A proporcionalidade possui uma dupla face: de proteção positiva e de proteção de omissões estatais. Ou seja, a inconstitucionalidade pode ser decorrente de excesso do Estado, caso em que determinado ato é desarrazoado, resultando desproporcional o resultado do sopesamento entre fins e meios; de outro, a inconstitucionalidade pode advir de proteção insuficiente de um direito fundamental-social, como ocorre quando o Estado abre mão do uso de determinadas sanções penais ou administrativas para proteger determinados bens jurídicos.[21]

Sobre a mesma temática, Edilson Mougenot Bonfim afirma que:

---

20. Extrato do RExt disponível em: https://portal.stf.jus.br/processos/detalhe.asp?incidente=5776893. Acesso em: 11 mar. 2023.
21. STRECK, Lenio Luiz. *A dupla face do princípio da proporcionalidade*: da proibição de excesso ("*übermassverbot*") à proibição da proteção deficiente ("*untermassver-bot*") ou de como não há blindagem contra as normas penais inconstitucionais. Revista da Ajuris: doutrina e jurisprudência, Porto Alegre, a. 32, n. 97, mar. 2005, p. 180.

Outra modalidade do princípio da proporcionalidade é a da proibição da proteção deficiente ou princípio da proibição da infra-proteção, pela qual se compreende que, uma vez que o Estado se compromete pela via constitucional a tutelar bens e valores fundamentais (vida, liberdade, honra etc.), deve fazê-lo obrigatoriamente na melhor medida possível.[22]

Pois bem. As decisões do Tribunal do Júri decorrem do princípio da soberania popular, pilar da Democracia. Todo poder provém do povo e o povo, ao compor o Conselho de Sentença (participação popular dentro do Poder Judiciário), decide a causa. Essa decisão não é passível de revisão de mérito pelos tribunais togados, salvo quando manifestamente contrária à prova dos autos, quando o julgamento é refeito, sendo a decisão do júri substituída pela decisão de outro júri popular, num segundo julgamento.

Ora, a decisão do Júri possui *intangibilidade material*, de maneira que, para se garantir a efetividade do sistema penal, a pena deve ser imediatamente executada após a condenação em plenário.

Pensamento inverso protege o acusado, que seguirá recorrendo até última instância, mas gera indesejável ineficácia do sistema. Enfatizamos que as chances de reversão da decisão são mínimas, pois o mérito já está julgado – e, mais que isso, julgado pelo povo, como determina a Constituição cidadã.

Ressalta-se que o Tribunal do Júri julga casos de crimes dolosos contra a vida, bem jurídico-penal de maior relevância. Ao se condenar alguém que, por intenção ou assunção do risco, ceifou a vida de outrem, é necessário que o sistema processual penal funcione de maneira efetiva e célere, o que somente se faz viável com a prisão imediata do acusado logo após o julgamento em plenário, para iniciar, de pronto, o cumprimento da sanção imposta.

Nunca é demais lembrar que a condenação pelo júri pressupõe um processo--crime caracterizado pelo devido processo legal e pela plenitude de Defesa. Há um processo bifásico, com provas colhidas no sumário da culpa (que termina com a sentença de pronúncia) e na sessão plenária de julgamento. O acusado se defende (autodefesa e Defesa Técnica), plenamente, da forma que pretender e somente será condenado se o Júri votar positivamente para a materialidade e autoria do crime e se, após isso, votar negativamente ao *quesito genérico de absolvição*, no qual cabem variadas teses defensivas, técnicas ou não, incluindo a clemência.

O júri, soberano, reconheceu a culpa do réu, em decisão intangível. Essa soberania visivelmente flexibiliza o *status* de inocente, o que legitima o início do cumprimento da sanção penal imposta.

---

22. BONFIM, Edilson Mougenot. *Curso de processo penal*. 7. ed. São Paulo: Saraiva: 2012. p. 101-104.

A não execução imediata da sanção, como bem ponderado pelo Ministro Roberto Barroso, vulnera diretos fundamentais (bem jurídicos-penais) preciosos para o Estado Democrático de Direito, como a vida, a integridade e a dignidade da pessoa humana (lembrando o réu tolheu ou tentou tolher a vida da vítima).

Portanto, a posição que sustentamos, com pálio no princípio da proporcionalidade, é a de dar guarida ao princípio da soberania dos veredictos em detrimento do estado de inocência, permitindo-se a execução imediata da pena após condenação em plenário do júri, independentemente do *quantum* da pena (critério inadequado estabelecido pelo "pacote anticrime"), observando-se a possibilidade de que o Juiz-Presidente ou o Desembargador Relator da apelação dê, excepcionalmente, efeito suspensivo ao recurso (evitando-se a imediata execução da pena) dentro das hipóteses legais estatuídas nos §§ 3º e 5º do art. 492 do Código de Processo Penal.

5. REFERÊNCIAS

BARROS, Francisco Dirceu. *Manual do Júri*. 5.ed. Lem/SP, JH Mizuno, 2020.

BONFIM, Edilson Mougenot. *Curso de processo penal*. 7. ed. São Paulo: Saraiva: 2012.

FERRAJOLI, Luigi. *Direito e razão*: teoria do garantismo penal. 4. ed. São Paulo: Ed. RT, 2014.

FRIGGI DE CARVALHO, Márcio. *Colaboração premiada aplicada ao procedimento do tribunal do júri*. Belo Horizonte: Forum, 2022.

LOPES JUNIOR, Aury. *Direito processual penal*. 11. ed. São Paulo: Saraiva, 2014.

MADEIRA DEZEM, Guilherme. *Curso de Processo Penal*. 7.ed. São Paulo: Thomson Reuters Brasil – Revista dos Tribunais, 2021.

MARQUES, José Frederico. *Elementos de Direito Processual Penal*. São Paulo: Milennium, 2003. v. III.

SANCHES CUNHA, Rogério; BATISTA PINTO, Ronaldo. *Tribunal do Júri*: procedimento especial comentado por artigos. 4. ed. Salvador: JusPodivm, 2018.

STRECK, Lenio Luiz. A dupla face do princípio da proporcionalidade: da proibição de excesso ("*übermassverbot*") à proibição da proteção deficiente ("*untermassver-bot*") ou de como não há blindagem contra as normas penais inconstitucionais. *Revista da Ajuris*: doutrina e jurisprudência, Porto Alegre, a. 32, n. 97, mar. 2005.

O QUESITO ABSOLUTÓRIO E A SOBERANIA DOS VEREDICTOS

Felipe Eduardo Levit Zilberman
Mestre em Direito das Relações Sociais pela Pontifícia Universidade Católica de São Paulo – PUC/SP. Promotor de Justiça do I Tribunal do Júri da Capital.

O princípio da dignidade da pessoa humana, expressamente consagrado no artigo 1º, inciso III, da Constituição Federal, constitui pilar fundamental do Estado Democrático de Direito brasileiro. Dele derivam todos os demais princípios constitucionais. A legitimidade do Tribunal do Júri nele se fundamenta. Daí porque os princípios constitucionais da plenitude da defesa, soberania dos veredictos e do sigilo das votações somente se legitimam quando fundados em incondicional respeito ao princípio humanitário em toda a sua extensão. O quesito absolutório genérico conferiu aos jurados franquias decisórias próprias, porém não ilimitadas. Condenações sem amparo em provas e absolvições manifestamente contrárias a provas licitamente produzidas em processo criminal regularmente constituído sob as garantias do devido processo legal, e com respeito ao contraditório e à ampla defesa, não encontram legitimidade nos princípios constitucionais que alicerçam o Estado Democrático de Direito e a própria instituição do Júri, que tem no princípio da dignidade da pessoa humana o seu fundamento de validade. Com base nessa premissa, impõe-se a conclusão de que os veredictos do conselho de sentença, sejam absolutórios ou condenatórios, permanecem submetidos à possibilidade de reexame por superior instância, dada a necessidade de verificação de sua validade à luz das provas coligidas nos autos, não havendo possibilidade jurídica de veredicto dissociado dos valores e princípios fundamentais constitucionalmente instituídos, em manifesta contrariedade à prova dos autos.

A instituição do Júri no Brasil completou recentemente duzentos anos de existência, assinalando página da história que se confunde com a da própria independência do país, fundado na primeira Carta Constitucional de 1824 como nação livre e independente. Em 18 de junho de 1822, por Decreto do Príncipe Regente, instituiu-se o Tribunal do Júri com competência para julgamento dos crimes de imprensa.

O simbolismo da data merece comemoração ao mesmo tempo em que enseja profunda reflexão a todos que se preocupam com o respeito aos direitos humanos fundamentais, bem como com a preservação dos valores democráticos submetidos ao crivo do julgamento popular nas sessões do Tribunal do Júri. O momento histórico impõe a reafirmação dos princípios que norteiam a instituição do Júri sob a ótica indissociável de seu respeito aos direitos humanos fundamentais e ao regime democrático.

Isto porque a própria legitimidade dos veredictos do tribunal popular decorre da observância de seus princípios constitucionais, assegurados os direitos fundamentais e as demais garantias constitucionais de que todos os réus também são detentores, sejam os acusados de crimes dolosos contra a vida, sejam os acusados dos demais crimes não compreendidos na competência constitucionalmente atribuída ao Tribunal do Júri. Todos, enfim, encontram-se sob a égide do princípio da dignidade da pessoa humana.

Nenhuma legitimidade, contudo, decorre de julgamento condenatório ou absolutório ocorrido em violação ao princípio constitucional informador de todo o Direito Penal brasileiro, qual seja, o da dignidade da pessoa humana.

A palavra princípio aqui é utilizada no sentido preciso que lhe atribui Celso Antonio Bandeira de Mello: "mandamento nuclear de um sistema, verdadeiro alicerce dele, disposição fundamental que se irradia sobre diferentes normas compondo-lhes o espírito e servindo de critério para sua exata compreensão e inteligência, exatamente por definir a lógica e a racionalidade do sistema normativo, no que lhe confere a tônica e lhe dá sentido harmônico. É o conhecimento dos princípios que preside a intelecção das diferentes partes componentes do todo unitário que há por nome sistema jurídico positivo".[1]

O princípio da dignidade da pessoa humana, consagrado expressamente no artigo 1º, inciso III, da Constituição Federal, constitui verdadeira viga mestra de todo o ordenamento jurídico brasileiro. Dele derivam todos os demais princípios constitucionais implícitos e explícitos, inclusive e notadamente os relativos ao Tribunal do Júri, insculpidos no artigo 5º, inciso XXXVIII: plenitude de defesa, sigilo das votações, soberania dos veredictos e competência para o julgamento dos crimes dolosos contra a vida.

Essas diretrizes aplicam-se, como não poderia deixar de ser, a todo o ordenamento jurídico e, particularmente, no que toca ao Poder Judiciário, a todo e qualquer julgamento criminal. Daí porque tanto as sanções penais impostas em decisões condenatórias como os veredictos absolutórios, enquanto expressões soberanas de julgamentos proferidos no exercício do poder-dever estatal de julgar, somente se legitimam quando baseadas em incondicional respeito ao princípio

---

1. BANDEIRA DE MELLO, Celso Antonio. *Curso de direito administrativo*. 21. ed. São Paulo: Malheiros, 2006. p. 912-913.

da dignidade da pessoa humana. As decisões do Tribunal do Júri, sejam elas condenatórias ou absolutórias, têm no princípio de humanidade seu fundamento de validade. O princípio humanitário rege, portanto, toda a atuação jurisdicional prevista no ordenamento jurídico.

Há que se ter presente, sobretudo, constituir-se a República Federativa do Brasil em Estado Democrático de Direito, consoante expressa disposição consagrada no artigo 1º da Constituição Federal, não havendo interpretação legítima e válida a respeito de possíveis controvérsias infralegais pertinentes ao Tribunal do Júri que desconsidere este imperativo constitucional.

É nesse sentido, e como corolários deste princípio informador de toda a ordem jurídica, que decorrem, como consequência lógica, os princípios constitucionais aplicáveis ao Tribunal do Júri, dentre eles o princípio da soberania dos veredictos.

A reforma do Código de Processo Penal de 2008, instituída pela Lei 11.689, modificou substancialmente o rito procedimental dos crimes submetidos a julgamento pelo Tribunal do Júri no Brasil. Importante alteração se deu na forma e na ordem dos quesitos submetidos ao Conselho de Sentença. Com o propósito de simplificar a votação, evitando-se o surgimento de nulidades decorrentes do intrincado sistema de quesitação até então vigente, atendeu-se ao quanto preconizado pela quase unanimidade da doutrina, que há décadas advertia para as dificuldades decorrentes da complexidade técnica das séries de quesitos submetidas à apreciação de julgadores leigos. Optou-se por sistema mais simplificado, que conglobasse toda a complexidade das teses jurídicas que pudessem conduzir à absolvição num único e obrigatório quesito, evitando-se, assim, a ocorrência de nulidades por vícios na votação dos julgamentos pelo Tribunal do Júri, que, de tão frequentes, ensejavam severas críticas doutrinárias à instituição do Júri no país. Tudo em consequência do complexo e intrincado sistema de votação até então vigente.

Com a aludida reforma legal, o artigo 483 do Código de Processo Penal passou a exigir a formulação de quesitos aos jurados na seguinte ordem: em primeiro lugar o referente à materialidade do crime, seguido daquele destinado ao estabelecimento da autoria e participação. Na sequência, instituiu-se o quesito obrigatório formulado com a seguinte indagação: o jurado absolve o acusado?

A pergunta, a ser formulada de forma genérica, deve ser realizada sem qualquer especificação quanto aos motivos, razões ou fundamentos que possam povoar a íntima convicção do julgador, sejam de ordem jurídica ou fática. Indaga-se ao jurado se o acusado deve ou não ser absolvido. Somente isso. Não se busca identificar as razões que possam levar o julgador a esta ou aquela decisão. O jurado decide com uma única resposta, sim ou não, pela absolvição ou condenação do réu.

Por óbvio, não se pretendeu, com essa alteração procedimental, que o ordenamento jurídico brasileiro se desfizesse de seus mais elementares e basilares princípios civilizatórios, historicamente conquistados ao longo do tempo. Tampouco seria juridicamente possível fazê-lo com mera alteração legislativa infraconstitucional.

O ordenamento jurídico brasileiro constitui-se, à evidência, em edifício fundado em pilares mais sólidos. Daí por que a aludida alteração legal somente merece interpretação que se coadune com os valores e princípios constitucionais que possibilitaram a sua própria existência. Por outras palavras, a Constituição da República não admite interpretação a texto legal que não se compatibilize com seus próprios princípios fundamentais, e sobre os quais se encontra solidamente edificado o sistema jurídico penal pátrio.

Em julgamento em trâmite perante o Supremo Tribunal Federal[2], em que se reconheceu a existência de repercussão geral da questão constitucional suscitada, indaga-se acerca da impugnabilidade de absolvição, fundada no aludido quesito genérico, que contrarie manifestamente a prova dos autos. Em outros termos, o que está em discussão é se eventual absolvição que contrarie manifestamente a prova dos autos pode ser objeto de impugnação por meio de recurso de apelação. Aventa-se a possibilidade de imutabilidade de decisão absolutória do júri ante a resposta afirmativa ao quesito genérico obrigatório, como decorrência do princípio da soberania dos veredictos, constitucionalmente previsto no artigo 5º, XXXVIII, "c", da Constituição Federal.

A tradicional jurisprudência do Supremo Tribunal Federal sempre admitiu a perfeita compatibilidade entre o princípio da soberania dos veredictos e a possibilidade de anulação de sentença, seja absolutória ou condenatória, pelo mérito, quando oriunda de decisão manifestamente contrária à prova dos autos, admitindo-se, por conseguinte, a constitucionalidade do artigo 593, inciso III, alínea "d", do Código de Processo Penal.

O que se discute atualmente no Supremo Tribunal Federal é se, com a alteração legislativa introduzida pela Lei 11.689, que incluiu o quesito absolutório genérico e obrigatório previsto no artigo 483, inciso III, do Código de Processo Penal, estaria aberta a possibilidade de existência no sistema jurídico de decisões absolutórias contrárias à prova dos autos, sem qualquer possibilidade de reexame recursal.

Estaria mesmo o ordenamento jurídico brasileiro a autorizar a decisão aberrante de toda a prova dos autos, por insondável sentimento de clemência? Estariam legitimadas aquelas outras decisões oriundas de não tão nobres intenções, mas

---

2. Repercussão Geral no Recurso Extraordinário com Agravo 1.225.185 – Minas Gerais.

decorrentes de subalterna conivência, ou condescendência, criminosa? Haveria realmente legitimidade constitucional em absolvições decorrentes de abjeto sentimento de racismo, conivência ao nazifascismo, de inferior machismo ou homofobia? A alteração legislativa que procurou simplificar a votação dos quesitos teria trazido efetivamente ao ordenamento jurídico brasileiro a possibilidade de os jurados validarem a pena de morte imposta em execuções sumárias perpetradas, por exemplo, por inaceitável violência policial nas periferias das grandes cidades?

A resposta a todas essas indagações é obviamente negativa.

O ordenamento jurídico constitucional brasileiro persiste fundado no mesmo Estado Democrático de Direito existente quando veio à lume a pontual e procedimental alteração legislativa preconizada pela Lei 11.689 a respeito da forma de quesitação no Júri, e cuja única pretensão foi a de simplificar a votação, conforme reclamado amplamente pela quase unanimidade da doutrina processual penal durante décadas.

E nem poderia ser diferente.

O arcabouço constitucional legitimador do Direto Penal segue intacto, não resistindo minimamente ao teste de constitucionalidade a possibilidade de existência, no sistema jurídico brasileiro, de decisão judicial oriunda de qualquer juízo ou tribunal prolatada ao desamparo de provas produzidas sob o crivo do contraditório e da ampla defesa, produzidas com respeito às garantias do devido processo legal e assegurado, em qualquer hipótese, o duplo grau de jurisdição.

O Júri popular não se constitui em tribunal de exceção, e sim em expressão máxima da democracia de um povo no exercício da função estatal de julgar. Os avanços civilizatórios duramente conquistados ao longo do tempo definitivamente não foram revogados pela específica alteração legislativa que modificou pontualmente o procedimento de votação nas sessões do Tribunal do Júri.

Sobre o tema impõe-se análise que se coaduna com os princípios informadores da instituição do Júri e, notadamente, os fundantes do Estado Democrático de Direito. Daí porque a questão central a ser analisada pela Suprema Corte é a necessidade de compatibilização entre o julgamento popular soberano e o princípio da dignidade da pessoa humana, em todas as suas dimensões.

Ingo Wolfgang Sarlet formula proposta de conceituação jurídica da dignidade da pessoa humana como sendo "a qualidade intrínseca e distintiva reconhecida em cada ser humano que o faz merecedor do mesmo respeito e consideração por parte do Estado e da comunidade, implicando, neste sentido, um complexo de direitos e deveres fundamentais que assegurem a pessoa tanto contra todo e qualquer ato de cunho degradante ou desumano, como venham a lhe garantir as condições existenciais mínimas para uma vida saudável, além de propiciar e promover sua participação ativa e corresponsável nos destinos da própria existência e da vida em comunhão com os demais seres humanos".[3]

A evolução histórica do conceito de dignidade humana e seus reflexos no ordenamento jurídico e na vida em sociedade representam a própria evolução histórica do Direito Penal. A dignidade constitui-se, pois, em valor inerente à condição humana como decorrência natural da própria vida. Seu conteúdo engloba todos os direitos fundamentais do ser humano.

Exige-se, portanto, em relação a este princípio, perfeita consonância e conformação de toda e qualquer resposta estatal oriunda de qualquer juízo ou tribunal instituído no ordenamento jurídico pátrio.

Especificamente no que se refere ao Tribunal do Júri, há necessidade de inafastável adequação das disposições legais pertinentes ao processo e julgamento dos crimes compreendidos em sua competência às limitações inerentes ao princípio da dignidade da pessoa humana, tema que conduz à inequívoca conclusão de que não se admite veredicto ao completo desamparo da prova dos autos e que não esteja submetido ao princípio civilizatório do duplo grau de jurisdição.

Como bem destacado por Valderez Deusdedit Abbud[4]: "Ora, não é necessário acentuar que tanto os aplicadores técnicos da lei quanto os julgadores leigos são frutos de uma sociedade desigual, de modo que conceber um ordenamento jurídico que incluiu o quesito genérico 'o jurado absolve o réu' é o mesmo que autorizar o Conselho de Sentença a expressar toda forma de discriminação e preconceito, podendo absolver o matador de mulheres, o racista, o homofóbico, além de consagrar a violência policial. Parece claro que a lei em vigor, permitindo até mesmo a absolvição 'por clemência ao macho traído', constitui verdadeira inconstitucionalidade a ser enfrentada pela Suprema Corte ou ser alterada pelos legisladores, pois este enunciado possibilita a reprodução de toda forma de preconceito, cuja consagração desconsidera a tutela de valores e interesses da própria sociedade. Não é por outra razão que a legítima defesa da honra – tese que havia perdido sua força ao longo dos anos – ressurgiu com acentuado vigor em 2008, a partir da reforma do Código de Processo Penal que inseriu o quesito genérico no julgamento de crimes contra a vida".

Necessário, portanto, que se proceda no sistema atual à compatibilização do procedimento de votação nos julgamentos do tribunal popular às garantias decorrentes do princípio da dignidade da pessoa humana.

---

3. SARLET, Ingo Wolfgang. *Dignidade da pessoa humana e direitos fundamentais na Constituição Federal de 1988*. 6. ed. Porto Alegre: Livraria do Advogado, 2008. p. 63.
4. ABBUD, Valderez Deusdedit, Feminicídio, justiça criminal e impunidade. In: SARRUBBO, Mario Luiz et al. (Coord.). *Ministério Público Estratégico – Violência de Gênero*. Indaiatuba: Editora Foco, 2022, p. 304.

Este, em suma, o pressuposto mínimo para que se confira legitimidade ao julgamento pelo Tribunal do Júri. Somente o respeito incondicional aos princípios inerentes ao Estado Democrático de Direito assegura a validade e a legitimidade do julgamento popular, havendo necessidade premente de adequação das disposições legais vigentes ao princípio constitucional de humanidade, de modo a garantir-se o respeito às garantias inerentes ao ordenamento jurídico brasileiro.

A exemplo do que ocorre expressamente em relação à proibição constitucional à pena de morte, às penas perpétuas e às de trabalhos forçados, de banimento e cruéis, o princípio da dignidade da pessoa humana impede a existência de decisão judicial irrecorrível e sem amparo em prova alguma, ainda que absolutória. A interpretação sistemática da Constituição Federal conduz à inafastável conclusão de que todos os princípios constitucionais incidem também sobre as decisões do Tribunal do Júri, sejam condenatórias ou absolutórias.

Nesse sentido, o princípio da soberania dos veredictos constitui natural consequência lógica do princípio da dignidade da pessoa humana, devendo ser interpretado em harmonia com os valores decorrentes deste último e não o contrário.

A questão está posta perante o Supremo Tribunal Federal, guardião da Constituição Federal, a quem cabe a última palavra.

Uma premissa, contudo, deve ser de plano apresentada. As decisões proferidas pelo Conselho de Sentença nunca foram ou se pretenderam imutáveis ou irrecorríveis. A mesma Lei 11.689, que alterou o rito processual dos processos submetidos a julgamento pelo Tribunal do Júri e criou o quesito absolutório genérico, manteve a possibilidade de apelação pelo mérito quando a decisão dos jurados for manifestamente contrária à prova dos autos. Vale dizer, a mesma reforma legislativa que criou o quesito obrigatório simplificado e alterou significativamente o sistema recursal das decisões do Tribunal do Júri manteve íntegra a redação do artigo 593, inciso III, alínea "d", do Código de Processo Penal. Portanto, a reforma processual realizada por meio daquela alteração legislativa não retirou do sistema recursal a possibilidade de cassação de decisão proferida pelo Conselho de Sentença, por uma única vez, com determinação de realização de novo julgamento, quando reconhecido o erro patente e manifestamente aberrante da prova coligida aos autos. Assim é que o sistema recursal dos processos submetidos a julgamento pelo Tribunal do Júri foi modificado na mesma reforma legislativa que criou o quesito absolutório genérico, sendo que a apelação pelo mérito, por uma única vez, foi integralmente mantida no texto legal.

A absolvição do acusado pelo Conselho de Sentença, com base no artigo 483, inciso III, do Código de Processo Penal, quer por clemência, quer por abjeta conivência decorrente dos inferiores sentimentos de condescendência ao racismo, machismo, homofobia e outros, não se constitui em decisão absoluta e irrevogável, podendo ser cassada quando verificada a violação ao princípio da dignidade da pessoa humana, constatada em toda e qualquer decisão judicial que se dissocie por completo da prova legitimamente produzida sob o crivo do contraditório e da ampla defesa em regular processo criminal.

O escopo principal de se evitarem arbitrariedades continua a ser um dos fins precípuos da Justiça Criminal, não sendo possível o afastamento do duplo grau de jurisdição sem ofensa direta à Constituição da República.

Não se ignora sejam os jurados detentores de franquias decisórias próprias, mais amplas e não concedidas a nenhum outro órgão julgador, que decorrem diretamente do sistema da íntima convicção, constitucionalmente atribuído à instituição do Júri.

Todavia, a possibilidade de julgamentos fundados em argumentos extrajurídicos não é ilimitada. As liberdades decisórias concedidas aos jurados não podem se sobrepor aos princípios informadores do sistema constitucional. São os princípios constitucionais que asseguram a própria existência da instituição, não havendo possibilidade de que sejam usados com finalidades diversas daquelas constitucionalmente previstas. Por outras palavras, a instituição do Júri foi criada pela Constituição Federal para a realização dos valores inerentes ao Estado Democrático de Direito, não dispondo, por isso, de legitimidade ou poderes que importem sua negação ou destruição.

O Tribunal do Júri serve ao Estado Democrático de Direito. Esta é a origem de sua legitimidade. Justamente por isso há limites na possibilidade de decisões que se afastem da prova dos autos ou que a contrariem. Esses limites são os que fundamentam a própria existência do Estado Democrático de Direito e sua legitimidade fundante no princípio da dignidade da pessoa humana.

Nesse sentido é que jamais uma execução sumária, para citarmos apenas um exemplo de barbárie, poderá ser validada no tribunal popular, em contrariedade manifesta à prova dos autos. O mesmo se diga em relação à pena de morte imposta por racismo, homofobia, torpe sentimento possessivo machista, abjeta vingança privada ou inaceitável e desumana tortura motivada por razões políticas.

A matéria, por evidente, não está regida pela legislação infraconstitucional relativa ao procedimento de votação e à ordem e forma dos quesitos. A questão é muito mais profunda e atinge diretamente os alicerces fundamentais do sistema constitucional brasileiro.

Assim é que o quesito genérico, de fato, abarca teses defensivas que não estejam relacionadas à materialidade e à autoria delitivas. Sua formulação é obrigatória independentemente das teses expostas no curso do julgamento. Todavia, sua abrangência não é e nunca foi ilimitada. Nenhuma decisão judicial encontra legitimidade quando apartada da necessária verificação de sua compatibilidade constitucional com os princípios e valores fundantes do Estado Democrático de Direito, o que somente se verifica com a possibilidade, ao menos por uma vez, de necessário reexame em duplo grau de jurisdição.

Sem amparo em provas, legalmente constituídas com respeito às garantias do devido processo penal, assegurados o contraditório e a plenitude do direito de defesa, nenhuma decisão judicial é legítima. Essa a única interpretação possível da alteração legislativa em análise que se compatibiliza com os princípios constitucionais fundantes da instituição do Júri.

Em breve o Supremo Tribunal Federal se manifestará de forma definitiva sobre o tema. Até lá o que se espera é que prevaleça o respeito à Constituição e à lei que manteve expressamente a possibilidade de recurso de apelação pelo mérito de todas as decisões do Júri, condenatórias ou absolutórias, que contrariarem manifestamente a prova dos autos.

É momento de reafirmar que ninguém, num Estado Democrático de Direito, pode ser condenado sem amparo em prova cabal e licitamente produzida. Em igual medida, ninguém pode ser absolvido em contrariedade manifesta ao quanto inequivocamente demonstrado por prova irrefutável e licitamente constituída. Não se admite, num sistema jurídico democrático, a possibilidade de existência de decisões arbitrárias e totalmente dissociadas de provas legitimamente produzidas, notadamente nos julgamentos de crimes dolosos contra a vida, bem jurídico mais importante de um ser humano.

Não se argumente, como fundamento para autorização do arbítrio, ser absoluta e ilimitada a soberania dos veredictos. Esta é outra grave armadilha falaciosa contra o Estado Democrático de Direito, apta a fazer tábula rasa dos princípios constitucionais fundantes do ordenamento jurídico brasileiro. Admitir-se como absoluta a soberania dos veredictos importaria, como decorrência lógica, a admissão da possibilidade de existência de condenações sem nenhum amparo em provas, aberração jurídica que evidentemente não resiste ao teste de constitucionalidade.

O jurado, ressalte-se, não é mais soberano ao responder afirmativamente o quesito absolutório do que ao negá-lo. A soberania do Júri não é mais ampla para absolver do que para condenar. O princípio da soberania dos veredictos não é absoluto por definição constitucional. O Conselho de Sentença não está autorizado a condenar sem provas, e a doutrina e o pensamento jurídico são absolutamente pacíficos a respeito. Por igual razão, não podem os jurados absolver em absoluta desconsideração ao quanto manifestamente comprovado nos autos de um processo criminal legitimamente constituído.

Impõe-se, portanto, que toda e qualquer decisão judicial, advinda ou não do Tribunal do Júri, esteja sempre submetida ao duplo grau de jurisdição, assegurando-se a compatibilização da soberania constitucional dos veredictos com os princípios fundantes do Estado Democrático de Direito insculpidos na Constituição Federal, notadamente o da dignidade da pessoa humana.

O que se espera, enfim, é que os próximos duzentos anos de História do Tribunal do Júri sejam construídos com avanços e não com retrocessos civilizatórios.

REFERÊNCIAS

ABBUD, Valderez Deusdedit, Feminicídio, justiça criminal e impunidade. In: SARRUBBO, Mario Luiz et al. (Coord.). *Ministério Público Estratégico* – Violência de gênero. Indaiatuba: Editora Foco, 2022.

BANDEIRA DE MELLO, Celso Antonio. *Curso de direito administrativo.* 21. ed. São Paulo: Malheiros, 2006.

SARLET, Ingo Wolfgang. *Dignidade da pessoa humana e direitos fundamentais na Constituição Federal de 1988.* 6. ed. Porto Alegre: Livraria do Advogado, 2008.

A PROTEÇÃO INTEGRAL E PROMOÇÃO DE DIREITOS E APOIO ÀS VÍTIMAS: APLICAÇÃO PRÁTICA DA RESOLUÇÃO 243/2021, DO CONSELHO NACIONAL DO MINISTÉRIO PÚBLICO, AO JÚRI

Juliana Mendonça Gentil Tocunduva

Especialização Diritto Penale e Violenza Domestica – Crimini di Genere e Abusi contra i Minori – Università degli Studi di Roma Tor Vergata – 2016. Membro da COPEVID (Comissão Permanente de Combate à Violência Doméstica e Familiar contra a mulher). Diretora na Associação Brasileira de Mulheres de Carreira Jurídica (ABMCJ) de São Paulo. Promotora de Justiça em São Paulo desde 1999, titular na Promotoria de Justiça do III Tribunal do Júri da Capital desde 2012 e, desde 2019, com atuação na Casa da Mulher Brasileira. Coordenadora do Projeto Re.nata (projeto de acolhimento de vítimas diretas e indiretas de feminicídio tentado e consumado).

Walfredo Cunha Campos

Professor da Escola Superior do Ministério Público do Estado de São Paulo e do Curso de Pós-Graduação – Atame (Universidade Cândido Mendes), de Cuiabá. Professor do Curso CEI, 1ª Pós-Graduação em Tribunal do Júri. Palestrante do Conselho Nacional do Ministério Público. Promotor de Justiça em São Paulo desde 1997, titular na Promotoria de Justiça do III Tribunal do Júri da Capital desde 2011. Autor da obra jurídica *Tribunal do Júri, Teoria e Prática*, 8. ed., dentre outros artigos e obras jurídicas.

Sumário: 1. Introdução – 2. Resolução 243/2021 do Conselho Nacional do Ministério Público. Uma carta de direitos de vítimas e familiares. – 3. Conceito amplo de vítima. – 4. Proteção integral e promoção de direitos e apoio às vítimas de crimes dolosos contra a vida: dever institucional do Ministério Público. – 5. Projeto Re.nata – 6. Considerações finais – 7. Referências.

1. INTRODUÇÃO

Para se ter completa visão de um objeto, pessoa (inclusive a si próprio), situações, hábitos, profissão exercida e seus resultados – pretendidos e alcançados ou não –, é preciso, por definição, se estabelecer uma distância para se alcançar a percepção.

Como pregava padre Antônio Vieira, no sermão da Sexagésima:[1] "Para um homem se ver a si mesmo são necessárias três cousas: olhos, espelho e luz. Se tem

---

1. VIERA, Antônio. *Obras completas de Padre Antônio Vieira*. Porto: Lello & Irmão-Editores, 1959, v. I, p. 10.

espelho e é cego, não se pode ver por falta de olhos; se tem espelho e olhos, e é de noite, não se pode ver por falta de luz. Logo há mister luz, há mister espelho, e há mister olhos. Que cousa é a conversão de uma alma senão entrar um homem dentro de si, e ver-se a si mesmo?"

Imbuídos desse ânimo de enxergar o ofício do Promotor de Justiça do Júri, de fora, por meio do espelho dos pensamentos e sentimentos de vítimas e familiares de um crime doloso contra a vida, pensamos que a luz emanada dessa nova perspectiva pode contribuir na busca por uma maior eficácia do trabalho daquele que se dedica à proteção da vida no Tribunal Popular.

E qual a visão da vítima e dos familiares dos crimes dolosos contra a vida em relação ao Promotor do Júri?

Comecemos a resposta, pela tragédia: a morte de um ente querido, não pelo acaso do destino, doença ou acidente, mas por desígnio de um ser humano que, se arrogando na condição de poder decidir o destino de um seu semelhante, poder esse que não é de direito de nenhum mortal, julga e executa uma pena de morte informal. Aliado ao inconformismo da perda irreparável, segue-se a burocracia, insensível e surda aos anseios, pretensões e sentimentos de dor e revolta de quem teima em continuar vivo: burocracia no Instituto Médico Legal, onde o cadáver, mero objeto material de um homicídio, ganha um número e é coisa, tratado como tal desde o "Rabecão" (carro de cadáver) até a mesa de necrópsia; depois, segue-se a burocracia do inquérito policial, as intimações por correio, o comparecimento para prestar depoimento; a completa ausência de informações quanto ao andamento das investigações, especialmente nos casos de autoria desconhecida; após meses, e algumas vezes, anos depois daquele dia que mudou a vida de toda uma família, segue-se um arquivamento, ou o oferecimento de uma denúncia; se o familiar nada sabe a respeito dos fatos, em nada será informado quanto ao destino da ação penal; se, ao contrário, for testemunha do ocorrido, burocraticamente então, será intimado por oficial de justiça para comparecer à audiência, onde conhecerá, pela primeira vez, o Promotor de Justiça, que lhe formula indagações; pronunciado o acusado, normalmente anos depois da prática do crime, ou os familiares jamais saberão o deslinde do feito, caso não tenham sido arrolados pelo Ministério Público na fase preparatória do plenário (fase do art. 422 do Código de Processo Penal), ou então, poderão ser ouvidos na sessão de julgamento, reencontrando, talvez, com sorte, pela segunda vez, aquele profissional – o Promotor de Justiça – mais uma vez, na formalidade e burocracia da solenidade judicial.

Pelo que se depreende do quadro acima narrado – que tenta retratar, em pálidas palavras, a maioria dos processos dos crimes dolosos contra a vida, a visão que os familiares da vítima (bem como os próprios ofendidos, é claro) possuem dos promotores é a de um profissional distante, quase inalcançável, cujas manifestações naquele longo e complexo procedimento se resume a atos formais (alguns meramente burocráticos): são manifestações estereotipadas de "nada a opor à dilação de prazo", em inquéritos policiais – existe algo mais burocrático que tal assertiva maquinal em uma investigação que apura homicídio?! – o oferecimento de uma petição inicial denominada denúncia; as perguntas em audiência e plenário, se houver o arrolamento deles como testemunhas (o que nem sempre ocorre); nenhuma informação, nenhum esclarecimento, nenhuma empatia; nada.

Ao conseguirmos ver, em um espelho, a nossa própria imagem, por aqueles – vítimas e seus familiares – a quem, juntamente com os interesses maiores da sociedade e da justiça, devemos servir, cabe-nos, então, nos perguntar: esse é o modo como apreciamos ser enxergados (e nos enxergar)?

A resposta, pelo menos para aqueles que têm vocação na busca pela justiça e pela verdade, é negativa: o Promotor do Júri não pode ser um burocrata, insensível e surdo aos reclamos de quem padece; o lado técnico-processual não amortalha o necessário sentimento de indignação pelo crime, de um lado, e, por outro, de compaixão pela dor de quem sofre seus efeitos, a quem se deve, na medida do possível, auxiliar, nem que seja prestando, singelamente, informações quanto ao andamento das investigações e do processo.

Em suma: tratarem-se as vítimas, e seus familiares, como sujeitos de direitos processuais, e não como objetos amorfos de onde se podem, casualmente, obter provas.

A importantíssima Resolução 243, de 18 de outubro de 2021, do Conselho Nacional do Ministério Público, que dispõe sobre a Política Institucional de Proteção Integral e de Promoção de Direitos e Apoio às Vítimas, em seu art. 3º, define o conceito amplo que se deve ter da vítima.

2. RESOLUÇÃO 243/2021 DO CONSELHO NACIONAL DO MINISTÉRIO PÚBLICO. UMA CARTA DE DIREITOS DE VÍTIMAS E FAMILIARES.

Dispõe a Resolução 243/2021, do Conselho Nacional do Ministério Público, em seus pontos de maior relevância ao que se propõe neste trabalho:

> Art. 3º Entende-se por vítima qualquer pessoa natural que tenha sofrido danos físicos, emocionais, em sua própria pessoa, ou em seus bens, causados diretamente pela prática de um crime, ato infracional, calamidade pública, desastres naturais ou graves violações de direitos humanos, sendo destinatários da proteção integral de que trata a presente Resolução:
>
> I – vítima direta: aquela que sofreu lesão direta causada pela ação ou omissão do agente;
>
> II – vítima indireta: pessoas que possuam relação de afeto ou parentesco com a vítima direta, até o terceiro grau, desde que convivam, estejam sob seus cuidados ou desta dependam, no caso de morte ou desaparecimento causado por crime, ato infracional ou calamidade pública;

III – vítima de especial vulnerabilidade: a vítima cuja singular fragilidade resulte, especificamente, de sua idade ou gênero, do seu estado de saúde ou de deficiência, bem como do fato de o tipo, o grau e a duração da vitimização terem resultado em lesões com consequências graves ao seu equilíbrio psicológico ou nas condições de sua integração social;

IV – vítima coletiva: grupo social, comunidades ou organizações sociais atingidas pela prática do crime, ato infracional ou calamidade pública que ofenda bens jurídicos coletivos, tais como a saúde pública, o meio ambiente, o sentimento religioso, o consumidor, a fé pública, a administração pública;

V – familiares e pessoas economicamente dependentes da vítima;

§ 1º Aplicam-se às pessoas jurídicas vítimas, no que couber, as medidas de proteção e os direitos assegurados nesta Resolução.

§ 2º Devem ser priorizadas as vítimas de infrações penais e atos infracionais que, pela condição de vulnerabilidade em decorrência da idade, do gênero, de deficiência, pelo estado de saúde ou pelas condições, natureza e duração da vitimização causada pelo delito, tenham experimentado consequências físicas ou psíquicas graves.

§ 3º Entende-se por fato vitimizante a ação ou omissão que cause dano, menoscaba ou coloca em perito os bens jurídicos ou direitos de uma pessoa, convertendo-a em vítima, podendo ser tipificados como crime, ato infracional, ou constituir uma violação dos direitos humanos reconhecidos pela Constituição Federal ou por tratados internacionais dos quais o Brasil seja parte.

§ 4º Incumbe ao Ministério Público zelar para que sejam assegurados os direitos à informação, segurança, apoio, proteção física, patrimonial, psicológica, documental, inclusive de dados pessoais, participação e reparação dos danos materiais, psicológicos e morais suportados pelas vítimas em decorrência de delitos penais e atos infracionais.

Parágrafo único. A vítima tem o direito de ser protegida contra a repetição de delitos da mesma natureza e contra a vitimização secundária e terciária.

Art. 5º Informações sobre direitos básicos, serviços de apoio, processos e outros meios de obtenção de reparação dos danos causados pela infração penal e ato infracional devem ser prestados de forma completa e transparente às vítimas.

Art. 6º O Ministério Público diligenciará a fim de que seja assegurada às vítimas a prestação de apoio e atendimento especializado, por meio de equipe multidisciplinar da própria instituição ou pelo devido encaminhamento às redes de apoio externas.

Parágrafo único. O Ministério Público fomentará a construção e a consistência das políticas de atuação em rede, mediante termos de cooperação e parcerias destinadas à implementação de atendimento das vítimas por equipes multidisciplinares, compostas por profissionais devidamente habilitados para a proteção integral, de modo a diminuir os efeitos e danos suportados em decorrência do fato.

Art. 7º O Ministério Público deverá zelar pela proteção da segurança e da vida privada das vítimas e seus familiares, mediante aplicação efetiva das medidas de proteção já previstas na legislação pátria e outras que se afigurem adequadas ao caso concreto, adotando, como princípio, o estatuto normativo mais protetivo, velando sempre pelo direito de a vítima não ter contato com o autor do fato, pela proteção de sua intimidade e integridade física e psíquica, mediante adoção de meios para evitar sua revitimização.

Art. 8º O Ministério Público deverá zelar para que as vítimas tenham participação efetiva na fase da investigação e no processo, seja por meio da materialização dos direitos de serem ouvidos, de terem seus bens restituídos, de apresentarem elementos de prova, de serem comunicados de decisões no curso do processo, notadamente acerca do ingresso e saída do autor do fato da prisão, caso assim manifeste interesse, entre outras formas de participação.

Art. 9º O Ministério Público deverá pleitear, de forma expressa, no bojo dos autos, a fixação de valor mínimo para reparação dos danos materiais, morais e psicológicos, causados pela infração penal ou ato infracional, em prol das vítimas diretas, indiretas e coletivas.

3. CONCEITO AMPLO DE VÍTIMA.

Pelo que se depreende do texto da Resolução 243/2021, do Conselho Nacional do Ministério Público, o conceito de vítima é bastante amplo, na esteira do que define a Resolução 40/34 da ONU, aprovada pela Assembleia Geral em 29 de novembro de 1985, cabendo a nós estudar sua aplicação especificamente relacionada à persecução penal tendo por objeto a prática de crimes dolosos contra a vida.

Assim sendo, praticado o homicídio, além da necessária vítima direta da infração tentada ou consumada, corriqueiramente, se revelam também as vítimas indiretas, especialmente no caso de morte, – aquelas que tinham relação de afeto ou parentesco com a vítima direta, até o terceiro grau; que convivam, estejam sob os seus cuidados ou desta dependam: são os familiares e pessoas emocional e economicamente dependentes das vítimas, como os órfãos, em especial, nos casos de feminicídio, muitos deles tendo sofrido o trauma de presenciar o assassinato da mãe.

Quanto às vítimas de especial vulnerabilidade, podem se citar os idosos, os portadores de deficiência, acometidos de graves doenças, além da violência de gênero contra a mulher, especialmente, neste último caso, se protraída no tempo.

Insere-se no conceito de vítima coletiva, grupos sociais que, em larga escala, possam ser atingidos pelo crime (como índios de determinada região, privados de alimentos e remédios), organizações sociais (o que inclui ONGs, e associações), como se daria, *v.g.*, no caso de homicídios impulsionados pela prática de delitos ambientais, ou por homofobia; ainda, comunidades inteiras podem ser consideradas como ofendidas pela prática de crime doloso contra a vida, como no caso de calamidades públicas, desastres decorrentes de ação dolosa (dolo eventual), como o rompimentos de barragens, incêndios criminosos, e outros fenômenos da natureza propulsionados pelo desprezo com a vida alheia por parte dos responsáveis pela manutenção de uma atividade econômica a envolver risco de dano.

Estabelecido acima o conceito de vítima, sob a ótica específica da persecução penal dos crimes dolosos contra a vida, cabe-nos estabelecer quais os deveres para com as vítimas, diretas e indireta, que são impostos, pela Resolução, ao membro do Ministério Público oficiante no Tribunal do Júri, o que será abordado no próximo item.

4. PROTEÇÃO INTEGRAL E PROMOÇÃO DE DIREITOS E APOIO ÀS VÍTIMAS DE CRIMES DOLOSOS CONTRA A VIDA: DEVER INSTITUCIONAL DO MINISTÉRIO PÚBLICO.

Segundo a Resolução 243/2021, do Conselho Nacional do Ministério Público, são eles:

1º Dever de informação: dever de informar, às vítimas e seus familiares, inclusive na fase investigativa, as diligências determinadas para se apurar o crime, bem como a decretação, ou não, de eventual prisão provisória ou medida cautelar. Na etapa processual, deverão ser comunicadas as etapas do complexo rito do Júri: explicar-se, didaticamente, o que é uma denúncia, pronúncia, plenário, oitiva de testemunhas etc.; muito especialmente, o ofendido e seus familiares devem tomar conhecimento acerca do ingresso e saída do autor do fato da prisão, caso a vítima manifeste interesse para tanto.

O art. 201, § 2º, do Código de Processo Penal, determina que o ofendido deverá ser comunicado dos atos processuais relativos ao ingresso e à saída do acusado da prisão, à designação de data para audiência e da sentença e respectivos acórdãos que a mantenham ou modifiquem. O § 3º do art. 201, do Código de Processo Penal, por sua vez, estipula que as comunicações ao ofendido deverão ser feitas no endereço por ele indicado, admitindo-se, por opção do ofendido, o uso de meio eletrônico.

Esses dispositivos legais que determinam obrigações processuais ao juízo podem ser aplicados, por analogia, ao Ministério Público, de modo que, o Promotor poderá se utilizar de diversos meios de comunicação, como telefone, *Whatsapp*, e-mail, para atualizar o ofendido ou ofendida e sua família quanto ao deslinde das investigações e marcha do procedimento.

2º Dever de se postular pela segurança e proteção física de vítimas e seus familiares: Caso vítima e familiares estejam sofrendo ameaças, ou coação, poderão procurar o membro do Ministério Público a fim de que relate o ocorrido, possibilitando-se que seja requerida a decretação de prisão provisória ou outra medida cautelar. Possível, ainda, que o Promotor requeira a inclusão daquela vítima ou testemunha em programa de proteção (Lei 9.807/99 – Lei de Proteção a vítimas e testemunhas). Além dessas medidas urgentes, poderá ser conveniente a produção antecipada da prova, nos termos do que possibilita o art. 225 do Código de Processo Penal, a fim de se preservar a prova, produzindo-a sob o manto do contraditório e ampla defesa (obviamente, sem se descurar da segurança pessoal da vítima e testemunha ameaçada).

Insiste-se nessa faculdade, porque já se tornou pacificado junto ao Superior Tribunal de Justiça[2] a impossibilidade de a pronúncia ser lastreada apenas em

---

2. STJ – 3ª Seção – HC 535.063. Rel. Min. Sebastião Reis Júnior. J. 10.06.2020.

elementos informativos de inquérito policial, de modo que, se a testemunha ou vítima coagidas ou ameaçadas, que tenham ou não permanecido por um período junto à rede de proteção, não forem mais encontradas para serem ouvidas em juízo (o que é bastante comum de ocorrer na prática), a sua versão dos fatos, colhida na etapa investigatória, mesmo que extremamente esclarecedora, não poderá subsidiar a prova de autoria autorizadora da remessa do processo a julgamento para o Júri, porque prestadas, tais declarações, na fase pré-processual.

3º Formulação de pedido de reparação de danos materiais, psicológicos e morais: Caberá ao membro do Ministério Público, ao oferecer denúncia, na cota introdutória, requerer expressamente a reparação de danos, como determina o art. 9º, *caput*, da Resolução 243/2021 do Conselho Nacional do Ministério Público, sem prejuízo de o eventual assistente da acusação formular idêntico pedido. A postulação de ressarcimento é essencial, pois não se admite que o juiz possa fixar qualquer valor de indenização sem que seja provocado a tanto pela parte, em violação ao sistema acusatório. Não sendo requerido pelo Promotor a reparação dos danos quando do oferecimento da peça vestibular, não se impedirá que, no transcurso do processo esse pleito se materialize, desde que possibilite que a defesa se manifeste a respeito, resguardando-se o contraditório e a ampla defesa. A disciplina da Resolução se amolda ao art. 387, IV, do Código de Processo Penal, o qual determina que o juiz, ao proferir sentença condenatória, fixará valor mínimo para reparação dos danos causados pela infração, considerando os prejuízos sofridos pelo ofendido, sem prejuízo da liquidação para se apurar o dano efetivamente suportado pelo ofendido e sua família (art. 63, § único, do Código de Processo Penal).

4º Proteção contra revitimização e necessidade de apoio especializado, por meio de equipe multidisciplinar da própria instituição ou pelo devido encaminhamento às redes de apoio externas: Como pontifica Antonio Garcia-Pablos de Molina,[3] ao tratar do sofrimento da vítima e a indiferença do Estado às suas necessidades:

> A vítima não reclama compaixão, senão respeito aos seus direitos. O Estado "social" não pode ser insensível aos prejuízos que a vítima sofre como consequência do delito (vitimização primária) e como consequência da investigação e do processo mesmo (vitimização secundária). A efetiva "ressocialização da vítima exige uma intervenção positiva dos particulares e dos poderes públicos dirigidas à satisfação solidária das necessidades e expectativas daquela.
>
> Uma vez cometido o delito, toda a atenção se dirige ao delinquente. O castigo do fato e a ressocialização do seu autor polarizam todos os esforços do Estado. O processo penal garante escrupulosamente a vigência efetiva dos direitos do acusado reconhecidos nas leis. Pelo contrário, a vítima inocente do delito só inspira, na melhor das hipóteses, compaixão, com frequência, desconfiança, receio, suspeitas.

---

3. MOLINA, Antonio García-Pablos. Criminologia. *Uma introdução a seus fundamentos teóricos*. São Paulo: Ed. RT, 1992. p. 58-59.

Sem incorrer em generalizações, pode-se afirmar que o dano que experimenta a vítima não se esgota, desde logo, na lesão ou no perigo de lesão do bem jurídico e, eventualmente, em outros efeitos colaterais e secundários que possam acompanhar ou suceder a lesão. A vítima sofre, com frequência, um severo impacto "psicológico" que se acrescenta ao dano material ou físico provocado pelo delito. A vivência criminal se atualiza, revive e perpetua. A impotência frente ao mal e o temor de que se repita produzem ansiedade, angústia, depressões, processos neuróticos etc. A tudo isso se acrescenta, não poucas vezes, outras reações psicológicas, produto da necessidade de explicar o fato traumático: a própria atribuição da responsabilidade ou auto culpabilização, os complexos etc. A sociedade mesma, por outra parte, "estigmatiza" a vítima. Não a contempla com solidariedade e justiça, tratando de neutralizar o mal sofrido, senão com mera compaixão e, às vezes, com desconfiança e receio. O entorno próximo à vítima a vê depreciativamente como pessoa "tocada", como "perdedora". A atuação das instâncias de controle penal formal (polícia, juízes etc.) multiplica e agrava o mal que ocasiona o delito mesmo. Em parte, porque tais repartições, altamente burocratizadas, parecem esquecer os danos já experimentados pela vítima, sua psicologia, sua especial sensibilidade e suas legítimas expectativas, necessidades etc. Em parte, também, porque a vítima se sente menosprezada, maltratada por elas, como se fosse simplesmente o objeto ou pretexto de uma rotineira investigação.

Atento a essa realidade, foram editadas, recentemente, leis que visam evitar a revitimação secundárias dos ofendidos, tutelando-se sua dignidade:

Lei 13.431/2017 (Lei que estabeleceu o sistema de garantias de direitos da criança e do adolescente vítima ou testemunha de violência)

Neste diploma legislativo, se prevê o depoimento especial por meio de profissionais especializados, vedada a leitura da denúncia e de outras peças processuais, assegurando-se a livre narrativa dos fatos ao depoente. O depoimento especial será transmitido em tempo real para a sala de audiência, com a oportunidade de as partes elaborarem perguntas ao depoente, que serão indagadas em bloco ao menor. A Lei prevê, ainda, que a produção antecipada de prova, quando a criança ou adolescente tiver menos de sete anos ou em caso de violência sexual (art. 11, § 1º, I e II, da Lei 13.431/2017). Bastará se utilizar, para tanto, as disposições gerais da produção antecipada de provas previstas no art. 225 do Código de Processo Penal. Colhido o depoimento especial, que é uma prova judicializada em que vigora a ampla defesa e o contraditório, não se admitirá novo depoimento especial, salvo quando justificada a sua imprescindibilidade pela autoridade competente e houver a concordância da vítima ou testemunha, ou de seu representante legal (art. 11, § 2º, da Lei 13.431/2017). Pensamos que, produzia a prova, com a oitiva esclarecedora do menor em mídia gravada, que poderá ser exibida em plenário de julgamento pelo Júri, o juiz poderá, fundamentadamente, indeferir a nova oitiva do menor quando da sessão de julgamento, a fim de se preservar a proteção integral do menor, previsto no art. 227, *caput*, da Constituição Federal, que deve prevalecer quando não houver violação relevante ao direito à prova, que nada mais é que uma materialização do direito de ação e de defesa.

Inquirição da mulher em situação de violência doméstica e familiar ou de testemunha de violência doméstica (art. 10-A, § 1º e 2º, incisos I a III, da Lei 11.340/2006)

Para a salvaguardar o direito da mulher, familiares e testemunhas, lhes é assegurado que, em nenhuma hipótese, o investigado e acusado terão contato direto com eles, bem como a pessoas a ele relacionadas.

É disciplinada a inquirição da mulher em situação de violência doméstica e familiar ou de testemunhas de tais delitos, que deve ser realizada em recinto projetado para tal fim, intermediado por profissional especializado, e registrado em meio eletrônico ou magnético, devendo a mídia integrar o inquérito e o processo. À semelhança do que dissemos acima, se a prova for produzida em juízo, gravada em mídia, e for exauriente, poderá, conforme o caso, ser dispensado o comparecimento de vítima ou testemunha em plenário para depor, a fim de se evitar sua revitimização secundária, se não houver prejuízo à busca da verdade processual, e for suficiente à ampla compreensão da causa a exibição da gravação do depoimento.

Lei Mariana Ferrer (Lei 14.245/2021): Proibição de ofensa à dignidade de vítima e testemunhas em audiência e em plenário

O art. 400-A e art. 474-A do Código de Processo Penal preveem, respectivamente, que, durante a instrução, em audiência de instrução e julgamento, da primeira fase do rito, ou em plenário, que ao juiz compete velar que as partes e os sujeitos processuais respeitem a integridade física e psicológica da vítima e testemunhas, sob pena de responsabilização civil, penal e administrativa, sendo vedadas manifestações sobre circunstâncias ou elementos alheios aos fatos apurados ou a utilização de linguagem, de informação ou material que ofendam a dignidade de quem se colhe o depoimento. Impõem-se, assim, ao Promotor de Justiça, uma posição ativa de proteção à vítima e testemunhas inquiridas em audiência ou em plenário, não podendo compactuar com a humilhação gratuita de quem é inquirido, como mero espetáculo deprimente de sadismo. Não obstante isso, podem ser necessárias, para o cabal esclarecimento dos jurados, indagações moralmente invasivas e desagradáveis à vítima ou testemunhas, que possam expor sua intimidade, quando houver absoluta relevância probatória.

Violência Institucional (Lei 14.321/2022)

A citada lei acrescentou à Lei 13.869/2019 (Lei do Abuso de Autoridade) o artigo 15-A, que criminalizou a conduta de submeter a vítima de infração penal ou a testemunha de crimes violentos a procedimentos desnecessários, repetitivos ou invasivos, que a leve a reviver, sem estrita necessidade, a situação de violência, ou outras situações potencialmente geradoras de sofrimento ou estigmatização. De qualquer forma, a produção de uma prova, ouvindo-se a vítima, sempre é, por forçar a evocação do crime, dolorosa, senão constrangedora, mas, desde que necessária ao esclarecimento dos fatos, não há como se deixar de produzir o elemento de convicção, mesmo que a custo de certa vitimização secundária – aquela trazida pelas recordações do fato traumático. O que se pretende evitar, com a lei, é a repetição de provas desnecessárias e inúteis por mero capricho ou satisfação pessoal – verdadeiro sadismo ou indiferença – do agente público com o sofrimento alheio.

Apoio especializado, por meio de equipe multidisciplinar da própria instituição ou pelo devido encaminhamento às redes de apoio externas

Indispensável que, por meio de convênios, ou, idealmente, se houvesse estrutura de equipe multidisciplinar junto à própria Promotoria de Justiça do Júri, se prestasse uma verdadeira proteção integral às vítimas, de modo a que seja, como citado acima, "ressocializada", reintegrada – sã – mental e fisicamente, ao convívio social, sem traumas, consciente de seus direitos, inclusive o de ser ressarcida pelos danos materiais e morais sofridos, e de que não é uma "perdedora" no jogo da vida, nem responsável pela próprio sofrimento. Claro que essas recomendações, muito bem-intencionadas, dependerão de orçamento próprio para que se estruturem tais equipes, dentro ou fora dos quadros da Promotoria de Justiça do Júri, sob pena de se tornarem declarações vazias de direitos, sem ressonância prática na vida de quem se pretende evitar que seja estigmatizado, que é justamente a vítima, bem como seus entes queridos.

5º Zelar pela participação efetiva da vítima e seus familiares na fase da investigação e do processo: Quanto a esse dever, certamente a vítima e/ou seus familiares, por vontade própria, pelo menos na maior parte das vezes, não irão procurar o membro do Ministério Público para apresentar elementos de provas, de modo que caberá, ao Promotor de Justiça, tendo conhecimento, pelo inquérito policial, dos fatos, dos elementos informativos até então carreados, convocar à Promotoria tais pessoas, com o intuito de informar a eles seus direitos, bem como verificar se possuem elementos de convicção que possam ser importantes ao deslinde do caso. Esse contato com a vítima e seus familiares têm fundamental importância para que o Promotor tome conhecimento dos reais motivos, das circunstâncias do crime, da personalidade de quem perpetrou o crime, elementos de convicção esses que podem ser decisivos ao convencimento dos jurados. Em determinados plenários onde atuamos, em contato com os familiares das vítimas, conseguimos obter fotos, documentos, cartas, lembranças em suma, daquela vida arrancada violentamente daqui, e, ao exibir esse lado humano aos jurados, foi possível sensibilizá-los: de um lado, há uma dor viva e palpitante em plenário – que é a do réu e de seus familiares, que correm o risco da prisão e das privações dela decorrentes; de outro, a dor, já distante, de determinada pessoa – que só se sabe a identificação por nome e pela descrição do laudo cadavérico – de modo que deve o Promotor dar vida àquele cadáver, mostrando que era tão humano, com planos, sonhos e sentimentos, como todos nós, inclusive os jurados. Quem labuta no Júri, sabe que o voto do jurado é, antes de ser racional, um voto emocional, como, aliás, diga-se de passagem, são todas as decisões que tomamos em qualquer seara da vida.

6º *Não transigir com o direito à memória da vítima*: "(...) Srs. Jurados. Há coisas, aqui no Júri, que costumam, às vezes, ser paradoxais. É uma psicologia singular. Na vida comum, o indivíduo que morreu, passa a ser um bom cidadão, um bom camarada. Aqui dá-se o contrário. Morreu, não presta (...).[4]

Esse dever não consta expressamente da Resolução, mas é dela decorrente, e corresponde à defesa da memória da vítima pelo Promotor em plenário, impedindo que seu passado seja enxovalhado perante a sociedade e seus familiares, o que é tão comum de ocorrer, sobretudo em casos de feminicídios, tentados ou consumados. Para tanto, além do discurso acusatório, rebatendo ataques infundados à honra da vítima, pode ser útil a oitiva de testemunhas, em plenário, que deponham quanto ao passado do ofendido, suas atividades e relações.

Abordado sob o ponto de vista teórico a relevância da aproximação do Promotor do Júri junto à vítima e seus familiares, em consonância com Resolução 243/2021, do Conselho Nacional do Ministério Público, resta abordar a experiência prática haurida na III Promotoria do Júri da Capital de São Paulo (Santo Amaro), especificamente quanto às mulheres vítimas de feminicídio e seus familiares.

5. PROJETO RE.NATA

A escolha por iniciar um projeto na Promotoria de Justiça do III Tribunal do Júri da Capital com vítimas de feminicídio tentado e consumado surge da observância e constatação da maior vulnerabilidade dessas vítimas, e da trágica realidade brasileira: a violência de gênero contra mulher é uma epidemia que atingiu números alarmantes nos últimos anos e, só no ano de 2021, vitimou mais de 1341 mulheres, segundo o Fórum Brasileiro de Segurança Pública,[5] e, em 2022, vitimou 1400 mulheres, ou seja, uma a cada seis horas, segundo o Monitor da Violência.[6]

Certo que esse aumento vai na contramão dos homicídios, que tiveram queda de 1% em 2022, conforme mostra o já mencionado Monitor da Violência e escancara a realidade de que as mulheres ainda não conquistaram o direito à vida.

---

4. ARAÚJO, Carlos Lima. *Os grandes processos do Júri*. 4. ed. Edição Fora de Comércio. v. 1, p. 222.
5. Anuário Brasileira de Segurança Pública/2022. Disponível em: www.forumseguranca.com.br. Acesso em: dez. 2022.
6. Monitor da Violência. Disponível em: www.nev.prp.usp.br/projetos/projetos-especiais/monitor-da--violencia/.

Isso porque, ao longo da história, a violência contra mulheres e meninas em nossa sociedade foi naturalizada e estruturada.

A legislação, historicamente, contribuiu para estruturar a assimetria de poder entre homens e mulheres, sempre reservando às mulheres um lugar de menos valia, como corpos que não importam. Isso aconteceu no Brasil Colonial, quando regido pelas Ordenações do Reino (Ordenações Filipinas),[7] que asseguravam ao marido o direito de matar a mulher surpreendida cometendo adultério ou quando houvesse suspeita de traição.

Prosseguiu com o Código Penal de 1890,[8] que livrava da condenação quem matava em estado de completa privação de sentidos, bem como com o Código Penal de 1940[9] que estabelece como causa de diminuição de pena do homicídio agir sob o domínio de violenta emoção, logo após a injusta provocação da vítima.[10]

Não raro, tal alegação ser sustentada, ainda nos dias de hoje, em casos de feminicídio. Aliás, a legítima defesa da honra, construção doutrinária e não legal, nasce dessa arquitetura desigual de poder.

E, apesar dos avanços advindos com a Constituição Federal de 1988,[11] que consagrou a igualdade entre homens e mulheres, e das leis elaboradas a partir dela, como a Lei Maria da Penha, e os mecanismos de proteção contra a violência doméstica em 2006;[12] a inclusão da qualificadora do feminicídio em 2015;[13] a criminalização da importunação sexual em 2018;[14] a Lei Mariana Ferrer em 2021;[15] a

---

7. BRASIL, Ordenações do Reino. Disponível em: https://www2.senado.leg.br/bdsf/item/id/242733. Acesso em: dez. 2022.
8. BRASIL. Decreto 846/1890. Disponível em: http://www.planalto.gov.br/ccivil_03/decreto/1851-1899/d847.htm#:~:text=DECRETO%20N%C2%BA%20847%2C%20DE%2011%20DE%20OUTUBRO%20DE%201890.&text=Promulga%20o%20Codigo%20Penal.&text=Art.,que%20n%C3%A3o%20estejam%20previamente%20estabelecidas. Acesso em: dez. 2022.
9. BRASIL. Decreto-Lei 2.848/1940. Disponível em: http://www.planalto.gov.br/ccivil_03/decreto-lei/del2848.htm. Acesso em: fev. 2023.
10. Brasil – *Jornal do Senado*/2013. Disponível em: https://www.geledes.org.br/na-epoca-do-brasil-colonial-lei-permitia-que-marido-assassinasse-a-propriamulher/. Acesso em: dez. 2022.
11. BRASIL. Constituição Federal de 1988. http://www.planalto.gov.br/ccivil_03/constituicao/constituicao.htm. Acesso em: dez. 2022.
12. BRASIL. Lei Maria da Penha. Lei 11.340/2006. Disponível em: http://www.planalto.gov.br/ccivil_03/_ato2004-2006/2006/lei/l11340.htm. Acesso em: mar. 2023.
13. BRASIL. A Lei 13.104, de 09 de março de 2015. Disponível em: http://www.planalto.gov.br/ccivil_03/_ato2015-2018/2015/lei/l13104.htm. Acesso em: dez. 2022.
14. BRASIL. Lei 13.718/2018. Disponível em: http://www.planalto.gov.br/ccivil_03/_Ato2015-2018/2018/Lei/L13718.htm. Acesso em: fev. 2023.
15. BRASIL. Lei Mariana Ferrer. Lei 14.425/2021. Disponível em: http://www.planalto.gov.br/ccivil_03/_ato2019-2022/2021/lei/L14245.htm. Acesso em: dez. 2022.

criminalização da perseguição e violência psicológica em 2021;[16] a mulher, ainda assim, é tratada de maneira desigual.[17]

Basta observar a última pesquisa *visível e invisível*: a Vitimização de Mulheres no Brasil, publicada recentemente pelo Fórum de Segurança Pública,[18] mostra o crescimento de todas as formas de violência, mas destaca o incremento acentuado das ameaças graves e da violência física, que podem incorrer em morte de mulher.

É essa desigualdade que coloca a mulher em uma posição de inferioridade, de subordinação e vulnerabilidade, bem como é a base de estruturação, legitimação e perpetuação das formas de violência, privação e opressão contra a mulher. E que potencializa ainda mais sua vulnerabilidade, inclusive, para a superação dos traumas da violência sofrida.

Heleieth Saffioti, socióloga e professora, afirma que: "Violência de Gênero, inclusive em suas modalidades familiar e doméstica, não ocorre aleatoriamente, mas deriva de uma organização social de gênero, que privilegia o masculino".[19]

Certamente o advento da qualificadora do feminicídio em nosso ordenamento jurídico representa um avanço, um reconhecimento das mulheres como sujeito de direitos humanos, mas a existência da qualificadora, pura e simples, será letra morta, se não houver uma exata compreensão do que é ser mulher em uma sociedade tão violenta, entender as interseccionalidades de marcadores sociais, que reforçam vulnerabilidades, e, sobretudo, entender que, muitas vezes, a violência praticada contra a mulher não se encerra com o feminicídio, já que é mantida e se perpetua quando há impunidade, desrespeito à sua memória, quando não há acolhimento e inadequada resposta do poder público às vítimas e a toda sociedade.

Aliás, a Comissão Interamericana de Direitos Humanos reconheceu a omissão e descaso do Estado no caso da Maria da Penha Maia Fernandes versus Brasil. Como bem mencionou Chimelly Marcom em sua obra,

> [...] as duas tentativas de feminicídio sofridas pela vítima não refletiam uma ofensa isolada ou particular e sim um padrão sistêmico de inoperância do Estado brasileiro frente à violência especialmente endereçada às mulheres, que não só estava presente em múltiplos e penosos

---

16. BRASIL. Lei 14.188/2021. http://www.planalto.gov.br/ccivil_03/_ato2019-2022/2021/lei/L14188.htm. Acesso em: dez. 2022.
17. CHAKIAN, Silvia. *A construção dos direitos das mulheres*. Histórico, limites diretrizes para uma proteção penal eficiente. Rio de Janeiro: Lamen Juris. 2019, p. 338.
18. *Visível e invisível*: a vitimização de mulheres no Brasil. 4. ed. Disponível em: www.forumseguranca.org.br. Acesso em: mar. 2023.
19. SAFFIOTI, Heleieth. *Gênero, patriarcado e violência*. 2. ed. São Paulo: Expressão Popular e Fundação Perseu Abramo. 2015, p. 85.

entraves ao acesso à justiça, mas igualmente permeava a ineficiência das políticas de prevenção desses atos degradantes.[20]

Mais recentemente, a Corte Interamericana de Direitos humanos, em decisão publicada em 24 de novembro de 2021, responsabilizou o Brasil no caso do homicídio (ainda não havia previsão legal da qualificadora do feminicídio) de Marcia Barbosa de Souza, ocorrido em 1998.[21] A decisão pioneira tratou de forma contundente da questão de gênero ao responsabilizar o Brasil por não investigar e julgar com perspectiva de gênero, pela utilização de estereótipos negativos em relação a vítima (responsabilizando-a pela violência sofrida), pela procrastinação da investigação e julgamento, por conta da imunidade parlamentar do agressor, bem como pela discriminação no acesso à Justiça.

Foi determinada pela Corte a indenização da vítima por danos materiais e imateriais; a criação de um sistema de coleta de dados sobre violência contra mulher e um plano nacional de capacitação dos agentes que atuam na investigação de crimes sob a ótica gênero e raça, bem como a criação de um protocolo com diretrizes para investigação de feminicídio, que garanta acesso à justiça e que ela seja eficaz.

Desse modo, é urgente difundir conhecimento sobre gênero, sobre os impactos da violência que atinge mulheres e meninas, objetivando uma mudança cultural e estrutural que permita a adequada resposta à vítima, seus familiares e a toda sociedade.

Assim, o Projeto Re.nata[22] nasce com o objetivo de evitar a revitimização, visando acolher, informar, proteger, auxiliar a vítima na recuperação do trauma sofrido, garantir que participe da produção de prova e que acompanhe todo o processo e julgamento, sendo respeitada como vítima, ser humano e sujeito de direitos humanos que é.

O feminicídio íntimo, aquele praticado em contexto de violência doméstica e familiar, é o ápice de inúmeros episódios de violências, de toda ordem, moral, patrimonial, sexual, psicológica e física, já sofridas pela vítima. Violências que levam ao silenciamento, ao isolamento e adoecimento. Desse modo, para que vítima consiga buscar ajuda, consiga contar sua história e o horror sofrido, bem como reconstruir sua vida, é necessário que ela se sinta segura, acolhida e ouvida.

---

20. MARCON, Chimelly Louise de Resenes. *Já que viver é ser e ser livre*. Rio de Janeiro: Lumen Juris. 2018, p. 158.
21. Corte Interamericana de Derechos Humanos. Caso Barbosa de Souza Y Otros VS Brasil. Disponível: https://www.corteidh.or.cr/docs/casos/articulos/seriec_435_esp.pdf. Acesso em: mar. 2023.
22. O Projeto Re.nata pode ser conhecido através do Projeto Retrato da Cidadania do Ministério Público do Estado de São Paulo. Disponível em: https://www.youtube.com/watch?v=pES-i8l06JU.

Inevitavelmente, a violência extrema leva a vítima a conviver com inúmeras cicatrizes, não apenas físicas, mas também psicológica, moral, sexual e patrimonial, que atingem também seus familiares e, principalmente, seus filhos.

Muitas vezes, a vítima não procura ajuda, não relata corretamente o ocorrido, volta atrás e até, muito recorrentemente, minimiza a responsabilidade do agressor, ou acoberta a grave violência praticada por ele, por conta do receio de novas investidas violentas em represália, aliadas ao ciclo da violência, ao medo de procurar ajuda, da falta de apoio, do isolamento, da preocupação com os filhos, medo do julgamento (dos familiares, amigos e sociedade), e temor de não ser ouvida, além do desconhecimento de seus direitos, e, para arrematar, a deletéria crença na impunidade e, consequentemente, descrença no sistema de justiça.

O primeiro contato com a vítima é feito, em regra, a partir do oferecimento da denúncia, mas, em alguns casos, se dá assim que chega a notícia da ocorrência do delito. Desse modo, a vítima direta ou indireta é convidada a comparecer na Promotoria de Justiça para participar de uma reunião com outras vítimas. Nesse encontro as vítimas são informadas sobre o papel do Ministério Público, têm acesso à informação a respeito do processo e atos processuais; informação a respeito de seus direitos, a respeito de provas, informação sobre prisão ou soltura do acusado, e o direito de ser ouvida na ausência do autor, bem como da possibilidade de pedir medidas protetivas de urgência previstas na Lei Maria da Penha, sempre que houver risco a sua integridade física e psíquica, além da reparação do dano.

Por conta do abalo psicológico provocado pela violência, as vítimas são informadas a respeito dos serviços existentes e fornecidos pela rede de atendimento, pelo Núcleo de Atendimento às Vítimas de Violência, pela Casa da Mulher Brasileira, e pelo Centro de Referência e Apoio à Vítima. Assim, se desejarem, são incluídas em atendimentos psicológico, médico ou dentário, dependendo da necessidade de cada uma.

O atendimento psicológico, além de auxiliar a vítima a desenvolver condições de superar o evento traumático e retornar sua rotina, também poderá permitir que se conheça as consequências do delito e, assim, influenciar na aplicação da pena.

Como a hipossuficiência, na maioria dos casos, também leva a vítima ao silenciamento, são oferecidos, ainda, programas de fomento a geração de renda, profissionalização, empreendedorismo e empregabilidade, sempre respeitando sua vontade, com o fim de viabilizar autonomia e independência econômico-financeira. Com o fim de dar apoio às vítimas, o Ministério Público tem convênios firmados com entidades que oferecem programas dessa natureza.

O acolhimento da vítima é feito com respeito, sem prejulgamentos, livre de preconceitos, estereótipos, sem culpabilização, sem relativização de sua dor, sem responsabilizá-la pela violência sofrida, com empatia, com respeito ao tempo necessário para se sentir segura para relatar a violência vivida, sempre valorizando sua palavra, sem jamais dizer o que deveria ou deve fazer, mas se colocando à disposição para auxiliá-la.

A reunião é fundamental para a vítima entender que não está sozinha e que não é responsável pela violência sofrida. Ela tem contato com outras vítimas na mesma situação, se apropria do espaço físico do fórum – local nem sempre acolhedor – espaço este que frequentará, por mais algumas vezes, quando chamada para ser ouvida em audiência de instrução criminal, e, posteriormente, em sendo intimada para ser ouvida em Plenário do Júri. O relevante é que a mulher vítima da violência doméstica e familiar saia com a convicção de que terá no Ministério Público o apoio necessário nesse momento tão difícil.

O contato direto permite conhecer a história de vida de cada uma delas, muitas vezes interrompida pela violência junto com seus sonhos, planos e liberdade. Permite ter acesso aos órfãos do feminicídio para tomada de providências que se fizerem necessárias para que sejam amparados e cuidados. Permite que a vítima sobrevivente tenha segurança para contar sua história e todos os aspectos da violência sofrida.

Além disso, permite ter acesso a informações, como a existências de eventuais mensagens trocadas pela vítima com familiares ou pessoas próximas relatando violências anteriores; acesso a fotos, documentos e aparelhos eletrônicos que poderão ser juntados aos autos e periciados; bem como obter informação a respeito do autor; de eventual adoecimento da vítima por conta dos abusos e identificar testemunhas (não necessariamente diretas) dos fatos que possam auxiliar na elucidação da motivação delitiva, na compreensão do caminho da violência percorrido, fornecendo, assim, subsídios probatórios que ensejem a correta tipificação penal, e consequente resposta do Estado.

Na hipótese de feminicídio consumado, o contato direto com familiares da vítima viabiliza acesso aos órfãos da violência, possibilitando o acompanhamento para compreender se está sendo garantido proteção integral e a concretização dos direitos fundamentais enumerados no artigo 227, *caput*, da Constituição Federal e no *caput* do artigo 4º do Estatuto da Criança e Adolescente.[23]

O olhar para os órfãos do feminicídio, mais de duas mil crianças por ano de acordo com o Fórum de Segurança Pública, é fundamental para evitar maior devastação em suas vidas.

Ademais, tais providencias auxiliarão na identificação do feminicídio ocorrido por conta do menosprezo e discriminação à condição de mulher.

---

23. BRASIL. Lei 8.069/1990. Estatuto da Criança e do Adolescente. Disponível em: http://www.planalto.gov.br/ccivil_03/leis/l8069.htm. Acesso em: dez. 2022.

Esse contato permite acompanhar a existência de risco ou evolução do risco a integridade física e psicológica da vítima sobrevivente, a seus familiares e testemunhas para que providências sejam tomadas para resguardá-las, como as medidas protetivas de urgência, bem como permitir eventual responsabilização do agressor.

Sempre buscando o fortalecimento da vítima para reconstrução de sua vida, impedindo que ela seja julgada e ocupe, imoralmente, o banco dos réus, no lugar do réu, numa completa inversão de valores mínimos que devem permear uma sociedade que se repute como civilizada.

O apoio e amparo dados às vítimas impacta positivamente na vida delas, de seus familiares e na resposta dada pela Justiça e Estado.

6. CONSIDERAÇÕES FINAIS

A proteção integral e promoção de direitos e apoio às vítimas são essenciais para o fortalecimento delas, para que possam gozar de direitos fundamentais, como acesso à Justiça, à informação, à participação na produção de provas, às oportunidades e facilidades para viver sem violência.

Além disso, impede que o sistema de justiça seja ambiente de violência e revitimização, bem como chama a atenção para o fato de que é fundamental cobrar o respeito aos direitos de todos os envolvidos e o reconhecimento das vítimas como detentoras de direitos humanos.

A observância da Resolução 243/2021, do Conselho Nacional do Ministério Público, garante uma justiça que não viola direitos fundamentais, assegura que a vítima tenha voz, não seja invisibilizada, seja colhida com respeito, dignidade e humanidade.

Imprescindível que seja assegurado, durante a investigação, processo e julgamento pelo Tribunal do Júri, o reconhecimento da vítima como sujeito de direitos, tendo sua identidade, memória e honra preservados, e não seja exposta (impedindo que provas que exponham a intimidade da vítima e que não tenham relação com o processo sejam usadas). Em suma, que se responsabilize, moral e juridicamente, o autor do delito e não quem é vítima dele.

Ao Estado cabe dar resposta adequada a todas e todos atingidos pela violência e, portanto, o Sistema de Justiça não pode atuar como mero expectador passivo, mas deve agir para garantir que seja respeitado o princípio da dignidade da pessoa humana.

7. REFERÊNCIAS

ANUÁRIO BRASILEIRA DE SEGURANÇA PÚBLICA/2022. Disponível em: www.forumseguranca.com.br. Acesso em: jul. 2022.

ARAÚJO, CARLOS LIMA. *Os grandes processos do Júri*. 4. ed. Edição Fora de Comércio. v. 1.

BRASIL, Ordenações do Reino. Disponível em: https://www2.senado.leg.br/bdsf/item/id/242733. Acesso em: ma. 2023.

BRASIL. Ministério da Mulher, da Igualdade Racial e dos Direitos Humanos. Ministério da Justiça. ONU Mulheres. Diretrizes Nacionais Feminicídio: Investigar, processar e julgar com a perspectiva de gênero as mortes violentas de mulheres. Brasília, 2016. Disponível em: www.onumulheres.org.br. Acesso em: mar. 2023.

BRASIL. Decreto 846/1890. Disponível em: http://www.planalto.gov.br/ccivil_03/decreto/18511899/d847.htm#:~:text=DECRETO%20N%C2%BA%20847%2C%20DE%2011%20DE%20OUTUBRO%20DE%201890.&text=Promulga%20o%20Codigo%20Penal.&text=Art.,que%20n%C3%A3o%20estejam%20previamente%20estabelecidas. Acesso em: mar. 2023.

BRASIL. Decreto-Lei 2.848/1940. Disponível em: http://www.planalto.gov.br/ccivil_03/decreto-lei/del2848.htm. Acesso em: mar. 2023.

BRASIL. Constituição Federal de 1988. Disponível em: http://www.planalto.gov.br/ccivil_03/constituicao/constituicao.htm. Acesso em: mar. 2023.

BRASIL. Lei 11.340, de 7 de agosto de 2006. Lei Maria da Penha. Cria mecanismos para coibir a violência doméstica e familiar contra a mulher, nos termos do § 8º do art. 226 da Constituição Federal, da Convenção sobre a Eliminação de Todas as Formas de Discriminação contra as Mulheres e da Convenção Interamericana para Prevenir, Punir e Erradicar a Violência contra a Mulher; dispõe sobre a criação dos Juizados de Violência Doméstica e Familiar contra a Mulher; altera o Código de Processo Penal, o Código Penal e a Lei de Execução Penal; e dá outras providências. Brasília, DOU de 8.8.06. Disponível em: http://www.planalto.gov.br/ccivil_03/_ato2004-2006/2006/lei/l11340.htm. Acesso em: mar. 2023.

BRASIL. Lei 13.718/2018. Disponível em: http://www.planalto.gov.br/ccivil_03/_Ato2015-2018/2018/Lei/L13718.htm. Acesso em: mar. 2023.

BRASIL. Lei 14.425/2021. Lei Mariana Ferrer. Disponível em: http://www.planalto.gov.br/ccivil_03/_ato2019-2022/2021/lei/L14245.htm. Acesso em: mar. 2023.

BRASIL. Lei 14.188/2021. Disponível em: http://www.planalto.gov.br/ccivil_03/_ato2019-2022/2021/lei/L14188.htm. Acesso em: mar. 2023.

BRASIL. Conselho Nacional de Justiça. Protocolo para Julgamento com Perspectiva de Gênero 2021. Disponível em: https://www.cnj.jus.br/wp-content/uploads/2021/10/protocolo-18-10-2021-final.pdf. Acesso em: mar. 2023.

BRASIL. A Lei 13.104, de 09 de março de 2015. Disponível em: http://www.planalto.gov.br/ccivil_03/_ato2015-2018/2015/lei/l13104.htm. Acesso em: mar. 2023.

BRASIL – Jornal do Senado/2013. Disponível em: https://www.geledes.org.br/na-epoca-do-brasil-colonial-lei-permitia-que-marido-assassinasse-a-propria-mulher/. Acesso em: fev. 2023.

BRASIL. Lei 8.069/1990. Estatuto da Criança e do Adolescente. Disponível em: http://www.planalto.gov.br/ccivil_03/leis/l8069.htm. Acesso em: fev. 2023.

CHAKIAN, Silvia. *A construção dos direitos das mulheres*. Histórico, limites diretrizes para uma proteção penal eficiente. Rio de Janeiro. Lamen Juris, 2019.

CORTE INTERAMERICANA DE DERECHOS HUMANOS. Caso Barbosa de Souza Y Otros VS Brasil. Disponível em: https://www.corteidh.or.cr/docs/casos/articulos/seriec_435_esp.pdf. Acesso em: fev. 2003.

MARCON, Chimelly Louise de Resenes. *Já que viver é ser e ser livre*. Rio de Janeiro: Lumen Juris, 2018.

MODELO de protocolo latino-americano de investigação das mortes violentas de mulheres por razões de gênero (femicídio/feminicídio). Escritório Regional para a América Central do Alto Comissariado das Nações Unidas para os Direitos Humanos; Escritório Regional para as Américas e o Caribe da Entidade da Entidade das Nações Unidas para a Igualdade de Gênero e o Empoderamento das Mulheres (ONU Mulheres). Brasília: ONU Mulheres, 2014. Disponível: onumulheres.org.br/wp-content/uploads/2015/05/protocolo_feminicido_publicacao.pdf. Acesso: março de 2023.

MOLINA, Antonio García-Pablos. *Criminologia*. Uma introdução a seus fundamentos teóricos. São Paulo: Ed. RT, 1992..

MONITOR da Violência. Disponível em: www.nev.prp.usp.br/projetos/projetos-especiais/monitor-da-violencia/.

ONU. Convenção sobre a Eliminação de Todas as Forma de Discriminação contra a Mulher. 1979. Disponível em: http://www.onumulheres.org.br/wp-content/uploads/2013/03/convencao-cedaw1.pdf. Acesso em: ago. 2022.

SAFFIOTI, Heleieth. *Gênero, patriarcado, violência*. 2. ed. São Paulo. Editoras Expressão Popular e Fundação Perseu Abramo, 2015.

STJ – 3ª Seção – HC 535.063. Rel. Min. Sebastião Reis Júnior. J. 10.06.2020.

VIERA, Antônio. *Obras completas de Padre Antônio Vieira*. Porto: Lello & Irmão-Editores, 1959. v. 1.

UMA MIRADA SOBRE CRIMES CONTRA A HONRA PRATICADOS NOS DEBATES DO JÚRI E A ATUAÇÃO DO MINISTÉRIO PÚBLICO EM DEFESA DA VIDA

Leonardo Augusto de A. Cezar dos Santos

Doutor em Estado de Direito e Governança Global pela Universidade de Salamanca/Espanha. Mestre em Estratégias Anticorrupção e Políticas de Integridade. Promotor de Justiça no Ministério Público do Estado do Espírito Santo.

Rodrigo Monteiro

Doutor em Estado de Derecho y Gobernanza Global (Universidad de Salamanca, Espanha). Mestre em Direitos e Garantias Fundamentais (Faculdade de Direito de Vitória – FDV). Especialista em Crime Organizado, Corrupção e Terrorismo (Universidad de Salamanca, Espanha). Promotor de Justiça no Ministério Público do Estado do Espírito Santo.

Sumário: 1. Introdução – 2. Plenário do júri e democracia – 3. A prova da alegação em plenário e o impacto da mentira na decisão dos jurados – 4. Breve análise sobre os crimes contra a honra – 5. O mito da imunidade absoluta do advogado no exercício da profissão e os crimes contra a honra – 6. Conclusão – 7. Referências.

1. INTRODUÇÃO

No Tribunal do Júri defende-se o "direito dos direitos", tutelando-se o bem mais precioso do ser humano: a vida!

Enganam-se aqueles que sustentam ser o Tribunal do Júri o local para se tutelar a liberdade. E é exatamente aqui que reside o ponto nevrálgico dos enfrentamentos em plenário: de um lado situam-se os que se dedicam arduamente à defesa da vida e à história de uma vida perdida. De outra sorte, temos os que estão unicamente vinculados à defesa daqueles que, voluntária, covarde e conscientemente, optaram por interromper os fluxos regulares da vida humana.

Vê-se, com mais facilidade nos processos dos crimes dolosos contra a vida, que a dicotomia de percepções e compromissos entre o Ministério Público e a defesa resta ainda mais aflorada, diante das obrigações que cada uma dessas partes precisa assumir, respectivamente, perante à sociedade ou diante de seus acusados/clientes.

A propósito dessa relação, Neves assinala que Direito e advocacia são coisas distintas, eis que o propósito final do advogado não é aplicar o Direito, porém proteger os interesses de quem solicitou sua ajuda.[1] E nesse contexto o transcorrer do julgamento no Tribunal do Júri pode ganhar contornos acalorados.

Assim, nesse constante enfrentamento em favor do princípio da plenitude da vida, os debates no plenário do júri costumam ser acirrados. Recentemente, está havendo uma tendência orquestrada das defesas, com o propósito de incutir a dúvida na mente dos jurados, ao afirmar que as provas colhidas durante a fase inquisitorial, em especial as provas testemunhais/confissões, foram obtidas mediante ameaças e torturas, ou mesmo que a polícia forjou as provas para perseguir o réu ou para "fechar" os inquéritos policiais.

Na mesma vertente, com o desleal propósito de obtenção, a qualquer custo, de veredictos favoráveis a seus clientes, muitas bancas defensivas executam um verdadeiro linchamento moral da vítima ou das testemunhas, sem qualquer fundamento fático ou probatório apto a justificar as falsas alegações contra aqueles que, corajosamente, se dispõem a colaborar com a Justiça.

Na maioria esmagadora das vezes, esses argumentos não encontram respaldo em provas dos autos, ficando apenas a palavra do advogado ou do réu contra as evidências que constam do caderno processual. Mesmo assim, essa prática vem se tornando corriqueira, servindo de argumento para pedidos de absolvições inegavelmente desprovidos de senso de Justiça.

Essa estratégia nada mais é do que a plantação de dúvida com a finalidade de colher impunidade.

Relevante destacar, por oportuno, que os jurados, leigos e julgando de acordo com a sua íntima convicção e os ditames da Justiça, não compreendem a sistemática da valoração de provas, muito menos a repercussão desse tipo de argumento. Com isso, podem acabar sendo convencidos por meio de argumentos falsos e, assim, serem usados como massa de manobra para o cometimento de injustiças.

Como os alvos das falsas imputações criminosas trazidas perante os jurados são os agentes estatais responsáveis pelas políticas de segurança pública, percebe-se que há uma inequívoca e negativa contribuição para aumento do descrédito das instituições responsáveis pelas investigações realizadas pelo Estado.

O potencial ofensivo dessa conduta desleal é intensificado com o caldo cultural onde os jurados são inseridos, com filmes, reportagens e notícias que colocam os criminosos como a parte mais fraca, com vítima da sociedade. Em contraparti-

---

1. NEVES, José Roberto de Castro. *Como os advogados salvaram o mundo*: a história da advocacia e sua contribuição para a humanidade. Rio de Janeiro: Nova Fronteira, 2018, p. 23.

da, os agentes de segurança pública são rotulados de incultos, ignorantes, brutos e torturadores. Esse caldo cultural, em verdadeiro clima de "policiofobia",[2] tem causado impunidade em muitos júris pelo Brasil.

Tecidas essas considerações iniciais nos resta apontar que a tortura, a ameaça, o constrangimento ilegal ou a suposta perseguição policial (que constitui prevaricação), são delitos graves previstos na legislação penal. Dessa forma, não se pode fechar os olhos para o fato de que comete o crime previsto no artigo 138, do Código Penal, aquele que caluniar alguém, imputando-lhe falsamente fato definido como crime.

Resta relevante, nesse sentido, apreciar com responsabilidade e cautela a questão referente à inviolabilidade do advogado no exercício de sua profissão. O art. 133 da Constituição Federal é claro ao afirmar que: "O advogado é indispensável à administração da justiça, sendo inviolável por seus atos e manifestações no exercício da profissão, *nos limites da lei*" (grifamos).

Nesse cenário, o presente artigo busca harmonizar esse discurso defensivo, sem respaldo na boa-fé e nas provas dos autos, com a imunidade profissional do advogado, em busca da verdade e da realização da Justiça, e a atuação do Ministério Público no plenário, sem que se fale em qualquer afronta ou violação às prerrogativas previstas na Lei 8.906/94, ou mesmo ao princípio constitucional da plenitude de defesa.

2. PLENÁRIO DO JÚRI E DEMOCRACIA

A instituição do júri é reconhecida constitucionalmente como direito fundamental, nos termos do art. 5º, inciso XXXVIII da Constituição Federal. Isso está relacionado à relevância e grandiosidade do bem jurídico tutelado que é a vida. Foi a importância desse bem jurídico que levou o Constituinte a concluir que as condutas que o lesionam de forma dolosa fossem analisadas e julgadas pelo povo.

O Tribunal do Júri representa a essência do regime democrático brasileiro. Trata-se do único momento em que o poder estatal, no âmbito do Poder Judiciário, é exercido pelo povo. O julgamento dos crimes doloso contra vida diretamente pelo povo representa um direito fundamental de natureza dúplice, eis que guarda relação com o cidadão – que deverá ser julgado por seus semelhantes sempre que cometer um crime doloso contra a vida – e, igualmente, é destinado à própria sociedade, a quem caberá julgar seu semelhante que, dolosamente, violou o mais sagrado dos bens jurídicos: a vida!

---

2. Vide texto de Filipe Bezerra. Disponível em: https://fenaprf.org.br/novo/policiofobia/. Acesso em: 20 dez. 2022.

O parágrafo único, do artigo primeiro de nossa Constituição Federal, determina que todo o poder emana do povo. Como o ato de julgar representa uma das formas do exercício desse poder, resta essencial que o sentimento de Justiça seja amparado pelo compartilhamento desse poder estatal, de modo que o próprio povo possa decidir em sintonia com aquilo que entende verdadeiramente por Justiça.

Além disso, há uma questão de legitimidade das decisões. Para o bem jurídico mais importante, necessário se faz que o próprio povo tome as rédeas da Justiça. É ele, o povo, quem vai dar sua opinião e decidir entre a condenação e absolvição, de acordo com suas tradições, cultura, experiências em comum e, sobretudo, das provas contidas nos autos.

A participação do povo nesses julgamentos, assim, representa a plena concretização da democracia nos rumos da Justiça e da segurança pública. E o conceito de democracia é diretamente ligado ao conteúdo de liberdade, tanto de escolha, como de autodeterminação. É o povo quem deve chancelar ou não as condutas que lhe são apresentadas em plenário, julgando de acordo com o preceito exortado pelo magistrado, segundo a regra contida junto ao artigo 472 do Código de Processo Penal, *in verbis*:

> Art. 472. Formado o Conselho de Sentença, o presidente, levantando-se, e, com ele, todos os presentes, fará aos jurados a seguinte exortação:
>
> Em nome da lei, concito-vos a examinar esta causa com imparcialidade e a proferir a vossa decisão de acordo com a vossa consciência e os ditames da justiça.
>
> Os jurados, nominalmente chamados pelo presidente, responderão:
>
> Assim o prometo.

A propósito desse compartilhamento de poder, Muniz enaltece que há uma série de benefícios na participação dos cidadãos nos julgamentos pelo Tribunal do Júri. Para ele, além de aperfeiçoar a confiança pública no sistema, há um aprendizado sobre o Poder Judiciário e sobre os fatos que são postos à sua apreciação, compreendendo-os de melhor forma, de modo a reduzir a distância entre juízes de direito e juízes leigos. Para o autor, a vivência da democracia é experimentada no tribunal do júri quando cidadãos tomam parte nas decisões, ainda que dela surjam diferenças naturais de uma deliberação colegiada.[3]

O Tribunal do Júri espelha a sedimentação do conceito de liberdade para o cidadão. Isso porque, seguindo o entendimento do jurista alemão Hans Kelsen, o cidadão só pode ser considerado politicamente livre quando participa da criação das normas que lhe serão impostas e a elas se submete. O que deve e quer fazer

---

3. MUNIZ, Alexandre Carrinho. *Tribunal do júri*: pilar da democracia e da cidadania. 2. ed. Rio de Janeiro: Lumen Juris, 2021, p. 116-117.

coincidem com a liberdade dele na democracia. A democracia, portanto, seria a vontade representada na ordem jurídica que coincide com a vontade do cidadão.[4]

Atualmente, as leis não estão representando a vontade do cidadão. Como exemplo, temos as inúmeras legislações e decisões judiciais que afrontam o sentimento inato de Justiça do povo. No entanto, no Tribunal do Júri, há essa coincidência quando os jurados analisam as provas dos autos e, com base nelas, escolhem seu veredicto.

Nesse contexto, o ápice do exercício da advocacia nos crimes dolosos contra a vida é o plenário do júri. E, como bem diz a Carta Maior, essa função é indispensável e essencial à Justiça. Porém, no exercício da plenitude de defesa, a inviolabilidade garantida constitucionalmente aos advogados não pode servir de escudo para prática de crimes graves que desagregam o conceito de sociedade.

3. A PROVA DA ALEGAÇÃO EM PLENÁRIO E O IMPACTO DA MENTIRA NA DECISÃO DOS JURADOS

De acordo com o artigo 156 do Código de Processo Penal, a prova da alegação incumbirá a quem a fizer. Essa norma traz plasmada a necessidade de todos os argumentos levados ao plenário do júri e que se relacionem com os fatos levados a julgamento pelos jurados sejam lastreados em um conteúdo probatório. E este conteúdo probatório deve estar contido no universo do que foi produzido ao longo da marcha processual.

A finalidade da prova é convencer o juiz sobre a verdade de determinado fato litigioso.[5] No caso do plenário, o juiz são os jurados, juízes leigos. E aí temos um grande problema: como os jurados chegam ao seu veredicto com base na convicção íntima, qualquer discurso pode influenciar em sua decisão. E o discurso mentiroso acaba tendo uma enorme vantagem.

Ao analisar o cotidiano do plenário do júri, é comum perceber discursos defensivos sem base alguma com a realidade ou com a prova dos autos. Os advogados que utilizam esse método procuram apenas despertar sentimentos e reações nos jurados. E, para o entendimento do juiz leigo, o efeito dessas palavras são imediatos. O advogado usa as palavras retoricamente. Basta proferir a palavra que seu serviço termina, já que ele não precisa comprovar essa alegação. No entanto, para o Ministério Público, que busca sempre a verdade e tem seu compromisso constitucionalmente firmado com a sociedade, o serviço não termina apenas proferindo discursos com palavras que evocam sentimentos.

---

4. KELSEN, Hans. *Teoria geral do direito e do estado*. 3. ed. São Paulo: Martins Fontes, 1998, p. 406.
5. NUCCI, Guilherme de Souza. *Código de Processo Penal comentado*. 15. ed. rev. atual. e ampl. Rio de Janeiro: Forense, p. 243.

O Ministério Público sempre respalda seu discurso feito em plenário a partir das provas produzidas nos autos, em respeito aos princípios da ampla defesa e do contraditório. É esta sua missão constitucional.

Esse aspecto demonstra mais uma vantagem para defesa: o privilégio da mentira. Nesse contexto, por sempre ser necessário provar um discurso em plenário, é que se torna mais fácil e irresponsável mentir do que desmentir a mentira, eis que, conforme nos ensina um milenar provérbio chinês, "há três coisas na vida que nunca voltam atrás: a flecha lançada, a palavra pronunciada e a oportunidade perdida".

A mentira não precisa de prova e, se ela for utilizada com métodos retóricos que evocam emoções, produz o efeito desejado pelo simples fato de ser falada aos jurados. Assim, as palavras que evocam emoções e as mentiras proferidas no plenário do júri possuem efeitos catastróficos para a busca da Justiça. A mentira, por não ter respaldo algum nos autos, pode acarretar uma absolvição injusta.[6]

O ambiente do plenário do júri já coloca o réu como o mais fraco na relação, a partir de uma falsa percepção que tenta vitimizar os autores das condutas criminosas. A presença dos agentes de segurança, a localização do réu no plenário, os parentes do réu na audiência, todos esses elementos são signos para o jurado que tende a ver o criminoso como um injustiçado.

Relevante anotar que há outros elementos que corroboram essa equivocada percepção que insiste em colocar o réu na posição de vítima do Estado. Até mesmo a jurisprudência dos Tribunais Superiores tem contribuído para que o sistema criminal reste moldado de forma unilateral para proteção do criminoso e o desprezo à vítima, a partir daquilo que Capez classificou como novos postulados ideológicos informativos do processo penal.[7]

Por mais imperceptível que seja, não são apenas os olhos que nos permitem ver, pois ideias dominantes, compartilhadas e espalhadas pela população chegam a distorcer até mesmo o que os olhos veem.[8]

Outro ponto a se destacar é o poder da linguagem não verbal que, somada à mentira, tem efeitos desastrosos na mente dos juízes leigos. A linguagem não verbal condiz com 55% da mensagem transmitida, tendo a voz 38% e as palavras

---

6. BARBOSA, Carlos Eduardo Rocha, SANTOS, Leonardo Augusto de Andrade Cezar dos. Tribunal do Júri – a mentira do réu e as suas consequências no mundo da pós-verdade. *Tribunal do Júri*: o Ministério Público em defesa da Justiça. Dialética Editora, 2021. p. 223-251.
7. CAPEZ, Fernando. *Curso de processo penal*. 22. ed. São Paulo: Saraiva, 2018, p. 418.
8. SOUZA, Jessé. *A tolice da inteligência brasileira*: ou como o país se deixa manipular pela elite. São Paulo: LeYa, 2015, p. 5.

7%.⁹ Esse ambiente citado em que o réu aparece como um coitado e oprimido pelas mãos fortes do Estado, é propício para que seja pavimentada a estrada da absolvição injusta no voto proferido pelo leigo.

Pensando sob as lentes da psicologia evolutiva,[10] vivemos num mundo onde a velocidade da evolução tecnológica superou e muito a da mente humana, de modo a ainda termos nossas raízes fincadas no terreno mental dos caçadores-coletores que viviam nas savanas e foram nossos ancestrais. Com a inflação de informações, ocorre o efeito denominado "paralisia da análise". Esse efeito consiste em se tomar uma decisão com menos comprometimento em observações minuciosas do caso real, uma vez que o excesso de informação satura a mente.[11]

No mesmo viés da "paralisia da análise" se encontram os estudos do psicólogo e economista Daniel Kahneman. De acordo com suas pesquisas, restou demonstrado que o ser humano possui dois sistemas mentais, o Sistema 1 e o Sistema 2. O Sistema 1 trabalha automaticamente, fazendo pouco esforço e sem percepção de controle voluntário. O Sistema 2, por sua vez, exige atenção e trabalho mental intenso.[12]

Os jurados, no ambiente da produção probatória, debates e análise de todos os estímulos que lhe são dados durante o julgamento, fazem uso frequente do Sistema 2. Interpretação do ambiente da sessão plenária, complexidade das provas, depoimentos prestados, atenção aos argumentos da acusação e da defesa, tudo isso exige muito esforço cognitivo.[13]

O ambiente do local onde ocorre a sessão, a "paralisia da análise", a exigência do uso constante do Sistema 2 no plenário ao analisar as provas é um ambiente mental propício para falsas ilusões cognitivas. Estas, segundo Kahneman, ocorrem quando o Sistema 1, que trabalha no modo automático, não consegue parar

---

9. Para maior aprofundamento no tema vide BIRDWHISTELL, Ray L. *Kinesics and context*: Essays on body motion communication. University of Pennsylvania press, 2010; CORRAZE, J. *As comunicações não verbais*. Rio de Janeiro: Zahar, 1982; DAVIS, F. *A comunicação não verbal*. 6. ed. São Paulo: Summus, 1979; KNAPP, M.L. *La comunicación no verbal*: el cuerpo y el entorno. Barcelona: Paidós, 1980; WEIL, Pierre et al. *O corpo fala*: a linguagem silenciosa da comunicação não verbal. Editora Vozes Limitada, 2017.
10. A psicologia evolutiva defende que muitas características do ser humano podem ser melhor compreendidas sob o enfoque da evolução humana. Para melhor aprofundamento vide: BARKOW, Jerome H.; COSMIDES, Leda; TOOBY, John (Ed.). *The adapted mind*: Evolutionary psychology and the generation of culture. Oxford University Press, USA, 1995; BARRETT, Louise; DUNBAR, Robin; LYCETT, John. *Human evolutionary psychology*. Princeton University Press, 2002.
11. CIALDINI, Robert B. *As armas da persuasão*: como influenciar e não se deixar influenciar. Rio de Janeiro: Sextante, 2012, p. 268-269.
12. KAHNEMAN, Daniel. *Rápido e devagar*: duas formas de pensar. Rio de Janeiro: Objetiva, 2012, p. 29.
13. BARBOSA, Carlos Eduardo Rocha, SANTOS, Leonardo Augusto de Andrade Cezar dos. Tribunal do Júri–a mentira do réu e as suas consequências no mundo da pós-verdade. *Tribunal do Júri*: o Ministério Público em defesa da Justiça. Dialética Editora, 2021. p. 223-251.

de funcionar, mesmo contra a vontade. A mente passa a funcionar apenas de forma intuitiva, tendente a que se cometam erros de julgamento e análise. Para evitar essa situação, faz-se necessário a atuação do Sistema 2, com sua atividade diligente e vigilância contínua, demandando muito gasto mental, mas se torna praticamente impossível.[14]

Ressalte-se que a preocupação com a "paralisia da análise" e com o uso excessivo do Sistema 1 para tomada de decisões não é uma preocupação nova na humanidade. A evolução da tecnologia, inflando a mente humana de informações, só tornou a utilização do Sistema 2, da razão para julgamentos, ainda mais complexa. Como efeito, temos a formação de juízos de valor cada vez com menos influência de fatos concretos e com a preponderância de emoções e crenças pessoais, fenômeno este batizado de pós-verdade,[15] gerando uma verdadeira crise de valoração.

Nesse cenário, o privilégio da mentira concretiza sua finalidade, qual seja, inflacionar a mente dos jurados com informações falsas, acionando o Sistema 1, causando a paralisia de análise para construção de ilusões cognitivas. E estas ilusões cognitivas impedem a racionalização do juízo de valor do jurado, impelindo-o a formar o sentimento de dúvida em sua mente. Na dúvida, todos votam pela absolvição e, assim, baseados em argumentos falsos e criminosos, colaboram com a injustiça e a impunidade.

Esse problema ganha contornos que merecem uma atenção especial do Ministério Público sempre que for possível perceber que acompanhada da mentira ou de argumentos falaciosos, estiverem condutas criminosas que se amoldam aos delitos contra a honra, sobretudo, quando praticados em desfavor de autoridades públicas.

4. BREVE ANÁLISE SOBRE OS CRIMES CONTRA A HONRA

Os crimes contra a honra estão previstos no Capítulo V, do Título I, do Código Penal brasileiro, que trouxe em seus artigos 138 a 145 a disciplina normativa afeta aos delitos de calúnia, difamação e injúria. Trata-se de disposição penal que guarda sintonia com a regra prevista no artigo 5º, inciso X, da Constituição Federal, que guarnece a inviolabilidade da intimidade, da vida privada, da honra e da imagem das pessoas, assegurado, ainda, o direito a indenização pelo dano material ou moral decorrente de sua violação.

---

14. KAHNEMAN, Daniel. *Rápido e devagar*: duas formas de pensar. Rio de Janeiro: Objetiva, 2012, p. 38-39.
15. FANTINI, João Angelo. Editorial Pós-verdade ou o triunfo da religião. Leitura Flutuante. *Revista do Centro de Estudos em Semiótica e Psicanálise*. ISSN 2175-7291, v. 8, n. 2.

Variados são os bens jurídicos tutelados pelo Direito Penal. Nesse sentido, Capez nos lembra que todo homem tem direito à vida, à integridade física e psíquica, como também a não ser ultrajado em sua honra, pois o seu patrimônio moral também é digno da proteção penal.[16]

A tutela da honra não é uma preocupação tão somente da sociedade contemporânea. Consoante apresentado por Bitencourt, na Grécia e Roma antigas as ofensas à honra eram regiamente punidas. Entre os romanos a honra tinha o status de direito público do cidadão e os fatos lesivos eram abrangidos pelo conceito amplo de injúria. Na Idade Média, o Direito Canônico também se ocupava das ofensas à honra.[17]

A honra, segundo dicção de Masson, corresponde ao conjunto das qualidades físicas, morais e intelectuais de um ser humano, que o fazem merecedor de respeito no meio social e promovem sua autoestima, tratando-se de um sentimento natural, inerente a todo homem e cuja ofensa produz uma dor psíquica, um abalo moral, acompanhados de atos de repulsão ao ofensor. Qualquer violação à honra representará ofensa ao valor social do indivíduo, que está ligada à sua aceitação ou aversão dentro de um dos círculos sociais em que vive, integrando seu patrimônio.[18]

De destaque as considerações trazidas por Bulos, ao afirmar que tutelando a honra, o constituinte de 1988 defende muito mais o interesse social do que o interesse individual, *uti singuli*, porque não está, apenas, evitando vinditas e afrontes à imagem física do indivíduo. Segundo o autor baiano, muito mais do que isso, está evitando que se frustre o justo empenho da pessoa física em merecer boa reputação pelo seu comportamento zeloso, voltado ao cumprimento de deveres socialmente úteis.[19]

A tutela da honra é, assim, essencial à esperada manutenção da estabilidade nas relações sociais. Importante ressaltar, por oportuno, que quando a violação à honra disser respeito não apenas ao cidadão enquanto pessoa física, mas, principalmente ao cidadão enquanto agente público, estaremos diante de uma conduta com potencialidade lesiva ainda mais gravosa, em razão uma ofensa à dignidade da função pública e ao próprio Estado.

Assinala Bitencourt que a falsa imputação irrogada contra servidor público, no exercício de suas funções, carrega uma ação com um desvalor ainda mais

---

16. CAPEZ, Fernando. *Curso de direito penal*. 19. ed. atual. São Paulo: Saraiva, 2019, v. 2, parte especial p. 410.
17. BITENCOURT, Cezar Roberto. *Tratado de direito penal*: parte especial 2. 18. ed. São Paulo: Saraiva, 2018, p. 304.
18. MASSON, Cleber. *Direito Penal*: parte especial. 11. ed. rev., atual. e ampl. Rio de Janeiro: Forense, 2018, p. 201.
19. BULOS, Uadi Lammêgo. *Constituição Federal anotada*. 2. ed. São Paulo: Saraiva, 2001, p. 105.

grave, uma vez que colide com a preservação da integridade dos órgãos e funções estatais. Para o autor, a ofensa apresentada nessas condições desmerece toda a Administração Pública e o dano dela decorrente é superior à proferida ao cidadão comum, repercutindo em toda a coletividade.[20]

Especificamente sobre a calúnia irrogada em juízo com o objetivo de induzir os jurados ao erro, objeto deste estudo, lembramos, conforme dicção de Capez, que caluniar significa imputar falsamente fato definido como crime, de modo que o agente atribui a alguém a responsabilidade pela prática de um delito que não ocorreu ou que não foi por ele cometido.[21]

Tem se tornado algo corriqueiro nos Tribunais do Júri práticas que buscam afastar a responsabilização dos autores de crimes graves mediante a utilização de imputações sabidamente falsas contra as autoridades policiais que trabalharam durante a produção da prova. Nesses casos, o crime de calúnia restará inegavelmente configurado a partir da conduta que alcançar o elemento normativo do tipo consistente na falsa imputação criminosa.

Nos crimes de calúnia o elemento subjetivo está vinculado ao dolo, consistente na vontade e consciência de caluniar alguém, imputando a quem sabe inocente, falsamente, a prática de fato definido como crime. No que tange à calúnia irrogada em juízo, estaremos diante da presença de uma espécie de dolo específico, que ultrapassa o mero desejo de caluniar o inocente, eis que terá como finalidade precípua buscar, sorrateiramente, alcançar a mente dos jurados com o foco único de interferir em sua percepção real sobre os fatos postos em julgamento.

E para a configuração do crime de calúnia é irrelevante que a vítima tenha tomado conhecimento do fato, ou mesmo que as ofensas à honra objetiva tenham sido apresentadas na presença de um número considerável de cidadãos, sendo suficiente para a consumação delituosa que apenas uma única pessoa tome ciência da falsa imputação.

Há que se trazer uma ressalva em relação à conduta daquele que falsamente imputa fato criminoso na condição de testemunha. Nesses casos, Capez adverte que não comete crime a testemunha que, sob compromisso, narra fatos pertinentes à causa, ainda que tenha que atribuir fato criminoso a outrem, uma vez que age no estrito cumprimento do dever legal (CP, art. 23, III). Contudo, se o depoimento é falso, o crime será o de falso testemunho.[22]

---

20. BITENCOURT, Cezar Roberto. *Tratado de direito penal*: parte especial 2. 18. ed. São Paulo: Saraiva, 2018, p. 357.
21. CAPEZ, Fernando. *Curso de direito penal*. 19. ed. atual. São Paulo: Saraiva, 2019, v. 2, parte especial. p. 418.
22. CAPEZ, Fernando. *Curso de direito penal*. 19. ed. atual. São Paulo: Saraiva, 2019, v. 2, parte especial, p. 441.

Inegável, pois, que ofensas contra a honra têm o condão de ocasionar desestabilidade nas relações sociais. E essas relações sociais estarão ainda mais comprometidas quando os crimes contra a honra forem praticados em desfavor de autoridades públicas, com o único propósito de alcançar absolvições injustas, que servirão de combustível para a impunidade e para a retroalimentação da violência.

5. O MITO DA IMUNIDADE ABSOLUTA DO ADVOGADO NO EXERCÍCIO DA PROFISSÃO E OS CRIMES CONTRA A HONRA

O privilégio da mentira criado pelo sistema criminal, como já mencionado acima, é uma estratégia utilizada em busca da impunidade, por meio de ilusões cognitivas. Esse instrumento antiético é escorado na imunidade da advocacia que, de uma prerrogativa justa e necessária para a consecução da Justiça, passou a ser instrumento para condutas ilegais.

Existe um mito de que o advogado, no exercício de suas funções, tem plena liberdade para falar e escrever o que quiser. No entanto, apesar de fortemente arraigado no imaginário do ambiente jurídico, isso não corresponde à verdade.

Convém lembrar as prerrogativas dos advogados estão previstas no artigo 7º, da Lei 8.906/94 e, dentre direitos não se encontra aquele que fomente a mentira, a má-fé, a deslealdade ou a injustiça, como se vê:

> Art. 7º São direitos do advogado:
>
> I – exercer, com liberdade, a profissão em todo o território nacional;
>
> II – a inviolabilidade de seu escritório ou local de trabalho, bem como de seus instrumentos de trabalho, de sua correspondência escrita, eletrônica, telefônica e telemática, desde que relativas ao exercício da advocacia;
>
> III – comunicar-se com seus clientes, pessoal e reservadamente, mesmo sem procuração, quando estes se acharem presos, detidos ou recolhidos em estabelecimentos civis ou militares, ainda que considerados incomunicáveis;
>
> IV – ter a presença de representante da OAB, quando preso em flagrante, por motivo ligado ao exercício da advocacia, para lavratura do auto respectivo, sob pena de nulidade e, nos demais casos, a comunicação expressa à seccional da OAB;
>
> V – não ser recolhido preso, antes de sentença transitada em julgado, senão em sala de Estado Maior, com instalações e comodidades condignas, assim reconhecidas pela OAB, e, na sua falta, em prisão domiciliar; (Vide ADIN 1.127-8)
>
> VI – ingressar livremente:
>
> a) nas salas de sessões dos tribunais, mesmo além dos cancelos que separam a parte reservada aos magistrados;
>
> b) nas salas e dependências de audiências, secretarias, cartórios, ofícios de justiça, serviços notariais e de registro, e, no caso de delegacias e prisões, mesmo fora da hora de expediente e independentemente da presença de seus titulares;

c) em qualquer edifício ou recinto em que funcione repartição judicial ou outro serviço público onde o advogado deva praticar ato ou colher prova ou informação útil ao exercício da atividade profissional, dentro do expediente ou fora dele, e ser atendido, desde que se ache presente qualquer servidor ou empregado;

d) em qualquer assembleia ou reunião de que participe ou possa participar o seu cliente, ou perante a qual este deva comparecer, desde que munido de poderes especiais;

VII – permanecer sentado ou em pé e retirar-se de quaisquer locais indicados no inciso anterior, independentemente de licença;

VIII – dirigir-se diretamente aos magistrados nas salas e gabinetes de trabalho, independentemente de horário previamente marcado ou outra condição, observando-se a ordem de chegada;

IX – sustentar oralmente as razões de qualquer recurso ou processo, nas sessões de julgamento, após o voto do relator, em instância judicial ou administrativa, pelo prazo de quinze minutos, salvo se prazo maior for concedido; (Vide ADIN 1.127-8) (Vide ADIN 1.105-7)

X – usar da palavra, pela ordem, em qualquer tribunal judicial ou administrativo, órgão de deliberação coletiva da administração pública ou comissão parlamentar de inquérito, mediante intervenção pontual e sumária, para esclarecer equívoco ou dúvida surgida em relação a fatos, a documentos ou a afirmações que influam na decisão;

XI – reclamar, verbalmente ou por escrito, perante qualquer juízo, tribunal ou autoridade, contra a inobservância de preceito de lei, regulamento ou regimento;

XII – falar, sentado ou em pé, em juízo, tribunal ou órgão de deliberação coletiva da Administração Pública ou do Poder Legislativo;

XIII – examinar, em qualquer órgão dos Poderes Judiciário e Legislativo, ou da Administração Pública em geral, autos de processos findos ou em andamento, mesmo sem procuração, quando não estiverem sujeitos a sigilo ou segredo de justiça, assegurada a obtenção de cópias, com possibilidade de tomar apontamentos;

XIV – examinar, em qualquer instituição responsável por conduzir investigação, mesmo sem procuração, autos de flagrante e de investigações de qualquer natureza, findos ou em andamento, ainda que conclusos à autoridade, podendo copiar peças e tomar apontamentos, em meio físico ou digital;

XV – ter vista dos processos judiciais ou administrativos de qualquer natureza, em cartório ou na repartição competente, ou retirá-los pelos prazos legais;

XVI – retirar autos de processos findos, mesmo sem procuração, pelo prazo de dez dias;

XVII – ser publicamente desagravado, quando ofendido no exercício da profissão ou em razão dela;

XVIII – usar os símbolos privativos da profissão de advogado;

XIX – recusar-se a depor como testemunha em processo no qual funcionou ou deva funcionar, ou sobre fato relacionado com pessoa de quem seja ou foi advogado, mesmo quando autorizado ou solicitado pelo constituinte, bem como sobre fato que constitua sigilo profissional;

XX – retirar-se do recinto onde se encontre aguardando pregão para ato judicial, após trinta minutos do horário designado e ao qual ainda não tenha comparecido a autoridade que deva presidir a ele, mediante comunicação protocolizada em juízo.

XXI – assistir a seus clientes investigados durante a apuração de infrações, sob pena de nulidade absoluta do respectivo interrogatório ou depoimento e, subsequentemente, de todos os elementos investigatórios e probatórios dele decorrentes ou derivados, direta ou indiretamente, podendo, inclusive, no curso da respectiva apuração:

a) apresentar razões e quesitos.

O advogado é indispensável à administração da Justiça, e isso nem precisaria ser alçado à norma constitucional pelo artigo 133 da Constituição Federal, pois é algo intuitivo. Não há Justiça sem um processo justo, com equilibro entre as partes, tendo a defesa todas as garantias para pugnar pela absolvição do inocente e pela condenação justa do culpado.

Essa prerrogativa, no entanto, não se constitui um privilégio pessoal. Essa garantia é corolário da importância da advocacia no sistema de Justiça, uma vez que o advogado tem como função a defesa de direitos e garantias dos cidadãos.[23]

O próprio artigo constitucional menciona que os atos e manifestações do advogado no exercício da profissão estão abarcados por inviolabilidade, nos limites da lei. Essa parte final que delimita a imunidade costuma ser desprezada no plenário do júri.

Advogados mais combativos confundem uma defesa incisiva com o linchamento moral das autoridades que investigaram o crime ou, até mesmo, de vítimas e testemunhas. E, para fazerem esse linchamento moral, narram condutas criminosas que podem se amoldar a tipos penais de tortura, ameaça ou prevaricação, quando dizem que as investigações foram direcionadas para perseguir o réu; ou falso testemunho, ao alegarem que testemunhas mentiram, sem a demonstração de suas afirmações.

A utilização de argumentos retóricos que imputem, falsamente fato definido como crime, configura a prática de crime de calúnia, conforme consta no artigo 138 do Código Penal. E esta discussão já chegou no Supremo Tribunal Federal, que se manifestou no sentido de que a inviolabilidade, prevista no artigo 133 da Constituição, é relativa e que não alcança todo e qualquer crime contra a honra, excluindo da imunidade, de forma expressa, o crime de calúnia (RE 585901 AgR/MG, julgado em 21.09.2010).

Recentemente, com a inovação trazida pela Lei 14.365/2022, houve a revogação do § 2º do art. 7º, da Lei 8.906/94, que assim versava:

Art. 7º

(...)

§ 2º O advogado tem imunidade profissional, não constituindo injúria, difamação ou desacato puníveis qualquer manifestação de sua parte, no exercício de sua atividade, em juízo ou fora dele, sem prejuízo das sanções disciplinares perante a OAB, pelos excessos que cometer.

---

23. DA SILVEIRA, Sebastião Sérgio; MOSSIN, Heráclito Antonio; DOS REIS SILVEIRA, Ricardo. A garantia de imunidade do advogado como direito fundamental do cidadão. *Revista Jurídica (FURB)*, v. 22, n. 48, p. 7421, 2018.

Com a mencionada revogação, confirmou-se o entendimento do Pretório Excelso. Na seara criminal, não houve grandes modificações, uma vez que, além do entendimento da Corte Suprema, o artigo 142, inciso I, do Código Penal, já prescrevia que não constituem injúria ou difamação a ofensa irrogada em juízo, na discussão da causa, pela parte ou por seu procurador. No entanto, a partir dessa revogação, passou a vigorar a responsabilização nas esferas civil e administrativa para condutas que se amoldem ao crime de injúria ou difamação.

Convém lembrar, ainda, que mesmo antes do advento da Lei 14.365/2022, o Supremo Tribunal Federal, no julgamento da Ação Direta de Inconstitucionalidade (ADI) 1127, proposta pela Associação dos Magistrados Brasileiros (AMB), declarou inconstitucional parte do dispositivo constante no artigo 7º, § 2º, do Estatuto da OAB, de modo a afastar a imunidade dos advogados em relação ao crime de desacato.[24]

Dito isso, todas as mentiras, é certo que argumentos falaciosos ou palavras retóricas proferidas em descompasso com a verdade precisam ser coibidas em plenário. No entanto, condutas que maculam a honra das pessoas que participam do processo precisam de uma atitude que extrapole a arena do Tribunal da Vida. É necessário que se busque meios para responsabilização daquele que dolosamente pratica condutas criminosas no plenário com o propósito único de ludibriar os jurados, alcançar uma absolvição injusta e, assim, contribuir com a injustiça e a proliferação da violência.

Nesse sentido, sempre que práticas de calúnia forem proferidas contra autoridades públicas que desenvolveram suas funções no transcorrer do processo, ou mesmo em desfavor de vítimas ou testemunhas faz-se necessário que tudo seja detalhadamente constado em ata para que sejam tomadas as medidas cabíveis. E quais seriam essas medidas?

Se a testemunha for ouvida em plenário e é funcionário público, deve-se indagar, ainda em seu depoimento, se ela, desde logo, oferece representação caso venha a ocorrer algum crime contra a sua honra. Acontecendo a calúnia, imediatamente requisita-se a instauração de inquérito policial.

Caso não ocorra a oitiva da autoridade em plenário ou, em situação diversa, a testemunha não seja funcionária pública, deve-se solicitar o envio de cópia da ata para que a parte ofendida tenha ciência do ocorrido e possa tomar as atitudes que entender pertinentes, restando importante alertar para o prazo decadencial voltado ao oferecimento da representação pelo crime contra a honra (em caso de servidor público) ou da respectiva queixa-crime (nos casos de ação penal privada).

---

24. Supremo Tribunal Federal. Disponível em: https://portal.stf.jus.br/processos/detalhe.asp?incidente=1597992. Acesso em: 18 dez. 2022.

Por fim, se a caluniada for a vítima, nos casos de homicídio consumado, deve ser dado ciência aos seus familiares, uma vez que o § 2º, do artigo 138, do Código Penal, pune a calúnia contra os mortos. Já nos casos de homicídios tentados, à própria vítima deverá ser dada ciência para a tomada das medidas pertinentes.

Questão que se coloca é se o advogado se retratar ao ler a ata, nos casos de funcionário público, geralmente policiais, que ofereceram representação. Essa situação já foi decidida pelo Superior Tribunal de Justiça, que julgou inadmissível a retratação:

> Penal. Agravo regimental no recurso especial. Injúria contra funcionário público. Não cabimento da retratação. Súmula 83 do STJ. Ameaça. Absolvição. Súmula 7 do STJ. Agravo regimental não provido.
>
> 1. O STJ orienta não ser cabível a retratação prevista no art. 143 do Código Penal nos casos de injúria praticada em desfavor de funcionário público e devido a sua função. Precedentes. Incidência da Súmula 83 do STJ.
>
> 2. A pretensão absolutória consubstanciada na ineficácia do meio empregado para a prática do crime de ameaça implica a necessidade de revolvimento fático-probatório dos autos, procedimento vedado, em recurso especial, pelo disposto na Súmula 7 do STJ.
>
> 3. Agravo regimental não provido.
>
> (AgRg no REsp 1.796.100/PE, relator Ministro Rogerio Schietti Cruz, Sexta Turma, julgado em 03.05.2022, DJe 12.05.2022).

Logo, para funcionários públicos não se admite a retratação.

O mesmo raciocínio não pode ser utilizado para crimes de ação penal privada, eis que, por força do artigo 143 do Código Penal, "o querelado que, antes da sentença, se retrata cabalmente da calúnia ou da difamação, fica isento de pena".

De qualquer modo, nos casos de injúria e difamação, por força da revogação feita no Estatuto da OAB por meio da Lei 14.365/2022, o ofendido deve ter ciência para que, querendo, tome as providências que entenda necessárias nas searas cível e administrativa.

6. CONCLUSÃO

No Tribunal do Júri, durante os debates entre acusação e defesa, há limites éticos e legais que precisam ser obedecidos por todos. Nesse sentido, a proteção à honra daqueles que, direta ou indiretamente, tiveram participação no caderno processual merece ser um dos nortes da atuação dos profissionais do Direito.

Conforme já afirmado neste trabalho, a honra não constitui interesse exclusivo do indivíduo, mas da própria coletividade, que tem interesse na preservação da incolumidade moral e da intimidade de todos, eis que isso é fundamental para o convívio harmônico em sociedade.

E essa proteção à honra resta ainda de maior fundamentalidade quando as ofensas inverídicas são dirigidas às autoridades públicas. Nesses casos, inegavelmente, a personificação do ofendido vai muito além da pessoa física (servidor público), havendo perdas para a credibilidade do próprio Estado.

Assim, durante os debates do plenário, qualquer crime contra a honra praticado contra os agentes de segurança, que não tenham prestado declarações em plenário, ou particular (vítimas ou testemunhas), prestadas ou não sua declaração em plenário, deve o membro do Ministério Público fazer com que seja constado em ata e, ato contínuo, requisitar a expedição de ofício informando a autoridade indicada como autora da conduta ilícita para tomada das providências que entender necessárias.

Caso o agente de segurança tenha prestado suas declarações em plenário, deve-se indagá-lo sobre sua vontade de oferecer representação por crime contra honra, explicando quais condutas podem ser praticadas em plenário. Acontecendo a conduta, consta-se na ata as palavras proferidas e requisita-se, dede já, a instauração de inquérito, encaminhando cópia da ata para as autoridades competentes, sem prejuízo de igual remessa à própria Ordem dos Advogados do Brasil, para a adoção das providências disciplinares.

Essas providencias ajudarão a manter a estabilidade e a regularidade do ambiente do plenário do júri. Isso porque, ao alertar o advogado de defesa logo no início da fala ministerial sobre a possível ocorrência de crime contra honra, haverá um freio a esses arroubos mentirosos que ultrapassam a linha da moral e passam a configurar crime. Em havendo esse freio, os jurados terão informações mais concretas sobre os fatos, auxiliando-os na conclusão de seus veredictos. Por fim, haverá a preservação da honra das pessoas que tiverem participado do processo, de modo a garantir a legitimidade e higidez do sistema de Justiça criminal.

Resta claro, pois, que os excessos cometidos pelo advogado não são cobertos pela imunidade profissional e, em tese, é possível sua responsabilização civil ou penal pelos danos que provocar no exercício da atividade. Sabemos que o advogado é inviolável por seus atos e manifestações no exercício da profissão, fato que não deve impedi-lo de agir com ética e respeito diante dos demais atores do processo judicial.

No Tribunal do Júri defende-se a vida. Nas sábias palavras de Novais, devemos sempre pautar nossa atuação com o foco na reverência da vida, eis que esse deve ser o principal mantra da sociedade, restando imperativo que haja o comprometimento integral com o valor supremo de uma vida.[25]

---

25. NOVAIS, César Danilo Ribeiro de. *A defesa da vida no tribunal do júri*. 2. ed. atual. Cuiabá: Carlini & Caniato Editorial, 2018, p. 211.

Por fim, reputamos relevante lembrar os ensinamentos do Ministro Paulo de Tarso Sanseverino, em julgamento ocorrido recentemente junto à Terceira Turma do STJ (processo em segredo de judicial), o qual afirmou que "a advocacia não se compraz com a zombaria, o vilipêndio de direitos, notadamente ligados à dignidade, o desrespeito".[26]

7. REFERÊNCIAS

BARBOSA, Carlos Eduardo Rocha, SANTOS, Leonardo Augusto de Andrade Cezar dos. Tribunal do Júri–a mentira do réu e as suas consequências no mundo da pós-verdade. Tribunal do Júri: o Ministério Público em defesa da Justiça. Dialética Editora, 2021.

BARKOW, Jerome H.; COSMIDES, Leda; TOOBY, John (Ed.). *The adapted mind*: Evolutionary psychology and the generation of culture. Oxford University Press, USA, 1995.

BARRETT, Louise; DUNBAR, Robin; LYCETT, John. *Human evolutionary psychology*. Princeton University Press, 2002.

BIRDWHISTELL, Ray L. *Kinesics and context*: Essays on body motion communication. University of Pennsylvania press, 2010.

BITENCOURT, Cezar Roberto. *Tratado de direito penal*: parte especial 2. 18. ed. São Paulo: Saraiva, 2018.

BULOS, Uadi Lammêgo. *Constituição Federal anotada*. 2. ed. São Paulo: Saraiva, 2001.

CAPEZ, Fernando. *Curso de direito penal*. 19. ed. atual. São Paulo: Saraiva, 2019. v. 2, parte especial.

CAPEZ, Fernando. *Curso de processo penal*. 22. ed. São Paulo: Saraiva, 2018.

CIALDINI, Robert B. *As armas da persuasão*: como influenciar e não se deixar influenciar. Rio de Janeiro: Sextante, 2012.

CORRAZE, J. *As comunicações não verbais*. Rio de Janeiro: Zahar, 1982.

DA SILVEIRA, Sebastião Sérgio; MOSSIN, Heráclito Antonio; DOS REIS SILVEIRA, Ricardo. A garantia de imunidade do advogado como direito fundamental do cidadão. *Revista Jurídica (FURB)*, v. 22, n. 48, p. 7421, 2018.

DAVIS, F. *A comunicação não verbal*. 6. ed. São Paulo: Summus, 1979.

FANTINI, João Angelo. EDITORIAL Pós-verdade ou o triunfo da religião. Leitura Flutuante. *Revista do Centro de Estudos em Semiótica e Psicanálise*. ISSN 2175-7291, v. 8, n. 2.

KAHNEMAN, Daniel. *Rápido e devagar*: duas formas de pensar. Rio de Janeiro: Objetiva, 2012.

KELSEN, Hans. *Teoria geral do direito e do estado*. 3. ed. São Paulo: Martins Fontes, 1998.

KNAPP, M.L. *La comunicación no verbal*: el cuerpo y el entorno. Barcelona: Paidós, 1980.

MASSON, Cleber. *Direito Penal*: parte especial. 11. ed. rev., atual. e ampl. Rio de Janeiro: Forense, 2018.

MUNIZ, Alexandre Carrinho. *Tribunal do júri*: pilar da democracia e da cidadania. 2. ed. Rio de Janeiro: Lumen Juris, 2021.

---

26. Superior Tribunal de Justiça. Disponível em: https://www.stj.jus.br/sites/portalp/Paginas/Comunicacao/Noticias/13052022-Excessos-do-advogado-nao-sao-cobertos-pela-imunidade-profissional-e-podem--gerar-responsabilizacao.aspx. Acesso em: 18 dez. 2022.

NEVES, José Roberto de Castro. *Como os advogados salvaram o mundo*: a história da advocacia e sua contribuição para a humanidade. Rio de Janeiro: Nova Fronteira, 2018.

NOVAIS, César Danilo Ribeiro de. *A defesa da vida no tribunal do júri*. 2. ed. atual. Cuiabá: Carlini & Caniato Editorial, 2018.

NUCCI, Guilherme de Souza. *Código de Processo Penal comentado*. 15. ed. rev. atual. e ampl. Rio de Janeiro: Forense, 2016.

SOUZA, Jessé. *A tolice da inteligência brasileira*: ou como o país se deixa manipular pela elite. São Paulo: LeYa, 2015.

WEIL, Pierre et al. *O corpo fala*: a linguagem silenciosa da comunicação não verbal. Editora Vozes Limitada, 2017.

DESAFIOS NA ABORDAGEM PRÁTICA DO DOLO EVENTUAL NO JÚRI

Márcio Schlee Gomes

Mestre em Ciências Jurídico-Criminais pela Faculdade de Direito da Universidade de Lisboa. Especialista em Direito Constitucional pela FMP/RS. Professor de Direito Penal e Processo Penal. Promotor de Justiça do MPRS.

Sumário: 1. Introdução – 2. Âmbito de discussão do dolo eventual; 2.1 Aspecto conceitual doutrinário no direito comparado; 2.2 Pontos controversos: dolo e "vontade"; 2.3 Avanços teóricos e práticos: dolo e risco – 3. Reflexos na acusação do Ministério Público no Júri; 3.1 Denúncia: dolo direto e/ou dolo eventual; 3.2 Casos práticos específicos: tentativa, qualificadoras, casos de trânsito; 3.3 Atuação em plenário pelo Ministério Público: a questão do dolo – 4. Tribunal do Júri e dolo eventual; 4.1 Mandamento constitucional; 4.2 Definição da acusação pública por dolo eventual – 5. Conclusões – 6. Referências.

1. INTRODUÇÃO

No presente texto vamos abordar algumas questões fundamentais acerca do dolo no Direito Penal e os reflexos de suas definições e limites para a atuação prática, em plenário, pelo Ministério Público no Tribunal do Júri.

Há muito se considera sedimentado o conceito de dolo no sistema penal brasileiro, levando em conta a previsão legal do artigo 18, inciso I, do Código Penal, e as construções doutrinárias dos juristas da época da elaboração da legislação repressiva penal nas décadas de 30 a 50 do século passado, sobretudo, pelas lições de Nélson Hungria[1] e Aníbal Bruno.[2]

A equiparação linguística e jurídica de "dolo" como "vontade" reinou absoluta durante um longo período de tempo, embora, desde sempre, deixando margem para críticas pontuais e lacunas sem explicação condizente, em grande número de casos hipotéticos ou mesmo casos concretos que aparecem em processos de homicídio e no Tribunal do Júri.

Na prática, muitas vezes, observa-se que julgamentos são anulados com a tese de incompatibilidade de dolo eventual e tentativa; incompatibilidade de dolo eventual e qualificadoras; haver a descrição alternativa de dolo direto ou eventual na denúncia ou mesmo, verbalmente, em plenário pelo Ministério Público,

---

1. HUNGRIA, Nelson. *Comentários ao Código Penal*. 4. ed. Rio de Janeiro: Forense, 1958. v. 1. t. II.
2. BRUNO, Aníbal. *Direito Penal*: parte geral. 5. ed. Rio de Janeiro: Forense, 2005. t. II.

dentre outras situações, conforme posição do Superior Tribunal de Justiça. Dessa forma, acaba-se por gerar uma evidente situação de insegurança jurídica, a qual é preocupante, pois, por evidente, um crime de homicídio – fato gravíssimo – poderá restar impune em face de questiúnculas jurídicas que carecem de maior e aprofundado debate.

Nessa esteira, a provocar a discussão, a qual terá consequência prática fundamental no desenvolvimento do trabalho acusatório – o exercício do *jus puniendi* estatal – impõe-se trazer à baila o que dizem doutrinadores incontestáveis sobre a temática do Direito Penal na Alemanha, Espanha e Portugal.[3] Por suas posições, claramente, já se vê o atraso e distorção de conceitos pela atual jurisprudência dos tribunais togados que geram insegurança e impunidade.

Pela provocação de Roxin, Gimbernat Ordeig ou Mir Puig observa-se que o dolo está ligado à cognição e risco (probabilidade) não fazendo sentido as exigências doutrinárias ou jurisprudenciais no cenário nacional que negligenciam tais posições, inclusive, com drásticas consequências, como a anulação de julgamentos pelo Júri – o que poderá levar o caso à impunidade total – por situações mínimas, como o emprego de uma mísera palavra.

O debate e, assim, o avanço sobre essa temática, é ponto crucial para que se tenha segurança no desenvolvimento da acusação nos processos de Júri, que, ao assim proceder, defende direitos e garantias que foram violadas pelo criminoso. A defesa da vida é o objetivo do Ministério Público em plenário, devendo os limites teóricos estar muito bem definidos para que, na prática, no momento do julgamento, a justiça seja efetivamente realizada. Esse é o desafio.

2. ÂMBITO DE DISCUSSÃO DO DOLO EVENTUAL

2.1 Aspecto conceitual doutrinário no direito comparado

Na doutrina pátria, já há muitos anos, a tendência acerca da conceituação do dolo sedimentou-se no sentido da adoção da teoria da vontade (*Willenstheorie*), exigindo-se para a caracterização de dolo na conduta do agente a consciência e vontade do resultado.

De modo geral, os principais juristas nacionais que discorreram sobre o tema citavam a existência de três principais teorias: representação, probabilidade e vontade.[4]

---

3. Nesse sentido, ver: GOMES, Márcio Schlee. *Dolo*: cognição e risco – avanços teóricos. Porto Alegre: Livraria do Advogado, 2019; COSTA, Pedro Jorge. *Dolo penal e sua prova*. São Paulo: Atlas, 2015; VIANA, Eduardo. *Dolo como compromisso cognitivo*. São Paulo: Marcial Pons, 2017.
4. TOLEDO, Francisco de Assis. *Princípios básicos de Direito Penal*. São Paulo: Saraiva, 2000.

A legislação penal, expressamente, aponta que o crime é doloso quando "o agente quis o resultado ou assumiu o risco de produzi-lo".[5]

Essa definição não termina a difícil tarefa de analisar as situações concretas e fáticas para que haja o enquadramento legal de um crime como "doloso ou culposo" e, assim, se tenha a efetivação de justiça no âmbito penal.

Situações limítrofes com a imprudência – mesmo a culpa consciente –, casos em que não há confissão do acusado quanto à sua "intenção" no momento da ação, inúmeros casos em que a verificação da conduta, por si só, encerra dificuldades e complexidades para que haja a adequação típica mais justa, todos esses fatores merecem a mais profunda reflexão e desafiam juízes, promotores e advogados.

Se a "vontade" não pode ser presumida e, nesse mesmo caminho, o "dolo", não pode ser presumido, em contrapartida, ações que envolvam um risco excessivo e consciência na conduta não poderiam ser generalizadas e consideradas sempre como "ações culposas".

A diferenciação punitiva de dolo ou culpa é plenamente justificável. Ora, na conduta dolosa o autor age com consciência e arrisca-se ao resultado de modo que se verifica a presença de "vontade" na sua ação quanto ao resultado. Já no crime culposo a situação é oposta, pois é um crime que "pode acontecer com qualquer um", naquele momento de desatenção, falta de cuidado, falta de prudência, generalizando-se na ideia de um "descuido", a ausência do cuidado objetivo, vindo a acontecer o resultado que seria plenamente previsível.

Grosso modo, há, portanto, a fundamentação do diferencial punitivo, em que o crime doloso recebe um rechaço penal muito mais severo, para fins preventivos e repressivos da pena.

Isso justifica a necessidade de critérios bem definidos para a distinção entre dolo e culpa, para que não ocorra excesso punitivo nem impunidade.

Nessa esteira, a concepção de que dolo é consciência e vontade – adoção da teoria da vontade – recebe contundentes críticas e vem sendo afastada, já há bastante tempo, em países como Alemanha, Espanha e Portugal, sem falar no sistema anglo-americano (Inglaterra e Estados Unidos).[6]

---

5. Artigo 18, I, do Código Penal Brasileiro.
6. FRISCH, Wolfgang. *Vorsatz und Risiko*: Grundfragendes tatbestandmässigen Verhaltens und des Vorsatz. Zugleich ein Beitrag zur Behandlung aussertatbestanlicher Möglichkeitsvorstellungen. München: Carl Heymanns, 1983; PÉREZ BARBERÁ, Gabriel. *El concepto de dolo en el derecho penal*: hacia un abandono definitivo de la idea de dolo como estado mental. Disponível em: https://direitosp.fgv.br/sites/direitosp.fgv.br/files/arquivos/20-04leituraprevia.pdf. Acesso em: 08 fev. 2019. KINDHÄUSER, Urs. *Strafgesetzbuch*: Lehr – und Praxiskommentar. 5. ed. Baden-Baden: Nomos, 2013.

Veja-se, por exemplo, no caso do dolo eventual. Hungria e a grande maioria dos penalistas brasileiros referem que foi adotada a "teoria do consentimento", em que o agente não quer o resultado, mas assume o risco de sua produção pela conduta. O agente prossegue a ação e, em última análise, consentiria (vontade) com o resultado. Entretanto, não há intenção direita alguma em relação a este resultado e, na maioria das vezes, nem mesmo do referido "consentimento".

Na realidade, há um prosseguimento de atos, uma conduta direta e direcionada pelo excessivo risco à produção do resultado. Pode-se, de fora, pelo julgador, classificar-se essa conduta como "consentir" com o resultado, todavia, trata-se de evidente recurso simbólico de linguagem, uma interpretação.

Mesmo em casos que um acusado desfere apenas um tiro na cabeça da sua vítima, poderá arguir que não possuía "intenção" de matar (diria: se quisesse, efetivamente, daria os cinco tiros do tambor de seu revólver). Entretanto, a pergunta que se faz é essa: usou uma arma de fogo, puxou o gatilho, apontando para a cabeça da vítima; é um crime culposo? Foi por erro? Falta de cuidado? Precisa o acusado dizer que deseja matar ou não, para fins de definição se sua conduta foi dolosa ou culposa? A resposta é absolutamente não.

Por isso, cabe observar quatro passagens distintas de autores que são referência no tema.

- *Claus Roxin*:

> há ações que são tão perigosas que só podem ser entendidas como – pelo menos – realizadas com dolo eventual, independentemente de a delimitação entre *dolus eventualis* e imprudência consciente ser realizada segundo critérios cognitivos ou volitivos E é que tanto no "perigo de dolo" como na "decisão" inclui o resultado nos seus cálculos, é, em última instância, um parâmetro normativo que, nos casos de maior culpa evidente, conduz à admissão de uma conduta dolosa.[7]

- *Santiago Mir Puig*:

> Quem leva a sério a probabilidade do delito, no sentido de que não a descarta, deve aceitar, necessariamente, tal probabilidade caso decida realizar a conduta perigosa"... "A aceitação encontra-se implícita no atuar voluntariamente sem descartar a probabilidade do delito, do mesmo modo que querer a conduta consciente da probabilidade próxima da certeza da produção do resultado típico implica a aceitação do direto de segundo grau. A aceitação da concreta probabilidade de realização do perigo é necessária, como se disse, para o dolo eventual, porém somente com a condição de que, como me parece correto – 'não se exija a aceitação do resultado delitivo, mas apenas a conduta capaz de produzi-lo.[8]

---

7. ROXIN, CLAUS. Acerca de la normativización del dolus eventualis y la doctrina del peligro de dolo. *La teoría del delito en la discución actual*. Trad. Manuel A. Abanto Vásquez. Lima: Grijley, 2007, p. 172.
8. MIR PUIG, Santiago. *Direito penal*: fundamentos e teoria do delito. Trad. Cláudia Viana Garcia e José Carlos Nobre Porciúncula Neto. São Paulo: Ed. RT, 2007, p. 222.

- *Gimbernat Ordeig*:

O que importa é que a consciência do agressor da 'necessidade' de tais consequências, pressupõe um comportamento particularmente grave e que a lei quer punir o que é particularmente grave como doloso. Por isso, também, pela grave reprovabilidade da conduta, devem ser imputadas como dolosas aquelas consequências cuja produção o sujeito estimou com evidente probabilidade, vinculadas ao resultado que ele perseguia diretamente. Essa conduta é tão grave que sua classificação como dolosa não pode desaparecer porque o sujeito diz a si mesmo: se em vez de ter noventa chances em cem houvesse cem por cento, ele não agiria.[9]

- *Figueiredo Dias*:

Se o agente tomou a sério o risco de (possível) produção do resultado e se, não obstante, não omitiu a conduta, poderá, com razoável segurança concluir-se logo que o propósito que move a sua actuação vale bem, a seus olhos, o 'preço' da realização do tipo, ficando, deste modo indiciado que o agente está intimamente disposto a arcar com seu desvalor. A circunstância de, não obstante os riscos previstos de lesão do bem jurídico, levar a acção a cabo revela uma decisão contra a norma jurídica de comportamento, para tanto não interessando saber se as consequências negativas do facto lhe são ou não indesejáveis, se ele confia ou não temerariamente que ainda as poderá evitar. De dolo eventual se fala, numa palavra, a propósito de todas as circunstâncias e consequências com que o agente, em vista da autêntica finalidade da sua acção, se conforma ou com a verificação das quais se resigna.[10]

Aqui já podemos ver como é necessário rever alguns conceitos ou dogmas que foram construídos acerca do tema do dolo no âmbito do Direito Penal pátrio, que acaba por poder gerar verdadeiras injustiças, com a aplicação inadequada dos institutos da ciência penal nos casos concretos.

2.2 Pontos controversos: dolo e "vontade"

A classificação doutrinária sobre as espécies de dolo, normalmente, reside em três aspectos: dolo direto de primeiro ou segundo graus e dolo eventual. O dolo direto define-se como "querer" o resultado, sendo em primeiro grau quando o agente busca esse fim ou em segundo grau, quando se trata de um desdobramento necessário da ação desejada pelo agente (dolo "necessário").[11]

O dolo eventual é definido quando o agente, embora não desejasse o resultado, assume o risco por sua conduta, conformando-se com sua produção. Na doutrina tradicional, comumente, observa-se que no dolo direto há intenção (querer, desejar), enquanto no dolo eventual, mesmo que o agente não tenha

---

9. GIMBERNAT ORDEIG, Enrique. *Acerca del dolo eventual*. Estudios de Derecho Penal. 3. ed. Madrid: Tecnos, 1990, p. 259.
10. FIGUEIREDO DIAS, Jorge de. *Direito Penal*: parte geral. Coimbra: Coimbra Editora, 2007, t. I, p. 372.
11. PALMA, Maria Fernanda. *Direito Penal*: parte geral – a teoria geral da infracção como teoria da decisão penal. Lisboa: AAFDL, 2013.

a "vontade" quanto ao resultado, este assume todos os riscos de sua provável ocorrência, vindo a consentir – ou seja, também uma manifestação de vontade – com o produto final.

Dessa forma, conclui-se que no dolo direto haveria uma vontade direcionada ao resultado; no dolo eventual, por conseguinte, não haveria vontade, "intenção", porém a conduta arriscada demonstraria, pela indiferença, egoísmo, do agente, que "consentiu" – uma conduta com deliberação de vontade – com a produção do resultado gravoso.

Ab initio, cabe já observar que há nessa explicação um verdadeiro "jogo de palavras".[12] No dolo direto, em determinadas situações, a intenção do agente é visível, perceptível sem maiores digressões. Assim mesmo, já se pondera: é necessário que o réu assuma que teve "intenção", que "desejava" o resultado? O Direito Penal poderia ficar a depender, simplesmente, de uma "confissão" do réu, ou uma prova robusta de que houve premeditação, planejamento ou mesmo uma ação deliberada com intenção refletida? Não, por evidente que não.

E essa resposta vale ainda mais para o denominado "dolo eventual", pois, neste, efetivamente, inexiste "vontade", "intenção", "propósito" de produção do resultado. A doutrina que adota a *Willenstheorie* (Teoria da Vontade) se vê muito mal para explicar a "vontade" no dolo eventual, requerendo que haja um subjetivo "consentimento" em momento posterior, pois o autor da conduta age, ou seja, assume o risco, sendo que, ao prosseguir agindo, estaria aceitando o resultado.

Ora, visivelmente é uma explicação um tanto forçada, querendo equiparar intenção, propósito, vontade, com um conceito jurídico, normativo, que é a significação de dolo em Direito Penal. A "aceitação" dá-se pela prática da conduta arriscada em direção ao resultado.

A premissa de que dolo é vontade, portanto, não é uma equação pronta, muito pelo contrário. Essa visão é meramente psicológica. Apenas busca algo impossível, na grande maioria dos casos: saber o que o acusado pensou, adentrar em seu foro íntimo para tirar conclusões.

O Direito Penal não poderia, diante de sua finalidade de preservar os bens jurídicos mais valiosos de uma sociedade, deixar de ser aplicado e efetivando-se a mais pura impunidade, por uma confusão de conceitos práticos, cotidianos, de linguagem, com conceitos jurídicos, os quais cumprem uma missão fundamental de proteção social.

---

12. PUPPE, Ingeborg. *A distinção entre dolo e culpa*. Trad. Luís Greco. Barueri/SP: Manole, 2004; GRECO, Luis. Dolo sem vontade. In: DIAS, Augusto Silva et al. Liber Amicorum *de José de Sousa e Brito*: em comemoração ao 70º Aniversário. Coimbra: Almedina, 2009, p. 885-903.

Por isso, fala-se que o dolo é um conceito jurídico,[13] em que recairá um juízo normativo (avaliativo) sobre a conduta praticada pelo acusado.

O dolo é extraído da conduta do réu, uma avaliação que leva em conta todos os dados concretos verificáveis pela ação/omissão praticada. Na esteira das lições de Philipps, é a decisão tomada "abaixo de riscos".[14]

Em sendo assim, mesmo que o réu negue a "intenção" de matar, por exemplo, seja numa situação de dolo direto, seja numa outra de dolo eventual, essa definição da conduta como "dolosa" será diagnosticada pela autoridade policial, agente do Ministério Público, advogados e, ao final, pelo juiz, tudo a partir da conduta praticada e que demonstre, de tal modo, que o réu tinha a plena representação (aspecto cognitivo) e agiu diretamente no caminho daquele resultado, na mais alta probabilidade de sua produção (risco assumido e probabilidade elevada).

2.3 Avanços teóricos e práticos: dolo e risco

Seguindo a linha das posições teóricas de Roxin, Mir Puig, Gimbernat Ordeig e Figueiredo Dias, pode-se verificar que a questão do dolo compreende-se no campo dos riscos assumidos e corridos, geradores da mais alta probabilidade de configuração do resultado, o que, por consequência, será imputado ao agente a título de dolo.

A conduta é arriscada a tal ponto que, como refere Fernanda Palma, se constata um determinado grau de "intencionalidade",[15] o que será de responsabilidade do autor da conduta.

O agente joga-se aos riscos. Estes, por sinal, evidentes, claros. Não por probabilidade matemática, mas, sim, por uma probabilidade aferida pelas máximas de experiência, senso comum, inferências lógicas que demonstram, à exaustão, que uma pessoa que comete aquela conduta, de modo consciente e arriscado ao extremo, deve ter imputado o resultado a título de dolo.

Dolo que, como visto acima, não se equipara direta e unicamente à ideia de "vontade" ou "intenção", mas algo que assim deve ser considerado pelo Direito Penal, na defesa dos bens jurídicos mais caros a sua comunidade, como um conceito jurídico, normativo, que leva em conta o aspecto cognitivo do agente e o risco

---

13. ROXIN, CLAUS. Acerca de la normativización del dolus eventualis y la doctrina del peligro de dolo. *La teoría del delito en la discución actual*. Trad. Manuel A. Abanto Vásquez. Lima: Grijley, 2007; VIANA, Eduardo. *Dolo como compromisso cognitivo*. São Paulo: Marcial Pons, 2017; GOMES, Márcio Schlee. *Dolo*: cognição e risco – avanços teóricos. Porto Alegre: Livraria do Advogado, 2019.
14. PHILIPPS, Lothar. *Dolus Eventualis als Problem der Entscheidung unter Risiko*. Zeitschrift fur die gesamte Strafrechtswissenschaft. n. 85, ano 23, p. 27-44. Berlin: De Gruyter, 1973.
15. PALMA, Maria Fernanda. *Direito Penal*: parte geral – a teoria geral da infracção como teoria da decisão penal. Lisboa: AAFDL, 2013.

corrido e assumido ("dolo"). Por isso, então, Puppe afirma que "dolo é dolo", pois pouca importa a verificação de intenção, propósito, premeditação, pois se houver dolo direto ou eventual (ou mesmo um crime "culposo") tal definição será extraída da análise de quem está de fora acerca da conduta praticada pelo agente, verificando-se cognição e risco, o grau do perigo conhecido e gerado (perigo qualificado).[16]

O agente tem plena condição de entendimento que há um risco concreto, evidente, de que a sua conduta, seguindo naquele determinado rumo, incorrerá na produção daquele resultado.

Assim, se o agente dispara vários tiros na vítima ou um tiro na cabeça, desde que a arma não tenha caído no chão, que tenha havido algo fora da linha de desdobramento causal, tendo o agente se apossado de uma arma, apontado, puxado o gatilho e disparado na direção do ofendido, há dolo direto ou, no mínimo, dolo eventual. Mesmo que o réu diga que não quis matar e – muito menos – que assumiu os riscos, ao efetuar disparo contra região vital do corpo da vítima, uma ou mais vezes, resta evidenciado o dolo em sua conduta – mesmo que o réu diga que jamais "quis" esse resultado.

Por isso, é muito claro que o fator decisivo aqui é o risco assumido e corrido em seu extremo (por isso, perigo qualificado), no mais elevado grau de probabilidade de produção do resultado. O dolo está na ação ou omissão – conduta penalmente relevante – em que não há erro ou falta de representação (previsão do possível), com riscos assumidos que geram elevado grau de probabilidade da ocorrência efetiva do resultado.

Não por acaso, Gimbernat Ordeig, analisando decisões de tribunais espanhóis, ressaltava que "na realidade, o que se está aplicando para afirmar a presença do dolo eventual é a teoria da probabilidade".[17] E é o que Puppe[18] denomina como "perigo qualificado", em que o agente reconhece o perigo e deveria tê-lo levado a sério. Ao agir, nessas condições, joga-se aos riscos, que, evidentemente, levarão ao resultado.

A ideia de dolo como vontade, portanto, está superada há muito tempo. Embora possa orientar em termos linguísticos, pela lógica do simbolismo das palavras,[19] a questão é normativa e de relevância para o exercício do direito de

---

16. PUPPE, Ingeborg. Der Vorstellungsinhalt des dolus eventualis. *ZStW*, n. 103, p. 1-42. 1991.
17. GIMBERNAT ORDEIG, Enrique. *Algunos aspectos de la reciente doctrina jurisprudencial sobre los delitos contra la vida (dolo eventual, relacion parricidio-asesinato)*. Disponível em: www.dialnet.unirioja.es/descarga/articulo/46375.pdf Acesso em: 08 fev. 2019.
18. PUPPE, Ingeborg. *El Derecho Penal como ciencia*: método, teoría del delito, tipicidad y justificación. Buenos Aires: Editorial B de f, 2014, p. 306.
19. BUSATO, Paulo César (Org.). *Dolo e Direito Penal*: modernas tendências. 3. ed. Florianópolis: Tirant lo Blanch, 2019; CABRAL, Rodrigo Leite Ferreira. *Dolo e linguagem*: rumo a uma nova gramática do dolo a partir da filosofia da linguagem. São Paulo: Tirant lo Blanch, 2020.

punir estatal que se importa não com subjetivismos ou o que se passa no campo da ideação das pessoas, mas, sim, por condutas que geram efeitos concretos na vida em sociedade, impondo consequências – no caso, da prática de crimes, a ação do Direito Penal.

3. REFLEXOS NA ACUSAÇÃO DO MINISTERIO PÚBLICO NO JÚRI

3.1 Denúncia: dolo direto e/ou dolo eventual

A acusação estatal deve ser certa e bem delimitada, de modo que o réu possa exercer a sua defesa em sua plenitude. Não se discute que num Processo Penal de inspiração democrática, o respeito aos princípios basilares do devido processo legal, da ampla defesa e do contraditório deve ser observado. Isso impõe ao Ministério Público a descrição específica da conduta criminosa cometida, em tese, por aquele determinado acusado.

São os limites do direito de punir que não pode ser exercido de forma genérica, sem restrições. A descrição fática da conduta do acusado e sua imputação é um dever do Estado. Em face disso, há a investigação policial que possibilita ao Ministério Público, titular exclusivo da ação penal por mandamento constitucional (art. 129, I, da CF), oferecer sua denúncia com todos os pontos necessários que afirmam a acusação.

Na questão de um crime doloso, a investigação poderá demonstrar que, por exclusão, o delito não se deu de modo culposo, ou seja, por imprudência, imperícia ou negligência. Justifica-se a ocorrência de dolo, com a descrição da ação ou omissão por parte do agente e com a correspondente capitulação.

Nesse aspecto, olhando o tema pelo viés prático, há situações claras de dolo, em que se verifica sua clara correspondência ao significado comum de "intenção" ou "vontade". De outro lado, há casos em que evidentemente não há dolo direto, vislumbrando-se que o agente, mesmo "não desejando", "não querendo", o resultado, fez tudo possível para a sua produção, verificando-se, pelo risco e pela alta probabilidade de sua ocorrência, uma verdadeira equiparação semântica à vontade, o que impõe o reconhecimento de dolo na conduta (dolo eventual).

Na primeira situação, o réu desfecha vários tiros contra cabeça e peito da vítima. Na segunda situação, casos de roleta-russa, "brincadeira com arma de fogo", casos de trânsito que em o agente dirige em alta velocidade, embriagado, com manobras perigosas, extraindo-se que agiu abaixo de todos os riscos – uma conduta direta ao resultado pelo risco assumido e probabilidade evidente de sua produção.

Agora, há casos em que se pode constatar a presença de dolo, porém, não há como se exigir a definição categórica se houve dolo direto ou dolo eventual, verificando-se que, isso sim, houve dolo, excluindo a possibilidade de culpa.

Há casos concretos em que o agente desfere um tiro ou uma faca na região abdominal da vítima; desfere uma ou duas pauladas na região craniana. Agindo assim, mata. A pergunta: o crime foi culposo? Houve falta de previsão? Houve um desdobramento alheio daquilo que foi produzido pela conduta que correu o risco, conscientemente, e nada fez no sentido de diminuir a possibilidade da ocorrência do resultado? A resposta é evidentemente negativa. Constata-se a presença de dolo. A representação do resultado está positivada e o risco foi corrido e assumido direcionado efetivamente ao resultado, com a altíssima probabilidade de sua produção. Sim, há dolo na conduta. Esta, por sinal, "fala por si só", independente do que o réu falar, pois quem desfere tiros, facadas golpes violentos contra regiões vitais do corpo, por sua intensidade e forma de agir, merece a punição a título de "dolo" (conceito jurídico).

Agora, o seguinte ponto: há nesses casos dolo direto ou dolo eventual? O que se pode dizer, na grande maioria de situações como estas, na linha de Puppe, Kindhäuser, Herzberg, é de que há "dolo".[20] Assim, se o agente "quis" ou, no mínimo, "assumiu o risco" da produção do resultado, isso será aferido pela conduta narrada na denúncia.

Não há como entrar na mente do réu. As inferências lógicas a partir de sua conduta levam à dedução, categórica, de que houve dolo, direto ou, em última análise, eventual.

Assim, inexiste qualquer quebra do princípio da correlação ou do direito de defesa do acusado, a narração da conduta do réu pelo Ministério Público no sentido de ter desferido os golpes ou disparos de arma de fogo, capitulando-a, ao final, como "dolosa" pela imputação do crime específico previsto no Código Penal (art. 121, "caput", do CP).

3.2 Casos práticos específicos: tentativa, qualificadoras, casos de trânsito

Cabe analisar algumas situações específicas em que se vê alguma resistência doutrinária ou jurisprudencial sobre a compatibilidade com dolo eventual, as

---

20. PUPPE, Ingeborg. *A distinção entre dolo e culpa*. Trad. Luís Greco. Barueri/SP: Manole, 2004; KINDHÄUSER, Urs. *Strafgesetzbuch*: Lehr – und Praxiskommentar. 5. ed. Baden-Baden: Nomos, 2013; HERZBERG, Rolf. *Die Abgrenzung von Vorsatz und bewusster* Fahrlässigkeit – ein problem des objektiven Tatbestandes. Juristische Schulung: Zeitschrift zum Studium und Ausbildung. Heft 4. April, 1986, p. 249-262.

quais podem gerar nulidades no transcorrer do processo ou na sessão de julgamento pelo Júri.

a) tentativa

Se dolo fosse compreendido simplesmente como vontade, por um raciocínio lógico corriqueiro, seria possível dizer que não haveria compatibilidade entre dolo eventual e a figura jurídica da tentativa.[21] Se o agente não "quis" o resultado, por certo, "não tentou" a consumação deste próprio resultado.

Contudo, a questão não é tão simples assim. O dolo é extraído da conduta. De tal sorte, se o agente efetuou um disparo ou uma facada contra a vítima, que não veio a falecer pela assistência médica eficaz que recebeu, não havendo elementos que possam indicar com segurança o dolo direto, uma "intenção homicida", não resta a mínima dúvida de que o agente assumiu o risco de produzir a morte da vítima, obrando com dolo eventual (no mínimo).

O dolo, nesse aspecto, não pode ser analisado pela ótica unicamente psicológica. De modo algum. O dolo é normativo, é uma avaliação jurídica de uma conduta executada no mundo dos fatos, da realidade. E uma conduta não é dolosa e culposa ao mesmo tempo.

Veja-se um caso de trânsito, por exemplo. O acusado dirigia seu veículo a 200km/h em uma estrada movimentada, totalmente embriagado, na contramão de direção. Um caso extremo em que correu e aumentou todos os riscos possíveis de gerar uma colisão e matar alguém. Age com evidente dolo eventual. Assim agindo, vem a atropelar duas pessoas. Uma morre e a outra, embora fique com inúmeras sequelas, sobrevive. Há dolo eventual e a acusação de homicídio consumado quanto à vítima que faleceu. E, em relação a outra vítima, a sobrevivente, não haveria um tentativa de homicídio com dolo eventual? Ora, é certo que sim.

Se houve dolo eventual quanto à vítima que foi morta na ação, sendo que esta se deu no mesmo momento e contexto fático em que a outra vítima, mesmo que incrivelmente, sobreviveu, há tentativa de homicídio. E isso por qual razão jurídica?

Primeiro, dolo é um conceito do Direito Penal, jurídico. Uma conduta é tão arriscada que para o Direito Penal, para o Estado-Juiz, a compreensão é de que o agente deve ser responsável por esse resultado a título de dolo e não mera culpa.

Havia representação e o risco foi o mais elevado possível direcionado ao resultado. Se a morte não adveio, tendo o agente querido ou assumido o risco do

---

21. COSTA, José de Faria. *Tentativa e dolo eventual (ou da relevância da negação em Direito Penal)*. Reimp. Coimbra: Coimbra, 1996.

resultado pela conduta praticada, deverá ser responsabilizado por tentativa de homicídio.

Segundo, não pode uma ação ser dolosa e simultaneamente culposa, desdobrando-se a avaliação. Há situação de erro na execução ou mesmo outras formas de erro, todavia, são situações totalmente diferentes do que se trata na presente temática.

No caso, o agente assumiu o risco – o que é avaliado não pelo "consentimento" – situação verificada pela cognição e o grau elevado de probabilidade da produção do resultado lesivo. O agente sabe e tem ciência de que aquela conduta pode gerar o resultado.[22] Age e, de tal modo, fazendo todo o possível para chegar-se ao resultado, aumenta em muito a probabilidade. Há, assim, dolo eventual. Se o resultado não ocorreu, por circunstâncias alheias (p. ex., imediato e eficaz socorro), há tentativa.

Portanto, o dolo eventual é plenamente compatível com a figura da tentativa, aplicando-se o conceito de dolo atributivo-normativo.[23]

b) qualificadoras

Nesse mesmo caminho, no contexto do Júri, há compatibilidade do dolo eventual com as qualificadoras previstas no § 2º do artigo 121 do Código Penal.

Algumas situações podem ser de maior complexidade ou dificuldade de demonstração no campo probatório, porém, não que, tecnicamente, seja já de início impossível juridicamente admitir-se que as qualificadoras do homicídio estejam presentes no caso por uma conduta com dolo eventual.

Vejamos alguns exemplos hipotéticos, sejam com qualificadoras subjetivas, sejam qualificadoras objetivas.

Motivo fútil e dolo eventual. Por uma discussão banal no trânsito, dois motoristas brigam, um pega uma arma e atira uma vez contra o outro, já de longe, quando saía do local. Mesmo que diga que não "quis matar", efetuou o disparo em direção à vítima, tudo por uma desavença superficial, vindo a matá-la. Assim, mesmo que não se vislumbre o dolo direto, certo que houve dolo eventual, inexistindo qualquer incompatibilidade com a questão da motivação.

Da mesma forma meio cruel ou emprego de recurso que dificultou a defesa da vítima, agora qualificadoras consideradas objetivas pela doutrina. O agente agride a vítima acaba por lhe atear fogo, numa ação de ímpeto. Mesmo que ine-

---

22. PUPPE, Ingeborg. *El Derecho Penal como ciencia*: método, teoría del delito, tipicidad y justificación. Buenos Aires: Editorial B de f, 2014.
23. GRECO, Luis. Dolo sem vontade. In: DIAS, Augusto Silva et al. Liber Amicorum *de José de Sousa e Brito*: em comemoração ao 70º Aniversário. Coimbra: Almedina, 2009, p. 885-903; PUPPE, Ingeborg. *A distinção entre dolo e culpa*. Trad. Luís Greco. Barueri/SP: Manole, 2004.

xista dolo direto de matar ou mesmo de matar "com emprego de fogo", o ato foi praticado dessa forma e, em sendo assim, o resultado lhe é imputável a título de dolo (mesmo que eventual). Quanto à surpresa de um ataque, também é possível, como numa situação em que a vítima está saindo do local, de costas, sendo alvejada repentinamente pelo desafeto, que estava longe e atirou sem premeditar, sem ter uma "intenção clara" de matar. Importa que o agente apontou e atirou pelas costas, o que é dolo e, mesmo que eventual, é compatível com as qualificadoras.

Esse é o raciocínio que serve para cada situação específica, que deve sempre ponderar sobre a ocorrência, no mínimo, de dolo eventual e que, diante do contexto fático, a possibilidade de conjugar com as qualificadoras do homicídio.

c) casos de trânsito

Nos casos de homicídios no trânsito de veículos, não se pode perder de vista a antiga controvérsia, entendendo que seriam "acidentes" de trânsito e crimes culposos. Tanto que houve alteração legislativa, aumentando a pena do crime de homicídio culposo na direção de veículo automotor, com o agente sob influência de álcool ou drogas, para o mínimo de 05 anos de reclusão e máximo de 08 anos.[24]

Entretanto, é possível que, em determinados casos, em situações excepcionais e extremamente graves, seja sim cogitada a presença do dolo eventual.

Veja-se. A lei penal endureceu as penas do crime culposo quando conjugado com embriaguez ao volante. O motorista pode estar dirigindo a 10km/h, mesmo após ingerir bebida alcoólica, e acabar matando um pedestre ou alguém no trânsito. Já partirá de uma punição de 05 anos. Situação totalmente distinta é de quem, além de embriagado ou que tenha usado drogas, assume o volante e dirige em altíssima velocidade, em local que exige maior cautela e fazendo manobras perigosas. Ou seja: dirige o veículo como "uma verdadeira arma".[25] O resultado, assim, é imputável a título de dolo, na forma eventual, pois o agente tinha representação dos riscos e preferiu correr todos os riscos aumentando de forma categórica a probabilidade de matar alguém no trânsito, agindo como se estivesse disparando uma arma de fogo em meio à multidão.

Esse é o ponto de evidente diferença entre as situações que levam à imputação por culpa ou por dolo eventual. O risco assumido e corrido pelo agente é muito superior à situação fática que possibilita a classificação do crime como meramente culposo. Há, pela conduta e seu alarmante risco, uma elevadíssima probabilidade de configuração do resultado lesivo.

---

24. Art. 302, § 3º, da Lei 9.503/97, alterada em 2017.
25. GOMES, Márcio Schlee. *Dolo*: cognição e risco – avanços teóricos. Porto Alegre: Livraria do Advogado, 2019; PRITTWITZ, Cornelius. *Strafrecht und Risiko*: Untersuchungen zur Krise von Strafrecht und Kriminalpolitik in der Risikogesellschaft. Frankfurt: Vittorio Klostermann, 1993.

Assim, diante de um somatório de fatores que incrementam um risco evidente de produção do resultado, haverá plena possibilidade de entender-se pela presença de dolo eventual.

E não importa que o agente, posteriormente, diga que não queria matar ou se ele próprio correu os mesmos riscos. O que deve ser levado em conta é que para o Direito Penal essa conduta é equiparada ao que referimos como "intenção", "querer", pois, se o agente fez tudo para que o resultado ocorresse, como dizer depois que não queria e ficar impune ou punido de modo brando? Repita-se, importa é a conduta que, diante do quadro fático, demonstra que o agente sabia dos riscos, arriscou-se ao extremo e produziu o resultado evidente, devendo ser punido a título de dolo.

Como refere Cabral,[26] é "jogar os dados", jogar com todos os riscos, e a isso se denomina dolo. Puppe também lembra que o BGH (*Bundesgerichthof*) alemão sustentou o seguinte termo: "aprovação jurídica do resultado".[27] Certo, assim, que independente da linguagem, essa "vontade" é avaliada pela representação e risco no caso concreto.

3.3 Atuação em plenário pelo Ministério Público: a questão do dolo

Na abordagem em plenário, o Ministério Público fica adstrito aos fatos narrados na denúncia e ao que foi acolhido na pronúncia. Ao Promotor não cabe inovar teses ou narrativas que não estejam na acusação formalizada.

Entretanto, uma questão diz respeito aos fatos afirmados na acusação (denúncia), outra se relaciona com configuração jurídica e suas consequências no campo da responsabilidade penal do agente.

Na questão do dolo, como já vimos acima, há situações que são categóricas de dolo direto ou dolo eventual. Num caso em que o agente dá 10 tiros contra a vítima, executando-a, a tese de ausência de dolo direto seria visivelmente descabida. Já em casos de trânsito, em que o acusado não teria motivos para atropelar a vítima, que nem mesmo conhecia, por certo a denúncia será já específica por dolo eventual (caso presentes os requisitos).

Nesses casos, seria descabido usar dolo eventual para uma execução, como seria uma verdadeira inovação se num caso de trânsito ou numa brincadeira com arma entre amigos, o Promotor dissesse que houve dolo direto.

Na realidade, então, quando se fala em "dolo", há casos que permitem uma definição específica. Contudo, isso não ocorre na totalidade de situações fáticas

---

26. CABRAL, Rodrigo Leite Ferreira. *Dolo e linguagem*: rumo a uma nova gramática do dolo a partir da filosofia da linguagem. São Paulo: Tirant lo Blanch, 2020.
27. PUPPE, Ingeborg. *A distinção entre dolo e culpa*. Trad. Luís Greco. Barueri/SP: Manole, 2004.

no mundo exterior, no campo da vida. Há casos que se verifica a presença de dolo, possivelmente, direto, *ou, no mínimo, eventual*. São casos em que a conduta do agente demonstra que houve dolo, diferenciando-se do âmbito da culpa, mas que não há como precisar, milimetricamente, como dolo direto ou eventual.

Por tal fator que Puppe aponta que "dolo é dolo", podendo determinadas circunstâncias ser avaliadas e ponderadas na aplicação da pena.

Assim, em casos concretos que o Ministério Público tenha narrado a conduta do acusado na denúncia e pondere nesta, ou mesmo apenas em plenário, que, no mínimo houve dolo eventual, de modo algum se pode falar em "inovação" ou "excesso" de acusação.

O réu, ao agir daquela forma (efetuando um disparo, desferindo uma facada, agredindo com uma ou duas pauladas), no mínimo, assumiu o risco de produzir o resultado morte. O meio empregado, a intensidade dos golpes, a região do corpo da vítima visada são fatores que demonstram,[28] no campo da probabilidade, a gravidade do risco corrido e assumido pelo réu, o que caracteriza o dolo, no mínimo, eventual.

Não há como se ter, em muitos casos, uma precisão matemática, até porque o Direito não se insere no contexto dos cálculos e números exatos. Se não há como adentrar no foro íntimo do réu para saber – seria algo impensável: o réu nos dizer se agiu com dolo direto ou eventual, se "quis" ou se só "assumiu o risco" (que réu faria isso?) – cabível a avaliação pela conduta e esta, em diversas situações, só poderá nos demonstrar uma conclusão: não houve culpa, mas, sim, dolo, seja direto, seja eventual.

Assim, em muitos casos, pode o Ministério Público na denúncia ou na sua argumentação oral, em plenário de júri, defender que o réu, agindo daquela forma, *no mínimo, atuou com dolo eventual,* inexistindo qualquer inovação ou impossibilidade do justo exercício do direito de defesa.

4. TRIBUNAL DO JÚRI E DOLO EVENTUAL

4.1 Mandamento constitucional

O Tribunal do Júri é um garantia constitucional com duas linhas distintas que devem ser preservadas: garantia do réu de ser julgado por seus pares; e garantia da

---

28. HASSEMER, Winfried. *Los elementos característicos del dolo.* Anuario de Derecho Penal y Ciencias Penales, Madrid, t. 43, fascículo III, p. 909-931, set./dez., 1990; KAUFMANN, Armin. *El dolo eventual en la estructura del delito*: las repercuciónes de la teoría de la acción y de la teoría de la culpibilidad sobre los limites del dolo. Anuário de Derecho Penal y ciencias penales. n. 3, série 1a., jan./mar., fasc. I, t. XIII, 1960, p. 185-206.

sociedade de ser o órgão institucional que definirá a aplicação ou não do Direito Penal nos casos dos crimes dolosos contra a vida.

A sociedade, assim, representada pelos jurados, em caso de condenação, afirmará a vigência da norma penal que tutela o sagrado direito à vida, decretando a punição do autor do crime.

A previsão constitucional é expressa, no art. 5º, XXXVIII, "d": julgar os crimes "dolosos" contra a vida. E essa é a longa tradição do júri brasileiro: analisar e julgar as causas, principalmente, de homicídios dolosos, tentados ou consumados.

E leia-se: dolo direto ou dolo eventual. A Constituição não faz ressalva, como até mesmo a lei penal, de forma geral, aponta que dolo é querer ou assumir o risco, conceituando dolo de forma ampla, equiparada.

Portanto, o respeito à soberania do júri deve estar em primeiro plano quando a acusação envolve um crime "doloso" contra a vida, não pode o juízo togado sobrepor-se ao entendimento da sociedade (jurados) quando faz essa avaliação.[29] Esta, por sua vez, é o exercício do juízo normativo: avaliação detalhada da conduta do acusado para a justa decisão: houve dolo ou houve culpa na conduta do réu?[30]

Por isso, o quesito lançados aos jurados quando houvesse negativa de dolo, sempre era desdobrado quando se debatia a desclassificação para conduta culposa: a) o réu quis o resultado?; b) o réu assumiu o risco da produção do resultado? E essa é forma correta do enfrentamento da questão na grande maioria dos casos em que a situação não é expressa, contundente, pois se está a avaliar algo subjetivo (da mente do acusado) por linhas objetivas (a conduta do acusado, com a qual expressa suas intenções).

Isso preserva a soberania do Júri e o mandamento constitucional de ser o juízo competente para o julgamento dos crimes dolosos contra a vida, crimes que atacam, portanto, o bem jurídico mais valioso de todos nós.

4.2 Definição da acusação pública por dolo eventual

Diante disso tudo, a acusação pública pode e deve levar a causa a Júri popular por dolo eventual, seja em situações específicas em que se vislumbra apenas o dolo eventual na conduta do réu, seja em casos que basta a descrição fática, narrando o que o réu fez, imputando-lhe na capitulação da denúncia a prática de homicídio doloso (direto ou eventual).

---

29. GOMES, Márcio Schlee. *Júri*: limites constitucionais da pronúncia. Porto Alegre: Sérgio Fabris, 2010.
30. ROXIN, Claus. *Über den "Dolus Eventualis"*. Studi in onore di Mario Romano. Università Cattolica del Sacro Cuore – Milano. Napolina, Itália: Jovene Editore, 2011.

Nessas situações, não há como alegar nulidade ou quebra do direito de defesa, pois se julga um ato, uma ação, a qual corresponde a um crime doloso ou culposo. Se foi dolo direto ou eventual há casos em que apenas o réu poderia responder, pois se ingressa no mais profundo subjetivismo. O Direito Penal pode levar em conta tudo isso, porém, diante de sua missão e finalidades precípuas, não poderia ficar à mercê da negativa sistemática de dolo, gerando flagrante impunidade.[31]

Assim, em muitos casos, se não houve o dolo direto, vislumbra-se, no mínimo, dolo eventual, o que leva à afirmação da competência do Júri e em nada inova os detalhes da acusação que está exposta na denúncia e admitida na pronúncia, com a ação do réu descrita.

O Promotor, então, em certos casos, pode defender que aquela conduta, por suas circunstâncias fáticas e específicas, caracteriza um crime doloso, em última análise, por dolo eventual. O Direito não pode sobrepor-se à realidade, bem como o dolo não é um conceito meramente psicológico-descritivo. Esse é o ponto que leva ao erro atual de alguns doutrinadores e julgadores togados.

O sentido atributivo-normativo do conceito de dolo permite, por evidente, essa conclusão, pois dolo não é simplesmente "vontade", "intenção", mas é cognição e risco, risco excessivo, com a alta probabilidade de produção do resultado, a partir de uma ação consciente.

Isso deve ser urgentemente reconhecido, com as devidas consequências práticas na atuação do Ministério Público em plenário de Júri, especialmente, na abordagem do dolo eventual.

5. CONCLUSÕES

As dificuldades sobre o tema do dolo não bem resolvidas no campo teórico acabam por ter desdobramentos ainda mais gravosos no campo prático, no Júri e nos tribunais togados.

A concepção doutrinária de que dolo é "vontade" está evidentemente ultrapassada, sendo hoje a geradora dessas incompreensões que acabam por levar processos a nulidades ou mesmo impunidade.

Os avanços teóricos na temática do dolo merecem maior destaque e observação, com a ideia de que dolo é cognição e risco, tratando-se de conceito jurídico.

---

31. GRECO, Luis. Dolo sem vontade. In: DIAS, Augusto Silva et al. Liber Amicorum *de José de Sousa e Brito*: em comemoração ao 70º Aniversário. Coimbra: Almedina, 2009, p. 885-903; FIGUEIREDO DIAS, Jorge de. Direito Penal: parte geral. Coimbra: Coimbra Editora, t. I, 2007; RAGUÉS I VALLÈS, Ramon. *El dolo y su prueba en el proceso penal*. Barcelona: Jose Maria Bosch Editor, 1999.

Não é o réu que diz que sua conduta foi dolosa ou culposa, se foi intencional ou um acidente. É, em última análise, o juiz.[32] Haverá a análise detalhada da conduta, muitas vezes, desimportando a versão do réu, diante de provas em contrário. E há condutas que podem ficar entre dolo direto ou dolo eventual, restando apenas certa uma coisa: que a conduta é dolosa, não culposa.

A leitura dos conceitos de dolo na doutrina estrangeira e em alguns doutrinadores nacionais reforça a ideia de que a caracterização de dolo dá-se por um sentido atributivo-normativo, que leva em conta a ciência do risco e a prática da conduta, com todos os riscos possíveis e probabilidade de ocorrer o resultado lesivo.

Por isso, o Ministério Público deve ser expresso na denúncia ou em sua argumentação oral no Júri quando for possível fazê-lo. Agora, em casos limítrofes entre dolo direto e eventual, é plenamente aceitável que a acusação refira que, no mínimo, está presente o dolo eventual, pois dolo é dolo, o que está certo é que a conduta não é simplesmente culposa.

A forma de conceber o dolo e seu significado, portanto, faz grande diferença na atuação do Ministério Público no Júri, demonstrando a compatibilidade da figura do dolo eventual (pois, repita-se, é "dolo") com inúmeros contextos jurídicos com reflexos na atuação prática.

Devemos, por fim, ficar atentos para a devida abordagem da temática do dolo nos processos de Júri, observando os avanços teóricos e os desdobramentos na atuação prática do Promotor de Justiça na tribuna, sempre dentro dos estritos mandamentos legais, e na luta contra a criminalidade violenta e a impunidade.

6. REFERÊNCIAS

BRUNO, Aníbal. *Direito Penal*: parte geral. 5. ed. Rio de Janeiro: Forense, 2005. t. II.

BUSATO, Paulo César (Org.). *Dolo e Direito Penal*: modernas tendências. 3. ed. Florianópolis: Tirant lo Blanch, 2019.

CABRAL, Rodrigo Leite Ferreira. *Dolo e linguagem*: rumo a uma nova gramática do dolo a partir da filosofia da linguagem. São Paulo: Tirant lo Blanch, 2020.

COSTA, José de Faria. *Tentativa e dolo eventual (ou da relevância da negação em Direito Penal)*. Reimp. Coimbra: Coimbra, 1996.

COSTA, Pedro Jorge. *Dolo penal e sua prova*. São Paulo: Atlas, 2015.

FIGUEIREDO DIAS, Jorge de. *Direito Penal*: parte geral. Coimbra: Coimbra Editora, 2007. t. I.

---

32. ROXIN, Claus. *Über den "Dolus Eventualis"*. Studi in onore di Mario Romano. Università Cattolica del Sacro Cuore – Milano. Napolina, Itália: Jovene Editore, 2011.

FRISCH, Wolfgang. *Vorsatz und Risiko*: Grundfragendes tatbestandmässigen Verhaltens und des Vorsatz. Zugleich ein Beitrag zur Behandlung aussertatbestanlicher Möglichkeitsvorstellungen. München: Carl Heymanns, 1983.

GIMBERNAT ORDEIG, Enrique. *Acerca del dolo eventual*. Estudios de Derecho Penal. 3. ed. Madrid: Tecnos,1990.

GIMBERNAT ORDEIG, Enrique. *Algunos aspectos de la reciente doctrina jurisprudencial sobre los delitos contra la vida (dolo eventual, relacion parricidio-asesinato)*. Disponível em www.dialnet.unirioja.es/descarga/articulo/46375.pdf Acesso em 08 fev. 2019.

GOMES, Márcio Schlee. *Dolo: cognição e risco* – avanços teóricos. Porto Alegre: Livraria do Advogado, 2019.

GOMES, Márcio Schlee. *Júri*: limites constitucionais da pronúncia. Porto Alegre: Sérgio Fabris, 2010.

GRECO, Luis. Dolo sem vontade. In: DIAS, Augusto Silva et al. Liber Amicorum *de José de Sousa e Brito*: em comemoração ao 70º Aniversário. Coimbra: Almedina, 2009, p. 885-903.

HASSEMER, Winfried. *Los elementos característicos del dolo*. Anuario de Derecho Penal y Ciencias Penales, Madrid, t. 43, fascículo III, p. 909-931, set./dez. 1990.

HERZBERG, Rolf. *Die Abgrenzung von Vorsatz und bewusster Fahrlässigkeit* – ein problem des objektiven Tatbestandes. Juristische Schulung: Zeitschrift zum Studium und Ausbildung. Heft 4. April, 1986.

HUNGRIA, Nelson. *Comentários ao Código Penal*. 4. ed. Rio de Janeiro: Forense, 1958. v. 1, t. II.

KAUFMANN, Armin. *El dolo eventual en la estructura del delito*: las repercuciónes de la teoria da acción y de la teoría de la culpabilidade sobre los limites del dolo. Anuário de Derecho Penal y ciencias penales. n. 3, série 1a., jan./mar., fasc. I, t. XIII, p. 185-206. 1960.

KINDHÄUSER, Urs. *Strafgesetzbuch*: Lehr – und Praxiskommentar. 5. ed. Baden-Baden: Nomos, 2013.

MIR PUIG, Santiago. *Direito penal*: fundamentos e teoria do delito. Trad. Cláudia Viana Garcia e José Carlos Nobre Porciúncula Neto. São Paulo: Ed. RT, 2007.

PALMA, Maria Fernanda. *Direito Penal*: parte geral – a teoria geral da infracção como teoria da decisão penal. Lisboa: AAFDL, 2013.

PÉREZ BARBERÁ, Gabriel. *El concepto de dolo en el derecho penal: hacia un abandono definitivo de la ideia de dolo como estado mental*. Disponível em https://direitosp.fgv.br/sites/direitosp.fgv.br/files/arquivos/20-04leituraprevia.pdf. Acesso em: 08 fev. 2019.

PHILIPPS, Lothar. *Dolus Eventualis als Problem der Entscheidung unter Risiko*. Zeitschrift fur die gesamte Strafrechtswissenschaft. n. 85, ano 23. p. 27-44. Berlin: De Gruyter, 1973.

PRITTWITZ, Cornelius. *Strafrecht und Risiko*: Untersuchungen zur Krise von Strafrecht und Kriminalpolitik in der Risikogesellschaft. Frankfurt: Vittorio Klostermann, 1993.

PUPPE, Ingeborg. *A distinção entre dolo e culpa*. Trad. Luís Greco. Barueri/SP: Manole, 2004.

PUPPE, Ingeborg. Der Vorstellungsinhalt des dolus eventualis. *ZStW*, n. 103, p. 1-42. 1991.

PUPPE, Ingeborg. *El Derecho Penal como ciencia*: método, teoría del delito, tipicidad y justificación. Buenos Aires: Editorial B de f, 2014.

RAGUÉS I VALLÈS, Ramon. *El dolo y su prueba en el proceso penal*. Barcelona: Jose Maria Bosch Editor, 1999.

ROXIN, Claus. *Über den "Dolus Eventualis"*. Studi in onore di Mario Romano. Università Cattolica del Sacro Cuore – Milano. Napolina, Itália: Jovene Editore, 2011.

ROXIN, CLAUS. Acerca de la normativización del dolus eventualis y la doctrina del peligro de dolo. *La teoría del delito en la discución actual*. Trad. Manuel A. Abanto Vásquez. Lima: Grijley, 2007.

TOLEDO, Francisco de Assis. *Princípios básicos de Direito Penal*. São Paulo: Saraiva, 2000.

VIANA, Eduardo. *Dolo como compromisso cognitivo*. São Paulo: Marcial Pons, 2017.

COMO COMBATER A TESE DO HOMICÍDIO PRIVILEGIADO, QUANDO INCABÍVEL

Marcus Alexandre de Oliveira Rodrigues

Especialista em Inteligência de Estado e Segurança Púbica (Fundação Escola Superior do Ministério Público de Minas Gerais). Coordenador do Núcleo de Apoio ao Júri (NAJ) do MPRO e Coautor da Obra Tribunal do Júri O MP em Defesa da Justiça – Qualificadoras Aplicáveis ao Homicídio de Trânsito Cometido Mediante Dolo Eventual. Promotor de Justiça no Estado de Rondônia e titular de Promotoria do Júri em Porto Velho/RO. E-mail: marcus.alexandre@mpro.mp.br; Instagram: marcusalexandre_juri.

Sumário: 1. Introdução – 2. Privilégio: consequências e técnicas de afastamento; 2.1 Mas afinal, qual é o significado semântico da palavra "privilégio"?; 2.2 Ira justa como causa real do privilégio e a compreensível emoção violenta; 2.3 Refutação do privilégio pela ausência dos seus requisitos legais; 2.4 Comparação do caso concreto com homicídios verdadeiramente privilegiados; 2.5 Comparação do homicídio privilegiado com o tráfico e furto privilegiados; 2.6 Círculo vicioso do crime; 2.7 Alerta aos jurados!; 2.8 Ação de descumprimento de preceito fundamental (ADPF) 779; 2.9 Sugestões de perguntas ao réu sobre o privilégio e reflexões com os jurados – 3. Conclusão – 4. Referências.

1. INTRODUÇÃO

A sociedade espera e precisa muito do Ministério Público, e é justamente o promotor do júri, figura caracterizada pela beca (ou toga em alguns Estados) com o cordão vermelho, representativo do sangue derramado, da dor da vítima e de seus familiares enlutados, que será mais visto e de quem se aguardará uma atuação à altura do bem – "vida" – atacado.

O júri é a vitrine do Ministério Público brasileiro e lá acontecem os maiores combates de ideias e temas ligados à vida e à morte, amor e ódio, bem e mal, leis (in)eficientes, segurança pública, filosofia, psicologia forense, criminalística, medicina legal, enfim, o Tribunal do Júri vai do "céu ao inferno" e desperta paixões, críticas e curiosidades.

E mais, júri não é teatro! Ainda existe dor, pranto, presença da solidão pela ausência da pessoa amada, depressão e traumas de familiares e vítimas sobreviventes. Definitivamente, se um profissional faz uma encenação naquele espaço, sem responsabilidade e fidelidade à parte que lhe cabe, ou com desrespeito pela vida atacada e pelo réu que anseia por uma defesa de qualidade, não poderá se gabar que é um tribuno.

César Danilo Ribeiro Novais,[1] com a autoridade e técnica de quem enxerga a totalidade de um julgamento feito pelo povo, reverbera que "O Tribunal do Júri é o coração que bombeia o sangue da democracia no corpo do Judiciário". E é por isso que a representatividade popular, no pior tipo de crime, é tão necessária para julgar o seu semelhante que rompeu o contrato social e se colocou como senhor da vida e da morte de uma pessoa (obviamente, fora dos casos justificados pelo art. 23 do Código Penal).

Bandeira Stampa[2] já dizia:

> [...] não raro, o homem mata, e eu tenho dito tantas vezes, por uma exacerbada noção de honra. Por uma exagerada sensibilidade moral, fora do padrão comum. Ninguém pratica estelionato por relevante motivo de valor social ou moral. E esta é uma hipótese de homicídio privilegiado. Ninguém assalta sob o domínio de violenta emoção, logo em seguida à injusta provocação da vítima. Mas, júri é assim, é madrugada.[3]

Porém, no homicídio, a tese do privilégio é diariamente invocada nos plenários deste país, sendo ela incabível em grande parte dos casos que se tem notícia, e, invariavelmente, é colocada como tese secundária, vindo logo após um pedido "principal", que pode ser a justificante da legítima defesa. Neste ponto, Danni Sales explica em seu valoroso livro Júri Persuasão na Tribuna,[4] citando Robert Cialdini,[5] a técnica da rejeição seguida de recuo, consistente no seguinte:

> [...] a defesa efetiva, primeiramente, um pedido maior, que o jurado provavelmente rejeitará. Após a recusa, a defesa faz um pedido menor, no qual estava interessado de fato desde o princípio. Se o advogado estruturar seus pedidos com habilidade, o jurado vai ver o segundo pedido com uma concessão e se sentirá inclinado a responder com uma concessão – que será anuência ao segundo pedido.
> [...]

---

1. NOVAIS, César. *A defesa no tribunal do júri da vida*. 3 ed. rev., atual. e ampl. Cuiabá-MT: Carlini & Caniato Editorial, 2022.
2. Nasceu em 28 de junho de 1917, na cidade do Rio de Janeiro. Em 29 de dezembro de 1947, ingressou na Justiça do Distrito Federal, no cargo de juiz substituto, sendo promovido, por antiguidade, a juiz de direito em 1952. Criado o Tribunal de Alçada do Estado da Guanabara em 1964, tomou posse no dia 25 de novembro, data de sua instalação. Nesse mesmo dia, foi eleito o seu primeiro presidente. Ascendeu a desembargador do Tribunal de Justiça do Estado da Guanabara em 30 de abril de 1969, tomando posse no dia 5 de maio desse ano. Extintos os Tribunais de Justiça dos antigos estados do Rio de Janeiro e da Guanabara em 15 de março de 1975, e criado o atual Tribunal de Justiça do Estado do Rio de Janeiro no mesmo dia, passou a integrar a sua primeira composição. Em 18 de dezembro de 1978, foi eleito presidente desse Tribunal para o biênio 1979-1980. Aposentou-se no dia 15 de julho de 1982, falecendo em 14 de junho do ano seguinte. Em 1993, foi homenageado, na cidade do Rio de Janeiro, com a atribuição de seu nome a logradouro público no bairro de Itanhangá. Imagem: Cerimonial TJERJ. (http://ccmj.tjrj.jus.br/carlos-luiz-bandeira-stampa).
3. *Os grandes processos do júri*. 3. ed. Artenova, p. 33.
4. SALES, Danni. S586 *Júri*: persuasão na tribuna. Curitiba: Juruá, 2018. 162p. 2. Impressão (ano 2020)
5. 2012, p. 48-49.

O jurado encontra na alternativa um refrigério que possibilita atender aos reclames da Promotoria (condenando), aplicando, sobretudo, pena diminuta. Mal sabem os jurados que atenderam, na íntegra, às aspirações da defesa, abatidos pela técnica da rejeição seguida de recuo.

Como deixa claro Danni Sales, nesses casos, o privilégio é a tese[6] verdadeiramente pretendida pela defesa, mas ela vem mascarada de pedido secundário, e o jurado ficará inclinado a optar pelo "meio termo", condenando, mas com uma pena menor.

Bem por isso, quando não for o caso de aplicação da privilegiadora, a acusação deverá rebatê-la eficazmente, e isso não é algo simples porque a tese poderá perfeitamente seduzir os jurados levando-os a achar que atenderão aos interesses do MP, que pretende a condenação, e aos clamores do defensor, que não terá a suposta absolvição (exemplo, pela legítima defesa), mas conseguirá uma pena menor para o cliente.

Assim, caberá ao Ministério Público mostrar, da maneira mais linear e simples possível aos olhos do leigo, que o privilégio não tem vez naquele caso e a sua incidência será uma tremenda injustiça para a vítima, seus familiares e sociedade em geral, porque a aplicação de benesse injusta só fortalece o réu, mas enfraquece todo o sistema de segurança pública e afeta a sociedade que os jurados integram, e eles sentirão o reflexo da impunidade na cidade onde eles, seus filhos, seus cônjuges, pais, irmãos e amigos vivem.

O membro do *Parquet* deverá explicar que essa causa de diminuição de pena atrairá favores legais para o réu sem que ele mereça. É de extrema relevância mostrar aos julgadores que algo tão bom assim só poderá acontecer se existir um valoroso e justo motivo que realmente sustente o benefício.

O conselho de sentença tem o direito de entender que se reconhecer a privilegiadora, afastará a hediondez do crime e as qualificadoras subjetivas, e o condenado cumprirá uma fração muito menor de pena para obter progressão de regime prisional, pelo fato do homicídio privilegiado ser visto como crime comum, não hediondo (essas questões jurídicas também deverão ser explicadas de forma simples), o que terá um impacto social negativo e a nociva sensação de impunidade.

---

6. E por falar em tese, reporto-me ao nosso amigo Eriberto Gomes Barroso, ilustre Procurador de Justiça do MPRO que atuou quase duas décadas no Tribunal do Júri, e ensina: "Somente a título de reflexão, de sugestão: evitar afirmar em plenário que 'a tese do MP é esta'. Motivo: 'tese', em linhas gerais, é tema, é proposição; não é fato. Tanto é verdade que dizemos 'em tese', ou seja, em hipótese. Considerando que os jurados julgam o fato praticado, então devemos sempre dizer que sustentamos o fato, o que realmente ocorreu. Quando o advogado afirmava que a minha tese era a 'x', ao replicar, eu dizia que Promotor não trabalha com tese, prova o fato. Tese, quem sustenta é a defesa, pois cria uma situação hipotética e vai para a tribuna defender essa tese, como se estivesse trabalhando para convencer uma banca acadêmica de que a sua tese tem sentido. Sempre o resultado era bom porque eu dizia que o Promotor sustenta a realidade do fato que ocorreu; a defesa cria uma hipótese, e tenta convencer os jurados de que sua tese, hipótese, pode ter ocorrido".

A prática diária mostra que o jurado não julga em uma fechada linha de raciocínio de "legal ou ilegal", mas, sim, em um critério maior que a legalidade prevista nos códigos, que vem a ser a dimensão do "justo ou injusto", tanto que o art. 155 do Código de Processo Penal[7] não se aplica ao conselho de sentença por causa dos princípios da íntima convicção, do sigilo da votação e da soberania dos vereditos (art. 5º, XXXVIII, *b* e *c*, CF/88[8]), considerando que os jurados não precisam justificar os seus votos na sala secreta. Já a magistratura togada, por imperativo constitucional (art. 93, IX, CF/88[9]), deve fundamentar todas as suas decisões, chamado doutrinariamente de persuasão racional.[10]

Assim, fica evidente que o privilégio, ao qual este autor denomina de "irmão mais novo da legítima defesa", devido a gama de benefícios que ele traz ao condenado, não é algo destrutivo em nosso ordenamento jurídico, desde que a conduta preencha os requisitos do § 1º do art. 121 do CP. Mas, se ela não se enquadrar nas exigências legais, deverá ser fortemente combatida pelo Ministério Público, com armas de proteção social eficientes.

A propósito, não há dúvida de que o homicídio privilegiado é tido como ilegal, tanto que ele é passível de pena. Portanto, quando o advogado pede o privilégio, ele está concordando com a condenação de seu cliente, mas, com uma pena diminuída.

Isso revela que a tese do privilégio não pode ser trazida com a invocação da legítima defesa, porque se a defesa pede essa justificante, ela está dizendo que não houve crime e que o réu não pode receber uma reprimenda. Evidentemente, um homicídio não pode, ao mesmo tempo, ser ilegal (e passível de pena), como é o homicídio privilegiado, e justificado pela legítima defesa (e totalmente isento de pena).

A defesa, por honestidade intelectual e boa-fé, não pode falar em isenção de pena para o cliente e na sequência afirmar que ele pode ser condenado, mas com

---

7. Art. 155. O juiz formará sua convicção pela livre apreciação da prova produzida em contraditório judicial, não podendo fundamentar sua decisão exclusivamente nos elementos informativos colhidos na investigação, ressalvadas as provas cautelares, não repetíveis e antecipadas.
8. Art. 5º Todos são iguais perante a lei, sem distinção de qualquer natureza, garantindo-se aos brasileiros e aos estrangeiros residentes no País a inviolabilidade do direito à vida, à liberdade, à igualdade, à segurança e à propriedade, nos termos seguintes:
[...] XXXVIII – é reconhecida a instituição do júri, com a organização que lhe der a lei, assegurados: [...] b) o sigilo das votações; c) a soberania dos veredictos;
9. Art. 93. Lei complementar, de iniciativa do Supremo Tribunal Federal, disporá sobre o Estatuto da Magistratura, observados os seguintes princípios:
[...] IX todos os julgamentos dos órgãos do Poder Judiciário serão públicos, e fundamentadas todas as decisões, sob pena de nulidade [...].
10. Ademais, quando o CPP quer direcionar algo ao jurado, ele usa exatamente essa nomenclatura ou "conselho de sentença". E quando diz "juiz/magistrado" está se dirigindo à magistratura togada. O Código usa no artigo 155, a palavra "juiz", portanto, o legislador não quis aplicá-lo aos jurados.

sanção menor. Essas teses são conflitantes. Ou sustenta que o réu deve ser condenado por homicídio privilegiado (e com pena diminuída), ou que ele seja absolvido porque as provas demonstram a prática da legítima defesa. Não há meio termo!

O Ministério Público deverá se insurgir diante dessa estratégia e não deixar o conselho de sentença ser induzido a erro e votar errado, vez que ao apresentar proposições conflitantes, a própria defesa demonstra que tem dúvida ou má-fé sobre a efetiva ocorrência de qualquer das teses.

A plenitude de defesa no júri não confere o direito ao defensor de fazer um "vale tudo" no plenário e levar teses conflitantes e que não convivem harmoniosamente, sem qualquer comprometimento lógico e subestimando a capacidade intelectiva dos julgadores leigos (nas ciências jurídicas). Os jurados devem entender essa falta de coerência.

Pois bem. A questão é, como afastar essa tese? Existem outros argumentos e técnicas!

2. PRIVILÉGIO: CONSEQUÊNCIAS E TÉCNICAS DE AFASTAMENTO

Assim dispõe o § 1º do art. 121 do Código Penal:

> Art. 121. Matar alguém:
> Pena: reclusão, de seis a vinte anos.
> Caso de diminuição de pena
> § 1º Se o agente comete o crime impelido por motivo de relevante valor social ou moral, ou sob o domínio de violenta emoção, logo em seguida a injusta provocação da vítima, o juiz pode reduzir a pena de um sexto a um terço.

O privilégio, se reconhecido pelos jurados, trará uma série benefícios ao condenado, ele reduzirá a pena no patamar de 1/6 a 1/3 (um sexto a um terço), afastará a hediondez do crime, fazendo-o cumprir uma fração muito menor de reprimenda para obter progressão a um regime prisional menos gravoso, extirpará a qualificadora subjetiva que sequer poderá ser votada, e se o homicídio for tentado o réu terá em seu favor duas diminuições legais de pena, a primeira atrelada à tentativa[11] em si, e a segunda[12] prevista no § 1º do art. 121, do CP.

---

11. Art. 14. Diz-se o crime:
    [...]
    II – tentado, quando, iniciada a execução, não se consuma por circunstâncias alheias à vontade do agente.
    Parágrafo único. Salvo disposição em contrário, pune-se a tentativa com a pena correspondente ao crime consumado, diminuída de um a dois terços.
12. Nesse caso, se ele estiver respondendo preso ao processo, terá grande possibilidade de sair de seu julgamento "pela porta da frente" do Plenário, juntamente com a vítima, seus familiares e com o conselho de sentença, o que terá um impacto social negativo e uma nociva sensação de impunidade.

Daí a razão deste autor nominar o privilégio de "irmão mais novo da legítima defesa", pois, a legítima defesa implica na absolvição do acusado no júri (ou no arquivamento do inquérito policial, ou na sua impronúncia, a depender da fase processual em que houve o seu reconhecimento), e o privilégio, apesar de não atrair a absolvição, traz grandiosas benesses ao réu, já descritas acima, que no final das contas farão com que ele permaneça tempo muito menor no cárcere.

E não há nenhum problema quanto a ele ficar um período menor na prisão ou que saia de seu julgamento pela "porta da frente" do Plenário após ser condenado pelos jurados por homicídio privilegiado, desde que o privilégio seja tecnicamente cabível.

2.1 Mas afinal, qual é o significado semântico da palavra "privilégio"?

Este autor tem o hábito de levar o dicionário em todos os júris. Teve um julgamento em que um experiente advogado veio até a mesa deste subscritor e disse que há bastante tempo não via um dicionário Aurélio. Durante os debates ele se exaltou e disse algumas vezes aos jurados para descerem do "pedestal" e se colocarem no lugar do réu.

Então, surgiu a curiosidade em saber o significado da palavra "pedestal": "Corpo sólido de forma ordinariamente quadrada, com base e cornija, que sustenta uma coluna, estátua etc."[13] Na réplica, foi sustentado que a defesa estava dizendo que os jurados eram umas "estátuas", e novamente o dicionário foi usado para mostrar o sentido dessa palavra: "Pessoa imóvel, sem ação."[14] Bom, não é preciso detalhar os demais argumentos! A defesa tentou consertar na tréplica, mas só piorou a situação do cliente.

Assim, é de grande valia usar o dicionário para conceituar o "privilégio". Devemos, na medida do possível, nos afastar de conceitos jurídicos rebuscados para o jurado se sentir mais confortável, até porque não é todo mundo que tem um livro de direito em casa, mas os dicionários geralmente estão nas prateleiras e estantes de muitas residências.

Vejam como o conceito de privilégio é impactante: "1. Vantagem que se concede a alguém com exclusão de outros. Permissão especial".[15] Após a leitura do seu significado, deve-se perguntar aos jurados se eles darão uma concessão especial para o réu matar e se vestirão nele a camisa da impunidade, deixando-o se safar com uma condenação por crime não hediondo e com pena menor, mesmo diante da gravíssima morte que ele perpetrou. Fazê-los refletir por qual razão

---
13. FERREIRA, Aurélio Buarque de Holanda. Míni Aurélio: O dicionário da língua portuguesa.
14. FERREIRA, Aurélio Buarque de Holanda. Míni Aurélio: O dicionário da língua portuguesa.
15. FERREIRA, Aurélio Buarque de Holanda. Míni Aurélio: O dicionário da língua portuguesa.

moral eles diminuiriam a responsabilidade daquele homicida, concedendo-lhe algo tão valioso.

Essa é a janela do justo ou injusto que será aberta na mente dos julgadores! É algo muito maior que as leis e abordagens doutrinárias ou jurisprudenciais. Um simples conceito gramatical de uma palavra pode mudar todo o rumo de um julgamento, afinal, "as palavras têm a leveza do vento e a força da tempestade" (Victor Hugo).[16]

2.2   Ira justa como causa real do privilégio e a compreensível emoção violenta

Muito é falado que se deve analisar a conduta da vítima provocadora e a reação do réu provocado, a fim de alcançar a razão lógica para aplicar ou afastar o privilégio no homicídio. Mas, qual seria o padrão médio de comportamento reativo do acusado apto a se amoldar a uma incontestável reação justa de sua parte?

Amadeu Ferreira[17], em sua obra Homicídio Privilegiado, traz os critérios doutrinários e legais usados em vários países europeus para o reconhecimento do privilégio. De acordo com as suas pesquisas, somente a "ira justa" do réu, que é aquela fundada em *um motivo respeitável*, atrelado a uma resposta homicida simultânea e sem premeditação, é que pode atrair o reconhecimento do privilégio.

E enfatiza, citando os professores Beleza dos Santos e Eduardo Correa, que para alcançar a sua ocorrência não é necessário um complexo exercício mental, mas deve ser algo de fácil percepção de acordo com a visão e entendimento do homem médio, ou seja, do cidadão comum. Vejamos:

> [...] não é a emoção do agente concreto que é tida em conta e sim a *emoção adequada* ao facto injusto, medida de acordo com o padrão objetivo do 'homem médio'". [...] a atenuante da provocação é condicionada e justificada pelo estado de emoção do provocado [...], e é tido em conta na medida daquilo que sentiria qualquer pessoa de reações normais que fosse objecto de provocação.

Diz, ainda mencionando o professor Eduardo Correa, que "quanto mais grave for o facto injusto, maior capacidade provocadora tem". E conclui: "a emoção sentida pelo agente concreto é colocada em segundo plano e analisada não em si mesma, mas em confronto com a emoção abstracta que, naquelas circunstâncias, um homem médio sentiria."

Um ponto muito destacado em várias passagens da referida obra, é que a aplicação do privilégio deve passar pela análise da proporção entre o fato provo-

---

16. https://www.pensador.com/les_miserables_vitor_hugo/.
17. FERREIRA, Amadeu. *Homicídio privilegiado*. Coimbra: Almedina. Coimbra, 1996, p. 181.

cador e a reação criminosa praticada pelo agente provocado, sendo vedado o seu reconhecimento em casos de desproporção, ainda que a proporcionalidade não esteja dentro das exigências legais expressas para o privilégio, como está para a legítima defesa.

Assim, adaptando esses ensinamentos à nossa realidade social e legal, fica claro que só a ira justa do provocado, que é aquela imanente ao comportamento popular mediano, e não ao sentimento de cólera do réu ou dos homens hipersensíveis, atrairá a privilegiadora.

Ainda, é relevante verificar se foi o provocado quem criou uma atmosfera envenenada instigando um estado de revolta na vítima e dando a ela uma causa para provocá-lo, a fim de praticar um homicídio já previamente engendrado por ele (réu) e tentar se safar com a alegação de legítima defesa ou de que foi severa e injustamente provocado primeiro, e matou por perder o controle emocional.

Amadeu Ferreira, de acordo com a rica doutrina e leis do velho continente, ainda elenca algumas vedações à aplicabilidade do privilégio: para o parricídio; contra ofensas provenientes de crianças ou de alta embriaguez; e motivos egoísticos moralmente baixos.

Seguem algumas palavras-chaves que podem nortear a atuação do membro do *Parquet* na defesa da vida para atacar a tese atécnica do privilégio: ira justa; motivo respeitável; emoção adequada ao fato injusto; justa indignação; desespero proporcional ao ataque do provocador; compreensível emoção violenta, que é aquela do senso comum.

2.3 Refutação do privilégio pela ausência dos seus requisitos legais

É comum e também eficaz pedir a rejeição do privilégio aos jurados atacando os seus requisitos legais. Diversos autores abordam essas premissas e trazem valorosas explicações sobre as balizas expressas no § 1º do artigo 121, do Código Penal.

É crucial trabalhar os conceitos das diferentes formas de homicídio privilegiado e de casos reais envolvendo o tipo de privilégio que foi arguido pela defesa. É muito comum ela sustentar que o réu agiu "sob o domínio de violenta emoção, logo em seguida a injusta provocação da vítima". O Ministério Público terá que pontuar o que é esse "domínio", explicar o "logo em seguida" e o que vem a ser essa "injusta provocação da vítima".

Outra forma de abordar esse ponto no júri, é explicar a diferença entre o "domínio de violenta emoção, logo em seguida a injusta provocação da vítima", e quando o réu age "sob a influência de violenta emoção, provocada por ato injusto da vítima", sendo ela uma circunstância atenuante prevista no art. 65 do Código

Penal,[18] e que nada tem a ver com a privilegiadora do § 1º, que é uma causa de diminuição de pena.

Ademais, no § 1º, o termo usado é "domínio", e, no artigo 65, exige-se apenas a "influência" da violenta emoção, prescindindo da questão temporal, exigida só no § 1º do artigo 121, do Código Penal.

Edilberto Campos Trovão,[19] ensina com propriedade essas diferenças:

> Dispõe o art. 65, inc. III, "C", do Código Penal:
>
> "São circunstâncias que sempre atenuam a pena:
>
> III – ter o agente:
>
> c – cometido o crime sob coação a que podia resistir, ou em cumprimento de ordem de autoridade superior, ou sob a influência de violenta emoção, provocada por ato injusto da vítima".
>
> Aqui a reação não precisa ocorrer "logo em seguida" à provocação da vítima. Enquanto que no homicídio privilegiado exige-se a ação-reação (emoção-choque), na hipótese da atenuante, exige-se a "emoção estado", ou seja, a ação da vítima vem se desenvolvendo ao longo do tempo e, mais tarde, comete o crime, às vezes até nem relacionado com o fato que vinha ocorrendo com frequência.
>
> É o caso, por exemplo, de alguém que é chamado, constantemente, pejorativamente, de forma humilhante, por um apelido que não gosta.
>
> Em determinado momento, cansado das humilhações, o agente se revolta e pratica o crime. Agiu não sob "o domínio de violenta emoção", mas "sob a influência de violenta emoção".
>
> Mas, para tumultuar o julgamento, os conceitos são colocados genericamente. Podia ser, até, que o réu pudesse ser beneficiado pela atenuante genérica, mas não pelo privilégio. Dizem, e é comum, que o réu, durante anos vinha sofrendo humilhações por parte da vítima, e que, portanto, agiu "sob o domínio de violenta emoção", deixando para o Promotor, no tempo curto da Réplica, que explique a diferença entre "sob domínio" e "sob influência" de violenta emoção.
>
> Se o Promotor, no tempo regular do discurso, não tiver se antecipado e explicado a diferença, com certeza, na Réplica, não terá muito tempo para rebater os outros pontos sustentados pela defesa.

Como dito, as espécies, conceitos e os requisitos do homicídio privilegiado são amplamente trabalhados pela doutrina, assim como a questão do requisito temporal na conduta homicida do réu.

2.4 Comparação do caso concreto com homicídios verdadeiramente privilegiados

É muito eficiente trabalhar o ilegal privilégio no âmbito da comparação, ou seja, dar aos jurados exemplos de casos privilegiados práticos, como a conduta

---

18. Art. 65. São circunstâncias que sempre atenuam a pena: [...] c) [...] ou sob a influência de violenta emoção, provocada por ato injusto da vítima.
19. TROVÃO, Edilberto Campos. *Reflexões de um aprendiz de Promotor de Justiça no tribunal do júri*. 2. Edição, JM ed., 2005.

do pai que vai buscar a filha adolescente na escola, a vê chorando e ela relata que acabou de ser estuprada e mostra o agressor saindo sorrateiramente em meio aos alunos. O pai, diante dos sinais visíveis da agressão sexual, tomado pela emoção-choque ou ira justa, persegue o estuprador e o atropela letalmente. Outro exemplo, é do pai que mata um traficante que aterrorizava o seu bairro e tinha, comprovadamente, viciado o seu filho infante.

Os dois casos retratam, respectivamente, o domínio de violenta emoção logo em seguida a injusta provocação da vítima (pai que matou o estuprador da filha), e o relevante valor moral (pai que matou o traficante do bairro, que tinha viciado o seu filho). Eles são fontes ricas para comparar verdadeiros casos de privilégio com a conduta do réu em julgamento.

Muito provavelmente, os jurados entenderão que o comportamento do réu não é nem de longe parecido com os exemplos fincados no verdadeiro amor existente entre pais e seus filhos, ou seja, em motivos respeitáveis atrelados a causas nobres, e formarão um compreensível senso comum social.

Se bem explicado, o ato do réu terá uma roupagem diferente dos homicídios praticados nos dois exemplos, e os jurados entenderão que o privilégio não é uma porta larga por onde pode passar qualquer conduta assassina, mas, só se presta a atos eivados de valores morais que podem ser facilmente vistos, sentidos ou compreendidos por qualquer pessoa.

O ponto central neste método de comparação, consiste em revelar aos julgadores onde reside o *"motivo respeitável"* nas condutas genuinamente privilegiadas e que eles podem alcançá-lo (motivo) sem a necessidade de fazerem um grande esforço intelectivo. Em seguida, deve-se mostrar o caso em julgamento e questionar se eles conseguem, com a mesma facilidade, verem alguma proporcionalidade e "ira justa" na conduta do réu.

Se chegarem ao entendimento de que o acusado agiu com o mesmo (ou parecido) "motivo respeitável" dos exemplos dos dois pais, deverão votar favorável à tese do privilégio, mas, caso contrário, o seu afastamento é esperado.

2.5 Comparação do homicídio privilegiado com o tráfico e furto privilegiados

Sabemos que a política criminal foi criada por motivos de índole social e penitenciária, e, na prática, quando ela é aplicada pelo judiciário há um afastamento do rigor legal para beneficiar de alguma forma o réu. Não existe política criminal para punir rigorosamente alguém, para isso basta aplicar a letra da lei penal material ou processual.

O cidadão comum não concorda e se incomoda com a existência de tantos benefícios legais existentes em nosso ordenamento jurídico, como o sistema de progressão de penas, o direito do réu continuar solto após ser condenado no Tribunal do Júri, com as ficções jurídicas do concurso formal de crimes e do crime continuado, com o famigerado erro na execução em que geralmente a defesa concorda com a condenação só pela tentativa de homicídio em relação a vítima visada, e não por dois crimes dolosos contra a vida quando a denúncia descreve dolo direto em face da pessoa pretendida e dolo eventual quanto ao outro ofendido que foi atingido (a isso este autor já nomeou em um julgamento de "Black Friday da Morte", ou seja, cometa dois homicídios e receba a pena só de um deles!).

É necessário explicar aos jurados o que é a "máquina" do tráfico de drogas e quando ocorre a esdruxula figura do tráfico privilegiado,[20] que na verdade é um prêmio legal para o traficante sortudo que ainda não tinha sido preso. Após eles compreenderem o desastre que essa figura legal representa para a segurança pública, verdadeiro incentivo legislativo ao crime, começarão e ver mais longe, ou seja, que essa mesma benesse também é prevista para homicídios no artigo 121, § 1º, do Código Penal.

Esse tipo de abordagem só terá lugar quando efetivamente o Promotor do Júri estiver convencido pelas provas dos autos e por sua convicção, de que o caso não comporta o privilégio, pois, se comportar, o Ministério Público já em sua primeira fala deverá pedir a sua aplicação de forma fundamentada.

Outro favor legal que causa espanto nas pessoas, é o princípio da insignificância em crimes patrimoniais e o furto privilegiado.[21] Deve ser trazido o exemplo clássico do pai de família assalariado que usa a sua bicicleta, geralmente comprada em muitas parcelas, para deixar o filho na escola e ir para o seu trabalho (comum nas cidades menores), e é furtada pelo ladrão. Esse larápio poderá ser beneficiado por um furto privilegiado e ter até uma pena de multa, ou ser agraciado pelo princípio da insignificância e absurdamente obter o arquivamento do inquérito

---

20. Art. 33. Importar, exportar, remeter, preparar, produzir, fabricar, adquirir, vender, expor à venda, oferecer, ter em depósito, transportar, trazer consigo, guardar, prescrever, ministrar, entregar a consumo ou fornecer drogas, ainda que gratuitamente, sem autorização ou em desacordo com determinação legal ou regulamentar:
   Pena: reclusão de 5 (cinco) a 15 (quinze) anos e pagamento de 500 (quinhentos) a 1.500 (mil e quinhentos) dias-multa.
   [...]
   § 4º Nos delitos definidos no caput e no § 1º deste artigo, as penas poderão ser reduzidas de um sexto a dois terços, vedada a conversão em penas restritivas de direitos , desde que o agente seja primário, de bons antecedentes, não se dedique às atividades criminosas nem integre organização criminosa.
21. Art. 155. Subtrair, para si ou para outrem, coisa alheia móvel:
    Pena: reclusão, de um a quatro anos, e multa.
    [...]
    § 2º Se o criminoso é primário, e é de pequeno valor a coisa furtada, o juiz pode substituir a pena de reclusão pela de detenção, diminuí-la de um a dois terços, ou aplicar somente a pena de multa.

policial, e o trabalhador ver o furtador impune e ter que arcar amargamente com o seu prejuízo.

O tráfico e o furto privilegiados possuem a mesma matriz privilegiadora, que é a diminuta responsabilidade do autor do fato. Isso deve ser mostrado aos jurados porque também se aplica ao homicídio privilegiado.

2.6   Círculo vicioso do crime

Se o réu for multireincidente, há a técnica do *"círculo vicioso do crime"* criada pelo Promotor do Júri de Porto Alegre/RS (MPRS), Eugênio Paes Amorim,[22] que consiste no seguinte: fazer um círculo em um flip chart (cavalete) ou lousa virtual, desenhar setas pontilhadas tangenciais ao círculo e escrever a trajetória criminal do acusado em uma linha do tempo delitiva.

O exemplo dado por Amorim é: "[...] aqui o réu matou e foi absolvido por falta de provas porque as testemunhas ficaram com medo de depor contra ele; ali ele intimidou testemunhas e o inquérito foi arquivado; depois, ele foi condenado por tráfico de drogas e teve em seu favor o reconhecimento do tráfico privilegiado [...]".

Ou seja, nos dizeres do combativo Amorim, há de se demonstrar aos jurados que há muito tempo o réu vem "ganhando força" e que eles (e toda a sociedade) "estão dentro desse círculo vicioso e só eles podem quebrá-lo".

Essa técnica do círculo foi pensada para julgamentos de traficantes homicidas, mas, ela se aplica tranquilamente aos casos de feminicídios (dentro dos padrões da violência doméstica onde muitos deles se fortalecem com a impunidade e voltam a agredir a companheira e até a matar a próxima vítima) e em qualquer outro tipo de homicídio.

Portanto, o círculo serve para qualquer júri em que a tese do privilégio, da legítima defesa ou da negativa de autoria for sustentada.

Vale frisar: o falso privilégio é um assassino da verdade à serviço da impunidade e deve ser desmascarado habilmente pelo Ministério Público do Júri!

2.7   Alerta aos jurados!

A tese do privilégio é tão perigosa (quando não preencher os requisitos legais), que sequer virá com esse nome no respectivo quesito, e por essa razão o Ministério Público terá que explicar a questão ao conselho de sentença e deixar claro que ela (tese) terá apenas o tipo de conduta que a defesa sustenta que o cliente praticou, ou seja, uma das formas do privilégio previstas na lei penal.

---

22. Estratégias e Segredos do Tribunal do Júri. Disponível em: http://c6af083.contato.site/curso.

É bem verdade que os julgadores poderão identificá-la através do que foi sustentado, por exemplo, que o réu teria matado "sob o domínio de violenta emoção, logo em seguida [...]". Mas, após horas ou até dias de julgamento, devido ao esgotamento físico e mental, pode ser que algum jurado espere no quesito o termo "privilégio", para votar na linha do que a acusação ou a defesa verberou, e possa ter a falsa impressão de que aquele quesito não é do homicídio privilegiado, e errar o seu voto.

Alguns juízes, ao explicarem os quesitos na sala secreta, fazem menção expressa a tese do privilégio, mostram qual é a pergunta referente a ele, falam de penas e alertam os jurados sobre o que cada parte quer naquela questão, ou seja, o "sim" ou o "não". E também existem magistrados que explicam o que cada parte espera em determinado quesito e não fazem comentários sobre as teses da defesa e muito menos sobre penas.[23]

Portanto, é mais prudente o MP, na sua fala, se antever à explicação do juiz presidente e deixar o jurado ciente sobre a votação da tese do homicídio privilegiado, qual quesito traz a citada tese, dizer o voto que espera deles, explicar os principais pontos sobre a pena real que será aplicada ao réu e os benefícios legais que ele terá na execução penal.

2.8 Ação de Descumprimento de Preceito Fundamental (ADPF) 779

Este artigo não tem a finalidade de aprofundar sobre os pontos nevrálgicos da ADPF 779, que tramita no Supremo Tribunal Federal sob a Relatoria do Ministro Dias Toffoli, mas, o que foi nela decidido, reflete nos casos de homicídio privilegiado.

Sucintamente, ela versa sobre a inconstitucionalidade da tese da legítima defesa da honra em julgamentos no Tribunal do Júri e demais processos penais, especialmente no que toca aos feminicídios consumados ou tentados, de forma que "O adultério não configura uma agressão injusta apta a excluir a antijuridicidade de um fato típico, pelo que qualquer ato violento perpetrado nesse contexto deve estar sujeito à repressão do direito penal."[24]

O relator deferiu parcialmente a cautelar dessa ADPF e vedou a nível nacional a tese da legítima defesa da honra dentro do instituto da legítima defesa, vedando

---

23. Essa é a conduta mais isenta da magistratura togada, pois, quando o juiz, ao explicar os quesitos, fala sobre teses defensivas ou acusatórias, e especialmente quando tece explicações sobre penas mínimas e máximas para cada tipo de homicídio (simples ou qualificado ou privilegiado), ou referente ao quanto de diminuição ou aumento que incidirá sobre cada uma delas, por mais que não tenha a intenção e não use entonação de voz diferenciada para cada explicação, ainda assim poderá influir na decisão dos jurados.
24. Disponível em: https://redir.stf.jus.br/paginadorpub/paginador.jsp?docTP=TP&docID=755906373.

ao defensor e ao Ministério Público que dela lancem mão nos julgamentos do júri (e em qualquer fase processual), seja de forma direta ou indireta, ou mesmo que usem qualquer argumento que induza a ela, devendo ser obstada pelo juiz presidente, sob pena de nulidade do ato.

Está vedado também, em feminicídios, argumentos que induzam os jurados a acatarem algum benefício ao réu tendo por base a legítima da honra dele (réu), e aí entra a proibição da tese do privilégio, pois, ficou claro na decisão que "quem pratica feminicídio ou usa de violência com a justificativa de reprimir um adultério não está a se defender, mas a atacar uma mulher de forma desproporcional, covarde e criminosa. [...] A 'legítima defesa da honra' é recurso argumentativo/retórico odioso, desumano e cruel".

Portanto, se em um julgamento de feminicida, a defesa, ainda que indiretamente, alavancar a tese do privilégio baseada na traição da mulher em face do marido matador, ou seja, que ela teria causado nele a violenta emoção, logo em seguida a uma injusta provocação (traição) dela, a presidência dos trabalhos deverá imediatamente advertir o advogado que essa tese está vedada pela Suprema Corte por meio da ADPF 779, e que isso não poderá sequer ser quesitado.

Caso a presidência não adote esse comportamento preventivo, o Ministério Público deverá pedir questão de ordem e requerer ao juízo que advirta a defesa, constando tudo em ata de julgamento.

Outro ponto a ser observado pelo Ministério Público, consiste na juntada pela defesa de fotos íntimas da vítima ou conversas dela em suposto ato de traição conjugal, com a intenção de usar esses documentos no júri. Se assim agir, gerará uma nulidade por causa da vedação trazida pela ADPF 779.

Portanto, o *Parquet* deverá se manifestar contra a juntada ou utilização dessas provas no plenário, e se a defesa promover um ataque retórico de que a "acusação não quer que eles saibam toda a verdade etc.", será necessário usar a réplica ou um aparte (direto ou regulamentar) para explicar aos jurados que agiu dessa forma por causa da citada ADPF. A questão é técnica, e se bem explicada o conselho de sentença entenderá os motivos e a retórica defensiva estará neutralizada.

Porém, se o magistrado autorizar a juntada e utilização do material no plenário, é razoável o Promotor requerer ao juiz, logo ao abrir a sessão, que ele impeça a utilização do material a fim de manter a dignidade da vítima morta, com esteio na ADPF citada e também no artigo 474-A do Código de Processo Penal, criado pela Lei 14.245/2021, denominada de Lei Mariana Ferrer,[25] com o registro de tudo

---

25. Art. 474-A. Durante a instrução em plenário, todas as partes e demais sujeitos processuais presentes no ato deverão respeitar a dignidade da vítima, sob pena de responsabilização civil, penal e administrativa, cabendo ao juiz presidente garantir o cumprimento do disposto neste artigo, vedadas: (Incluído pela Lei 14.245, de 2021).

na ata de julgamento. Esses pontos processuais são praticamente insuperáveis e devem ser alavancados com toda a técnica.

2.9 Sugestões de perguntas ao réu sobre o privilégio e reflexões com os jurados

Outro fator a ser observado e já combatendo a suposta tese da privilegiadora, antes dos debates iniciarem, a fim de desconstituir um de seus pilares, é perguntar ao réu no interrogatório se ele estava com muito ódio da vítima quando a matou e se foi mesmo "dominado" por uma vontade assassina. Se ele responder negativamente, dizendo que estava calmo no momento do ato homicida, ele mesmo já terá afastado o privilégio e suas palavras terão força suficiente para refutar a tese, caso a defesa ainda assim a sustente.

Os casos no júri são infinitos, mas muitos se parecem ou são até idênticos. Seguem algumas perguntas que podem ser feitas aos acusados durante o interrogatório na instrução criminal ou no plenário do júri, caso, obviamente, eles queiram responder:

O Sr. atirou/esfaqueou para se vingar? Se ele responder que "não", perguntar imediatamente: estava dominado pela raiva? E se ele disser "não", acabou, ele próprio afastou o privilégio porque quem está "sob o domínio de violenta emoção", mata com muita ira "logo em seguida a injusta provocação da vítima". E, ao contrário, quem não está dominado pela emoção violenta, não age de forma privilegiada.

Na sequência, convidá-lo a reproduzir o ataque no plenário, na frente dos jurados e pausadamente, embutindo perguntas após cada movimento assassino reproduzido por ele, deixando clara a sua capacidade delinquencial e o seu "sangue frio".

Reflexões com o conselho de sentença: o advogado tenta amenizar a responsabilidade do assassino e pede pena menor, uma "permissão especial" para matar, que é o privilégio! Requer benevolência a vocês. Mas o réu não foi benevolente com a vítima e não aplicou uma pena menor a ela, ele impôs a pena máxima, de morte. Vocês não têm autorização do morto para aliviar a responsabilidade de seu assassino e darem uma pena menor e injusta de presente a ele. Serão benevolentes com quem foi extremamente mau? Certamente o instituto do privilégio não foi criado para ser banalizado, a sua porta de entrada é estreita, servindo só para causas nobres, e é isso que a memória da vítima, através de seu sangue derramado injustamente, de seus familiares enlutados e toda a sociedade esperam de vocês, uma decisão nobre!

I – a manifestação sobre circunstâncias ou elementos alheios aos fatos objeto de apuração nos autos;

II – a utilização de linguagem, de informações ou de material que ofendam a dignidade da vítima ou de testemunhas.

3. CONCLUSÃO

O resultado de um julgamento não está nas mãos do Ministério Público. O voto "sim" ou "não" geralmente reflete a qualidade e intensidade do que foi entregue pelas partes na tribuna, o que foi deixado lá e fez o jurado sentir que devia votar em determinado sentido.

Mas, está ao alcance do promotor do júri: a) ter total domínio do processo, conhecê-lo de "capa a capa"; b) dedicar-se e dar o máximo de si desde o inquérito, passando pela denúncia e instrução criminal, até o momento do júri; c) aperfeiçoar-se com cursos, palestras e leituras de obras variadas, pois, júri não é só direito, as ciências jurídicas representam apenas um caminho para conduzir a decisão dos juízes leigos; d) doar-se no plenário e invocar o melhor de si em todos os julgamentos; e) ter coragem para enfrentar os desafios com técnica, boa retórica, força e emoção; f) defender o sagrado direito à vida, inerente a todas as pessoas, independentemente de sua classe social, cor da pele, sexo e religião e; g) não deixar a beca do cordão vermelho "amarelar" em seu peito!

Isso tudo pode ser alcançado por quem tem o sacerdócio e a missão de integrar o Ministério Público do Tribunal do Júri.

4. REFERÊNCIAS

CÓDIGO DE PROCESSO PENAL. Disponível em: http://www.planalto.gov.br/ccivil_03/decreto-lei/del3689compilado.htm. Acesso em: 25 fev. 2023.

CÓDIGO PENAL. Disponível em: http://www.planalto.gov.br/ccivil_03/decreto-lei/del2848compilado.htm. Acesso em: 25 fev. 2023.

CONSTITUIÇÃO FEDERAL DE 1988. Disponível em: https://www.planalto.gov.br/ccivil_03/constituicao/constituicaocompilado.htm. Acesso em: 25 fev. 2023.

ESTRATÉGIAS E SEGREDOS DO TRIBUNAL DO JÚRI. Disponível em: http://c6af083.contato.site/curso. Acesso em: 05 mar. 2023.

FERREIRA, Amadeu. *Homicídio privilegiado*. Coimbra: Almedina, 1996.

FERREIRA, Aurélio Buarque de Holanda. *Míni Aurélio*: o dicionário da língua portuguesa. 8. ed. rev., atual. e ampl. – impressão março de 2014.

LEI 11.343, de 23 de agosto de 2006. Disponível em: http://www.planalto.gov.br/ccivil_03/_ato2004-2006/2006/lei/l11343.htm. Acesso em: 25 fev. 2023.

LES MISERABLES, Vitor Hugo. Disponível em: https://www.pensador.com/les_miserables_vitor_hugo/. Acesso em: 25 fev. 2023.

NOVAIS, César. *A defesa no tribunal do júri da vida*. 3 ed. rev., atual. e ampl. Cuiabá-MT: Carlini & Caniato Editorial, 2022.

SALES, Danni. *S586 Júri*: persuasão na tribuna. Curitiba: Juruá, 2018. 2. Impressão (Ano 2020) (

STAMPA, Carlos Luiz Bandeira (1979-1980). Disponível em: http://ccmj.tjrj.jus.br/carlos-luiz-bandeira-stampa. Acesso em: 25 fev. 2023.

SUPREMO TRIBUNAL FEDERAL – Inteiro Teor do Acórdão – Página 1 de 89. Disponível em: https://redir.stf.jus.br/paginadorpub/paginador.jsp?docTP=TP&docID=755906373. Acesso em: 25 fev. 2023.

TROVÃO, Edilberto Campos. *Reflexões de um aprendiz de Promotor de Justiça no tribunal do júri*. 2. ed. JM ed., 2005.

O JÚRI NOS EUA (E NO BRASIL): DO ASSENTO CONSTITUCIONAL À SUBSTITUIÇÃO POR ACORDOS PENAIS

Mauro Messias

Master of Laws (Universidade da Califórnia em Los Angeles, Estados Unidos), com período de trabalho no Ministério Público da Califórnia em Los Angeles. Computer Science certificate program (Universidade de Harvard, Estados Unidos). Mestre em Direito (Universidade Federal do Pará). Autor de livros (Editoras Lumen Juris, D'Plácido e Mizuno). Professor de Direito Processual Penal (RSC Online/JusPodivm). Promotor de Justiça (Ministério Público do Estado do Pará). Autor do projeto "MP Consensuado: Desburocratizando a Justiça Criminal", premiado em 2º lugar pelo Conselho Nacional do Ministério Público (CNMP), em 2019. Criador e programador do "Sistema de Inteligência Artificial AppCrim", premiado em 1º lugar pelo CNMP, em 2021. Redator pela CONAMP da petição inicial e de pedido liminar nas ADIs 6919/DF e 6305/DF, respectivamente. Integrante do Grupo de Trabalho "Governança de Dados e Transformação Digital no Ministério Público", no âmbito da Comissão de Planejamento Estratégico do CNMP. mauromessias@mppa.mp.br.

Sumário: 1. Introdução – 2. O infrequente júri nos EUA; 2.1 Fundamento normativo do Tribunal do Júri nos EUA; 2.2 Delitos em que o acusado possui direito a julgamento pelo Tribunal do Júri nos EUA; 2.3 Quantidade de jurados; 2.4 (In)exigência de unanimidade do veredicto no julgamento pelo júri; 2.5 Motivo da redução da quantidade de júris nos EUA: acordos penais – 3. O mito da "verdade real" como agente arrefecedor dos acordos penais no Brasil – 4. O *plea bargaining* norte-americano; 4.1 Se o *plea bargaining* é típico de países da *common law*, poderia o Brasil adotar experiência semelhante?; 4.2 Características do *plea bargaining* norte-americano à luz do trabalho do promotor de justiça – 5. Conclusão – 6. Referências.

1. INTRODUÇÃO

O Procurador-Geral de Justiça do Ministério Público do Estado de São Paulo solicitou a confecção de um artigo "crítico e inovador sobre a tutela penal e processual da vida, sob o enfoque da atuação de um Ministério Público estratégico e resolutivo". Assim, o problema eleito por este trabalho é: pode o perfil moderno do Ministério Público dialogar adequadamente com a bicentenária instituição do Tribunal do Júri no Brasil?

Certamente, há algum grau de dificuldade. A boa notícia é que não estamos sozinhos: diversos desafios são comuns a Ministérios Públicos de outros países. Como este autor trabalhou brevemente no Ministério Público da Califórnia/EUA, o artigo abordará a realidade do Júri norte-americano em comparação com o que se vê em *terrae brasilis*.

2. O INFREQUENTE JÚRI NOS EUA

Durante o intervalo entre audiências judiciais em Los Angeles/Califórnia, um dos *district attorneys*[1] da Promotoria de Justiça à qual este autor estava vinculado perguntou: "Messias, quantos Júris você já fez? Fiz o meu centésimo há pouco tempo". Tratava-se de um promotor de Justiça norte-americano bastante experiente na área criminal que, orgulhosamente, falava de uma marca rara para promotores da Califórnia: 100 (cem) Júris. Ora, se a Constituição norte-americana e a sua Sexta Emenda conferem a acusados o direito de, em qualquer[2] caso criminal, serem julgados perante o Tribunal do Júri, por que 100 (cem) Júris feitos por um promotor de Justiça é algo extraordinário na Califórnia – e nos EUA, de um modo geral?

Para responder esta pergunta, é preciso conhecer um pouco melhor o infrequente Júri nos EUA. Como será visto adiante, ao menos em tese, o Júri não deveria ser tão incomum assim.

2.1 Fundamento normativo do Tribunal do Júri nos EUA

Nos Estados Unidos, o direito ao julgamento pelo Tribunal do Júri é a única garantia exibida tanto na Constituição norte-americana quanto na *Bill of Rights*.[3] Tamanha a sua relevância, o saudoso *Justice*[4] Antonin Scalia referiu-se a essa garantia como a "espinha dorsal da democracia americana" (*Neder v. United States*, 1999). Para Scalia, o julgamento pelo Júri está para o Poder Judiciário da mesma forma que o sufrágio representa o controle do povo sobre os Poderes Legislativo e Executivo (*Blakely v. Washington*, 2004), evidenciando, assim, o contexto histórico de absoluta suspeita dos *framers*[5] acerca do poder abusivo do Estado. Uníssono, Paulo Rangel:[6]

> A pedra angular da justiça nos EUA é o processo perante o Tribunal do Júri, pois o cidadão americano tem plena consciência de que sua participação na vida pública não apenas se efetua a partir do direito ao voto, mas, sim, em especial, de sua integração ao corpo de jurados. A cidadania também é exercida no Tribunal do Júri, pois o poder emana do povo e, por intermédio dele, se evitam decisões arbitrárias na aplicação da lei.

---

1. O *district attorney* (DA) corresponde, no Brasil, ao promotor de Justiça de entrância mais elevada. O *deputy district attorney* (DDA), por sua vez, equivaleria ao promotor de Justiça substituto ou de entrância inicial.
2. Logo adiante, será visto que nem todos os casos possibilitam ao acusado o direito a julgamento pelo Júri, como nos de *impeachment*.
3. Dez primeiras emendas à Constituição norte-americana.
4. Ministro da Suprema Corte dos Estados Unidos (tradução livre).
5. Constituintes (tradução livre).
6. RANGEL, Paulo. *Tribunal do Júri*: visão linguística, histórica, social e jurídica. 4. ed. rev. e atual. São Paulo: Atlas, 2012, p. 172.

Graças à *incorporation doctrine*,[7] extraída diretamente da cláusula do devido processo legal presente na Décima Quarta Emenda à Constituição dos EUA, o direito ao julgamento pelo Júri, previsto a nível federal, aplica-se também aos Estados (*Duncan v. Louisiana, 1968*). Recorde-se que, diferentemente do que ocorre no Brasil, previsões da Constituição Federal não vinculam os Estados automaticamente, em razão do federalismo norte-americano – inclusive, por lá, cada um dos Estados federados possui autonomia para legislar sobre matéria penal e processual penal, sendo residual a competência do Congresso.

Portanto, ao menos a nível normativo, é amplo o alcance do direito a julgamento pelo Júri nos EUA, por englobar casos criminais estaduais e federais.

2.2 Delitos em que o acusado possui direito a julgamento pelo Tribunal do Júri nos EUA

Pela linguagem da Sexta Emenda à Constituição norte-americana, qualquer caso criminal[8] possibilitaria ao acusado o direito a julgamento pelo Tribunal do Júri:

> Em todos os processos criminais, o acusado terá direito a um julgamento célere e público, por um Júri imparcial do Estado e Distrito onde o crime tiver sido cometido, Distrito esse que será previamente estabelecido por lei, bem como de ser informado sobre a natureza e a causa da acusação; ser confrontado com as testemunhas arroladas contra ele; ter mecanismo para conduzir coercitivamente testemunhas que possam depor em seu favor, e contar com a assistência de um advogado para sua defesa. (tradução livre)[9]

A redação da Constituição americana, em seu artigo 3, seção 2, cláusula 3, também possui o mesmo sentido:

> [...] O julgamento de todos os crimes, exceto nos casos de *impeachment*, será feito por Júri; e tal julgamento deve ocorrer no mesmo Estado em que ditos crimes tiverem ocorrido; e, se não tiverem ocorrido em nenhum dos Estados, o julgamento terá lugar no local em que o Congresso tiver designado por lei. (tradução livre)[10]

---

7. Teoria da incorporação (tradução livre).
8. Causas cíveis também podem ser submetidas a julgamento pelo Júri. Segundo a Sétima Emenda à Constituição dos EUA: "Nos processos de direito consuetudinário, quando o valor da causa exceder vinte dólares, será garantido o direito de julgamento por Júri, cuja decisão não poderá ser revista por qualquer tribunal dos Estados Unidos senão de acordo com as regras do direito costumeiro" (tradução livre). Texto original: "In Suits at common law, where the value in controversy shall exceed twenty dollars, the right of trial by jury shall be preserved, and no fact tried by a jury, shall be otherwise re-examined in any Court of the United States, than according to the rules of the common law".
9. In all criminal prosecutions, the accused shall enjoy the right to a speedy and public trial, by an impartial jury of the State and district wherein the crime shall have been committed, which district shall have been previously ascertained by law, and to be informed of the nature and cause of the accusation; to be confronted with the witnesses against him; to have compulsory process for obtaining witnesses in his favor, and to have the Assistance of Counsel for his defence.
10. Trial of all Crimes, except in Cases of Impeachment, shall be by Jury; and such Trial shall be held in the State where the said Crimes shall have been committed; but when not committed within any State, the Trial shall be at such Place or Places as the Congress may by Law have directed.

Contudo, em *Baldwin v. New York* (1970), a SCOTUS[11] decidiu que a garantia de julgamento pelo Júri estende-se apenas aos casos penais que possam resultar em pena de prisão por 6 (seis) meses ou mais. Assim, nas chamadas *petty offenses*, isto é, infrações penais puníveis com menos de 6 (seis) meses de prisão, o direito a julgamento pelo Júri não existe, pois, ao tempo da Constituição, tais delitos já não eram julgados pelo Júri (*Cheff v. Schnackenberg*, 1966). Curiosamente, ainda que se trate de múltiplas *petty offenses* com pena total igual ou superior a 6 (seis) meses de prisão, a garantia de julgamento pelo Júri não é franqueada ao acusado – uma lógica nitidamente diferente da aplicável ao concurso de crimes no Brasil, em que a soma ou exasperação de penas possui muito mais relevância, a exemplo do que se vê na fixação de competência do Juizado Especial Criminal,[12] na verificação da possibilidade de prisão preventiva em crimes dolosos[13] e na análise de cabimento da suspensão condicional do processo[14] (aplicável por analogia ao acordo de não persecução penal e à transação penal).

É sabido que, no Brasil, a competência do Tribunal do Júri alcança somente os crimes dolosos contra a vida (artigo 5º, XXXVIII, "d", da Constituição Federal), pouco importando a pena máxima em abstrato do delito. Os crimes dolosos contra a vida são[15] (i) homicídio, (ii) infanticídio, (iii) instigação, induzimento ou prestação de auxílio ao suicídio e (iv) aborto, e estão previstos nos arts. 121 a 128 do Código Penal (CP). Com isso, é correto dizer que, nos EUA, o critério competencial do Júri é majoritariamente quantitativo. No Brasil, exclusivamente qualitativo.

Portanto, novamente, é amplo o alcance do julgamento pelo Júri nos EUA, ao menos no tocante ao universo de delitos a partir dos quais é garantido tal

---

11. *Supreme Court of the United States* (SCOTUS) ou Suprema Corte dos Estados Unidos (tradução livre).
12. Na hipótese de apuração de delitos de menor potencial ofensivo, deve-se considerar a soma das penas máximas em abstrato em concurso material, ou, ainda, a devida exasperação, no caso de crime continuado ou de concurso formal, e ao se verificar que o resultado da adição é superior a dois anos, afasta-se a competência do Juizado Especial Criminal (Tese 10 da Edição 96 da Jurisprudência em Teses do Superior Tribunal de Justiça).
13. Código de Processo Penal. Art. 313. Nos termos do art. 312 deste Código, será admitida a decretação da prisão preventiva: I – nos crimes dolosos punidos com pena privativa de liberdade máxima superior a 4 (quatro) anos. (Redação dada pela Lei 12.403, de 2011).
14. Súmula 723 do STF: "Não se admite a suspensão condicional do processo por crime continuado, se a soma da pena mínima da infração mais grave com o aumento mínimo de um sexto for superior a um ano". Súmula 243 do STJ: "O benefício da suspensão do processo não é aplicável em relação às infrações penais cometidas em concurso material, concurso formal ou continuidade delitiva, quando a pena mínima cominada, seja pelo somatório, seja pela incidência da majorante, ultrapassar o limite de um (01) ano".
15. O latrocínio, roubo seguido de morte, não foi considerado crime doloso contra a vida, mas, um crime contra o patrimônio. Súmula 603 do STF: "A competência para o processo e julgamento de latrocínio é do juiz singular e não do Tribunal do Júri". O homicídio culposo, por não ser um crime doloso (art. 18, I, do CP), também não é julgado pelo Tribunal do Júri.

direito. Tanto isso é verdade que, até mesmo condutas gravíssimas praticadas por adolescentes, como "matar alguém", são submetidas ao julgamento pelo Júri – nas condutas menos graves, o adolescente é julgado por cortes da infância e juventude, que aplica sentenças mais brandas, embora não haja direito a julgamento pelo Júri.

2.3   Quantidade de jurados

No Brasil, segundo o artigo 447 do Código de Processo Penal (CPP), o Tribunal do Júri é composto por 1 (um) juiz presidente e 25 (vinte e cinco) jurados, dos quais 7 (sete) serão sorteados para compor o conselho de sentença. Já nos EUA, geralmente, 12 (doze)[16] pessoas funcionam como jurados no *Petit Jury* ("conselho de sentença"), selecionados a partir de um universo maior de pessoas pré-habilitadas, em procedimento similar ao brasileiro. Nos Júris federais, é obrigatória a composição de 12 (doze) membros e, em muitos Estados, especialmente no julgamento dos crimes mais graves, o *Petit Jury* tem de ser composto por 12 (doze) jurados.

Todavia, em *Williams v. Florida* (1970), a SCOTUS afirmou que esse número representa um "acidente histórico" e que não havia fundamento constitucional para negar a composição de 6 (seis) jurados em determinado Júri estadual. Para a Suprema Corte, 6 (seis) jurados garantem suficiente participação comunitária e debate entre os juízes de fato. Quando se tentou compor o Júri com apenas 5 (cinco) jurados, a SCOTUS disse que houve violação à Constituição dos EUA (*Ballew v. Georgia*, 1978), sobretudo pela carência de deliberação e baixa representatividade comunitária que tal número promove. De fato, comumente vê-se Júris compostos por 6 (seis) a 12 (doze) jurados.

Segundo a *American Bar Association*,[17] 29% dos adultos norte-americanos, em algum momento de suas vidas, funcionaram como jurados.[18] Se a porcentagem for fidedigna, o Júri conta com uma participação comunitária bastante expressiva nos EUA, sobretudo em razão da composição do corpo de jurados (majoritariamente 12). Mais: o Júri é lucrativo para os juízes dos fatos. Além do pagamento diário que recebem em razão do encargo (*Jury duty*) – inexistente no Brasil, diga-se –, no conhecido caso "O.J. Simpson" em 1995, por exemplo, todos os jurados participaram posteriormente de algum tipo de projeto contemplando a venda de livros sobre o julgamento.

---

16. Para não esquecer tal composição, basta lembrar do filme vencedor do Oscar de 1957: "Doze homens e uma sentença" (*12 Angry Men*).
17. O equivalente à Ordem dos Advogados do Brasil.
18. ABA (American Bar Association). *Jury Service*: Is Fulfilling Your Civic Duty a Trial? Harris Jury Service Poll, 2004.

2.4 (In)exigência de unanimidade do veredicto no julgamento pelo Júri

Por muitos anos, a SCOTUS entendeu que apenas Júris de crimes federais exigiam unanimidade de veredicto (*Apodaca v. Oregon*, 1972). Para a Suprema Corte, a *incorporation doctrine* não transmitia aos Estados a exigência de unanimidade: determinava apenas o julgamento pelo Júri. Em *Johnson v. Louisiana* (1972), a SCOTUS também validou veredictos não unânimes: decidiu que o placar de 9-3 não afrontava a Constituição.

Contudo, mais recentemente, em *Ramos v. Louisiana* (2020), a SCOTUS mudou o seu entendimento e definiu que a exigência de unanimidade nos julgamentos pelo Júri aplica-se tanto aos crimes federais quanto, via *incorporation doctrine*, aos crimes estaduais.

A exigência de unanimidade nos Júris resulta em muito menos condenações, o que, sob o ponto de vista midiático, torna o Júri menos popular do que poderia ser. É que o espetáculo que circunda diversos julgamentos – sobretudo os televisionados e que envolvem celebridades –, bem como a sanha e o sadismo de muitos espectadores pela condenação criminal, ficam sobremaneira diminuídos com o arrefecimento do total de condenações.

No Brasil, não se exige unanimidade de veredicto do conselho de sentença. Sequer há como saber se o veredicto é unânime: a decisão do conselho de sentença é por maioria de votos (art. 489 do CPP[19]), de modo que o placar condenatório ou absolutório mais expressivo possível é 4x0, em um universo de 7 (sete) votos.

2.5 Motivo da redução da quantidade de Júris nos EUA: acordos penais

Se o Júri possui um impacto tão relevante na cultura norte-americana e ostenta a mais alta proteção normativa possível, com amplo alcance no universo de casos penais processados tanto na esfera estadual quanto na área federal, por que este trabalho classifica o Júri norte-americano como "infrequente"?

A esmagadora maioria das pessoas imputadas não invoca o seu direito a julgamento pelo Júri. É que, se restarem condenadas, a pena será cheia, ao passo que, se optarem pela celebração de um acordo penal com o Ministério Público, renunciando ao direito a julgamento pelo Júri, o juiz togado aplicará uma pena significativamente reduzida. E o desconto é muito grande. Fazendo uma comparação, o desconto é tão significativo que, pela experiência que este autor teve no Ministério Público da Califórnia, uma proposta de acordo com redução de

---

19. Código de Processo Penal. Art. 489. As decisões do Tribunal do Júri serão tomadas por maioria de votos (Redação dada pela Lei 11.689, de 2008).

pena nos moldes do *plea bargaining* norte-americano, caso fosse possível no Brasil, seria duramente criticada e reputada inconstitucional, inconvencional e ilegal, por todos os fundamentos possíveis (ex.: *Untermassverbot*[20]), o membro do Ministério Público seria acusado pela mídia de ser leniente e sofreria representação de cunho intimidatório no órgão correcional. Há uma explicação para esse *mindset*.

No Brasil, um país de *civil law*, muitos não enxergam problema em um caso penal de homicídio, solucionado a nível investigativo, tramitar nos fóruns por 9 (nove) ou 10 (dez) anos ao todo. Normalizou-se a delonga. Com isso, reduzir esse tempo não representa uma vantagem sedutora o suficiente em *terrae brasilis*, a ponto de o Sistema de Justiça desejar um modelo de persecução mais eficiente. Nos EUA, contudo, as pessoas imputadas possuem direito (efetivo) a um julgamento célere, por força do *Speedy Trial Act*.[21] Lá, em resumo, a denúncia precisa ser oferecida em até 30 (trinta) dias a contar da prisão e o julgamento deve começar em até 70 (setenta dias) do ajuizamento. Qualquer atraso desafia o *Speedy Trial Act* e, com base em um teste de quatro etapas criado pela SCOTUS em *Barker v. Wingo* (1972), os juízes passam a formular as seguintes perguntas: (i) qual a duração do atraso? (ii) qual a causa do atraso? (iii) quais os argumentos do acusado na defesa de seu direito à duração razoável do processo? (iv) o atraso causou prejuízo ao réu?

Como, nos EUA, a celeridade possui (efetivo) valor, fazer acordos penais para evitar novos processos criminais é necessário para o Ministério Público americano, que é diuturnamente forçado a trabalhar rapidamente nos casos penais que decidiu judicializar. Quer dizer, o *prosecutor* precisa escolher muito bem quais casos levará à corte. Devem ser *cases* robustos, caso contrário, não conseguirá, em tempo hábil, provar a culpa penal. Como não possui pessoal em demasiado e recursos financeiros infinitos para trabalhar agilmente em todos os casos penais sob sua responsabilidade, negociar é um meio de sobrevivência para *district attorneys*, mais do que simples conveniência.

No Brasil, entretanto, negociar em casos penais não é um meio de sobrevivência. Parece mais uma oportunidade, quiçá, luxo. Por aqui, os casos penais podem demorar bastante, afinal, não há o equivalente ao *Speedy Trial Act*, os cofres públicos nunca secam e sempre haverá um membro do Ministério Público para tocar adiante o caso, seja na titularidade de determinada Promotoria de Justiça, seja nela respondendo.

---

20. Corresponde ao princípio que veda a proteção insuficiente do bem jurídico.
21. Lei da Duração Razoável do Processo (tradução livre).

3. O MITO DA "VERDADE REAL" COMO AGENTE ARREFECEDOR DOS ACORDOS PENAIS NO BRASIL

Nos EUA, os acordos penais possuem a vantagem de garantir a previsibilidade do resultado: condenação, embora com pena significativamente reduzida. No Brasil, o resultado é imprevisível e concentrado, quase que exclusivamente, nas mãos do juiz. Ao contrário do que ocorre no sistema adversarial norte-americano, o juiz brasileiro não possui somente função diretiva das regras do jogo: ele pode condenar, mesmo havendo pedido de improcedência da ação penal pelo Estado-acusação (art. 385 do CPP[22]), e também pode produzir determinadas provas *sponte sua*, quer dizer, sem qualquer provocação das partes, em nome da "verdade real" (art. 156, I e II, do CPP[23]). No caso de dúvida sobre ponto relevante, o juiz brasileiro não é obrigado a julgar improcedente a ação penal: ele pode requisitar diligências. Mais provas favorecerão a acusação ou a defesa? Naturalmente, a acusação, pois a dúvida é resolvida em favor dos interesses do imputado e a tese acusatória duvidosa é um problema causado por um sobrecarregado Ministério Público. O juiz brasileiro que acredita na "verdade real" opera o chamado "dois contra um" processual penal, isto é, na eventual falha técnica ou omissão do *Parquet*, dará o suprimento que entender devido e garantirá a condenação.[24]

Shakespeare escreveu: "When my love swears that she is made of truth, I do believe her, though I know she lies" (Quando minha amada jura ser verdadeira, eu acredito nela, embora saiba que ela mente – tradução livre). O processo penal é um "retrato" da dinâmica do delito. A "verdade real" pressupõe que um retrato absolutamente fidedigno é possível de ser alcançado. Muitos acreditam piamente nessa promessa. Por outro lado, há quem entenda que o processo-crime "jura ser verdadeiro", mas sabe que ele não concretiza plenamente tal desiderato. Assim, para os defensores da "verdade formal", a fidelidade do processo penal depende da contribuição de cada ator das fases pré-processual e processual, excluindo-se a iniciativa probatória do juiz, cuja imparcialidade deve ser protegida. Essa é a noção de *fairness* do processo penal estadunidense.

Qual das duas "verdades" posiciona o Ministério Público como único detentor da iniciativa probatória, preservando-se a imparcialidade do juiz? A "verdade

---

22. Código de Processo Penal. Art. 385. Nos crimes de ação pública, o juiz poderá proferir sentença condenatória, ainda que o Ministério Público tenha opinado pela absolvição, bem como reconhecer agravantes, embora nenhuma tenha sido alegada.
23. Código de Processo Penal. Art. 156. A prova da alegação incumbirá a quem a fizer, sendo, porém, facultado ao juiz de ofício: I – ordenar, mesmo antes de iniciada a ação penal, a produção antecipada de provas consideradas urgentes e relevantes, observando a necessidade, adequação e proporcionalidade da medida; II – determinar, no curso da instrução, ou antes de proferir sentença, a realização de diligências para dirimir dúvida sobre ponto relevante.
24. MESSIAS, Mauro. Princípio acusatório, verdade real e livre convencimento motivado. *Revista Brasileira de Direito Processual* – RBDPro, ano 27, n. 105, p. 247, Belo Horizonte, jan./mar. 2019.

formal". Todavia, como muitos juristas brasileiros acreditam na "verdade real", resta dificílimo apostar em soluções penais abreviadas, quer dizer, negociações envolvendo a culpa penal. Como tipicamente ocorre em países de *civil law*, no Brasil, o *full trial*[25] é um *must-do*. Assim, qualquer alternativa ao modelo tradicional, que implique na substituição do *full trial*, é suscetível a forte reprovação. Por aqui, já é incomum encontrar aqueles que advogam em favor da "verdade formal", logo, ainda mais improvável é encontrar unanimidade quanto aos modelos de abreviação da resposta penal.

Em muitos Estados norte-americanos, mais de 95 em cada 100 processos são resolvidos via acordo penal, isto é, sem julgamento pelo Júri. No ramo federal, 97 a cada 100 casos. Nada é forçado: o próprio réu deseja o acordo, em razão do tamanho do desconto oferecido, em troca dos seguintes benefícios ao Estado-acusação: (i) abreviação da resposta estatal, (ii) economia de recursos públicos e (iii) certeza do resultado (condenação "amenizada"). Como, no Brasil, (i) é normal casos penais demorarem absurdamente, (ii) as contas públicas são abastadas e (iii) não se estranha a imprevisibilidade do resultado, em todos os processos, até a demorada decisão do juiz, muitos membros do Ministério Público brasileiro ainda não perceberam a necessidade – e não mera "conveniência" – de celebrar acordos na área criminal.

4. O *PLEA BARGAINING* NORTE-AMERICANO

Uma das principais diferenças entre o processo penal brasileiro e o norte-americano é a possibilidade de, no último, o acusado renunciar às garantias mais caras que há. Por exemplo, já se viu neste trabalho que, nos EUA, o réu pode renunciar ao direito a julgamento pelos pares, em troca da celebração de um acordo de penas. No Brasil, ainda que o Tribunal do Júri possa ser considerado uma proteção destinada ao acusado em face dos arbítrios estatais, não há como o réu afastar a competência constitucional do Tribunal do Júri para o julgamento dos crimes dolosos contra a vida. Nem pode o Ministério Público amenizar a capitulação jurídica (p. ex., de homicídio doloso para homicídio culposo, o que é conhecido como *charge bargaining*) ou negociar benefícios na sentença (e. g., desconsiderar a reincidência ou a presença de agravantes):

> Em *Bordenkircher v. Hayes* (EUA, 1978), a Suprema Corte dos Estados Unidos reconheceu a larga discricionariedade do *prosecutor* (promotor) no que diz respeito à formulação de imputações. Caso Hayes aceitasse um acordo de admissão de culpa, a imputação possuiria uma pena leve; do contrário, a acusação ministerial seria bem mais grave (*charge bargaining*). Por maioria, a Suprema Corte dos Estados Unidos reputou válida tal discricionariedade do Ministério Público, o que, até onde se pode ver, não se coaduna com o ordenamento jurídico brasileiro.

---

25. Julgamento precedido de instrução probatória completa (tradução livre).

No Brasil, o *Parquet* não pode negociar a capitulação penal (*charge bargaining*), a quantidade de delitos imputados (*count bargaining*) ou a descrição fática do caso (*fact bargaining*), somente a pena (*sentencing bargaining*), como ocorre em alguns acordos de delação premiada (artigo 4º, *caput*, da Lei 12.850/2013).[26]

Portanto, há óbice de natureza constitucional à importação do *plea bargaining* norte-americano nos crimes dolosos contra a vida. Contudo, nos demais casos penais, tem lugar o *bench trial*, ou seja, o julgamento realizado exclusivamente por juiz togado. Poderia o réu, então, nessas hipóteses, celebrar acordos de penas? Nesses casos, o aperfeiçoamento do trabalho ministerial de persecução penal resultaria, indiretamente, no aprimoramento da investigação e processo dos crimes dolosos contra a vida?

4.1 Se o *plea bargaining* é típico de países da *common law*, poderia o Brasil adotar experiência semelhante?

No Brasil, alguns juristas recusam o modelo de justiça consensual na área penal, por afirmarem que tal sistemática é oriunda de países integrantes da tradição de *common law*, da qual o ordenamento jurídico brasileiro não é herdeiro, rejeição com a qual não podemos concordar, por três motivos.

Primeiramente, a própria Constituição brasileira (CRFB), em seu artigo 98, I, autorizou o modelo de justiça consensual na área penal, ao menos de modo expresso para as infrações de menor potencial ofensivo. Isto é, desde 1988, o Brasil admite hipóteses de resolução penal pactuada. Embora apenas em 1995 a Lei dos Juizados Especiais tenha regulamentado a composição civil dos danos, a transação penal e a suspensão condicional do processo, certo é que a CRFB já havia contemplado expressamente o modelo de consenso ("transação") em casos penais. Daí pedirmos vênia ao escólio de Vladimir Aras,[27] para quem "[d]esde 1995, revolucionou-se o sistema brasileiro de persecução criminal", "[n]a nova feição de justiça pactuada e consensual inaugurada pela Lei 9.099/1995", pois acreditamos que essa revolução ou inauguração foi operada pela própria Constituição brasileira, como não poderia ter sido diferente, dada a magnitude do tema para a justiça criminal do país.

Em segundo lugar, como adverte Ana Lara Camargo de Castro,[28] o *plea bargaining* não deriva da tradição de *common law* norte-americana:

---

26. MESSIAS, Mauro. *Acordo de não persecução penal*: teoria e prática. 3. ed. Rio de Janeiro: Lumen Juris, 2023, p. 78.
27. ARAS, Vladimir. O acordo de não persecução penal após a Lei 13.964/2019. In: ARAS, Vladimir; CAVALCANTE, André Clark Nunes; OLIVEIRA LIMA, Antônio Edilberto; PINHEIRO, Igor Pereira; VACCARO, Luciano. *Lei Anticrime comentada*. Leme: JH Mizuno, 2020, p. 172.
28. CASTRO, Ana Lara Camargo de. *Plea bargain*: resolução penal pactuada nos Estados Unidos. Belo Horizonte: Editora D'Plácido, 2019, p. 147.

De forma diversa ao que se costuma pensar, conforme se viu nesta obra, o *plea bargaining* não é parte integrante da tradição de *common law* norte-americana e, portanto, não constituía pilar do seu sistema de justiça, que é fundado no direito a julgamento pelo júri popular, assegurado na *Bill of Rights*. A resolução penal pactuada foi formalmente reconhecida apenas no início dos anos setenta, e consolidada como resultado da observação da realidade. A prática dessa espécie de composição entre as partes estava presente no cotidiano forense e precisava ser descortinada, sem cinismo ou hipocrisia, retirada da obscuridade e legalizada.

Por fim, a resolução penal pactuada existe em diversos ordenamentos de *civil law* (sistema romano-germânico), a exemplo da Itália, da Espanha e de Portugal. A propósito, veja-se a lição de Aury Lopes Jr.:[29]

> Na Itália, cujo modelo *civil law* é similar ao brasileiro e que sempre serviu de orientação doutrinária, jurisprudencial e legislativa, o *patteggiamento sulla pena* (artigo 444 e seguintes, CPP italiano) é uma negociação entre acusado e MP, que não permite negociação sobre a imputação (correlação) e que tem um limite demarcado: com a redução de 1/3, a pena não pode superar 5 anos. [...]
>
> Na Espanha, a *Ley de Enjuiciamiento Criminal* prevê o instituto da *conformidad* nos artigos 695 e seguintes e depois nos artigos 787 e 801, onde o acusado se conforma com a pena pedida pelo Ministério Público, abreviando assim o procedimento e aceitando a imputação, desde que a pena privativa de liberdade não seja superior a 6 anos.
>
> No processo penal português, existe o arquivamento em caso de dispensa da pena (artigo 280 do CPP português) e o instituto da "suspensão provisória do processo" (artigo 281), similar à nossa suspensão condicional do processo, para crimes punidos com pena não superior a 5 anos. Nesse caso, o processo ficará suspenso por um período máximo de 2 anos ou de 5 anos (casos previstos no artigo 281.6 e 7), e, uma vez cumpridas as condições, será arquivado (artigo 282).

Igualmente relevante citar a pesquisa feita por Antonio Suxberger,[30] que traça um panorama dos acordos penais em vários locais do globo:

> Na Alemanha, o Código de Processo Penal germânico (*Strafprozeßordnung – StPO*), em seu artigo 153, determina expressamente o princípio da oportunidade da ação penal, autorizando ao titular da ação dispensar a acusação, com a aprovação do tribunal competente, quando verificada a ausência de interesse público na instauração do processo. [...]
>
> Também a França já positivou a oportunidade, nos arts. 40 e 40-1 do Código de Processo Penal francês, por meio do chamado *classement sans suite*, que é uma decisão proferida pelo procurador da república que não faz coisa julgada material, isto é, admite revisão enquanto punível o fato noticiado na investigação preliminar. O procurador preenche um formulário no qual indica as razões pelas quais entende que o caso deva ser arquivado, de modo a dispensar o processo. Portugal igualmente experimentou flexibilização da obrigatoriedade da

---

29. LOPES JR., Aury. Adoção do *plea bargaining* no projeto "anticrime": remédio ou veneno? *Revista Consultor Jurídico*. São Paulo, 2019. Disponível em: https://www.conjur.com.br/2019-fev-22/limite--penal-adocao-plea-bargaining-projeto-anticrimeremedio-ou-veneno. Acesso em: fev. 2023, p. 3.
30. SUXBERGER, Antonio Henrique Graciano. A superação do dogma da obrigatoriedade da ação penal: a oportunidade como consequência estrutural e funcional do sistema de justiça criminal. *Revista do Ministério Público do Estado de Goiás*, n. 34, 2017, p. 44-45.

ação penal pública, por meio dos institutos do "arquivamento em caso de dispensa de pena" e da "suspensão provisória do processo", previstos respectivamente nos artigos 280 e 281 do Código de Processo Penal português.

Itália e Espanha extraem de suas Constituições a obrigatoriedade da ação penal, mas também discutem institucionalmente o exercício da oportunidade de modo bastante avançado. [...]

Os países de tradição de *common law*, como a Inglaterra e os Estados Unidos, são marcadamente caracterizados pela oportunidade da ação penal. Os Estados Unidos, de modo particular, caracterizam-se não só pela oportunidade, mas também por adotar um sistema de *plea*, isto é, de acordos penais. [...]

Também os países da América Latina já se mostraram sensíveis a essa temática.

Ao que parece, a incorporação no Brasil de mecanismos de justiça consensual na área criminal não possui ligação direta, exclusiva ou necessária com a tradição de *common law*, revelando-se, antes, uma tendência global ligada, sobretudo, a razões de celeridade e eficiência na administração da justiça criminal. Inclusive, pesquisa realizada por Marllon Sousa[31] evidenciou que países de *civil law* apresentam múltiplas referências ao modelo norte-americano de *plea bargaining*.

Nessa toada, Antonio do Passo Cabral[32] enxerga um movimento pela convencionalidade do Direito Processual Penal, isto é, o crescimento de uma justiça penal consensual, reforçando a autonomia da vontade e favorecendo a busca de resultados concertados entre o imputado, o Ministério Público e a vítima, em nítida oposição à justiça criminal clássica, que sempre foi impositiva.

4.2 Características do *plea bargaining* norte-americano à luz do trabalho do promotor de Justiça

Logo nas primeiras páginas, este trabalho pontuou que o Júri, tal como concebido pelos *framers* (constituintes), foi destinado a conter o arbítrio do poder estatal. Curiosamente, não é o que se vê nos EUA, já faz algumas décadas. É que, com o crescimento dos acordos penais, mais eficientes que os delongados e custosos Júris, um personagem ganhou significativo relevo: o promotor de Justiça. Como, nos EUA, o *prosecutor* é um integrante do governo, o Júri popular perde o poder estratégico de contenção que lhe foi conferido, isto é, transfere-se de volta para o governo grande parte do poder de seleção e decisão na seara criminal. O ex-juiz norte-americano e escritor Jed S. Rakoff[33] destacou:

---

31. SOUSA, Marllon. Plea bargaining *no Brasil*. Salvador: JusPodivm, 2019, p. 96.
32. PASSO CABRAL, Antonio do. As convenções processuais e sua celebração pelo Ministério Público. In: ALMEIDA, Gregório Assagra de; CAMBI, Eduardo; MOREIRA, Jairo Cruz (Org.). *Ministério Público, Constituição e acesso à justiça*: abordagens institucional, cível, coletiva e penal da atuação do Ministério Público. Belo Horizonte: Editora D'Plácido, 2019, p. 723-724.
33. RAKOFF, Jed S. *Why Prosecutors Rule the Criminal Justice System* – And What Can Be Done About It. 111 Nw. U. L. Rev., 2017, p. 1436.

Portanto, termino com a conclusão não muito otimista de que, pelo menos no futuro imediato, os promotores, e não os juízes, serão os verdadeiros governantes do sistema de justiça criminal americano. E eu pergunto a você: isso é justo?

A conclusão do ex-juiz decorre da enorme frequência com que acordos penais ocorrem nos EUA, substituindo, quase por completo, o julgamento pelo Júri. Como os benefícios oferecidos pelo *district attorney* são imensos – os críticos mais fervorosos classificam a proposta como *devil's bargain*[34] –, é muito comum a celebração de acordos penais no dia a dia forense, agigantando-se a força do *prosecutor* na justiça criminal. Tamanho o poder do promotor de Justiça, é corriqueiro acordos penais conterem a cláusula de renúncia a recursos (além da já comentada cláusula de renúncia a julgamento pelo Júri), o que ocorre em aproximadamente dois terços dos acordos penais celebrados na seara federal.[35]

Uma das maiores críticas dirigidas às propostas de acordo penal feitas por promotores de Justiça nos EUA é a discricionariedade conferida a eles. Imagine um caso penal envolvendo um crime doloso contra a vida. Suponha que, nesta hipótese, o *prosecutor* informou à defesa do imputado que, caso não haja acordo penal, requererá a pena de prisão pelo máximo de tempo possível. Essa "pressão" feita pelo promotor de Justiça foi reputada válida pela SCOTUS por diversas vezes. Na visão da Suprema Corte norte-americana, como o promotor de Justiça poderia legalmente fazer esse requerimento, não representaria qualquer prejuízo ao imputado a proposta de redução de pena feita pelo *Parquet*, com o objetivo de convencer o imputado a um acordo. Parte da doutrina norte-americana, todavia, acredita que esse tipo de postura ministerial representa coerção.[36]

O crescimento em importância do papel desempenhado pelo Ministério Público americano é bem caracterizado pelo *former Chief Justice*[37] Warren Earl Burger, em *Santobello v. New York* (1971):

> A negociação de imputações criminais entre o promotor e o acusado, às vezes chamado vagamente de *plea bargaining*, é um componente essencial da administração da Justiça. Corretamente administrado, deve ser encorajado. Se todas as acusações criminais fossem submetidas a um processo e julgamento integral, os Estados e a União precisariam multiplicar por muitas vezes o número de juízes e instalações judiciárias.[38]

---

34. Uma proposta desvantajosa, porém, ligeiramente melhor do que a péssima situação em que a pessoa se encontra.
35. KING, Nancy J.; O'NEILL, Michael E. *Appeal Waivers and the Future of Sentencing Policy*. 55 Duke L.J., 2005, p. 209-261.
36. BOWERS, Josh. *Plea Bargaining's Baselines*. 57 Wm. & Mary L. Rev., 2016, p. 1083-1145, p. 1088.
37. Presidente da SCOTUS.
38. The disposition of criminal charges by agreement between the prosecutor and the accused, sometimes loosely called "plea bargaining," is an essential component of the administration of justice. Properly administered, it is to be encouraged. If every criminal charge were subjected to a full-scale trial, the States and the Federal Government would need to multiply by many times the number of judges and court facilities.

Portanto, não é nenhum exagero dizer que as negociações entabuladas por promotores de Justiça agem em um nível de profundidade de verdadeira sobrevivência da justiça criminal americana. Afinal, como o professor da Universidade de Yale John H. Langbein[39] salientou, em tom bastante crítico: o *former Chief Justice* quis dizer que "não podemos custear a Constituição e a *Bill of Rights*".[40] No Brasil, por outro lado, garante-se e custeia-se o *full trial* a todos os acusados, sem qualquer modelo alternativo de persecução penal que seja levado a sério – o inovador e benfazejo acordo de não persecução penal, por exemplo, passou a ser injustamente chamado de "acordinho".

5. CONCLUSÃO

Não há constrangimento pela excessiva demora no processo e julgamento de casos penais, sobretudo nos mais sérios que há: os crimes dolosos contra a vida. Processos prescrevem, juízes são forçados a revogar prisões preventivas por excesso de prazo, testemunhas mudam de endereço, policiais militares esquecem-se dos fatos, as Varas continuam repletas de processos criminais com a etiqueta "art. 366 do CPP", e o Ministério Público ainda não conseguiu se reinventar por completo na seara criminal.

É consabido que a competência constitucional do Tribunal do Júri é irrenunciável, ou seja, o réu não pode descartar a garantia de julgamento pelos pares. Contudo, o problema do enfrentamento estratégico e eficiente à morosidade do processo e julgamento dos crimes dolosos contra a vida possui um ponto nevrálgico: o perfil eleito pelo Ministério Público brasileiro para o enfrentamento a todos os demais casos penais.

O promotor de Justiça resistente a acordos na seara criminal, por ver o instrumento de negociação como uma forma de condescendência, é incapaz de dialogar sobre resolutividade do Ministério Público. Este promotor de Justiça atrapalha, indiretamente, a evolução do Ministério Público para uma maior proteção do bem jurídico-penal "vida". Não há mais espaço, tempo e dinheiro para sonhar com um Ministério Público capaz de realizar o *full trial* em todos os casos penais do país. Arriscamos dizer que esse modelo não sobrevive em lugar algum do globo. É um princípio de administração saber alocar recursos, sempre finitos, de modo a extrair os melhores resultados possíveis. O membro do Ministério Público brasileiro que coloca em uma mesma "prateleira" os inquéritos policiais de furto simples e de homicídio qualificado está, em verdade, denunciando a absoluta ineficiência da instituição da qual faz parte.

---

39. LANGBEIN, John H. *On the Myth of Written Constitutions*: The Disappearance of Criminal Jury Trial. 15 Harv. J.L. & Pub. Pol'y, 1992, p. 119-127, p. 125.
40. We cannot afford the Constitution and the Bill of Rights.

O que significa atuação estratégica do *Parquet* na área criminal? Para os propósitos deste trabalho, o principal sentido que se vê é: acordos precisam ser destinados aos casos penais que o admitam, sem resistências retrógradas e incompatíveis com os imperativos de resolutividade. Para os demais casos, especialmente os crimes dolosos contra a vida, o processo-crime será encarado com muito mais potência e qualidade.

Rememorando, o problema eleito por este trabalho foi: pode o perfil moderno do Ministério Público dialogar adequadamente com a bicentenária instituição do Tribunal do Júri no Brasil? A resposta que oferecemos é: Sim. Lembremos que, por meio da Resolução 181/2017 do CNMP, o Ministério Público criou o acordo de não persecução penal no Brasil, posteriormente positivado pelo Pacote Anticrime. Com isso, promoveu reconhecidos avanços na justiça criminal brasileira. É hora de o Ministério Público principiar os acordos de penas. Obviamente, sem importações teóricas açodadas. O objetivo é a redistribuição de energia ministerial, a modernização da persecução penal e o emprego racional dos esforços à disposição da instituição. O processo e julgamento dos crimes dolosos contra a vida é vacilante em razão da enorme pauta judiciária dos delitos menos impactantes. O Ministério Público precisa assumir um protagonismo institucional ainda maior e pensar criticamente acerca da sua missão constitucional de *gatekeeper* da justiça criminal do país, isto é, de seleção inteligente dos casos penais a serem levados ao Poder Judiciário.

A crescente adoção de soluções alternativas à persecução penal tradicional é um caminho político-criminal sem volta. Um Ministério Público que defenda a vida precisa estar atento a isso.

6. REFERÊNCIAS

ABA (American Bar Association). *Jury Service*: Is Fulfilling Your Civic Duty a Trial? Harris Jury Service Poll, 2004

ARAS, Vladimir. O acordo de não persecução penal após a Lei 13.964/2019. In: ARAS, Vladimir; CAVALCANTE, André Clark Nunes; OLIVEIRA LIMA, Antônio Edilberto; PINHEIRO, Igor Pereira; VACCARO, Luciano. *Lei Anticrime comentada*. Leme: JH Mizuno, 2020.

BOWERS, Josh. Plea Bargaining's Baselines. *57 Wm. & Mary L. Rev.*, p. 1083-1145. 2016.

CASTRO, Ana Lara Camargo de. *Plea bargain*: resolução penal pactuada nos Estados Unidos. Belo Horizonte: Editora D'Plácido, 2019.

KING, Nancy J.; O'NEILL, Michael E. Appeal Waivers and the Future of Sentencing Policy. *55 Duke L.J.*, p. 209-261. 2005.

LANGBEIN, John H. On the Myth of Written Constitutions: The Disappearance of Criminal Jury Trial. *15 Harv. J.L. & Pub. Pol'y*, p. 119-127. 1992.

LOPES JR., Aury. Adoção do *plea bargaining* no projeto "anticrime": remédio ou veneno? *Revista Consultor Jurídico*. São Paulo, 2019. Disponível em: https://www.conjur.com.br/2019-fev-22/limite-penal-adocao-plea-bargaining-projeto-anticrimeremedio-ou-veneno. Acesso em: fev. 2023.

MESSIAS, Mauro. *Acordo de não persecução penal*: teoria e prática. 3. ed. Rio de Janeiro: Lumen Juris, 2023.

MESSIAS, Mauro. Princípio acusatório, verdade real e livre convencimento motivado. *Revista Brasileira de Direito Processual* – RBDPro, ano 27, n. 105, p. 239-252, Belo Horizonte, jan./mar. 2019.

PASSO CABRAL, Antonio do. As convenções processuais e sua celebração pelo Ministério Público. In: ALMEIDA, Gregório Assagra de; CAMBI, Eduardo; MOREIRA, Jairo Cruz (Org.). *Ministério Público, Constituição e Acesso à justiça*: abordagens institucional, cível, coletiva e penal da atuação do Ministério Público. Belo Horizonte: Editora D'Plácido, 2019.

RAKOFF, Jed S. Why Prosecutors Rule the Criminal Justice System – And What Can Be Done About It. 111 Nw. *U. L. Rev.*, p. 1429-1436. 2017.

RANGEL, Paulo. *Tribunal do Júri*: visão linguística, histórica, social e jurídica. 4. ed. rev. e atual. São Paulo: Atlas, 2012.

SOUSA, Marllon. Plea bargaining *no Brasil*. Salvador: JusPodivm, 2019.

SUXBERGER, Antonio Henrique Graciano. A superação do dogma da obrigatoriedade da ação penal: a oportunidade como consequência estrutural e funcional do sistema de justiça criminal. Revista do Ministério Público do Estado de Goiás, n. 34, p. 35-50. 2017.

O QUÊ, O PORQUÊ E PARA QUEM – O *CRIMINAL PROFILING* COMO INSTRUMENTO INVESTIGATIVO E PROCESSUAL NO TRIBUNAL DO JÚRI

Nycole Kattah de Gennaro

Estudante de Direito na Pontifícia Universidade Católica de São Paulo (PUC-SP) com intercâmbio acadêmico realizado na Faculdade de Ciências Políticas da *Sapienza Università di Roma* e estágio cumprido na 7ª Câmara Criminal do Tribunal de Justiça de São Paulo. http://lattes.cnpq.br/1401994951190144; nycoledegennaro@gmail.com.

Márcio Augusto Friggi de Carvalho

Doutor em Direito Processual Penal e Mestre em Direito Penal. Professor de Direito Penal da Pontifícia Universidade Católica de São Paulo (PUC-SP). Promotor de Justiça do II Tribunal do Júri da Capital (MPSP). http://lattes.cnpq.br/4494625568243442;https://orcid.org/0000-0001-6612-6472;marcio.friggi@gmail.com.

Sumário: 1. Introdução – 2. Psicologia investigativa – 3. *Criminal profiling* – 4. O *criminal profiling* no Tribunal do Júri – 5. O *criminal profiling* e a psicologia investigativa aplicados no Brasil – 6. Discussão crítica: confiabilidade, validade e aplicabilidade – 7. Conclusões – 8. Referências.

1. INTRODUÇÃO

A Psicologia Investigativa e o *Criminal Profiling* correspondem a umas das técnicas de investigação utilizadas na cena do crime, sendo estudadas pela Criminologia, Psicologia, Psiquiatria e pelas Ciências Forenses. Consistem em aparatos que buscam a compreensão de traços padronizados psicológicos e comportamentais, de forma a contribuir com as investigações e julgamentos após uma minuciosa análise de tipologias e de probabilidades de tendências nos comportamentos dos criminosos. No que lhe concerne, o Direito, por natureza, classifica os atos que não são permitidos pela Lei e fornece ao legislador um sistema de normas de como prosseguir perante o cometimento destes comportamentos, visualizando o criminoso por aquela e a partir daquela conduta.

Em contrapartida, a Psicologia Investigativa adentra nas ciências jurídicas de forma que não resume o criminoso apenas pelo ato delituoso cometido, mas sim como um ser complexo, com um passado determinante à sua atuação no presente e, por consequência, no futuro. Tem como escopo contemplar institutos que viabilizem não somente o princípio do devido processo legal, mas um devido e justo processo legal, reforçando as garantias individuais salvaguardadas pela nossa Constituição.

O presente tema tem sido abordado ao longo dos anos nos tribunais internacionais, cujo *profiler* é trazido ao processo como *expert testimony* ou assistente técnico ao fornecer peças ao caso judicial e tem apresentado um alteroso sucesso ao identificar suspeitos e contribuir com a justiça. No entanto, mesmo após quatro décadas da adoção da Psicologia Investigativa e do *Criminal Profiling* no exterior, poucos delegados, promotores de justiça e advogados fazem uso dessa ferramenta em nosso país, que conhece mal a matéria, contando com poucos especialistas e estudiosos do assunto.

Resta evidenciado, portanto, a necessidade de estudar e refletir quanto à implementação desse novo instrumento capaz de municiar e aperfeiçoar a efetividade do processo penal, aumentando a eficiência investigativa e a possibilidade de julgá-las acertadamente, diminuindo a incidência de erros processuais e assegurando o ideal funcionamento do Estado Democrático de Direito.

Destarte, o principal objetivo deste artigo é analisar de forma pormenorizada como cada um dos seus temas centrais se conectam, exatamente a Psicologia Investigativa e o Tribunal do Júri, examinando as críticas, contribuições e a relevância prática da união desses institutos com base em estudos e jurisprudências internacionais e nacionais.

2. PSICOLOGIA INVESTIGATIVA

Teorizada pelo Dr. David Canter, a Psicologia Investigativa pode ser vista como uma subdisciplina da Psicologia Jurídica. Conforme ensina Youngs, trata-se de uma "disciplina científica focada nos princípios, teorias e evidências científicas que podem ser aplicadas a investigações e processos criminais, com o objetivo de melhorar a eficácia da detecção criminal e dos trabalhos dos tribunais".[1]

Por sua vez, a Psicologia Investigativa possui o escopo de auxiliar a realização da investigação criminal, traçando o perfil do criminoso e elaborando análises psicológicas dos acusados, estreitando, assim, o rol de suspeitos e fornecendo à polícia métodos assertivos com base nas especificidades do caso. Suas análises também incluem as evidências e depoimentos prestados, amparando a identificação de falsas confissões, alegações ou falsos testemunhos.

---

1. YOUNGS, D. E. apud TRINDADE, L. A. G. *Criminal profiling e seus desafios no Brasil*. Tese de Conclusão de Curso. Pontifícia Universidade Católica de Goiás. Goiania, 2022, p. 18.

Conforme preconizado por Canter, ao observar um crime, como e onde esse foi cometido, é que se extraiam informações sobre o infrator, em particular: sua forma de relacionar-se diante da maneira como se comportou com a vítima, padrão que ele usa e usará todos os dias em suas relações interpessoais; o conhecimento do local geográfico em que cometeu o crime, por meio da análise do modo que se locomoveu naquela área e na sua escolha; e também seus eventuais antecedentes criminais, por meio da análise do *modus operandi* utilizado.[2]

Um grande passo da Psicologia Investigativa ocorreu em 1985:

> quando foi pedido ao Dr. David Canter, um Psicólogo da Universidade de Surrey, England, que colaborasse com a Polícia de Surrey, a Polícia Metropolitana de London e a Polícia de Hertfordshire na investigação de uma série de trinta violações e dois homicídios. Canter desenvolveu um perfil do não identificado violador-homicida que seria apelidado pela imprensa como sendo *Railway Rapist*. O perfil de Canter foi notavelmente preciso e provou ser extremamente útil na apreensão do violador-homicida John Duffy. Posto isto, em 1994, o Dr. Canter criou a primeira Academia Graduada de Psicologia Investigativa, na Universidade de Liverpool.[3]

Nota-se, portanto, que os psicólogos investigativos podem auxiliar as autoridades policiais a resolver, de uma forma estratégica e eficiente, casos como os de assassinatos em série, atos de terrorismo, perseguição, incêndio criminoso e sequestro, dentre outros ilícitos. Isso porque, a partir da análise desse profissional, torna-se possível compreender o raciocínio do criminoso e os impulsos que o fazem escolher seu tipo de vítima, o local eleito para cometer o delito e seus comportamentos antes, durante e após a infração penal, que acorrem como assinaturas capazes de identificar a atividade e a personalidade do criminoso.

Nos tribunais, a Psicologia Investigativa contribui fazendo recomendações a sugerir o padrão de violência do infrator e de sua sanidade, evitando erros judiciais e danos irreparáveis.

3. *CRIMINAL PROFILING*

O *Criminal Profiling* é uma técnica da Psicologia Investigativa que identifica as informações relativas a um suspeito – ainda desconhecido – e suas características de personalidade e comportamentais, mediante o estudo e a análise dos crimes que o infrator cometeu.[4]

---

2. CANTER, David. Offender profiling and investigative psychology. *Journal of Investigative Psychology and Offender Profiling*, 2004, p. 1-15.
3. EGGER, Steven A. apud RODRIGUES, M. J. R. *Perfis criminais*: validade de uma técnica forense. Dissertação de mestrado em medicina legal, Universidade do Porto. Porto, 2010, p. 7.
4. LEITE, Ellen. *O criminal profiling na investigação criminal de assassinos em série*. Disponível em: https://jus.com.br/artigos/76688/o-criminal-profiling-na-investigacao-criminal-de-assassinos-em-serie. Acesso em: 13 jan. 2023.

De acordo com o agente do *Federal Bureau of Investigation (FBI)* – local de criação dessa técnica – Howard Teten, o *Criminal Profiling* pode ser definido como: "o método para identificar o autor de um crime com base na análise da natureza do delito e da forma como ele foi cometido, assumindo que vários aspectos da personalidade do autor se refletem nas ações que ele escolhe realizar, antes, durante e depois do crime [...]".[5] Assim, com base na definição fornecida pelo agente supracitado, descortina-se qual é a premissa fundamental do *Criminal Profiling*: as ações sempre refletem a personalidade do sujeito, ou seja, representam, com alguma coerência, as atividades internas, os pensamentos, as intenções e o caráter do infrator.

Consequentemente, considerando que os vestígios deixados na cena do crime podem representar o resultado de determinados comportamentos e ações, a tarefa do perfilador (*profiler*) passa a ser a de adquirir e analisar todas as informações obtidas a partir da cena delitiva e usá-las para definir a personalidade, o comportamento e possíveis características físicas e sociais do indigitado autor.

O perfilador – que é um perito comportamental – em particular, é o único capaz de dizer que tipo de pessoa pode ter cometido esse fato e quais podem ser os traços de personalidade desse indivíduo, cedendo, até mesmo, informações sobre o passado e o cenário familiar do criminoso. Assim, o profissional é capaz de traçar o retrato psico-comportamental do autor justamente porque, como mencionado, o criminoso, ao agir, apresenta um determinado modelo de comportamento, cuja identificação e estudo permitem inferir uma certa personalidade e características aptas a definição de um perfil.

Ainda nesse diapasão, conforme explica Pereira, esses profissionais:

> [...] são psicólogos, juristas, sociólogos ou qualquer pessoa versada em comportamento humano que estuda, faz curso de *profiler* e se interessa em trabalhar em conjunto com a justiça, os oficiais e a polícia de rua na resolução de crimes, desde a sua arquitetura e execução até a busca pelo seu desconhecido autor.[6]

Dessa forma, a cena do crime representa uma "fotografia" da mente do indivíduo, pela qual se torna um canal de comunicação entre o infrator, que deixa vestígios de si mesmo, e o *profiler*, que deve coletá-los e analisá-los, atuando com relevância na investigação.

Lino, ao explicar o processo de perfilamento criminal, discorre:

---

5. PennState University Libraries. Disponível em: https://emro.libraries.psu.edu/record/index.php?id=939#:~:text=Criminal%20profiling%2C%20as%20defined%20by,in%20which%20it%20was%20committed. Acesso em: 11 mar. 2023.
6. PEREIRA, E. S. *O profiling como expressão do paradigma indiciário*. Monografia apresentada ao curso de formação em Psicologia. Universidade Estadual da Paraíba. Campina Grande, 2011, p. 20.

Esta técnica busca identificar características do possível criminoso a partir de uma análise de seu comportamento durante o crime e de vestígios forenses resultantes da ação criminal. Para tanto, o *Criminal Profiling* se embasa na ideia de que as características biopsicossociais do ofensor podem ser inferidas a partir dos vestígios comportamentais do crime cometido.[7]

Convém pontuar, como leciona Heusi, que "[...] não se deve comparar o perfilamento criminal ao psicológico, que se refere ao diagnóstico de um paciente. Diferentemente deste perfil, o perfilamento criminal não trabalha com um paciente em questão e sim, com o exame de um crime".[8] Isto é, o *Criminal Profiling* não se confunde com uma mera análise psicológica, porque, mesmo que ambos analisem a conduta do infrator, o *Criminal Profiling* examinará e dará enfoque na atividade criminosa cometida pelo ofensor, objetivando interpretar as evidências com vistas a determinar uma possível descrição psicológica do sujeito, enquanto o psicológico fornece o diagnóstico de um paciente individual. Demais disso, distinguem-se uma vez que, enquanto no *Criminal Profiling* o psicólogo não tem acesso ao indivíduo analisado, vez que sua *persona* ainda é desconhecida, na avaliação psicológica o profissional interage com ele a fim de obter e gerar seus resultados.

Vale ressaltar que no *Criminal Profiling* fala-se de um "modelo comportamental" porque o autor, por mais que possa variar, aprimorar-se e usar sua imaginação e fantasias ao cometer o delito, sempre terá um núcleo comportamental que permanece inalterado, ou seja, o criminoso não muda suas ações expressivas, podendo somente aprimorar seus instrumentos. Isso ocorre porque, quando o indivíduo comete um delito, ele também sente a necessidade de satisfazer suas necessidades internas e profundas, por meio de métodos capazes de caracterizá-lo de forma única.

> Compreende-se que a estrutura psicológica de cada pessoa mantém um padrão mínimo de estabilidade, definido como personalidade. A personalidade da pessoa se faz presente por meio de seus atos. E não seria diferente no ato criminoso. O contato com a vítima, com o local do crime, com o instrumento causador de lesões, deixa, em alguma medida, sinais (vestígios) da personalidade do autor do ato criminoso. A interpretação desta relação entre autor e o conjunto de seu ato criminoso é a fonte de informações que chamamos então de evidência comportamental. Algo que pode ser constatado, mas não é necessariamente material – é um rastro, um caminho que leva até o desvelar de uma personalidade, de uma pessoa que ali esteve presente.[9]

---

7. LINO, Denis apud DA SILVA, G., DIAS, C., PALUDO, J., HOLANDA, A. Uso da avaliação psicológica retrospectiva na investigação criminal. *Revista da Escola Superior de Polícia Civil*, 2020. Disponível em: http://www.revistas.pr.gov.br/index.php/espc/edicao-3-artigo-19. Acesso em: 10 mar. 2023.
8. HEUSI, Talita Rodrigues *apud* MACHADO, N; FRANCK, W. Criminal profiling. *Revista Jus Navigandi*, ISSN 1518-4862, Teresina, ano 24, n. 5746, 2019. Disponível em: https://jus.com.br/artigos/71897. Acesso em: 1º mar. 2023.
9. DA SILVA, G., DIAS, C., PALUDO, J., HOLANDA, A. Uso da avaliação psicológica retrospectiva na investigação criminal. *Revista da Escola Superior de Polícia Civil*, 2020. Disponível em: http://www.revistas.pr.gov.br/index.php/espc/edicao-3-artigo-19. Acesso em: 10 mar. 2023.

Assim, o objetivo do *Criminal Profiling* é recolher e analisar elementos da cena do crime para ajudar a polícia na identificação dos autores ainda desconhecidos, de modo a servir de suporte para as investigações, fornecendo dados úteis sobre o possível autor do crime, estreitando a investigação, permitindo assim o melhor uso dos recursos investigativos, dirigidos apenas àqueles que possuem certas características de personalidade e de comportamento, ou até físicas, reduzindo o rol de suspeitos e formulando estratégias para conduzir com eficiência o interrogatório de modo a fazer com que o suspeito confesse e até ajude as autoridades.

Segundo os autores Burgess e Douglas – pioneiros do *Criminal Profiling* – para estabelecer o perfil do criminoso, embora não haja uma metodologia universalmente aceita, alguns elementos são fundamentais: (i) avaliação do ato criminal; (ii) avaliação compreensiva das características específicas da cena do crime; (iii) o estudo da vítima e das possíveis relações com seu agressor; (iv) avaliação dos relatórios policiais preliminares; (v) avaliação do relatório da autópsia e das perícias forenses. Após o levantamento de todas essas informações, a elaboração do perfil é feita, podendo o *profiler* apresentar sugestões para a investigação e até efetuar a ligação entre os casos. Mister ressaltar que, segundo o *Federal Bureau of Investigation (FBI)*, essas etapas devem ser seguidas em sequência a fim de aumentar sua eficiência.[10]

Com efeito, o primeiro elemento parte do pressuposto que não se pode entender quem e por que, sem saber o que e como. A análise da cena do crime engloba os vestígios e as provas físicas, com o objetivo de determinar o que aconteceu e como aconteceu. Portanto, "o crime e a conduta desviante só podem ser entendidos numa esfera multidimensional porque só dessa forma é possível integrar a complexidade da natureza humana, assim como os fatores que condicionam e/ou motivam o Homem".[11] No entanto, vale ressaltar que a análise do local se difere do *Criminal Profiling* pois este, por outro lado, parte da análise das provas encontradas no "locus delicti" e da reconstrução da dinâmica do evento e, com base em tais provas, aborda porque os fatos ocorreram e o que eles dizem sobre o sujeito que cometeu o delito.

Os crimes violentos, que são o objeto de estudo deste artigo, são relevantes ao *Criminal Profiling* na medida em que os sujeitos neles envolvidos tendem a apresentar com intensidade acentuada os traços típicos de sua personalidade. Heusi explica que "os crimes mais apropriados para perfilamento são os de tortura sádica em ataques sexuais, eviscerações, mutilações *post mortem*, incêndios sem

---

10. DOUGLAS, J. F; BURGESS, A. E. Criminal. Profiling: A Viable Investigative Tool Against Violent Crime. *FBI Law Enforcement Bulletin*. v. 55, n. 12, p. 9.
11. SIMAS, T. K. Profiling criminal: introdução à análise comportamental no contexto investigativo. Sintra: Rei dos livros, 2012, p. 15.

motivos, assassinatos com mutilação e abusos sexuais, estupros, crimes satanistas-ritualistas e pedofilia".[12] Revela-se, portanto, o principal enfoque da utilização da técnica de *Criminal Profiling*, justamente os crimes violentos em série.

A maioria dos crimes violentos envolve uma relação entre a vítima e o agressor. A vitimologia, aliás, é a subárea da criminologia que estuda o ofendido como sujeito passivo do crime e o seu impacto na análise da cena do delito, por meio do estudo das suas características e da relação que tem com o agressor. Assim, tem-se que o criminoso não é o único foco, pois a vítima também se torna uma ferramenta fundamental para a resolução do crime e a compreensão da dinâmica do fato.[13]

A atenção voltada para a vítima, como elemento essencial para a interpretação do crime a partir da relação interpessoal com o infrator, é uma conquista da psicologia jurídica e das técnicas investigativas. É valioso, portanto, coletar dados relativos à vítima e avaliar em que medida esses dados podem ter assumido um papel relevante para o delito, fornecendo quesitos para a criação do perfil psicológico do indigitado autor.

Nesse ponto, deve-se ressaltar que não é possível definir, no início de uma investigação, se um homicídio faz ou não parte de uma cadeia de crimes. Para sabê-lo é necessário, antes de tudo, estudar cada assassinato separadamente. Posteriormente, uma vez analisadas as matrizes subjetivas, as vítimas e os aspectos comportamentais que emergem de cada homicídio, se for identificada uma série de atos criminosos, eventualmente será possível conectar os diferentes delitos entre si. Esse procedimento de análise é conhecido como *case linkage* – que será esmiuçado no decorrer deste trabalho – e que corresponde a um método analítico por meio do qual podem ser estabelecidas as ligações entre casos que anteriormente não foram relacionados.

Em suma, os elementos úteis para prosseguir com esta análise são: (i) as provas físicas; (ii) evidências médico-legais; (iii) o *modus operandi*, isto é, a forma como o infrator cometeu o crime; (iv) assinaturas, ou seja, aquelas atividades que o infrator realiza a fim de satisfazer suas fantasias, as quais formam um comportamento estático que se repete em todas as cenas de crime; (v) a vitimologia e, por último, (vi) a geografia do crime.

Diante do exposto, o *Criminal Profiling* traduz ferramenta de inquestionável utilidade para direcionar os investigadores no sentido de quem tem maior

---

12. HEUSI, Talita Rodrigues apud LEITE, Ellen. O *criminal profiling* na investigação criminal de assassinos em série. *JUS* Artigos. Disponível em: https://jus.com.br/artigos/76688/o-criminal-profiling-na-investigacao-criminal-de-assassinos-em-serie. Acesso em: 02 mar. 2023.
13. GONÇALVES, V. M. *Vitimologia*: conceituação e aplicabilidade. Disponível em: https://jus.com.br/artigos/36073/vitimologia-conceituacao-e-aplicabilidade. Acesso em: 17 jan. 2023.

probabilidade de ser o autor do crime e, como será discutido, seu uso também é relevante nos tribunais, principalmente, no Tribunal do Júri.

4. O *CRIMINAL PROFILING* NO TRIBUNAL DO JÚRI

Nos Estados Unidos, entre o final da década de 1980 e o início da década de 1990, o *Criminal Profiling* passou a ser apresentado como prova nos tribunais. Em uma série de casos, os promotores de justiça, bem como alguns réus, convocaram os psicólogos investigativos e especialistas do *Federal Bureau of Investigation (FBI)* aos tribunais, na função de peritos ou de *expert testimonies*, utilizando seus conhecimentos como evidências forenses. Na Inglaterra, por seu turno, os peritos comportamentais podem ser convocados no processo penal tanto pelas partes como pela própria justiça.

No México, mais especificamente na cidade de Juarez, durante um contexto devastador de estupros e assassinatos em série contra a população feminina na década de 1990, que ficou conhecida como "The Decade of Lost Women", o perfilador do *FBI* Robert Ressler foi chamado ao país para auxiliar as autoridades policiais locais. Anos depois, com o sucesso de seus treinamentos e de sua assessoria, o *Behavioral Evidence Analysis (BEA)*, método de perfilamento criminal desenvolvido e ministrado pela *International Association of Forensic Criminologists (IAFC)*, foi introduzido pela primeira vez, em 2015, no Sistema Jurídico Criminal Mexicano.[14]

Para além desses casos e de sua implicação, atualmente, existem três diferentes perspectivas da participação dos psicólogos comportamentais no Tribunal do Júri, conforme veremos a seguir.

A) O psicólogo comportamental como expert witness

A primeira perspectiva de desempenho engloba a presença do psicólogo no processo como *expert witness*. Por definição, *expert witness* é aquele com conhecimento ou experiência em um campo ou disciplina específico, o qual tem o dever de dar ao Tribunal uma opinião verdadeira, imparcial e independente sobre aspectos particulares de assuntos de sua competência que estão em disputa, por meio de um relatório que deve seguir as regras preestabelecidas pelo Tribunal, que variam de acordo com a jurisdição. Na Austrália, Inglaterra, no País de Gales e em diversos sistemas processuais penais, o Tribunal deve dar permissão para que um *expert witness* preste depoimento.

---

14. ESPARZA M.A.; TURVEY, B.E. *Behavioral Evidence Analysis*: International Forensic Practice and Protocols. México: Criminal Profiling and Forensic Criminology, 2016, p. 1-15.

Vale ressaltar que um *expert witness* não se confunde com a figura de um consultor especializado, que normalmente é nomeado por uma parte para auxiliar na formulação e preparação da acusação ou defesa. Com efeito, um consultor especializado não detém um dever primordial com o tribunal, mas sim com a parte que o instrui. Já o *expert witness* tem o dever de fornecer sua opinião de forma imparcial, mesmo que prejudique a parte que o convocou. Outrossim, uma vez elaborado o relatório, as partes podem fazer perguntas sobre qualquer aspecto do trabalho técnico e o *expert witness* é obrigado a respondê-las, desde que sejam para fins de esclarecimento. O relatório e quaisquer respostas dadas fazem parte das provas perante o tribunal e são usadas para colaborar com o entendimento e com a execução do julgamento.[15]

Mais especificamente, na Psicologia Investigativa, esse profissional investiga o caso e, após a criação do perfil criminal, opina no processo quanto à subsunção do perfil do acusado ao padrão de dados alcançados e colhidos na cena do crime, bem como se os comportamentos executados pelo autor durante o delito condizem com os traços do réu.

Exemplifica-se o uso do *Criminal Profiling* no Tribunal do Júri norte-americano com a participação de um *expert witness*, relembrando-se o caso *Pennell v. State*, ocorrido em 1991. Neste julgamento, o réu foi condenado pelo júri da Suprema Corte do Condado de New Castle, após duas acusações de assassinato de primeiro grau, sendo impostas a ele duas sentenças de prisão perpétua. Após o imputado recorrer, a participação como *expert witness* de um agente do *FBI* especialista em *serial killers* foi permitida. O parecer do Tribunal foi:

> Pennell argumenta que o tribunal de primeira instância abusou de seu poder discricionário ao permitir que o agente Douglas do F.B.I testemunhasse como especialista em assassinatos em série. Ele afirma que este não era assunto adequado para o depoimento de um perito. A tentativa de Pennell de aplicar o teste de Frye e sua progênie ao testemunho do agente Douglas é equivocada. Esses processos dizem respeito à fiabilidade, exatidão e admissibilidade de determinados testes científicos. Ver, por exemplo, Frye v. Estados Unidos, 293 F. 1013 (D. C. App.1923) (teste do detector de mentiras). O agente Douglas, por outro lado, estava fornecendo uma opinião especializada com base em seu conhecimento e experiência no campo da análise de crimes. Este Tribunal considerou que, quando a opinião de um especialista é baseada exclusivamente em seu próprio conhecimento e experiência, o teste de Frye não tem aplicação. A admissibilidade da opinião do Agente Douglas, portanto, é regida pela Regra de Evidência 702 de Delaware ('Regra 702').* Este Tribunal sustentou que o conhecimento é 'especializado' apenas quando não possuído pelo julgador de fato. A vasta experiência de Douglas com assinatura e análise de crimes foi especializada e, se aceita pelo júri, poderia ser útil para entender o comportamento desconhecido pelo público em geral. Além disso, o agente Douglas era inquestionavelmente qualificado como especialista. Consequentemente,

---

15. Cornell Law School. *Legal Information Institute*. Expert Witness. Disponível em: https://www.law.cornell.edu/wex/expert_witness. Acesso em: 24 jul. 2022.

o tribunal considerou seu testemunho admissível conforme a Regra 702. Outrossim, o tribunal permitiu que o Agente Douglas testemunhasse sobre os aspectos de 'assinatura' do crime, mas não permitiria a introdução de evidências de 'perfil'. A evidência de 'perfil' é aquela que tenta vincular as características gerais dos assassinos em série às características específicas do réu. Tal evidência é de pouco valor probatório e extremamente prejudicial ao réu. O réu argumenta que o testemunho de Douglas de que o agressor 'não era juvenil' inadmissivelmente acusou Pennell, que na época tinha 32 anos. Ao examinar o contexto do comentário, no entanto, estamos convencidos de que a declaração de Douglas não foi imprópria. A palavra 'juvenil' referia-se à experiência criminal do autor, e não à sua idade. Assim, sob todas as circunstâncias, estamos convencidos que Douglas não interpôs inadmissivelmente evidências de 'perfil' no caso. [Pré-Daubert. Conhecido. Não discutindo a confiabilidade].[16]

Em suma, o recorrente Steven B. Pennell foi julgado por três acusações de assassinato de primeiro grau, após o Estado alegar que se tratava de assassinatos "em série". Antes, Pennell havia sido condenado por duas dessas acusações, vez que o júri não havia obtido um veredicto quanto à terceira. Porém, após o agente John Douglas, Diretor da Unidade de Ciência do Comportamento do *FBI* testemunhar como especialista e opinar que todos os crimes foram cometidos pela mesma pessoa, o Tribunal reconheceu a necessidade de sua responsabilização pela totalidade das imputações.

B) O psicólogo comportamental como assessor

A segunda forma de participação do psicólogo comportamental consiste na sua convocação para prestar assessoria a fim de auxiliar uma das partes do processo. Aqui, visando ao melhor entendimento e ao enriquecimento da tese, podendo ser tanto de defesa, como da acusação, o especialista é chamado para ajudar a parte que está se preparando para o processo, auxiliando sua compreensão quanto às questões de motivação, psicopatologia e personalidade do réu. Após o estudo e a análise pormenorizada do caso, o psicólogo fornece um parecer técnico que pode vir a ser utilizado no tribunal como forma de reforçar os argumentos da parte.

De acordo com Da Silva, Dias, Paludo & Holanda, o parecer psicológico[17] é um documento elaborado após um levantamento e estudo pormenorizado das evidências psicológicas, que auxiliarão a construção deste documento oficial, a ser juntado ao inquérito policial e possível ação penal subsequente.[18]

---

16. Supreme Court of Delaware. Julgado disponível em: https://casetext.com/case/pennell-v-state-2. Acesso em: 02 mar. 2023. Trad. Tânia Fuentes Saponari.
17. Resolução do Conselho Federal de Psicologia 006/2019. "Art. 14. O parecer psicológico é um pronunciamento por escrito, que tem como finalidade apresentar uma análise técnica, respondendo a uma questão-problema do campo psicológico" a fim de "dirimir dúvidas de uma questão-problema ou documento psicológico que está interferindo na decisão do solicitante sendo, portanto, uma resposta a uma consulta".
18. DA SILVA, G., DIAS, C., PALUDO, J., HOLANDA, A. Uso da Avaliação psicológica retrospectiva na investigação criminal. *Revista da Escola Superior de Polícia Civil*, 2020. Disponível em: http://www.revistas.pr.gov.br/index.php/espc/edicao-3-artigo-19.

Conforme explicam os autores supracitados, esse documento produzido, que deve ser juntado e analisado em conjunto com outros dados e documentos inclusos no inquérito e/ou na ação penal, trata-se de uma resposta a um questionamento oriundo da autoridade policial, que convoca o perito criminal – nesse caso também psicólogo – a se posicionar acerca do fato. No entanto, não há qualquer impedimento legal para que essa provocação seja também advinda do promotor ou defensor do caso.

No Tribunal do Júri, que se concretiza por meio da argumentação utilizada entre promotores e advogados, é necessário que os discursos sejam dotados de consistência efetivamente capaz de persuadir os jurados acerca da plausibilidade da tese sustentada. Dessa forma, quanto mais elementos técnicos e científicos à disposição das partes, melhor será a construção de suas perorações, incrementando-se seu poder de convencimento.

Um desses instrumentos a ser utilizado é a Psicologia Investigativa, vez que a participação de um psicólogo comportamental cede ao jurista conhecimentos indispensáveis sobre o réu, tais como sobre sua personalidade, comportamentos, gestão de emoções e pensamentos, e até sobre sua habilidade na tomada de decisões, auxiliando a parte a compreender o que pode ter acontecido no crime de maneira a apontar a possível motivação do autor e colaborar com a construção da tese a ser sustentada no tribunal.

Frise-se que o psicólogo não vai ao tribunal necessariamente para afirmar se o autor é ou não aquele sentado no banco dos réus, mas sim para comparar o perfil de quem se espera ter cometido o delito, feito com base na análise da cena do crime, com o perfil do acusado. Como exemplo, levante-se uma situação hipotética de um caso de homicídio, que possui fortes evidências no sentido de ter sido cometido por um criminoso com habilidades precisas e conhecimentos práticos específicos, os quais indicam uma possível reincidência naquele delito. Por outro lado, o indivíduo que é acusado no caso concreto não apresenta traços psicológicos de cognição e competência suficientes para ser o seu autor. Nesse contexto, a tarefa do psicólogo comportamental seria dar o seu parecer, apontando e discorrendo sobre as evidências que permeiam o caso a auxiliar a parte na construção de seu entendimento, fornecendo um instrumento adicional de convencimento.

C) *Case Linkage*

Por fim, a terceira perspectiva de desempenho engloba a atuação do psicólogo no processo por meio do *case linkage*. Por definição, o *case linkage* consiste no processo de determinação de existência de conexões discretas, como também de fatores comportamentais distintos entre dois ou mais casos anteriormente não relacionados, feito por meio da análise da cena do crime. Segundo Woodhams &

Grant, trata-se da identificação de crimes que se acredita terem sido cometidos pelo mesmo ofensor, com base nas similaridades e diferenças entre seus comportamentos durante a sua execução.[19]

Conforme explicam Mischel, Shoda, & Mendoza-Denton, parte-se do pressuposto que os sistemas de personalidade do indivíduo influem em seus atos, criando uma consistência em seus comportamentos durante o cometimento dos delitos, devido à ativação de representações mentais, metas e expectativas que são deflagradas em resposta a gatilhos situacionais. A excogitada consistência existe, pois os mesmos planos e estratégias elaborados pelo infrator provavelmente serão ativados em situações semelhantes às encontradas anteriormente por ele. Comportamentos consistentes podem, portanto, surgir em uma série de delitos, uma vez que o criminoso é lembrado da mesma estratégia comportamental em qualquer situação semelhante – atos estes, também, que refletem suas características individuais.[20]

Mais utilizado no contexto de crimes sexuais e homicídios em série, o processo em destaque envolve estabelecer e comparar as evidências físicas, vitimologia, características da cena do crime, motivação, *modus operandi* e assinaturas[21] de cada um dos casos sob análise. Também requer a consideração de semelhanças e diferenças comportamentais presentes nos delitos. No final da análise, o profissional deve elaborar um relatório com suas conclusões e apresentá-lo ao promotor de justiça, defensor, juiz ou às forças policiais.

O *case linkage* é aplicado em dois diferentes contextos: investigativo e forense. Em contextos investigativos, é usado para auxiliar as autoridades, ajudando-as a identificar onde aplicar seus esforços e recursos investigativos (por exemplo, detectando casos em série ou padrão).

Na etapa de investigação, o profissional atuante em alguns países da América do Norte e da Europa faz uso de uma importante *database*, de nome *The Violent Crime Linkage Analysis System (ViCLAS)*, desenvolvida pela *Royal Canadian Mounted Police (RCMP)* no Canadá, no início dos anos 90. A referida ferramenta

---

19. WOODHAMS, J; HOLLIN, C. R.; BULL, R. *The psychology of linking crimes*: A review of the evidence. The British Psychological Society, 2007, p. 233-249.
20. MISCHEL, W.; SHODA, Y.; MENDOZA-DENTON, R. *Situation-Behavior Profiles as a Locus of Consistency in Personality*. Current Directions in Psychological Science, 2002, p. 50-54.
21. A assinatura do agressor é definida de acordo com um tipo de comportamento durante o crime e, que este não faça parte e excede do que é necessário para a execução do homicídio. A assinatura está relacionada com as fantasias e frequentemente envolve parafilias, representando algo de pessoal do criminoso. Nem sempre um criminoso em série possui uma assinatura, mas quando tem, geralmente é constante (diferentemente do *modus operandi*). Fonte: SANTORO, C. JUS Brasil. *Modus operandi x assinatura*. Disponível em: https://canalcienciascriminais.jusbrasil.com.br/artigos/603058793/modus-operandi-x-assinatura#:~:text=A%20assinatura%20do%20agressor%20%C3%A9,algo%20de%20pessoal%20do%20criminoso. Acesso em: 11 mar. 2023.

engloba em seu sistema dados criminais – incluídos pelas polícias locais – como, por exemplo, todos os homicídios e tentativas de homicídio resolvidos ou não resolvidos, tal como os ataques ou tentativas de ataque sexuais, dentre outros. A plataforma contém dados relevantes de cada caso, como a descrição da cena do crime, dados descritivos da vítima e do infrator, incluindo nome e outras informações de identificação pessoal, relatórios de laboratório e perícia, registros de antecedentes criminais, registros judiciais, referências da mídia jornalística, fotografias e declarações da cena do crime.[22] A *ViCLAS* não é a única *database* que pode ser utilizada, existindo também a *Violent Crime Apprehension Program (ViCAP)*, uma plataforma similar criada e utilizada pelo *FBI* para tentar identificar crimes em série.

Nesse diapasão, existindo dúvidas de que um infrator conhecido ou desconhecido possa ter sido responsável por mais de um crime violento ou que possui potencial de cometer novos delitos, eles convocam o especialista em *case linkage*. O profissional, por sua vez, com base em um minucioso estudo, analisa e compara os casos, fornecendo sua opinião quanto à possibilidade de os delitos estarem coligados.

Em contextos forenses e legais, por sua vez, o *case linkage* pode ser utilizado ainda em fase de pré-julgamento, com a intenção de sinalizar que certos crimes são obra de um único indivíduo. Isso porque em alguns casos não há testemunhas oculares ou provas forenses suficientes que possam ligar o acusado aos outros crimes pelos quais ele é investigado, no entanto, como os delitos foram cometidos de forma semelhante, a técnica em exame pode ser utilizada para estabelecer a conexão necessária entre eles e, assim, levá-lo a julgamento por ambos.[23]

Já em plenário, a técnica serve para auxiliar o tribunal a determinar se há ou não evidências comportamentais suficientemente distintas para conectar crimes em sua prática. Poderá ser usado para ajudar a decidir questões forenses específicas, como se crimes semelhantes podem ser julgados juntos ou se crimes semelhantes anteriores podem ser apresentados como evidências do caso em tela.[24]

Nos tribunais, a participação de um profissional em *case linkage* se dá, por exemplo, quando os jurados são questionados sobre a probabilidade de os delitos terem sido cometidos pelo mesmo indivíduo. O especialista pode, então, estar

---

22. Federal Bureau of Investigation (FBI). Privacy Impact Assessment Violent Criminal Apprehension Program (VICAP). 2003. Disponível em: https://www.fbi.gov/services/information-management/foipa/privacy-impact-assessments/vicap. Acesso em: 1º ago. 2022.
23. WOODHAMS, J.; BENNELL, C. *Crime Linkage Theory, Research, and Practice*. The Use of Linkage Analysis Evidence in Serial Offense Trials. 2014, p. 197-224.
24. TURVEY, B. E.; FREEMAN, J. Case linkage: Offender modus operandi and signature. In: TURVEY, B.E. (Ed.). *Criminal profiling*: An introduction to behavioral evidence analysis. Elsevier Academic Press, 2012, p. 331-360. Disponível em: https://psycnet.apa.org/search. Acesso em: 10 mar. 2023.

em posição de esclarecer essa probabilidade e ajudar o júri – que desconhece tais técnicas e dados – na tomada de decisão sobre essa vinculação, cabendo ao tribunal decidir se há fundamento suficiente para usar essa ferramenta e, em última análise, cabendo ao juiz versar sobre sua admissibilidade como prova.

Sobre a participação no Tribunal do Júri, Woodhams & Bennell destacam que a apresentação de dados evita explicitamente quaisquer conclusões sobre o *case linkage* por si só, no entanto, pode-se argumentar que o depoimento dado pelo especialista é, pelo menos, um indicador implícito de distinção, podendo ser interpretado como tal pelo júri.[25]

Outrossim, na maior parte das hipóteses de *case linkage*, o psicólogo comportamental é convocado não para fornecer uma análise e afirmar se o réu apresenta as mesmas características de quem cometeu os delitos, mas sim para avaliar se os crimes foram cometidos pela mesma pessoa com base nas evidências das cenas dos crimes. Nessa esteira, conforme enfatizam Woodhams & Bennell, a técnica não se trata de uma medida de probabilidades, mas sim de uma comparação entre as probabilidades, que observa a consistência comportamental analisada e a possibilidade de os crimes terem sido cometidos pela mesma pessoa ou por um terceiro. Portanto, o *case linkage* pode ser visto como uma medida de força das evidências, sendo contra ou a favor de uma determinada hipótese.

Nos Estados Unidos, as análises de *case linkage* já foram muitas vezes admitidas em julgamentos de homicídio e em suas apelações, como evidência de que certos casos estavam vinculados. Em sua obra, Keppel & Birnes discorrem e exemplificam a admissibilidade da técnica nos tribunais com o caso *State of South Dakota vs. Anderson* (1998), cuja análise dos aspectos de assinatura de dois assassinatos foi oferecida em uma audiência para determinar se eles seriam incluídos na acusação.[26]

Woodhams & Bennell também apresentam uma lista de casos de homicídio, ainda nos Estados Unidos, em que o *case linkage* foi admitido em julgamento e mantido em apelações, sendo alguns deles: *State of Louisiana vs. Code* (1994), *State of California vs. Prince* (1992) e *State of Washington vs. Parker* (2002). Ainda, os mencionados autores apresentam o mesmo dado, de outras nações, como Austrália – *R. v. Hakeem* (2006) – Canadá: *R. v. Kembo* (2010) – Nova Zelândia – *R. v. Holtz* (2002) – e Reino Unido – *R. v. Toothill* (1998).[27]

---

25. WOODHAMS, J.; BENNELL, C. *Crime Linkage Theory, Research, and Practice*. The Use of Linkage Analysis Evidence in Serial Offense Trials. 2014, p. 197-224.
26. KEPPEL, WEIS, BROWN, & WELCH apud WOODHAMS, J.; BENNELL, C. *Crime Linkage Theory, Research, and Practice*. The Use of Linkage Analysis Evidence in Serial Offense Trials. 2014, p. 200.
27. WOODHAMS, J.; BENNELL, C. *Crime Linkage Theory, Research, and Practice*. The Use of Linkage Analysis Evidence in Serial Offense Trials. 2014, p. 200-201.

Nota-se, por fim, que a prática de *case linkage* é utilizada pelas autoridades policiais há décadas e, embora sua aplicação nos tribunais seja relativamente nova, pode ser utilizada por ambas as partes do processo e já contribuiu enormemente para a elucidação, condenação e absolvição em diversos casos, principalmente no Tribunal do Júri.

5. O *CRIMINAL PROFILING* E A PSICOLOGIA INVESTIGATIVA APLICADOS NO BRASIL

No Brasil, embora a Psicologia Investigativa e o *Criminal Profiling* não possuam previsão legal expressa, não sendo considerados, ainda, áreas de atuação profissional – ou, nem mesmo, ciências – podem ser entendidos como uma perícia pluridisciplinar, conforme pontua Pereira.[28] Por perícia pluridisciplinar, entende-se que o *Criminal Profiling* é realizado por uma equipe de profissionais que atuarão na investigação, como, por exemplo, um psicólogo investigativo, um psiquiatra e um criminólogo, os quis, após esmiuçarem e interpretarem as evidências, apresentarão o parecer e o diagnóstico ao Estado-Juiz acerca do crime e do seu autor.

A importância da avaliação das características psicológicas, de personalidade e a periculosidade do criminoso são inegáveis no Direito brasileiro, sendo amplamente citadas pelas doutrinas e pela legislação ordinária:

> Ora, a personalidade não é um conceito jurídico, mas do âmbito de outras ciências – Psicologia, Psiquiatria, Antropologia –, e deve ser entendida como um complexo de características individuais próprias, adquiridas, que determinam ou influenciam o comportamento do sujeito.[29]
>
> Deve ser entendida como síntese das qualidades morais e sociais do indivíduo. Na análise da personalidade deve-se verificar a sua boa ou má índole, sua maior ou menor sensibilidade ético-social, a presença ou não de eventuais desvios de caráter de forma a identificar se o crime constitui um episódio acidental na vida do réu.[30]

As referidas características também têm pertinência no campo do direito material. Como exemplo, cite-se o artigo 59 do Código Penal,[31] balizador da primeira etapa da dosimetria da pena.

---

28. PEREIRA, E. S. *O profiling como expressão do paradigma indiciário*. Monografia apresentada ao curso de formação em psicologia. Universidade Estadual da Paraíba. Campina Grande, 2011, p. 20.
29. TELES, Ney Moura. *Direito Penal* – Parte Geral. 2. ed. São Paulo: Atlas, 2006. v. I, p. 366.
30. BITENCOURT, Cezar Roberto. *Código Penal comentado*. 9. ed. São Paulo: Saraiva, 2015, p. 299.
31. "Art. 59 CP. O juiz, atendendo à culpabilidade, aos antecedentes, à conduta social, à personalidade do agente, aos motivos, às circunstâncias e consequências do crime, bem como ao comportamento da vítima, estabelecerá, conforme seja necessário e suficiente para reprovação e prevenção do crime: I – as penas aplicáveis dentre as cominadas; II – a quantidade de pena aplicável, dentro dos limites previstos; III – o regime inicial de cumprimento da pena privativa de liberdade; IV – a substituição da pena privativa da liberdade aplicada, por outra espécie de pena, se cabível."

Nesse seguimento, Bonger explicita a importância da participação dos psicólogos, tanto em sede de investigação, como nos tribunais, afirmando que:

> [...] para a polícia é útil saber quais são os tipos psicológicos mais suscetíveis ao cometimento de determinado tipo de delito. Também é importante que os promotores e juízes conheçam o grau de perigo para a segurança pública que é inerente a certos tipos de delinquentes, a fim de fixarem as penas e demais medidas corretivas.[32]

No sistema de justiça, especialmente no Tribunal do Júri, apesar de não possuir normatização expressa como profissão, não há qualquer restrição quanto à atuação do perito comportamental nos julgamentos. Esses profissionais podem ser convocados como peritos ou como assistentes técnicos das partes. No entanto, importante ressaltar que, atualmente, as referidas ferramentas processuais não são utilizadas especificamente para a indicação de um psicólogo investigativo ou *profiler*.

Conquanto a participação direta do psicólogo comportamental no Brasil ainda não seja comum, foi possível descortinar alguns casos em que o resultado de seu trabalho foi aplicado nos tribunais nacionais, conforme veremos a seguir.

A) O criminal profiling aplicado pelo Ministério Público do Paraná

Em 2021, um caso chocou os habitantes de uma cidade localizada no interior do Paraná. Uma jovem foi brutalmente assassinada, amarrada e teve seu corpo desovado em uma entrada na parte rural da cidade. G. após trocar mensagens com M.D.S através de um aplicativo de namoro, marcaram um encontro na residência do criminoso. Depois de matá-la asfixiada, a fim de ocultar o seu corpo, o acusado amarrou a vítima, enrolando seus membros com cordas dentro de um móvel e desovou o objeto, com o cadáver, em uma estrada. M.D.S. também furtou o celular e uma expressiva quantia de G. Horas depois, o assassino foi identificado e preso pela Delegacia de Homicídios, que investigou o caso.

O acusado foi então denunciado pelo Ministério Público por homicídio com 04 qualificadoras: feminicídio, motivo fútil, impossibilidade de defesa da vítima e asfixia. Outrossim, ele também foi acusado pelos crimes de ocultação de cadáver e furto – com base no artigo 121, § 2º, incisos II, III, IV, VI e § 2º-A, inciso I; artigo 211 e artigo 155, *caput*, todos do Código Penal.[33]

No parecer psicológico referente ao citado acusado, as psicólogas do Ministério Público do Paraná, Patrícia dos Santos Lages Prata Lima e Karen Richter P. S. Romero – que atuaram como assessoras do Promotor de Justiça do caso,

---

32. BONGER, W. A. apud MALISWESKI, R.; BERNARDI, D.; SILVA, L.; KLEINÜBING, R.; SAUERRESSIG, G. Psicologia do Testemunho. *XVII Encontro Científico Cultural Interinstitucional*. 2019.
33. Ação Penal 0009217-51.2021.8.16.0021, que tramitou perante a 1ª Vara Criminal e do Tribunal do Júri de Cascavel/PR.

apresentando sugestões à acusação – construíram o perfil do criminoso. Essa avaliação foi realizada de forma retrospectiva e indireta, ou seja, foi feita com a colaboração de informantes colaterais, por meio de entrevistas forenses com pessoas do convívio social da vítima e do réu, bem como por meio de análise documental e mídias sociais.

Segundo Lima e Romero, esse estudo, envolvendo diretamente o *Criminal Profiling*, foi o primeiro a ser desenvolvido pela dupla e visava a esclarecer três perguntas sobre o delito: o que, o porquê e para quem. Isto é, em resumo, visava compreender a motivação do crime, bem como as circunstâncias nas quais foi cometido, tendo como objetivo auxiliar o Promotor – que, por fim, decidiu adotar e fazer uso do laudo, juntando-o nos autos como parecer técnico.

Alguns excertos do laudo merecem destaque:[34]

> A construção de hipótese diagnóstica é de transtorno de personalidade antissocial (TPAS), conforme definido no Manual Diagnóstico e Estatístico de Transtornos Mentais (DSM V). Este transtorno pode ser resumido como a 'presença de um padrão difuso de indiferença e violação dos direitos dos outros, o qual surge na infância ou no início da adolescência e continua na vida adulta. Esse padrão também já foi referido como psicopatia, sociopatia ou transtorno da personalidade dissocial. Visto que falsidade e manipulação são aspectos centrais do transtorno da personalidade antissocial, pode ser especialmente útil integrar informações adquiridas por meio de avaliações clínicas sistemáticas e informações coletadas de outras fontes colaterais' (DSM V, 2014, p. 659).

> [...] não verificamos qualquer sinal de que M.D.S estava em curso de esquizofrenia e/ou transtorno de humor delirante, dado seu discurso organizado e ausência de sinais de delírio, alucinações ou comportamento grosseiramente desorganizado (características essenciais que definem transtornos psicóticos – DSM 5) [...] Entretanto, assassinos com TPAS ou psicopatas não são 'loucos', de acordo com padrões psicopatológicos e jurídicos aceitáveis, dado que sua capacidade de autodeterminação se mantém conservada. Seus atos resultam não de uma mente perturbada, mas de uma racionalidade fria e calculista, combinada com uma incapacidade de tratar os outros como seres humanos, de considerá-los capazes de pensar e sentir.

Demais disso, o parecer discorre também quanto aos aspectos psicológicos extraídos a partir de dados da cena do crime:

> Considerando as informações nos autos, tem-se a asfixia mecânica como instrumento ou meio que produziu a morte da G. No campo psicológico judiciário há pesquisas sobre aspectos comportamentais e de personalidade relacionados com a asfixia mecânica em âmbito forense, sendo pertinente indicar o entendimento desses estudos psicológicos sobre o tema [...] Dentre as situações frequentemente relacionadas com a asfixia mecânica os estudos (Häkkänen, 2007) apontam o estupro, ciúme sexual e rivalidade pessoal. Diferentes estudos entendem que a asfixia mecânica pode estar relacionada com assassinatos sexuais

---

34. Ação Penal 0009217-51.2021.8.16.0021, que tramitou perante a 1ª Vara Criminal e do Tribunal do Júri de Cascavel/PR.

e sádicos (MacCulloch, 1993) e com assassinatos sexuais em série (Warren, 1996). Nesses casos, muitas vezes o agressor possui fantasias com componentes sexuais, agressivos e de dominação, estando a asfixia mecânica relacionada com a excitação e sensação de poder sobre a vítima. Além disso, as pesquisas também apontam que as agressões por asfixia mecânica muitas vezes ocorrem como simples meio para superar a resistência da vítima durante o estupro. Além das pesquisas mencionadas que indicam a relação de asfixia mecânica com estupros e crimes sexuais, outros estudos destacam (Häkkänen, 2007) que os homicídios por asfixia mecânica também são frequentes em conflitos de ciúmes e querelas nos relacionamentos íntimos, sobretudo quando de asfixias por esganadura. Os estudos ainda sugerem que em muitos casos de assassinato por asfixia mecânica há tentativa de ocultação do cadáver (Srivastava, 1987).

A conclusão do parecer, esclarecendo o delito com base na hipótese investigativa do *Criminal Profiling* foi:

> Tendo em vista a minuciosa análise realizada no caso em tela, conclui-se que G. e M.D.S mantinham um relacionamento por meio de *WhatsApp* durante um período aproximado de três meses. Concomitantemente a isso, M.D.S. mantinha R. (ex-companheira) em situação de cárcere privado e trocava mensagens em aplicativos de relacionamento com outras mulheres, sendo que com ao menos uma delas, C., teve encontros presenciais, o que abre a possibilidade de que esse padrão de comportamento tenha se repetido com G. O crime aconteceu num contexto de fuga de R. do apartamento onde vivia sob o domínio agressivo de M.D.S. Infere-se que o ódio suscitado frente a insubmissão de R., aliado a características antissociais do comportamento de M.D.S. (agressividade, impulsividade, frieza) resultou numa atitude de ira deslocada contra G. no momento em que esta se insubordinou contra os relacionamentos paralelos de M.D.S. (ou alguma outra situação), culminando com a morte dela. Importante ainda destacar o risco de recidiva no comportamento violento de M.D.S., caso ele não tivesse sido detido, haja vista a identificação de escalada de agressividade desenvolvida nas suas interações com mulheres, bem como a provável descarga de excitabilidade no ato assassino, o que pode resultar em sensação de alívio e até mesmo satisfação da carga de ódio acumulada.

Com base no mesmo parecer, que atestou o transtorno de personalidade antissocial (TPAS) do acusado, a defesa tentou argumentar no sentido da sua inimputabilidade, afirmando que ele não tinha discernimento de seus atos no momento do delito e que, portanto, não poderia ser responsabilizado pelo crime em sentido técnico-penal. No entanto, o documento elaborado pelas psicólogas do Ministério Público trouxe com clareza a distinção entre psicopatia e inimputabilidade, de forma que o argumento da defesa não foi acatado.

O imputado, que confessou o delito, foi levado a júri popular poucos meses depois de ter sido detido, sendo condenado à pena de 31 anos, 4 meses e 15 dias de reclusão, em regime fechado. Na sentença, o magistrado citou o mencionado laudo ao versar sobre a personalidade do acusado, acatando-o e reconhecendo a validade do estudo de perfilamento criminal, como se observa no seguinte trecho (grifos nossos):

[...] *Ademais, merece destaque o estudo psicológico elaborado pelo Ministério Público, pois embora elaborado por uma das partes, merece total credibilidade a equipe técnica do Ministério Público – servidores públicos que gozam de fé pública.* Destaco o seguinte trecho do laudo juntado no mov. 347.2: 'A construção de hipótese diagnóstica é de transtorno de personalidade antissocial (TPAS), conforme definido no Manual Diagnóstico e Estatístico de Transtornos Mentais (DSM V). Este transtorno pode ser resumido como a "presença de um padrão difuso de indiferença e violação dos direitos dos outros, o qual surge na infância ou no início da adolescência e continua na vida adulta. Esse padrão também já foi referido como psicopatia, sociopatia ou transtorno da personalidade dissocial. Visto que falsidade e manipulação são aspectos centrais do transtorno da personalidade antissocial, pode ser especialmente útil integrar informações adquiridas por meio de avaliações clínicas sistemáticas e informações coletadas de outras fontes colaterais'.

Desse modo, analisando os trechos destacados acima, vislumbra-se novamente a notável contribuição do estudo desenvolvido com base no *Criminal Profiling*, que coadjuvou com a justiça brasileira antes, durante e depois do julgamento no Tribunal do Júri, demonstrando ser uma relevante ferramenta para a formação do convencimento do julgador. De outro lado, destaca-se a contribuição das psicólogas e de seu assessoramento aos Membros do Ministério Público do Paraná.

Cumpre-se ressaltar que o referido caso transitou em julgado e não foi interposto recurso pela Defesa técnica.

6. DISCUSSÃO CRÍTICA: CONFIABILIDADE, VALIDADE E APLICABILIDADE

Ao longo de muitos anos de estudo a Psicologia Investigativa e sua técnica de *Criminal Profiling* foram aplicadas tanto nas investigações como nos tribunais e demonstraram ser importantes ferramentas de persecução penal. Porém, neste mesmo panorama de crescimento, emergiram debates quanto à validade dos perfis psicológicos de possíveis criminosos e sua aplicação.

Em nosso país, o aprofundamento da perícia criminal é por vezes deixado de lado, em especial, a perícia comportamental, de regra por falta de estrutura material e humana adequada. Nessa esteira, imperativo filtrar e avaliar o *Criminal Profiling* de forma racional, desmitificando e desromantizando a técnica, que na maioria das vezes é retratada pelos elementos midiáticos (séries e filmes) como infalível, fácil e, até mesmo, meramente intuitiva, abstraindo-se a construção de conhecimento a partir de métodos verdadeiramente científicos. Reitere-se que o psicólogo comportamental possui conhecimento teórico específico, traduzido em estudos e práticas metodológicas da Psicologia Investigativa, não se tratando de habilidades pessoais ou de uma base mística, mas sim, específica e efetivamente científica.

Ainda sobre a atuação dos *profilers,* é crucial que a atuação desses profissionais seja observada – e regulamentada em lei – a fim de preservar os limites de suas funções. A *International Association of Forensic Criminologists (IAFC)*, uma associação internacional de estudantes e profissionais da área do *Criminal Profiling,* definiu um conjunto de diretrizes éticas para a conduta profissional de seus membros, dando um grande passo dentro do contexto da criação de perfis e a responsabilidade a ela associada.[35]

A validade da técnica de *Criminal Profiling,* em outro aspecto, envolve verificar se o objetivo prometido é cumprido – que, neste caso, seria avaliar um ofensor responsável por certos delitos com base em seu perfil e, posteriormente, contribuir com o tribunal para melhor julgamento e resolução dos casos, utilizando quaisquer métodos que essa ciência reúne. Por sua vez, a precisão está atrelada ao nível de exatidão da utilização desses recursos.

Como qualquer técnica ou instrumento, o *Criminal Profiling* não é exato ou infalível. A exatidão de qualquer técnica é uma falácia. Essa a razão pela qual os psicólogos comportamentais sempre afirmam que sua contribuição, seja com pareceres ou testemunhos (esclarecimentos), não deve ser analisada de forma isolada, mas sim em contexto com outros documentos e elementos de convicção produzidos. Nessa ordem de ideias, é crucial que o *Criminal Profiling* não sobreponha outras técnicas consolidadas, devendo ser mais um instrumento a ser utilizado, não o único ou mesmo o principal.

Conquanto a Psicologia Investigativa e o *Criminal Profiling* não possam apoiar ou prever definitivamente o perfil de um determinado indivíduo, um embasamento explicativo sobre esses quesitos é fornecido, de forma a permitir sugestão que, pelo menos teoricamente, os esforços dos psicólogos comportamentais representam um acréscimo válido como ferramenta de apoio à persecução penal.

Como pontuado, um dos principais pilares do perfilamento é a existência de padrões. De outro lado, uma das críticas à ferramenta em estudo se refere ao fato de o indivíduo ser, em grande parte, imprevisível, sobretudo caso detenha algum desvio patológico capaz de influir em suas ações. Nessa medida, a precisão do perfilamento criminal é afetada, vez o autor pode agir de forma aleatória, alterando seus meios e artimanhas quando comete seus delitos. No entanto, como se observou no caso brasileiro citado há pouco, mesmo diante de psicopatologias é possível a sinalização de padrões comportamentais úteis para o deslinde do julgamento.

Urge gizar que outras técnicas convencionais amplamente aceitas também são baseadas em probabilidades. Mesmo um teste de DNA tem limites. Imagens

---

35. SEDAS, G. L. B. Profiling criminal – validade e riscos associados. Dissertação de Mestrado. Instituto Superior de Ciências Policiais e Segurança Interna, 2021, p. 59-60.

de câmeras de segurança, por exemplo, também dependem da interpretação da pessoa que as analisa e, caso as imagens não tenham qualidade suficiente, os peritos podem incorrer em equívocos. A questão é que todo o conjunto probatório servirá para a tomada de decisão e nenhuma técnica deve ser utilizada isoladamente. Porém, excluir o *Criminal Profiling* como ferramenta de persecução penal sob a alegação que se trata de mera probabilística é contraproducente. De certo que deve haver cautela e novas pesquisas vêm sendo feitas de forma a pontuar soluções. De todo modo, alerta-se uma vez mais que o *Criminal Profiling* não se propõe a dizer se o réu cometeu ou não aquele crime, mas sim a indicar semelhanças, as quais podem encontrar ou não ressonância no acervo probatório.

A Psicologia Investigativa, suas técnicas e o Tribunal do Júri podem se desenvolver juntos, porém, algumas questões cruciais devem ser apontadas e solucionadas.

O primeiro obstáculo é a necessidade de incremento teórico sobre a ferramenta no Brasil, carente de produção científica e de material de apoio, bem como a falta de profissionais especializados na área. Uma das principais dificuldades nesse sentido é a escassez de livros e cursos, uma vez que a grande maioria do conteúdo acerca da temática encontra-se disponível somente em outras línguas e com preços pouco acessíveis de modo a dificultar a profusão do debate sobre o assunto.

Ainda que publicações e acervos internacionais sejam valiosos e muito prestativos para os estudos locais, não raras vezes as diretrizes estrangeiras são incompatíveis com o ordenamento jurídico nacional, além das óbvias diferenças culturais e sociais de cada país.

Pontua-se, em negrito, que a legislação brasileira não está em sintonia com a necessidade de incremento dos aparatos de persecução penal diante das novas formas de criminalidade e, em alguma medida, mesmo em relação ao combate dos crimes de massa ou de sangue, contextualizados na era da tecnologia.

O *Criminal Profiling* é ferramenta que merece maior cuidado e aperfeiçoamento com vistas à compatibilização à realidade brasileira, tanto no aspecto de aprimoramento da base normativa, quanto na estruturação material e dos quadros profissionais aptos a executá-la, respeitadas as nossas tradições jurídicas e especificidades.

Evidentemente, outro obstáculo a ser apontado é o custo para o desenvolvimento das técnicas da Psicologia Investigativa diante da sabida escassez de recursos para investimento nas Polícias Científicas e mesmo para as unidades do Ministério Público e mesmo da Defensoria Pública.

Importante ainda considerar que as técnicas de Psicologia Investigativa devam encontrar suporte na normativa dos conselhos de psicologia brasileiros, com reconhecimento em termos de enquadramento profissional, viabilizando sua prática com a segurança e o controle exigíveis.

Como aponta Leonardo Faria, a expansão do *Criminal Profiling* também depende da conscientização da esfera pública, sendo importante sensibilizar os gestores de segurança pública a respeito da validade e da aplicabilidade da técnica.[36] Sem o conhecimento, não haverá leis, regulamentos ou incentivos.

7. CONCLUSÕES

Após discutir e pontuar como os especialistas forenses, tal como psicólogos investigativos e criminólogos, encontram espaço na fase de investigação de um processo criminal e como o *Criminal Profiling* pode ser potencialmente utilizado nos tribunais, principalmente, no Tribunal do Júri, as perguntas centrais a serem respondidas e discutidas são: como implementá-lo e por que ainda não foi adotado em maior escala? Como o nosso Código de Processo Penal poderia abraçar essa técnica?

Enfatizou-se que não deveriam prevalecer dúvidas ou perplexidades sobre a usabilidade desse suporte investigativo, dado que a Psicologia Investigativa e o *Criminal Profiling* atingiram maturidade científica e metodológica adequadas, sendo já utilizados por outras nações, como pela Inglaterra, Itália, Estados Unidos, Canadá e Alemanha.

Mesmo que a Psicologia Investigativa e o *Criminal Profiling* não tenham previsão legal expressa no Brasil, existe a possibilidade de adaptação normativa das regras atinentes à atuação de peritos e de assistentes técnicos. A Psicologia Investigativa e suas técnicas representam uma importante interface e traduzem ferramentas que devem ser adequadamente implementadas e consolidadas no sistema jurídico brasileiro, complementando e apresentando um viés técnico e robusto acerca de fatores que as partes e o magistrado não detêm conhecimento.

Nota-se, portanto, que os psicólogos comportamentais podem desempenhar função relevante na investigação e no processo Criminal, balizando os promotores ou defensores, delegados de polícia e julgadores de modo a aumentar a eficiência da persecução penal e, sob outro aspecto, diminuir os riscos de erro de julgamento.

Nessa ordem de ideias, a primeira conclusão é que – apesar da função primária da Psicologia Investigativa e do *Criminal Profiling* ser, por ora, instrumentos investigativos – o psicólogo comportamental deve e pode encontrar espaço como perito ou assistente técnico, nos termos disciplinados pelo Código de Processo Penal.

---

36. FARIA, Leonardo apud MERLI, Karina. "Criminal Minds" e a utilização do *criminal profiling*. ECA-USP *Jornalismo Júnior*. Disponível em: http://jornalismojunior.com.br/criminal-minds-e-a-utilizacao-do--criminal-profiling/. Acesso em: 02 ago. 2022.

Em outra medida, fundamental o incremento da produção de conteúdo científico sobre essa temática, a fim de gerar uma maior divulgação e, por consequência, promover o conhecimento e a especialização na área – que deve partir dos nossos próprios moldes. Com maior conhecimento, os profissionais de Psicologia Investigativa serão valorizados e maior será o investimento público aplicado.

Por fim, a última conclusão é que em nosso país a Psicologia Investigativa e o *Criminal Profiling* se encontram em uma estrada, enquanto o Tribunal do Júri está em outra. No entanto, seus caminhos podem se cruzar e se desenvolver juntos de modo a aumentar a eficácia da persecução penal com absoluto respeito aos direitos e garantias individuais, contribuindo para o alcance dos valores que são o alicerce de qualquer Democracia: a verdade e a justiça.

8. REFERÊNCIAS

BITENCOURT, Cezar Roberto. *Código Penal comentado*. 9. ed. São Paulo: Saraiva, 2015.

CANTER, David. Offender profiling and investigative psychology. *Journal of Investigative Psychology and Offender Profiling*, 2004.

CORNELL LAW SCHOOL. Legal Information Institute. Expert Witness. Disponível em: https://www.law.cornell.edu/wex/expert_witness. Acesso em: 24 jul. 2022.

DA SILVA, G., DIAS, C., PALUDO, J., HOLANDA, A. Uso da avaliação psicológica retrospectiva na investigação criminal. *Revista da Escola Superior de Polícia Civil*, 2020. Disponível em: http://www.revistas.pr.gov.br/index.php/espc/edicao-3-artigo-19.

DOUGLAS, J. E; BURGESS, A. E. Criminal. Profiling: A Viable Investigative Tool Against Violent Crime. *FBI Law Enforcement Bulletin*. v. 55, n. 12.

ESPARZA M.A.; TURVEY, B.E. *Behavioral Evidence Analysis*: International Forensic Practice and Protocols. Capítulo 6: Mexico: Criminal Profiling and Forensic Criminology, 2016.

FEDERAL BUREAU OF INVESTIGATION (FBI). Privacy Impact Assessment Violent Criminal Apprehension Program (VICAP), 2003. Disponível em: https://www.fbi.gov/services/information-management/foipa/privacy-impact-assessments/vicap. Acesso em: 1º ago. 2022.

GONÇALVES, V. M. Vitimologia: Conceituação e aplicabilidade. Disponível em: https://jus.com.br/artigos/36073/vitimologia-conceituacao-e-aplicabilidade. Acesso em: 17 jan. 2023.

HAGINOYA, S., HANAYAMA, A., KOIKE, T. Linkage analysis using geographical proximity: a test of the efficacy of distance measures. *Journal of Criminological Research, Policy and Practice*, v. 7. n. 1, p. 51-62, 2021. Disponível em: https://doi.org/10.1108/JCRPP-01-2020-0006.

LEITE, Ellen. O *criminal profiling* na investigação criminal de assassinos em Série. *Jus Artigos*. Disponível em: https://jus.com.br/artigos/76688/o-criminal-profiling-na-investigacao-criminal-de-assassinos-em-serie. Acesso em: 02 mar. 2023.

LINO, Denis. *Criminal Profiling*: perfil criminal análise do comportamento na investigação criminal. Curitiba: Juruá Editora, 2021.

MACHADO, N; FRANCK, W. Criminal profiling. *Revista Jus Navigandi*, ISSN 1518-4862, Teresina, ano 24, n. 5746, 2019. Disponível em: https://jus.com.br/artigos/71897. Acesso em: 1º mar. 2023.

MALISWESKI, R.; BERNARDI, D.; SILVA, L.; KLEINÜBING, R.; SAUERRESSIG, G. Psicologia do Testemunho. *XVII Encontro Científico Cultural Interinstitucional*. 2019.

MERLI, Karina. *ECA-USP Jornalismo Júnior*. "Criminal Minds" e a utilização do criminal Profiling. Disponível em: http://jornalismojunior.com.br/criminal-minds-e-a-utilizacao-do-criminal-profiling/. Acesso em: 02 ago. 2022.

MISCHEL, W.; SHODA, Y.; MENDOZA-DENTON, R. *Situation-Behavior Profiles as a Locus of Consistency in Personality*. Current Directions in Psychological Science, 2002.

PEREIRA, E. S. *O profiling como expressão do paradigma indiciário*. Monografia apresentada ao curso de formação em Psicologia. Universidade Estadual da Paraíba. Campina Grande, 2011.

RODRIGUES, M. J. R. *Perfis criminais*: validade de uma técnica forense. Dissertação de Mestrado em Medicina Legal, Universidade do Porto. Porto, 2010.

SANTORO, C. *Modus operandi* x assinatura. *JUS Brasil*. Disponível em: https://canalcienciascriminais.jusbrasil.com.br/artigos/603058793/modus-operandi-x-assinatura#:~:text=A%20assinatura%20do%20agressor%20%C3%A9,algo%20de%20pessoal%20do%20criminoso. Acesso em: 11 mar. 2023.

SEDAS, G. L. B. *Profiling criminal* – Validade e riscos associados. Dissertação de Mestrado. Instituto Superior de Ciências Policiais e Segurança Interna, 2021.

SIMAS, T. K. Profiling *Criminal*: introdução à análise comportamental no contexto investigativo. Sintra: Rei dos Livros, 2012.

SUPREME COURT OF DELAWARE. Julgado disponível em: https://casetext.com/case/pennell-v-state-2. Acesso em: 02 mar. 2023.

TELES, Ney Moura. *Direito penal* – Parte geral. 2. ed. São Paulo: Atlas, 2006. v. I.

TRINDADE, L. A. G. *Criminal profiling e seus desafios no Brasil*. Tese de conclusão de curso – Pontifícia Universidade Católica de Goiás. Goiânia, 2022.

TURVEY, B.E; DOUGLAS, J.E. et al. apud VICENT, R. T. La psicología aplicada a la investigación criminal. *Revista Estudios Policiales*, n. 6. Santiago, 2010.

TURVEY, B. E.; FREEMAN, J. Case linkage: Offender modus operandi and signature. Em TURVEY, B.E. (Ed.), *Criminal profiling*: An introduction to behavioral evidence analysis. Elsevier Academic Press: 2012. Disponível em: https://psycnet.apa.org/search.

WOODHAMS, J.; BENNELL, C. *Crime Linkage Theory, Research, and Practice*. Capítulo 9: The Use of Linkage Analysis Evidence in Serial Offense Trials. 2014.

WOODHAMS, J; HOLLIN, C. R.; BULL, R. *The psychology of linking crimes*: A review of the evidence. The British Psychological Society, 2007.

WOODHAMS, J; HOLLIN, C. R.; BULL, R. *Criminal Profiling*: International Theory, Research, and Practice. Capítulo 6: Case Linkage Identifying Crimes Committed by the Same Offender. Totowa: Human Press Inc., 2010.

ILEGALIDADE DA "OITIVA DOCUMENTADA": BURLA AOS ARTS. 422 E 479 DO CÓDIGO DE PROCESSO PENAL

Octahydes Ballan Junior

Doutor e Mestre em Direito pelo Centro Universitário de Brasília (UniCEUB). Pós-graduado em Crime Organizado, Corrupção e Terrorismo (Universidade de Salamanca/Espanha), Estado de Direito e Combate à Corrupção (ESMAT), Direitos Humanos (Universidade Pablo de Olavide, Sevilha/Espanha), Direito Processual Civil (PUC Minas) e Ciências Criminais (UNAMA). Bacharel em Direito pela Faculdade de Direito de Franca. Promotor de Justiça no Ministério Público do Estado do Tocantins. Membro auxiliar da Procuradoria-Geral da República na Assessoria Jurídica Criminal no Supremo Tribunal Federal e no Superior Tribunal de Justiça. E-mail: octahydesjunior@mpto.mp.br.

Ticiane Louise Santana Pereira

Mestra em Direitos Fundamentais e Democracia pelo Centro Universitário Autônomo do Brasil – UniBrasil. Bacharela em Direito pela Universidade Católica do Salvador (UCSal). Promotora de Justiça no Ministério Público do Estado do Paraná, oficiando no Tribunal do Júri de Curitiba. E-mail: tlspereira@mppr.mp.br.

Sumário: 1. Introdução – 2. Rito processual do júri: art. 422 X art. 479 do CPP; 2.1 Da imediação do juiz; 2.2 Do contraditório pelo sistema do *cross examination*; 2.3 Procedimento de produção da prova oral como limite à liberdade probatória – 3. Prova documental e documentada – 4. Considerações finais – 5. Referências.

1. INTRODUÇÃO

Para o processamento dos crimes dolosos contra a vida e buscando dar concretude ao disposto no art. 5º, XXXVIII, da Constituição da República, que reconhece a instituição do júri com a competência mínima para o julgamento desses delitos, o legislador estabeleceu, no Código de Processo Penal, um rito escalonado em duas fases: *iudicium accusationis* e *iudicium causae*.

Preclusa a decisão de pronúncia e, portanto, superada a fase do *iudicium accusationis*, impõe a lei processual que o presidente do tribunal do júri intime o órgão do Ministério Público ou o querelante, no caso de queixa, e o defensor, para, em 5 (cinco) dias, apresentarem rol de testemunhas que irão depor em plenário, até o máximo de 5 (cinco), oportunidade em que poderão juntar documentos e requerer diligência (art. 422, CPP).

Em uma última fase de aporte probatório, ainda faculta o Código de Processo Penal, no art. 479, que, com antecedência mínima de 3 dias úteis, dando-se ciência à outra parte, as partes juntem aos autos documentos ou objetos que serão exibidos em plenário.

Fazendo uso do último dispositivo legal mencionado, a defesa, em não raras vezes, tem carreado aos autos declarações gravadas em vídeo (ou declarações escritas com firma reconhecida e/ou feitas na presença de um oficial de registro) tangenciando matérias que buscam sensibilizar os jurados. Mais especificamente, embora não apenas nesses casos, em crimes dolosos contra a vida cometidos no âmbito doméstico, são produzidos vídeos caseiros com filhos ou parentes do agressor, com conteúdo versando sobre os predicados do réu e a falta que ele tem feito durante o período de prisão cautelar. Entretanto, não raro, tais aportes discursivos acabam transversalizando aspectos fáticos do contexto da demanda, cujo conhecimento sequer foi submetido à parte contrária.

A partir de revisão bibliográfica, este artigo debate a respeito da (in)admissibilidade dessa prova, respondendo ao seguinte questionamento: é admissível, nos julgamentos pelo Tribunal do Júri, o uso de declarações gravadas ou reduzidas a termo, juntadas no prazo do art. 479 do Código de Processo Penal?

Partiu-se da hipótese de violação ao devido processo penal e, por consequência, da inadmissibilidade da prova, que não poderá ser validamente submetida a contraditório, razão pela qual deve merecer impugnação do Ministério Público e decisão de desentranhamento pelo magistrado.

Para bem responder a essa questão, torna-se necessária a distinção entre os arts. 422 e 479, CPP, a partir da compreensão dos momentos probatórios e das provas ritual e não ritual; documental e documentada, perpassando pontos da teoria do direito processual penal, bem assim da análise do risco a que os declarantes ficam expostos em caso de admissão desses vídeos.

2. RITO PROCESSUAL DO JÚRI: ART. 422 X ART. 479 DO CPP

O Código de Processo Penal, com a redação conferida pela Lei 11.689/2008, prevê, no art. 422, que o Ministério Público ou o querelante, no caso de queixa, e o defensor, no prazo de 5 (cinco) dias, poderão apresentar rol de testemunhas que irão depor em plenário, até o máximo de 5 (cinco), oportunidade em que poderão juntar documentos e requerer diligência.

Já no art. 479, *caput* e parágrafo único, a lei processual proíbe, durante o julgamento em plenário, a leitura de documento ou a exibição de objeto que não tiver sido juntado aos autos com a antecedência mínima de 3 (três) dias úteis, dando-se ciência à outra parte, compreendida nessa vedação a leitura de jornais ou qualquer outro escrito, bem como a exibição de vídeos, gravações, fotografias, laudos, quadros, croqui ou qualquer outro meio assemelhado, cujo conteúdo versar sobre a matéria de fato submetida à apreciação e julgamento dos jurados. Em sentido contrário, o dispositivo admite a juntada aos autos, obedecida a antecedência mínima de 3 (três) dias úteis, de documentos e objetos que não estejam vedados.

Costuma-se advertir que a amplitude instrutória da fase do art. 422 do CPP é menor do que a do *iudicium accusationis*, porquanto as diligências pleiteadas devem ser pontuais e complementares. Assim também, quanto a juntada de documentos, alude-se ao fato de que, por estratégia, as partes optam por carreá-los no prazo do art. 479.[1]

Mas os dois artigos do Código Processo Penal não têm a mesma razão de ser. Em outras palavras, referidos dispositivos não facultam, na mesma extensão, a juntada de indistintos documentos. Tanto é assim que, sem embargo de uma liberdade geral de provas,[2] o parágrafo único do art. 479 impede a utilização de jornais ou qualquer outro escrito, bem como de vídeos, gravações, fotografias, laudos, quadros, croqui ou qualquer outro meio assemelhado, cujo conteúdo versar sobre a matéria de fato submetida à apreciação e julgamento dos jurados, que tenham sido juntados nas vésperas do plenário, limitação inexistente na fase do art. 422.

Muito além disso, os objetivos são completamente diversos e tocam diretamente com os momentos probatórios, quais sejam, com a proposição, admissão, produção e valoração de provas em juízo.

Destaca Marco Antonio de Barros que cada momento probatório deve obediência ao princípio do devido processo legal e, especificamente a respeito da proposição de provas, cuida-se do "direito conferido às partes de requerer ao juiz a produção de provas sobre fatos pertinentes e relevantes para a confirmação de suas alegações".[3]

Dessa forma, para que se obedeça ao devido processo legal, a oitiva de testemunhas está condicionada a uma propositura tempestiva da prova,[4] com o rol sendo apresentado pelas partes nos momentos processuais oportunos. Importa dizer, assim, que o art. 479 do Código de Processo Penal não admite a proposição de prova testemunhal. Todas as pessoas que prestarão declarações no tribunal do júri, tenham natureza jurídica de informantes ou de testemunhas, deverão ser

---

1. SILVA, Rodrigo Faucz Pereira e; AVELAR, Daniel Ribeiro Surdi de. *Manual do tribunal do júri*. São Paulo: Ed. RT, 2020, p. 307-308.
2. CAMPOS, Walfredo Cunha. *Tribunal do júri*: teoria e prática. São Paulo: Atlas, 2010, p. 216.
3. BARROS, Marco Antonio de. *A busca da verdade no processo penal*. 2. ed. São Paulo: Ed. RT, 2010, p. 151.
4. GOMES FILHO, Antonio Magalhães. *Direito à prova no processo penal*. São Paulo: Ed. RT, 1997, p. 79.

arroladas tempestivamente, é dizer, no momento do art. 422, quando a produção dessa prova deverá ser proposta, não se admitindo que, dando um verdadeiro drible no texto legal, promova-se a juntada de depoimentos como se como documentos fossem.

A razão disso é de fácil compreensão: a prova oral está submetida a regras e princípios próprios, sendo inerente a sua produção por meio (1) da imediação do juiz, (2) com o contraditório ocorrendo pela intervenção direta das partes, com perguntas e respostas num sistema de *cross examination* e (3) obedecido um procedimento de produção que limita a liberdade probatória

2.1 Da imediação do juiz

A colheita da prova oral, no sistema processual penal brasileiro, submete-se ao princípio da imediação. No caso do tribunal do júri, esse princípio ganha especial relevo, porque o Código de Processo Penal faculta aos jurados, os verdadeiros juízes naturais da causa, a formulação de perguntas e requerimentos de acareação, reconhecimento de pessoas e coisas e esclarecimento dos peritos.[5]

Tomada em consideração a juntada de depoimentos gravados no prazo do art. 479 do CPP, os jurados, a quem se destinará a prova, tomarão conhecimento de depoimentos produzidos de forma unilateral, sem a presença de qualquer autoridade pública e sem a possibilidade de contraditório em sua formação, para extrair conclusões que nem sequer são controláveis do ponto de vista estritamente republicano, pois no júri vigora a íntima convicção e a ausência de fundamentação, por meio do sigilo das votações, suprimindo do julgador a possibilidade de examinar a própria credibilidade da prova, porque suprimida a imediação judicial.

A inquirição oral, como expõe Joaquim Canuto Mendes de Almeida, possibilita o exame, as comparações, confrontos, pesquisa e interpretação de minúcias, os sinais ostentados, reperguntas e careações nos depoimentos, verificação de declarações ambíguas ou imperfeitas,[6] que não podem ser suprimidas das partes e dos julgadores, numa mera substituição por um vídeo gravado unilateralmente e sem controle por qualquer autoridade do Estado.

---

5. CPP, art. 473. […]
   § 2º Os jurados poderão formular perguntas ao ofendido e às testemunhas, por intermédio do juiz presidente.
   § 3º As partes e os jurados poderão requerer acareações, reconhecimento de pessoas e coisas e esclarecimento dos peritos, bem como a leitura de peças que se refiram, exclusivamente, às provas colhidas por carta precatória e às provas cautelares, antecipadas ou não repetitivas.
6. ALMEIDA, Joaquim Canuto Mendes de. Estudo comparativo da oralidade civil e da oralidade penal. *Revista da Faculdade de Direito*, Universidade de São Paulo, v. 36, n. 1-2, p. 148-159, 1941. Disponível em: https://www.revistas.usp.br/rfdusp/article/view/65968. Acesso em: 19 mar. 2023.

Cuidando-se de prova oral, testemunhal, tem-se prova ritual, que, portanto, obrigatoriamente deve seguir o rito processual estabelecido para que se torne legítima e obedeça o devido processo legal. Como diz Décio Alonso Gomes, ao aprofundar no estudo do tema da prova e imediação no processo penal:

> [...] o *desvelamento da verdade* deve seguir um *procedimento de legitimação*, que permita, atendidas as garantias que cercam a pessoa acusada de um crime, confronto de teses e antíteses, por meio de alegações e ações probatórias que influam a convicção do julgador.
>
> Referida atividade (de natureza *recognitiva*) é feita por meio da instrução probatório-processual, consistente na efetiva colheita de provas que permitam a aproximação do fato histórico. No entanto, como observado, essa reconstrução não é feita de forma ilimitada ou desregrada, haja vista que tudo deve ser feito com as chamadas *regras do jogo*.[7]

Desse modo, impossível falar em validade e uso da prova oral, travestida de documental, juntada no prazo do art. 479, CPP, porque desrespeita, abertamente, as regras do processo e fere de morte o princípio da imediação, o que se dá mais gravemente no júri, porque os juízes leigos (jurados) só terão aquela oportunidade para ter contato com a prova e tomar uma decisão ao final dos debates:

> Bacigalupo Zapater destaca ainda que a chamada *imediação formal* não rege qualquer juiz, mas o juiz que ditará a sentença, pois este é quem deve perceber por si mesmo a prova. Da mesma forma segue Cabezudo Rodríguez, que entende que do aspecto formal decorre uma das implicações mais características da imediação, que transcende o plano normativo: a imutabilidade do julgador (aquele que presidiu a audiência de colheita da prova deverá coincidir necessariamente com quem é chamado a resolver a causa).
>
> Sob este prisma, centra-se a imediação numa *dimensão relacional* do julgador do fato com a prova, designando-o também como *princípio de contato direto do juiz com a prova*: é necessário assegurar que o juiz intervenha pessoal e diretamente na recepção dos materiais probatórios que logo – e só ele – deverá apreciar a valorar para formar seu juízo, sobre os fatos discutidos, quando da prolação da sentença.
>
> Na acepção *objetiva* ou *material*, examina-se quais meios probatórios há de utilizar o juiz e concerne à relação dos meios de prova com os fatos (ou alegações de fatos) a provar, embora a enumeração legal não indique entre os diversos meios de prova uma ordenação lógica derivada da sua natureza ou de sua vinculação com os motivos da prova.
>
> Certos meios de prova tem um caráter direto, porquanto supõem um contato imediato do magistrado com os *motivos* da prova – com os fatos ou situações a provar. Outros meios, ante a impossibilidade de uma relação direta, buscam uma espécie de reprodução, reconstrução ou representação dos motivos a provar. Há, por último, os meios que, a falta de métodos de verificação direta ou por representação, se fundam em um procedimento lógico de deduções e inclusões.
>
> Nesta acepção, o juiz deve extrair os fatos da fonte, por si mesmo, não podendo utilizar *equivalente probatório algum* (nem estando autorizado a utilizar nenhuma *prova sub-rogada*), sendo certo que, em relação às provas ditas pessoais, somente a inquirição e a audiência pessoal

---

7. GOMES, Décio Alonso. *Prova e imediação no processo penal*. Salvador: JusPodivm, 2016, p. 24.

oferecem ao juiz e às demais partes a possibilidade de contato direto com o declarante e a feitura de perguntas adicionais e complementares à pessoa indagada, assim como possibilidade de fazer objeções em tempo real. E, somente em virtude da impressão pessoal é que o julgador pode fazer um juízo próprio sobre a credibilidade da prova pessoal.[8]

No júri, além da inexigibilidade de conhecimentos técnicos do órgão julgador – os jurados que, em sessão única, devem ter contato direto com a prova oral, nela intervindo para imediata decisão –, há ainda a própria imutabilidade do veredicto, exigindo maior observância das regras de produção de provas orais, submetendo-as a contraditório, contraditas, confronto com outros elementos dos autos, reperguntas pelos jurados etc.

Isso afasta, definitivamente, a possibilidade de mera juntada de um vídeo, como se documento fosse, que impede o exercício do contraditório pelo sistema do *cross examination*.

2.2 Do contraditório pelo sistema do *cross examination*

A ciência jurídica sempre se preocupou com o controle da valoração da prova e da decisão que daí advém, de tal sorte a estabelecer sistemas, vigorando, atualmente, o do livre convencimento motivado do juiz ou da persuasão racional. Em se tratando de julgamento pelo júri, porém, o destinatário da prova está desatado do dever republicano de fundamentação, imperando o princípio da íntima convicção,[9] exigente de maior acautelando na produção de provas e encarecimento dos princípios garantidores do devido processo legal.

Sobressai, nesse caso, o princípio do contraditório, a ponto de a Constituição Federal se preocupar com a ampliação da defesa, garantindo plenitude. Se é correto que o processo penal exige contraditório real, indisponível e efetivo,[10] não menos correto é afirmar que se trata de garantia "inerente às partes litigantes", devendo ser observado em favor de "[t]odos aqueles que tiverem alguma pretensão de direito material a ser deduzida no processo".[11]

Assim sendo, o contraditório não é um princípio inerente, propriamente, ao acusado. É um princípio que deve assegurar, no processo, a "*paridade de armas*

---

8. GOMES, Décio Alonso. *Prova e imediação no processo penal*. Salvador: JusPodivm, 2016, p. 69-71.
9. "Segundo o sistema da 'íntima convicção', os juízes, que naquele momento eram os jurados populares, decidiriam não com base somente nas provas colhidas, muito menos com a tarifa que essas provas possuíssem, mas com a sua convicção íntima e sem ter que motivar, assim, o seu *decisum*." NOGUEIRA, Rafael Fecury. *Pronúncia*: valoração da prova e limites à motivação. Dissertação (Mestrado – Programa de Pós-Graduação em Direito Processual), Faculdade de Direito da Universidade de São Paulo, São Paulo, 2012, 244 p., p.119.
10. TUCCI, Rogério Lauria. *Teoria do direito processual penal*: jurisdição, ação e processo penal (estudo sistemático). São Paulo: Ed. RT, 2002, p. 181.
11. NERY JUNIOR, Nelson. *Princípios do processo na Constituição Federal*. 13. ed. São Paulo: Ed. RT, 2017, p. 249.

entre as partes que o integram como sujeitos parciais, visando à determinação da *igualdade substancial*: esta somente será atingida quando, ao equilíbrio de situações, preconizado abstratamente pelo legislador, corresponder a realidade processual".[12]

Por isso mesmo, Ada Pallegrini Grinover escreveu que, embora do contraditório brote a própria defesa,

> [...] ação e defesa não se exaurem, evidentemente, no poder de impulso e no uso das exceções, mas se desdobram naquele conjunto de garantias que, no arco de todo o procedimento, asseguram às partes a possibilidade bilateral, efetiva e concreta, de produzirem suas provas, de aduzirem suas razões, de recorrerem das decisões, de agirem, enfim, em juízo, para a tutela de seus direitos e interesses, utilizando toda a ampla gama de poderes e faculdades pelos quais se pode dialeticamente preparar o espírito do juiz. O paralelismo entre ação e defesa é que assegura aos dois sujeitos do contraditório instituído perante o juiz a possibilidade de exercerem todos os atos processuais aptos a fazer valer em juízo seus direitos e interesses e a condicionar o êxito do processo.[13]

No sistema processual atual, sobretudo após a reforma de 2008, embora isso já se verificasse na instrução em plenário do tribunal do júri, a colheita da prova oral e a concretização do contraditório se dão por meio do exame cruzado. Informa Antonio Magalhães Gomes Filho que:

> Na técnica da *cross examination* evidenciam-se as vantagens do contraditório na coleta do material probatório, uma vez que após o exame direto, abre-se à parte contrária, em relação à qual a testemunha é presumidamente hostil, um amplo campo de investigação; no exame cruzado, é possível fazer-se uma reinquirição a respeito dos fatos já abordados no primeiro exame (*cross examination as to facts*), como também formular questões que tragam à luz elementos para a verificação da credibilidade do próprio depoente ou de qualquer outra testemunha (*cross examination as to credit*).[14]

O *cross examination* possui a vantagem epistemológica de permitir uma reconstrução mais aproximada dos fatos da realidade, cumpre "significativa *função ritual*" e constitui mecanismo típico do sistema acusatório, permitindo o "debate dialético entre as partes, servindo igualmente à *legitimação* das decisões".[15]

Essa legitimação, contudo, só terá lugar se observado o procedimento de produção da prova oral, que se constitui como limite à liberdade probatória.

---

12. TUCCI, Rogério Lauria. *Teoria do direito processual penal*: jurisdição, ação e processo penal (estudo sistemático). São Paulo: Ed. RT, 2002, p. 203.
13. GRINOVER, Ada Pellegrini. *Novas tendências do direito processual*: de acordo com a Constituição de 1988. Forense Universitária, 1990, p. 4-5.
14. GOMES FILHO, Antonio Magalhães. *Direito à prova no processo penal*. São Paulo: Ed. RT, 1997, p. 152-153.
15. GOMES FILHO, Antonio Magalhães. Provas: Lei 11.690, de 09.06.2008. In: MOURA, Maria Thereza Rocha de Assis (Coord.). *As reformas no processo penal*: as novas leis de 2008 e os projetos de reforma. São Paulo: Ed. RT, 2008, p. 287.

2.3 Procedimento de produção da prova oral como limite à liberdade probatória

A literatura jurídica aponta que a vida humana se insere "no epicentro do sistema de proteção jurídico-penal, espelhado na Constituição Federal, certo que a tutela da vida humana contra os atentados mais graves justifica o reconhecimento de imperativo implícito de proteção", donde a previsão do crime de homicídio doloso é inafastável, em mandado implícito de criminalização, e o processo penal não pode se constituir em "ferramental capaz de corroer a lógica de proteção penal".[16]

Cuidando-se de instrução em plenário do tribunal do júri, a admissão e produção da prova oral deverão estar cercadas de cautelas redobradas, seja porque a decisão, como já mencionado, será tomada sob o sistema da íntima convicção, seja porque a subversão da forma de coleta da prova pode conduzir ao esvaziamento do devido processo legal em sua temática mais sensível: o funcionamento do processo como instrumento de proteção da vida humana.

Para Antonio Magalhães Gomes Filho, sob o ponto de vista processual, a aceitação da prova oral encontra o mais consistente fundamento no "*controle* da sua formação pelos sujeitos processuais", tendo como uma de suas características essenciais a tomada dos depoimentos em audiência, na presença do juiz e das partes, que poderão imediatamente aferir a idoneidade das informações, observando o comportamento, a segurança, as hesitações e contradições do depoente, sobressaindo em importância o "*método* pelo qual o testemunho é introduzido ao processo, e o *contraditório* – com a contraposição na formulação de perguntas e objeções pelas partes", como mecanismo "mais adequado para explorar os conhecimentos do depoente a respeito dos fatos, ao mesmo tempo que assegura a imparcialidade do juiz, destinatário das informações obtidas".[17]

Trata-se, a bem da verdade, de obedecer ao devido processo penal, colhendo-se a prova na forma prevista no respectivo Código, com atenção aos procedimentos legalmente fixados, que são importantes elementos de legitimação da própria decisão.[18]

Destaca Antonio Scarance Fernandes que:

> [...] o direito ao procedimento processual penal consiste em direito a um sistema de princípios e regras que, para alcançar um resultado justo, faça atuar as normas do direito repressivo,

---

16. CARVALHO, Márcio Augusto Friggi. *Colaboração premiada aplicada ao procedimento do tribunal do júri*. Belo Horizonte: Fórum, 2022, p. 188.
17. GOMES FILHO, Antonio Magalhães. Provas: Lei 11.690, de 09.06.2008. In: MOURA, Maria Thereza Rocha de Assis (Coord.). *As reformas no processo penal*: as novas leis de 2008 e os projetos de reforma. São Paulo: Ed. RT, 2008, p. 283.
18. FERNANDES, Antonio Scarance. *Teoria geral do procedimento e o procedimento no processo penal*. São Paulo: Ed. RT, 2005, p. 37.

necessárias para a concretização do direito fundamental à segurança, e assegure ao acusado todos os mecanismos essenciais para a defesa de sua liberdade. De forma resumida, um sistema que assegure *eficiência* com *garantismo*, valores fundamentais do processo penal moderno.[19]

Não é por outro motivo que Gustavo Badaró assenta a necessidade de observância do procedimento probatório, é dizer, a "prova ritual" deve seguir o rito legal, porque é isso que "assegura a genuinidade e a capacidade demonstrativa de tal meio de prova".[20]

Em se tratando de oitiva de pessoa, que por certo poderia ser ouvida em juízo, nada justificada a colheita de vídeo caseiro ou redução a termo de um suposto depoimento, menos ainda a admissão de sua juntada aos autos no prazo do art. 479, CPP, inviabilizando qualquer reação da parte contrária, seja porque o prazo não permitirá, seja porque já não poderá pedir a oitiva de tal pessoa, com flagrante quebra do contraditório, que importa em capacidade de reagir.

Gustavo Badaró enfatiza que "o contraditório é o melhor método de conhecimento. A verdadeira prova não se obtém em segredo ou com pressão unilateral, mas de modo dialético" e, em se tratando de oitiva de pessoas, "o princípio da imediação está presente no momento da produção de prova testemunhal, mas ausente na prova documental", a revelar que "[a] presença do juiz no momento da produção de prova testemunhal é fundamental para, posteriormente, haver uma correta valoração da prova",[21] inadmitindo-se a simples substituição da oitiva em juízo pela colheita de um "depoimento" particular. A se considerar válido esse mecanismo, poder-se-ia dispensar a produção de prova oral em juízo, a tomada de compromisso, o *cross examination*, simplificando tudo a partir da juntada de um vídeo produzido pela defesa e carreado aos autos dias antes do júri. Bastaria isso para se converter o testemunho, como ato, em documento, como objeto.[22]

Praticado o ato previsto para a fase do art. 422 do Código de Processo Penal, momento adequado para a proposição de provas, não tendo a defesa oferecido rol de testemunhas, não poderá requerer a produção de prova testemunhal posterior-

---

19. FERNANDES, Antonio Scarance. *Teoria geral do procedimento e o procedimento no processo penal*. São Paulo: Ed. RT, 2005, p. 40.
20. BADARÓ, Gustavo. Provas atípicas e provas anômalas: inadmissibilidade da substituição da prova testemunhas pela juntada de declarações escritas de quem poderia ser testemunha. In: YARSHELL, Flávio Luiz; MORAES, Maurício Zanoide de (Org.). *Estudos em homenagem à professora Ada Pellegrini Grinover*. São Paulo: DPJ, 2005, p. 344.
21. BADARÓ, Gustavo. Provas atípicas e provas anômalas: inadmissibilidade da substituição da prova testemunhas pela juntada de declarações escritas de quem poderia ser testemunha. In: YARSHELL, Flávio Luiz; MORAES, Maurício Zanoide de (Org.). *Estudos em homenagem à professora Ada Pellegrini Grinover*. São Paulo: DPJ, 2005, p. 346.
22. RAMOS, Vitor de Paula. *Prova testemunhal*: do subjetivismo ao objetivismo, do isolamento científico ao diálogo com a psicologia e epistemologia. 3. ed. São Paulo: JusPodivm, 2022, p. 56.

mente, porque preclusa.[23] Por evidente, também não poderá contornar a preclusão juntando aos autos uma "oitiva unilateral", feita sem nenhum controle público, sem a observância do rito e das condições legais, a pretexto de se tratar de documento. Torna-se importante, então, diferenciar a prova documental da prova documentada.

3. PROVA DOCUMENTAL E DOCUMENTADA

Como acima contextualizado, tem sido recorrente, dias antes do julgamento em plenário do júri, a juntada ao processo de depoimentos orais (ou reduzidos a termo) em uma mídia. Com esse procedimento, busca a defesa fazer crer que se trata de *prova documental*, a fim de acomodar-se na chance última de produção probatória (art. 479, CPP), minando, entretanto, indicativos mínimos de paridade de armas, contraditório e não surpresa.

Rememore-se que a produção de prova oral deve, antes, passar pelos momentos de proposição e admissão. E a propositura desse meio de prova, conforme o Código de Processo Penal, só pode acontecer, no caso da defesa, com a resposta a acusação (art. 406, § 3º, CPP) e na fase do art. 422, CPP, quando preclusa a pronúncia.

Sabidamente, o conceito de *documento* não se limita à simples documentação material de um ato. Com o avanço das tecnologias, com a assimilação de novas formas de conhecimento, este conceito ganhou ares mais amplos, a fim de adaptar-se ao progresso da cognição dialógica aferível no debate processual. Assim, vídeos encartados em mídias e outras formas de materialização fática podem, em regra, ser considerados documentos em sentido amplo.

Nesse sentido, sempre oportuno socorrer-nos da matriz da Teoria Geral do Processo, a respeito desta definição conceitual:

> Segundo Comoglio, Ferri e Taruffo, à categoria das provas documentais se reduzem em geral todas as coisas que parecem idôneas a documentar um fato, ou seja, a narrá-lo e representá-lo ou a reproduzi-lo (...). A representação aludida, portanto, não se resume à mera escrituração de declarações. Ao contrário, abrange a reprodução de sons, imagens, estados de fato, ações e comportamentos, além dos documentos criados através de tecnologias modernas da informação e das comunicações, como os dados inseridos na memória de um computador ou transmitido através de uma rede de informática, e em geral os assim ditos documentos informáticos. A fim de melhor burilar o conceito de prova documental, é imprescindível trazer a lume as observações de Carnelutti a esse respeito. O autor, buscando traçar a diferença que existe entre a prova testemunhal e a prova documental, salienta, inicialmente, que o testemunho é ato, enquanto documento, objeto. Sendo ambos criações humanas, esclarece ele que essa criação é diferente em cada uma das situações: "De uma parte o homem age em presença do fato a representar

---

23. DIAS, Fernando Gardinali Caetano. *Preclusão e direito à prova no processo penal condenatório*. Dissertação (Mestrado – Programa de Pós-Graduação em Direito Processual), Faculdade de Direito da Universidade de São Paulo, São Paulo, 2018, 243 p., p. 205.

para compor um aparato exterior capaz de produzir efeito representativo; de outra parte o homem age na ausência do fato a representar produzindo diretamente o mesmo efeito". Após essas considerações, o mesmo processualista estabelece dois critérios distintivos entre prova documental e prova testemunhal. Em primeiro lugar, segundo Carnelutti, a representação documental é *imediata*, enquanto a testemunhal é *mediata;* enquanto na primeira a individualidade do fato a ser representado traduz-se imediatamente em um objeto exterior; na segunda, fixa-se imediatamente na memória de um homem e somente através desta se reproduz na representação. Sob outro enfoque, a prova documental seria *permanente* ao passo que a representação testemunhal seria *transitória*. "Isso porque se o documento não fosse durável, não poderia ter eficácia de conservar por si só o traço do fato representado independentemente da memória humana; se o testemunho não fosse transitório, não se limitaria a uma reconstrução do fato representado com elementos puramente subjetivos." Com essa análise, parece ser possível concluir que prova documental tem por característica típica a circunstância de, diretamente, demonstrar o fato pretérito. Através deste meio de prova, o juiz tem o conhecimento do fato sem qualquer interferência valorativa outra, que não a própria. A interferência humana no fato, diante de uma prova documental, cinge-se à formação da coisa (documento) e à reconstrução do fato no futuro (pelo juiz ou pelas partes, por exemplo). Não há, como ocorre com uma prova testemunhal ou com uma prova pericial, mediação nessa reconstrução. Ou, se assim se preferir dizer, na colocação de Carnelutti, o "documento é uma coisa que *docet*, não que serve a *docere*", isto é, que tem em si a virtude de fazer conhecer.[24]

Ainda nesse sentido, também Marinoni, trazendo a lume a famosa diferenciação, que aqui se faz pertinente ancorar e que afasta a confusão entre *prova documental* e *prova documentada*, diz:

> Prova documental é, somente, aquela através da qual se tem a representação imediata do fato a ser reconstruído. Como leciona Carnelutti, "quem descreve por escrito um fato, enquanto o apercebe, forma um documento, por que quer representar no futuro o fato mediante o escrito formado; quem descreve por escrito um fato, que notou anteriormente, forma um testemunho porque quer representar atualmente um fato passado mediante o ato de escrever. Há na atividade humana de idêntica aparência nos dois casos, mas de diversa substância: no primeiro o homem não fornece mais que o meio, no segundo fornece também a matéria da representação, já que o fato não existe mais fora, mas apenas dentro dele; no primeiro forma um aparato (exterior) para conservar (a memória do) fato, no segundo o extrai de si mesmo, onde está conservado". Na prova documental, portanto, o documento é capaz de, por si só, representar o fato; é, afinal o elemento representativo, o que não ocorre com as provas testemunhal e pericial (onde o elemento representativo é a pessoa). A formalização da perícia ou a materialização do depoimento humano sobre fato pretérito (como em uma escritura pública, por exemplo), pois, não transforma a natureza da prova em documental. A prova continua tendo sua característica própria de prova indireta, jamais se convolando em prova documental apenas pelo fato de encontrar-se materializada em um documento, ou melhor, por estar documentada. Essa conclusão é essencial, seja para afirmar o regime (e o cabimento) de certo tipo de prova, seja para determinar a possibilidade ou não do uso de certo tipo de procedimento.[25]

---

24. MARINONI, Luiz Guilherme; ARENHART, Sérgio Cruz; MITIDIERO, Daniel. *Curso de processo civil*: tutela dos direitos mediante procedimento comum. 2. ed. São Paulo: Ed. RT, 2016, v. 2, p. 364-365.
25. MARINONI, Luiz Guilherme; ARENHART, Sérgio Cruz; MITIDIERO, Daniel. *Curso de processo civil*: tutela dos direitos mediante procedimento comum. 2. ed. São Paulo: Ed. RT, 2016, v. 2, p. 366-367.

Portanto, embora seja possível documentar o depoimento de uma testemunha (a exemplo da mídia com a gravação da oitiva de uma pessoa), isso jamais transformará a prova testemunhal em documental, ela continuará tendo a natureza da primeira,[26] donde inafastável seguir os ditames procedimentais da colheita da prova oral, sob pena de ofensa ao devido processo legal, é dizer, tomada do depoimento, sob compromisso, na presença do magistrado, com perguntas e reperguntas pelas partes, com possibilidade de contradita etc.

A regra do art. 479 do Código de Processo Penal não pode servir de móvel para contornar preclusões experimentadas pela defesa. Nesta última fase antes do plenário, juntam-se documentos e objetos, mas não depoimento de que poderia ser ouvido em juízo. A disciplina visa a evitar os riscos deletérios da surpresa, eventualmente trazida por outro meio de prova que não o documental para que com ela se contraponha a parte adversa. Trata-se de equilíbrio e prestígio à paridade de armas e ao contraditório, direito que ambas as partes têm de influir na produção da prova.

Neste sentido, o Superior Tribunal de Justiça já decidiu que depoimentos prestados fora do âmbito processual, embora possam ingressar nos autos, não têm valor de prova testemunhal e não podem ser utilizados como prova em plenário, vedando a menção de seu conteúdo no relatório distribuído ao corpo de jurados, ou seja, não podem ser apresentados como prova ao Corpo de Jurados e nem pode haver menção a tais testemunhos, embora o magistrado possa determinar a oitiva dessas pessoas como testemunhas do juízo.[27]

Os depoimentos de filhos, de parentes do réu ou de terceiras pessoas, quando gravados e juntados como prova supostamente documental, passam ao largo do contraditório. Tais pessoas necessariamente deveriam ser arroladas como informantes ou testemunhas, permitindo não só o exercício do *cross examination* como, antes disso, a admissão ou não da prova pretendida, a análise das escusas e proibições,[28] enfim, a regularidade da prova.

A distinção entre prova documental e documentada já foi realizada em alguns casos de julgamento de crimes dolosos contra a vida, identificando-se, inclusive, possível burla à preclusão. Nesse sentido, o Tribunal de Justiça do Rio Grande do Sul já decidiu que depoimentos, ainda que gravados em vídeo, não se

---

26. RAMOS, Vitor de Paula. *Prova documental*: do documento aos documentos. Do suporte à informação. 2. ed. São Paulo: JusPodivm, 2022, p. 41.
27. BRASIL. Superior Tribunal de Justiça. *Habeas Corpus* 148.787/SP, Rel. Ministro Rogério Schietti Cruz, Sexta Turma, julgado em 20 out. 2016, DJe 14.11.2016.
28. CPP, Art. 206. A testemunha não poderá eximir-se da obrigação de depor. Poderão, entretanto, recusar-se a fazê-lo o ascendente ou descendente, o afim em linha reta, o cônjuge, ainda que desquitado, o irmão e o pai, a mãe, ou o filho adotivo do acusado, salvo quando não for possível, por outro modo, obter-se ou integrar-se a prova do fato e de suas circunstâncias.
Art. 207. São proibidas de depor as pessoas que, em razão de função, ministério, ofício ou profissão, devam guardar segredo, salvo se, desobrigadas pela parte interessada, quiserem dar o seu testemunho.

transformam em documentos, asseverando que depoimentos, meio de produção da prova testemunhal, são tomados oralmente, não se admitindo nem mesmo que a testemunha leve por escrito o seu depoimento, porque a produção dessa prova se submete ao contraditório. Desse modo, a juntada da mídia com depoimentos, ainda que no prazo do art. 479 do CPP, configura tentativa de produzir prova testemunhal por outra via, contornando a perda do adequado momento de propositura da prova, previsto no art. 422, CPP.[29]

Na mesma linha, o Tribunal de Justiça de Mato Grosso, analisando a perda do prazo para oferecimento da resposta escrita contendo rol de testemunhas, disse haver burla à preclusão com a conversão de um depoimento de testemunha não arrolada oportunamente em prova documental. Na ocasião, salientou que, apesar de o depoimento se transformar em documento após a sua produção, mantém a essência de prova testemunhal, tratando-se, melhor dizendo, de redução a termo da prova testemunhal. As pessoas a serem ouvidas devem ser oportunamente arroladas e inquiridas ao longo da instrução processual, observado o contraditório, vedando a juntada de oitiva de testemunha como prova documental.[30]

De resto, ainda há um indispensável cuidado, sobretudo em casos de crimes dolosos contra a vida cometidos no âmbito doméstico, palco onde mais corriqueiramente tem havido a produção das questionadas declarações unilaterais. Nessas situações, as pessoas ouvidas unilateralmente geralmente são parentes do réu e da vítima, ou seja, estão submetidas a um ambiente de violência a ponto de torná-las também vítimas, ainda que indiretas.[31]

Forçoso atentar, na esteira do que dispõem os arts. 400-A[32] e 474-A[33] do Código de Processo Penal, ambos incluídos pela Lei 14.245/2021, para a necessidade

---

29. BRASIL. Tribunal de Justiça do Rio Grande do Sul. Apelação Crime 70075522821, Relator: Sérgio Miguel Achutti Blattes, Terceira Câmara Criminal, Julgado em 18.04.2018.
30. BRASIL. Tribunal de Justiça de Mato Grosso. Autos 10035507120218110000 MT, Relator: Paulo da Cunha, Primeira Câmara Criminal, Data de Julgamento: 18.05.2021, Data de Publicação: 23.05.2021.
31. A presença física ou virtual de descendente ou de ascendente da vítima pode constituir, inclusive, causa de aumento de pena no feminicídio, demonstrando a necessidade de proteção a essas pessoas:
CP, Art. 121. […]
§ 7º A pena do feminicídio é aumentada de 1/3 (um terço) até a metade se o crime for praticado:
[…]
III – na presença física ou virtual de descendente ou de ascendente da vítima.
32. Art. 400-A Na audiência de instrução e julgamento, e, em especial, nas que apurem crimes contra a dignidade sexual, todas as partes e demais sujeitos processuais presentes no ato deverão zelar pela integridade física e psicológica da vítima, sob pena de responsabilização civil, penal e administrativa, cabendo ao juiz garantir o cumprimento do disposto neste artigo, vedadas:
I – a manifestação sobre circunstâncias ou elementos alheios aos fatos objeto de apuração nos autos;
II – a utilização de linguagem, de informações ou de material que ofendam a dignidade da vítima ou de testemunhas.
33. Art. 474-A. Durante a instrução em plenário, todas as partes e demais sujeitos processuais presentes no ato deverão respeitar a dignidade da vítima, sob pena de responsabilização civil, penal e administrativa, cabendo ao juiz presidente garantir o cumprimento do disposto neste artigo, vedadas:

de que todas as partes e sujeitos processuais respeitem a dignidade da vítima, sob pena de responsabilização civil, penal e administrativa, cabendo ao juiz presidente garantir o cumprimento dessa obrigação, ficando vedadas a manifestação sobre circunstâncias ou elementos alheios aos fatos objeto de apuração nos autos e a utilização de linguagem, de informações ou de material que ofendam a dignidade da vítima ou de testemunhas.

Tratar vítimas e testemunhas com o necessário respeito impõe um rigoroso controle ético que, não raro, a prática forense historicamente inobservou, mesmo com a presença da autoridade judiciária.[34] Oitiva que se realize sem a presença de autoridade pública, com o declarante sujeito a todo tipo de pressão ou induzimento e com vídeo passível de edição, não permitirá que se garanta o cumprimento dessas normas legais.

A legislação processual penal tem caminhado rumo a garantia de eticidade na colheita da prova, exigindo das partes e do juiz um comportamento respeitoso e não revitimizador. Nessa ordem de ideias, a Lei 13.431/2017 estabelece o sistema de garantia de direitos da criança e do adolescente vítima ou testemunha de violência, regulamentando o depoimento especial, que não está ao livre arbítrio da parte obedecer ou não, como também não está nem sequer ao juízo discricionário do magistrado,[35] ou seja, é vedada a produção de vídeo de criança ou adolescente vítima ou testemunha de violência, mesmo que tais declarações circunscrevam-se a qualidades do réu, porque subjaz um crime doloso contra a vida.

A prova, portanto, não pode ser admitida no processo, cabendo ao Ministério Público impugná-la, na condição de parte ou de fiscal da ordem jurídica, e ao Poder Judiciário determinar o seu desentranhamento dos autos ou, quando menos, vedar seu uso em plenário.

4. CONSIDERAÇÕES FINAIS

O presente artigo teve o objetivo de analisar e debater tema que tem sido recorrente no plenário do tribunal do júri. Costumeiramente, a defesa tem juntado aos autos mídia contendo declarações de parentes do réu, como se depusessem a respeito dos seus predicados e da falta que ele tem feito, se preso cautelarmente, além de tangenciar matéria fática objeto do processo. Dessa forma, analisamos se é

I – a manifestação sobre circunstâncias ou elementos alheios aos fatos objeto de apuração nos autos;

II – a utilização de linguagem, de informações ou de material que ofendam a dignidade da vítima ou de testemunhas.

34. GARCETE, Carlos Alberto. *Homicídio*: aspectos penais, processuais penais, tribunal do júri e feminicídio. 2. ed. São Paulo: Ed. RT, 2022, p. 403.
35. MARQUES, Márcio Thadeu Silva; CARVALHO, Sandro Carvalho Lobato de. Crianças e adolescentes na sessão do tribunal do júri. In: Rodrigo Monteiro (Org.). *Tribunal do júri*: o Ministério Público em defesa da Justiça. 2. ed. Belo Horizonte: Dialética, 2021, p. 661-668, p. 672.

admissível, nos julgamentos pelo Tribunal do Júri, o uso dessas declarações gravadas ou reduzidas a termo, juntadas no prazo do art. 479 do Código de Processo Penal.

Utilizando de revisão bibliográfica, foi possível compreender, inicialmente, a distinção entre os arts. 422 e 479 do Código de Processo Penal, evidenciando que os dispositivos se destinam a finalidades diversas e que a proposição de produção de prova oral só tem lugar naquele primeiro momento.

Verificou-se, ademais, que a prova oral deve atender ao princípio da imediação, além de ser controlada pelas partes, por meio de contraditório exercido em sistema de exame cruzado, tudo isso a afastar a possibilidade da simples juntada de vídeo produzido de forma unilateral.

Somou-se a isso a análise do procedimento de produção da prova oral como limite à liberdade probatória e, por corolário, garantia das partes. Como prova ritual que é, a prova testemunhal está submetida a limitações procedimentais inafastáveis a critério de uma parte ou de outra.

É equivocada a confusão entre prova documental e documentada. Em que pese um depoimento, se reduzido a escrito ou gravado em mídia, converta-se em documento, não passará de um suporte para o conteúdo de uma prova testemunhal. Em outras palavras, a documentação do depoimento jamais converterá uma prova testemunhal em documental. A natureza jurídica permanece inalterada.

Por fim, as partes e o magistrado devem se atentar para as vedações e ao procedimento contido na Lei 13.431/2017, a respeito do depoimento especial, que impede que a parte, unilateralmente e sem nenhum controle, colha declarações de criança e adolescentes vítimas ou testemunhas de violência. A preocupação com a revitimização e a violência institucional vem reforça pela Lei 14.245/2021.

Feitas essas considerações, é possível responder negativamente ao problema de pesquisa deste artigo: é inadmissível, nos julgamentos pelo Tribunal do Júri, o uso de declarações gravadas ou reduzidas a termo, juntadas no prazo do art. 479 do Código de Processo Penal, ainda que não versem diretamente a respeito de matéria de fato submetida à apreciação dos jurados. Caso essas declarações sejam juntadas aos autos, o Ministério Público deverá impugná-la e o juiz desentranhá-la dos autos ou, quando menos, vedar seu uso em plenário.

5. REFERÊNCIAS

ALMEIDA, Joaquim Canuto Mendes de. Estudo comparativo da oralidade civil e da oralidade penal. *Revista da Faculdade de Direito*, Universidade de São Paulo, v. 36, n. 1-2, p. 148-159, 1941. Disponível em: https://www.revistas.usp.br/rfdusp/article/view/65968. Acesso em: 19 mar. 2023.

BADARÓ, Gustavo. Provas atípicas e provas anômalas: inadmissibilidade da substituição da prova testemunhas pela juntada de declarações escritas de quem poderia ser testemunha. In: YARSHELL, Flávio Luiz; MORAES, Maurício Zanoide de (Org.). *Estudos em homenagem à professora Ada Pellegrini Grinover*. São Paulo: DPJ, 2005.

BARROS, Marco Antonio de. *A busca da verdade no processo penal*. 2. ed. São Paulo: Ed. RT, 2010.

BRASIL. Superior Tribunal de Justiça. *Habeas Corpus* 148.787/SP, Rel. Ministro Rogério Schietti Cruz, Sexta Turma, julgado em 20 out. 2016, DJe 14.11.2016.

BRASIL. Tribunal de Justiça de Mato Grosso. Autos 10035507120218110000 MT, Relator: Paulo da Cunha, Primeira Câmara Criminal, Data de Julgamento: 18.05.2021, Data de Publicação: 23.05.2021.

BRASIL. Tribunal de Justiça do Rio Grande do Sul. Apelação Crime 70075522821, Relator: Sérgio Miguel Achutti Blattes, Terceira Câmara Criminal, Julgado em 18.04.2018.

CAMPOS, Walfredo Cunha. *Tribunal do júri*: teoria e prática. São Paulo: Atlas, 2010.

CARVALHO, Márcio Augusto Friggi. *Colaboração premiada aplicada ao procedimento do tribunal do júri*. Belo Horizonte: Fórum, 2022.

DIAS, Fernando Gardinali Caetano. *Preclusão e direito à prova no processo penal condenatório*. Dissertação (Mestrado – Programa de Pós-Graduação em Direito Processual), Faculdade de Direito da Universidade de São Paulo, São Paulo, 2018.

FERNANDES, Antonio Scarance. *Teoria geral do procedimento e o procedimento no processo penal*. São Paulo: Ed. RT, 2005.

GARCETE, Carlos Alberto. *Homicídio*: aspectos penais, processuais penais, tribunal do júri e feminicídio. 2. ed. São Paulo: Ed. RT, 2022.

GOMES, Décio Alonso. *Prova e imediação no processo penal*. Salvador: JusPodivm, 2016.

GOMES FILHO, Antonio Magalhães. *Direito à prova no processo penal*. São Paulo: Ed. RT, 1997.

GOMES FILHO, Antonio Magalhães. Provas: Lei 11.690, de 09.06.2008. In: Maria Thereza Rocha de Assis Moura (Coord.). *As reformas no processo penal*: as novas leis de 2008 e os projetos de reforma. São Paulo: Ed. RT, 2008.

GRINOVER, Ada Pellegrini. *Novas tendências do direito processual*: de acordo com a Constituição de 1988. Forense Universitária, 1990.

MARINONI, Luiz Guilherme; ARENHART, Sérgio Cruz; MITIDIERO, Daniel. *Curso de processo civil*: tutela dos direitos mediante procedimento comum. 2. ed. São Paulo: Ed. RT, 2016. v. 2.

MARQUES, Márcio Thadeu Silva; CARVALHO, Sandro Carvalho Lobato de. Crianças e adolescentes na sessão do tribunal do júri. *In*: Rodrigo Monteiro (Org.). *Tribunal do júri*: o Ministério Público em defesa da Justiça. 2. ed. Belo Horizonte: Dialética, 2021.

NERY JUNIOR, Nelson. *Princípios do processo na Constituição Federal*. 13. ed. São Paulo: Ed. RT, 2017.

NOGUEIRA, Rafael Fecury. *Pronúncia*: valoração da prova e limites à motivação. Dissertação (Mestrado – Programa de Pós-Graduação em Direito Processual), Faculdade de Direito da Universidade de São Paulo, São Paulo, 2012.

RAMOS, Vitor de Paula. *Prova documental*: do documento aos documentos. Do suporte à informação. 2. ed. São Paulo: JusPodivm, 2022.

RAMOS, Vitor de Paula. *Prova testemunhal*: do subjetivismo ao objetivismo, do isolamento científico ao diálogo com a psicologia e epistemologia. 3. ed. São Paulo: JusPodivm, 2022.

SILVA, Rodrigo Faucz Pereira e; AVELAR, Daniel Ribeiro Surdi de. *Manual do tribunal do júri*. São Paulo: Ed. RT, 2020.

TUCCI, Rogério Lauria. *Teoria do direito processual penal*: jurisdição, ação e processo penal (estudo sistemático). São Paulo: Ed. RT, 2002.

A CAPACIDADE DECISÓRIA DOS JURADOS PROTEGIDA PELA SOBERANIA DOS VEREDICTOS

Rafael Schwez Kurkowski

Doutorando em Direito pela Universidade Federal da Bahia (UFBA). Mestre em Direito pelo Centro Universitário de Brasília (UNICEUB). Especialista em Inteligência Estratégica pela Escola Superior de Defesa (ESD). Especialista em Gestão Acadêmica do Ensino Superior pela Faculdade Pio Décimo (FAPIDE). Graduado em Direito pela Universidade Federal do Rio Grande do Sul (UFRGS). Integrante do grupo de pesquisa Tutela Penal dos Interesses Difusos da Universidade Federal do Mato Grosso (UFMT). Promotor de Justiça do Ministério Público do Estado de Sergipe. Membro Auxiliar do Conselho Nacional do Ministério Público. Professor licenciado de Processo Penal e de Execução Penal da Faculdade Pio Décimo – FAPIDE. Currículo Lattes: http://lattes.cnpq.br/2470799563913344.

Sumário: 1. Introdução – 2. A soberania dos veredictos decorrente do caráter democrático do júri – 3. A vontade dos jurados protegida pela soberania dos veredictos; 3.1 Cumprimento imediato da pena no júri; 3.2 Interpretação restritiva da apelação do artigo 593, III, "D", do código de processo penal; 3.3 Impossibilidade da absolvição na revisão criminal ajuizada contra a condenação pelo júri – 4. Conclusões – 5. Referências.

1. INTRODUÇÃO

O debate sobre a soberania dos veredictos, prevista no art. 5º, XXXVIII, "c", da CF, reacendeu-se com o julgamento do HC 118.770, pela Primeira Turma do STF, em março de 2017, que estabeleceu esta tese: "A prisão de réu condenado por decisão do Tribunal do Júri, ainda que sujeita a recurso, não viola o princípio constitucional da presunção de inocência ou não-culpabilidade". O Ministro Luís Barroso, redator do acórdão, destacou também que a decisão do júri deveria ser cumprida imediatamente "em respeito ao princípio constitucional da soberania do Júri".

A soberania dos veredictos justifica o cumprimento imediato da condenação imposta pelo júri, conforme decidido pela Primeira Turma do STF, nos seguintes julgados: HC 139.612, de abril de 2017; HC 133.528, de junho de 2017; Reclamação 27.011, de abril de 2018; e HC 140.449, de novembro de 2018.

Em oposição, a Segunda Turma do STF não admite a execução imediata da pena, no júri, como se percebe nos Embargos de Declaração no HC 163.814, de novembro de 2019, e no HC 174.759, de outubro de 2020. Quanto à soberania dos veredictos, esses arestos limitaram-se a fundamentar que ela não é absoluta, o que não permitiria a execução imediata.

Sobreveio a Lei 13.964/2019, que positivou a execução da pena no júri imediatamente após a condenação do réu, ao modificar o art. 492 do CPP. Contudo, estipulou o prazo mínimo de quinze anos de pena privativa de liberdade para o cabimento da execução imediata. Há entendimento sobre a inconstitucionalidade desse limite mínimo.[1]

Hoje, sob a relatoria do Ministro Luís Roberto Barroso, o REXT 1.235.340/SC, com repercussão geral reconhecida, versa sobre a execução imediata da pena no júri. O Ministro Relator já votou, tendo fixado a seguinte tese: "A soberania dos veredictos do Tribunal do Júri autoriza a imediata execução de condenação imposta pelo corpo de jurados, independentemente do total da pena aplicada".[2]

O interesse acerca da soberania dos veredictos decorre desse quadro de indefinição jurisprudencial e da ausência de uma reflexão aprofundada da doutrina nacional acerca do tema, principalmente sob a perspectiva constitucional. Simplesmente, costuma-se associar a soberania dos veredictos, tão somente, à impossibilidade de o Poder Judiciário substituir (reformar) a decisão dos jurados.[3] O raciocínio não ultrapassa esse limite.

Não obstante, como a lei não contém palavras inúteis, de forma que não resultam vocábulos supérfluos, ociosos ou inúteis da sua interpretação,[4] deve ser extraído todo o potencial significativo da "soberania". Mormente quando se toma em consideração que nem mesmo a decisão do STF foi considerada soberana pela CF; mas, a do júri, surpreendentemente, sim.

Sob essa perspectiva, o trabalho problematiza a soberania dos veredictos como proteção outorgada pela CF à capacidade decisória dos jurados.

Para essa finalidade, mediante revisão bibliográfica e análise documental da legislação e da jurisprudência, o trabalho estabelece dois objetivos. O primeiro busca demonstrar que o júri, por ser um instrumento de democracia participativa,

---

1. Cf. KURKOWSKI, Rafael Schwez. Execução provisória da pena em condenação no tribunal do júri. In: SOUZA, Renee do Ó. (Org.). *Lei anticrime*: comentários à lei 13.964/2019. Belo Horizonte: D'Plácido, 2019. p. 157-171; e KURKOWSKI, Rafael Schwez. A execução provisória da pena no tribunal do júri. In: WALMSLEY, Andréa; CIRENO, Lígia; BARBOZA, Márcia Noll. (Org.). *Inovações da Lei 13.964, de 24 de dezembro de 2019*. Brasília: Ministério Público Federal, 2020. p. 422-444. Disponível em: http://www.mpf.mp.br/atuacao-tematica/ccr2/publicacoes. Acesso em: 11 jun. 2020.
2. Até o fechamento do presente trabalho, em janeiro de 2023, esse Recurso Extraordinário não havia sido julgado.
3. Cf. ANSANELLI JUNIOR, Ângelo. *O tribunal do júri e a soberania dos veredictos*. Rio de Janeiro: Lumen Iuris, 2005. p. 73; MOSSIN, Heráclito Antônio. *Júri*: crimes e processo. 2. ed. Rio de Janeiro: Forense, 2008. p. 207; e VIVEIROS, Mauro. *Tribunal do júri na ordem constitucional brasileira*: um órgão da cidadania. São Paulo: Juarez de Oliveira, 2003. p. 23.
4. MAXIMILIANO, Carlos. *Hermenêutica e aplicação do direito*. 20. ed. Rio de Janeiro: Forense, 2011. p. 204.

exige que a decisão do conselho de sentença seja soberana. O segundo objetivo procura evidenciar que a soberania preserva a capacidade decisória dos jurados, cuja vontade, por isso mesmo, além de não poder ser reformada, deve ser cumprida de imediato, sob pena de essa decisão não ser verdadeiramente soberana.

Então, o artigo conclui que a proteção da capacidade de decisão dos jurados decorrente da soberania dos seus veredictos exige: a) a execução imediata da decisão condenatória dos jurados; b) a interpretação restritiva sobre a apelação prevista no art. 593, III, "d", do CPP; c) a impossibilidade de a ação de revisão criminal resultar na absolvição direta do autor, antes réu no processo penal.

2. A SOBERANIA DOS VEREDICTOS DECORRENTE DO CARÁTER DEMOCRÁTICO DO JÚRI

O júri oferece ao cidadão comum a possibilidade de participar da manutenção do Estado de Direito e da construção de uma sociedade justa.[5] Dessa forma, a capacidade do júri de representar o sentimento da comunidade e de tomar decisões que objetivam o seu bem-estar caracteriza-o como uma "instituição essencialmente democrática".[6]

O caráter democrático do júri deriva da função de garantia[7] política[8] que o tribunal do júri desempenha para a sociedade, ao permitir que esta exerça o

---

5. DEPARTAMENTO DE ESTADO DOS ESTADOS UNIDOS DA AMÉRICA. Anatomia de um tribunal de júri. *eJournal*, v. 14, n. 7, jul. 2009. Disponível em: http://www.confrariadojuri.com.br/docs/anatomiadeumtribunal.pdf. Acesso em: 28 jan. 2018. p. 7.
6. EILBAUM, Stacey P. The dual face of the american jury: the antiauthoritarian and antimajoritarian hero and villain in american law and legal scholarship. *Cornell Law Review*, Ithaca, v. 98, n. 3, p. 711-742, mar. 2013. Disponível em: http://scholarship.law.cornell.edu/cgi/viewcontent.cgi?article=3268&context=clr. Acesso em: 27 jan. 2018.
7. Adota-se a consagrada distinção de Ruy Barbosa entre direito e garantia: os direitos são as disposições meramente declaratórias que imprimem existência legal aos direitos reconhecidos, enquanto as garantias são as disposições assecuratórias, as quais, em defesa dos direitos, limitam o poder, "ocorrendo não raro juntar-se, na mesma disposição constitucional, ou legal, a fixação da garantia, com a declaração do direito" (BARBOSA, Ruy. *A constituição e os actos inconstitucionais*. 2. ed. Rio de Janeiro: Atlântida, 1893. Disponível em: http://www2.senado.leg.br/bdsf/item/id/24278. Acesso em: 12 set. 2018).
8. Não é objetivo examinar, de forma exauriente, a natureza jurídica do tribunal do júri. Perfunctoriamente, frisa-se que, além de garantia política, o tribunal do júri é uma garantia individual para o réu, quanto ao seu direito individual de ser julgado pelos seus pares, e não por um juiz togado, quando acusado da prática de crime doloso contra vida. A propósito, José Frederico Marques obtempera que, ao qualificar o júri como garantia individual, a Constituição Federal implicitamente afirmou que o *ius libertatis* do réu exige o julgamento pelo júri. Além disso, o tribunal do júri é uma garantia institucional, pois se firma como uma instituição essencial ao ordenamento jurídico que não permite a eliminação ou a restrição do júri enquanto direito individual do réu e enquanto direito coletivo da sociedade (MARQUES, José Frederico. *A instituição do júri*. Campinas: Bookseller, 1997. p. 100). Sobre o papel de garantia institucional do tribunal do júri, confira-se SARLET, Ingo Wolfgang. *A eficácia dos direitos fundamentais*: uma teoria geral dos direitos fundamentais na perspectiva constitucional. 12. ed. Porto Alegre: Livraria do Advogado, 2015. p. 189.

seu direito social, coletivo, de julgar o acusado da prática de crime doloso contra a vida. As garantias políticas, consoante Suxberger,[9] estão vinculadas a formas de desenho institucional que estabelecem controles mútuos entre os poderes políticos, controles internos dos próprios poderes e algumas formas de controle externo. O júri consiste em uma garantia política porque, pela participação do povo diretamente na função judicial do Estado, habilita um controle externo sobre o Poder Judiciário.

Não se deve conceber a democracia somente como forma de governo, pois ela cuida, também, da participação livre do cidadão na vida política do seu país.[10] Consoante José Afonso da Silva,[11] a democracia fundamenta-se em dois princípios: o da soberania popular; e o da participação, direta ou indireta, do povo no poder, para que este constitua efetiva expressão da vontade popular.

Da mesma forma, Aristóteles[12] registra que a democracia, além do aspecto majoritário, envolve a participação, direta e indireta, do cidadão no poder público.

A participação direta do cidadão no poder público constitui a democracia participativa. Ela está prevista no art. 1º, parágrafo único, *in fine*, da CF: "Todo o poder emana do povo, que o exerce por meio de representantes eleitos ou diretamente, nos termos desta Constituição".

A democracia participativa derrogou a democracia meramente representativa. A democracia participativa ou semidireta, a qual resgata preceitos da democracia grega, busca uma maior participação popular no processo político. Ela enfatiza a "necessidade de uma participação direta do povo na vida política do Estado como forma de ruptura com as estruturas então vigentes de poder, as quais sacramentavam um distanciamento do povo em relação às instâncias decisórias da sociedade".[13]

Assim, a democracia participativa implica a "estruturação de *processos* que ofereçam aos cidadãos efectiva possibilidade de aprender a democracia, *partici-*

---

9. SUXBERGER, Antonio Henrique Graciano. *Ministerio público brasileño y política criminal en el marco de la teoría crítica de los derechos humanos*. 2008. 311 f. Tese (Doutorado em Derechos Humanos y Desarrollo) – Universidad Pablo de Olavide, Sevilha, Espanha, 2008. p. 173.
10. AVELAR, Daniel Ribeiro Surdi de. A democracia deliberativa e a busca pelo diálogo no Tribunal do Júri Brasileiro. In: CLEVE, Clemerson Merlin (Coord.). *Direito constitucional brasileiro*: teoria da Constituição e direitos fundamentais. São Paulo: Ed. RT, 2014. v. 1. p. 582.
11. SILVA, José Afonso da. *Curso de direito constitucional positivo*. 20. ed. São Paulo: Malheiros, 2002. p. 131.
12. ARISTÓTELES. *Política*. Trad. Mário da Gama Kury. Brasília: UNB, 1985. p. 1290b, 1292a, 1317b.
13. BARREIROS NETO, Jaime. *A engenharia institucional e o debate contemporâneo da reforma política no Brasil*: Análise crítica das propostas e tendências. 2017. Tese (Doutorado em Ciências Sociais – Faculdade de Filosofia e Ciências Humanas, Universidade Federal da Bahia, Salvador. p. 138, 139).

par nos processos de decisão, exercer controlo crítico na divergência de opiniões, produzir 'inputs' políticos democráticos"[14] (sem grifos no original).

Os processos os quais habilitam a participação do sujeito na gestão pública estão estabelecidos na CF. Seguem exemplos: direito de petição (art. 5º, XXXIV, *a*, da CF); ação popular (art. 5º, LXIII, da CF);[15] iniciativa popular (art. 14, III, da CF); plebiscito (art. 14, I, da CF); referendo (art. 14, II, da CF); denúncia de irregularidades ou ilegalidades perante o Tribunal de Contas da União (art. 74, § 2º, da CF); ação civil pública (art. 129, III, da CF);[16] gestão quadripartite da seguridade social (art. 194, parágrafo único, VII, da CF); participação da sociedade civil no Fundo de Combate e Erradicação da Pobreza (art. 79, parágrafo único, do Ato das Disposições Constitucionais Transitórias).

Essa democratização igualmente ocorre no âmbito do Poder Judiciário, mediante a participação direta do cidadão nele, notadamente quando se trata do júri, "que constitui uma forma de participação popular nas decisões judiciais".[17] No direito estrangeiro, por exemplo, o art. 91 da Constituição da Áustria, ao instituir o júri para causas criminais, é enfático: "The people shall participate in jurisdiction". Já o art. 207º da Constituição de Portugal ("Júri, participação popular e assessoria técnica") prevê o júri criminal como uma via para o povo participar na administração da Justiça. Mais percuciente é o art. 125 da Constituição da Espanha: "Los ciudadanos podrán ejercer la acción popular y *participar en la Administración de Justicia* mediante la *institución del Jurado*, en la forma y con respecto a aquellos procesos penales que la ley determine, así como en los Tribunales consuetudinarios y tradicionales" (sem grifos no original).

A Constituição do Brasil, embora não preveja, textualmente, a participação direta do povo no Poder Judiciário, determinou essa atuação ao instituir o tribunal do júri (art. 5º, XXXVIII, da CF), assegurando soberania aos seus veredictos.

Enquanto órgão constitucional, o júri constitui manifestação de soberania popular ligada à democracia participativa.[18] Ao mesmo tempo em que o juiz presidente representa indiretamente a sociedade, o conselho de sentença consiste

---

14. CANOTILHO, José Joaquim Gomes. *Direito constitucional e teoria da Constituição*. 7 ed. Coimbra: Almedina, 2003. p. 288.
15. SILVA, José Afonso da. *Curso de direito constitucional positivo*. 20. ed. São Paulo: Malheiros, 2002. p. 142.
16. BEÇAK, Rubens. Considerações sobre a democracia participativa. In: ALMEIDA, Fernando Dias Menezes de et al. *Direito constitucional, estado de direito e democracia*: homenagem ao Prof. Manoel Gonçalves Ferreira Filho. São Paulo: Quartier Latin, 2011. p. 615.
17. AYALA, Lourdes et al. *Tribunales por jurados*: participación ciudadana en la administración de la justicia penal. Assunção: Lexijuris, 2015. p. 41.
18. NASSIF, Aramis. *Júri*: instrumento da soberania popular. 2. ed. Porto Alegre: Livraria do Advogado, 2008.

na representação direta do povo,[19] que é o próprio titular dos Poderes Executivo, Legislativo e Judiciário (art. 1º, parágrafo único, da CF).

Ao lado do plebiscito, do referendo e da iniciativa legislativa popular, o júri constitui um instrumento de participação direta do cidadão no Poder Judiciário, pois, nele, o "povo exerce a função jurisdicional de maneira direta, sem intermediários".[20] Dessa forma, enquanto o magistrado "exerce a função jurisdicional – que é função do Estado, e não do órgão que a manifesta – por delegação do poder político, a jurisdição do Júri é exercida diretamente pelo titular originário deste poder: o povo, o que lhe confere autêntica legitimidade popular".[21]

O tribunal do júri permite que a sociedade participe da administração da justiça, o que confirma o regime democrático.[22] De fato, a administração da justiça diretamente pelo povo, por intermédio do tribunal do júri, é fruto do princípio democrático.[23]

Bobbio classifica a participação política do povo como liberdade positiva, quando ele toma decisões, o que respeita a uma dimensão coletiva da sociedade. Ao revés, na liberdade negativa, o titular goza apenas de direitos, no mais das vezes, de feição negativa, a exemplo da liberdade de opinião. Sob essa óptica, a liberdade negativa está relacionada a uma concepção individual da sociedade, pois exalta o indivíduo, que é titular de direitos.[24]

A liberdade negativa limita o governo; já a liberdade positiva ocorre pela participação da sociedade na administração coletiva da coisa pública e em julgamentos coletivos. Dessa forma, o júri, na perspectiva do réu (liberdade negativa), representa uma garantia individual contra o arbítrio do Estado; na perspectiva do jurado (liberdade positiva), representa uma forma de exercer, de ser o próprio governo (*being in government*).[25]

A propósito, em razão da sua singularidade, há doutrina que sustenta que o tribunal do júri não é um órgão do Poder Judiciário, mas um órgão constitucional

---

19. TUCCI, Rogério Lauria. Tribunal do júri: origem, evolução, características e perspectivas. In: TUCCI, Rogério Lauria (Coord.). *Tribunal do júri*: estudo sobre a mais democrática instituição jurídica brasileira. São Paulo: Ed. RT, 1999. p. 35.
20. VIVEIROS, Mauro. *Tribunal do júri na ordem constitucional brasileira*: um órgão da cidadania. São Paulo: Juarez de Oliveira, 2003. p. 59.
21. VIVEIROS, Mauro. *Tribunal do júri na ordem constitucional brasileira*: um órgão da cidadania. São Paulo: Juarez de Oliveira, 2003. p. 68-69.
22. ANSANELLI JUNIOR, Ângelo. *O tribunal do júri e a soberania dos veredictos*. Rio de Janeiro: Lumen Iuris, 2005. p. xxi.
23. RANGEL, Paulo. *Tribunal do júri*: visão linguística, histórica, social e jurídica. 5. ed. São Paulo: Atlas, 2015. p. 19.
24. BOBBIO, Norberto. *Igualdade e liberdade*. 2. ed. Rio de Janeiro: Ediouro, 1997. p. 62.
25. ABRAMSON, Jeffrey. Four models of jury democracy. *Chicago-Kent Law Review*, Chicago, v. 90, n. 3, p. 861-898, oct. 2015. Disponível em: https://papers.ssrn.com/sol3/papers.cfm?abstract_id=2608747. Acesso em: 27 jan. 2018. p. 863.

autônomo. Nesse sentido, Nassif[26] resenha que o júri, além de não estar previsto no art. 92 da CF, não está submetido ao dever de fundamentar as suas decisões, o qual é exigível dos magistrados (art. 93, IX, da CF). E o fato de ele ser presidido por um magistrado não tem a capacidade de torná-lo órgão do Poder Judiciário, porque o raciocínio seria equivalente àquele que sucede nos crimes de responsabilidade (*impeachment*), em que o Senado, a despeito de ser presidido pelo presidente do STF, não se converte em órgão do Poder Judiciário.[27]-[28]

À vista dessas razões, constata-se que o júri constitui e reforça a democracia ao permitir que o cidadão participe diretamente do governo, notadamente ao conceber a ingerência direta do cidadão na administração da Justiça. Portanto, o júri consiste em um verdadeiro instrumento da democracia participativa.

Por outro lado, sustenta-se que a soberania dos veredictos descende do caráter democrático participativo do júri. Todavia: em que consiste essa soberania? De Plácido e Silva desenvolve um conceito abstrato a respeito:

> [...] o substantivo soberania, "oriundo do baixo latim *superanus* (superior), e este de *super* (sobre, em cima), ou de *supernus* (superior), designa a qualidade do que é soberano, ou possui a *autoridade suprema*. É o *poderio supremo*, ou o *poder sobre todos*. [...] No conceito jurídico, por soberania entende-se o *poder supremo*, ou o poder que se sobrepõe ou está acima de qualquer outro, não admitindo limitações, exceto quando dispostas voluntariamente por ele, em firmando tratados internacionais, ou em dispondo regras e princípios de ordem constitucional".[29]

---

26. NASSIF, Aramis. *Júri*: instrumento da soberania popular. 2. ed. Porto Alegre: Livraria do Advogado, 2008. VIVEIROS, Mauro. *Tribunal do júri na ordem constitucional brasileira*: um órgão da cidadania. São Paulo: Juarez de Oliveira, 2003. p. 25-28. Viveiros e Tubenchlak acompanham Aramis Nassif ao negar que o tribunal do júri seja um órgão do Poder Judiciário. Eles sustentam que o júri é um órgão autônomo, mediante o qual os jurados exercem sua cidadania (VIVEIROS, Mauro. *Tribunal do júri na ordem constitucional brasileira*: um órgão da cidadania. São Paulo: Juarez de Oliveira, 2003. p. 20-21; TUBENCHLAK, James. *Tribunal do Júri*: contradições e soluções. 2. ed. São Paulo: Saraiva, 1990. p. 9). Inclusive o STF, pelo seu Ministro Clóvis Ramalhete, afirmou que o "júri não pertence, não integra o Poder Judiciário. O júri é uma garantia constitucional do cidadão contra o Estado, a garantia de ser julgado no crime doloso contra a vida, pelos seus pares" (MANUTENÇÃO do júri popular será pedido por advogado. *Correio da Manhã*, Rio de Janeiro, 10 dez. 1969, p. 6. Disponível em: http://memoria.bn.br/DocReader/Hotpage/HotpageBN.aspx?bib=089842_07&pagfis=106399&url=http://memoria.bn.br/docreader#. Acesso em: 12 jul. 2018).
27. NASSIF, Aramis. *Júri*: instrumento da soberania popular. 2. ed. Porto Alegre: Livraria do Advogado, 2008. VIVEIROS, Mauro. *Tribunal do júri na ordem constitucional brasileira*: um órgão da cidadania. São Paulo: Juarez de Oliveira, 2003. p. 25-28.
28. Registra-se a existência de posicionamento doutrinário no sentido de o tribunal do júri integrar o Poder Judiciário, a exemplo de: NUCCI, Guilherme de Souza. *Tribunal do júri*. 6. ed. Rio de Janeiro: Forense, 2015. p. 44-45; e ARAÚJO, Gladston Fernandes de. *Tribunal do júri*: uma análise processual à luz da constituição federal. 2. ed. São Luís: Associação do Ministério Público do Estado do Maranhão, 2010. p. 36-39). Todavia, a divergência perde importância para os fins desta pesquisa porque todos reconhecem que o júri atina ao direito de o cidadão participar na administração da Justiça.
29. SILVA, De Plácido e. *Vocabulário jurídico*. 20 ed. Rio de Janeiro: Forense, 2002. p. 763.

Para extrair a máxima potencialidade semântica da palavra "soberania", em sede de júri, deve ser encontrada a coincidência proposital de a CF relacionar a soberania como fundamento da República (art. 1º, I), proteção da competência decisória do júri (art. 5º, XXXVIII, "c") e direito político, com a previsão de que a "soberania popular será exercida pelo sufrágio universal e pelo voto direto e secreto, com valor igual para todos" (art. 14, *caput*). Frisa-se para que, no júri, cada voto do jurado também é direto e secreto, com valor igual para todos os votantes.

A relação entre soberania, voto e direito de ser jurado foi captada por José Martiniano de Alencar (1829-1877). Mais conhecido como José de Alencar, expoente da literatura ficcional brasileira do século XIX, ele também se destacou como jurista, na condição de Ministro da Justiça e advogado perante o Conselho de Estado.[30]

A *Constituição Política do Império do Brazil*, de 25 de março de 1824, sob cuja vigência escreveu Alencar, previa que o Poder Judiciário era composto por juízes e por jurados (art. 151) e que "os Jurados pronunciam sobre o facto, e os Juizes applicam a Lei" (art. 152). Já o Código de Processo Criminal do Império (Lei 29 de novembro de 1832) dispunha que os jurados decidiam imotivadamente pela condenação ou absolvição, o que caracteriza o critério da certeza moral ou da íntima convicção. Em razão da semelhança com a previsão atual do júri no ordenamento jurídico brasileiro, a reflexão desenvolvida por Alencar tem cabimento na presente pesquisa.

Essencialmente, Alencar atrelava os jurados à realização plena da democracia, por intermédio da equiparação do direito de ser jurado com o direito ao voto. Para Alencar, "o júri estaria para a democracia do mesmo modo que o sufrágio".[31]

A soberania como fundamento da República brasileira (art. 1º, I, da CF) "não precisava ser mencionada, porque ela é fundamento do próprio conceito de Estado".[32] Não obstante, ela designa a qualidade superior, o poder supremo do povo que constituiu o Estado. A soberania exige o respeito absoluto a essa vontade.

Em relação ao Poder Judiciário, Alencar sustenta que o júri é a "inffluencia directa da soberania nacional sobre o exercicio de cada uma das attribuições por

---

30. SANTOS, Júlio Edstron Secundino; GODOY, Arnaldo Sampaio Godoy. Constitucionalismo e literatura: José de Alencar e o Tribunal do Júri. *Revista de Direitos e Garantias Fundamentais*, n. 20. v. 3, p. 303-324, Vitória, set./dez. 2019. Disponível em: https://sisbib.emnuvens.com.br/direitosegarantias/article/view/1771. Acesso em: 20 jun. 2020. DOI: https://doi.org/10.18759/rdgf.v20i3.1771.
31. SANTOS, Júlio Edstron Secundino; GODOY, Arnaldo Sampaio Godoy. Constitucionalismo e literatura: José de Alencar e o Tribunal do Júri. *Revista de Direitos e Garantias Fundamentais*, n. 20. v. 3, p. 303-324, Vitória, set./dez. 2019. Disponível em: https://sisbib.emnuvens.com.br/direitosegarantias/article/view/1771. Acesso em: 20 jun. 2020. DOI: https://doi.org/10.18759/rdgf.v20i3.1771.
32. SILVA, José Afonso da. *Curso de direito constitucional positivo*. 20. ed. São Paulo: Malheiros, 2002. p. 104.

ella transmittida aos agentes ou representantes". Ademais, sem o júri, o Judiciário "não seria um ramo independente do poder público".[33]

Além disso, o cidadão, ao julgar os seus pares, exerce o direito da mesma forma que desempenha quando elabora as leis por intermédio dos seus representantes ou quando elege o chefe do Executivo. Trata-se do "mesmo direito lato que constitue a personalidade política: o direito de intervir em todas as funções da existencia nacional, de que elle participa".[34]

Prossegue Alencar:

> O direito de julgamento deve ter a mesma base que o direito de suffragio: são ambos direitos políticos ou manifestações da soberania nacional. O referir-se uma ao poder legislativo, outra ao poder judiciário, tem muita influência à respeito do modo de enunciação; mas nenhuma absolutamente a respeito da amplitude do direito em si.
>
> Todo o cidadão votante é implicitamente cidadão jurado; *porque votante e jurado não querem dizer mais do que cidadão activo, cidadão no exercicio da soberania.* A competência, a faculdade, é uma e a mesma; differe a função unicamente[35] (grifos nossos).

Nesses termos, reconhece-se que o direito ao sufrágio e o direito de integrar o júri constituem o mesmo direito. Ambos, que são soberanos, exercem-se exatamente pela mesma forma: voto direto e secreto, com igual valor para cada votante.

Por conseguinte, a soberania dos veredictos consiste no respeito absoluto à decisão do titular do poder de julgar o crime doloso contra a vida, o qual é protegido pela própria soberania. É o mesmo respeito, em igual intensidade, que a soberania impõe à vontade do eleitor quando elege os parlamentares e os chefes do Executivo.

Se o voto do eleitor para a escolha dos seus representantes no Legislativo e Executivo não pode ser reformado, mas apenas invalidado, e deve ser cumprido de imediato, independentemente do ajuizamento de ações judiciais contra o resultado das eleições, a soberania reclama que esse mesmo tratamento seja conferido ao voto do jurado.

Esta é a relação que pode ser apreendida na CF: o júri constitui instrumento de democracia participativa e permite ao cidadão comum administrar diretamente, sem intermediários, o Poder Judiciário. Para não frustrar esse objetivo constitucional – administração do Judiciário pelo jurado, que é o único juiz natural dos crimes dolosos contra a vida –, a CF atribuiu soberania à decisão do júri.

---

33. ALENCAR, José de. *Esboços jurídicos.* Rio de Janeiro: Garnier, 1883. Disponível em: https://www2.senado.leg.br/bdsf/handle/id/220536. Acesso em: 29 mar. 2020.
34. ALENCAR, José de. *Esboços jurídicos.* Rio de Janeiro: Garnier, 1883. Disponível em: https://www2.senado.leg.br/bdsf/handle/id/220536. Acesso em: 29 mar. 2020.
35. ALENCAR, José de. *Esboços jurídicos.* Rio de Janeiro: Garnier, 1883. Disponível em: https://www2.senado.leg.br/bdsf/handle/id/220536. Acesso em: 29 mar. 2020.

Quais são as consequências de uma decisão ser considerada soberana?

Para a resposta, deve-se atribuir a máxima efetividade[36] ao desiderato constitucional de permitir a participação popular direta no Poder Judiciário.

Ademais, a CF tem uma pretensão de eficácia consistente em imprimir ordem e conformação à realidade. Quando essa pretensão de eficácia é realizada, a Constituição adquire a sua força normativa. Para tanto, ela impõe tarefas aos seus destinatários. Ela adquire força ativa quando essas tarefas são realizadas, quando existe disposição de orientar a própria conduta segundo a ordem nela estabelecida.[37] Se a Constituição atribui o julgamento dos crimes dolosos contra a vida aos cidadãos, a sua força normativa exige que todo o ordenamento jurídico seja interpretado de forma a bem executar essa missão.

A fim de cumprir o objetivo constitucional – julgamento pelo povo – da forma mais efetiva possível, afigura-se certa a proibição de o tribunal *ad quem* absolver o réu condenado pelo júri e vice-versa. Simplesmente, se os juízes técnicos pudessem reformar (substituir) a decisão dos jurados, esta, por óbvio, não seria soberana.

Não obstante, existem outras três consequências derivadas da soberania dos veredictos, que serão propostas na sequência: a exigência do cumprimento imediato da decisão condenatória dos jurados, independentemente do *quantum* da pena; a interpretação restritiva sobre a apelação prevista no art. 593, III, "d", do CPP, que permite a anulação da decisão dos jurados quando esta for "manifestamente" contrária à prova dos autos; e a impossibilidade de o réu condenado pelo júri ser absolvido diretamente em sede de revisão criminal.

3. A VONTADE DOS JURADOS PROTEGIDA PELA SOBERANIA DOS VEREDICTOS

Se a decisão dos jurados não for respeitada, a missão constitucional de permitir aos cidadãos a administração direta do Poder Judiciário restará frustrada.

Não há sentido em rotular uma decisão como "soberana" se, para ela ser executada, se deve esperar o trânsito em julgado do último recurso possível de ser interposto em favor do réu, especialmente num sistema recursal complexo e moroso como o brasileiro.[38] Tampouco haverá soberania, caso se interprete

---

36. Pelo princípio da máxima efetividade, também conhecido como princípio da interpretação efetiva ou da eficiência, "a uma norma constitucional deve ser atribuído o sentido que maior eficácia lhe dê" (CANOTILHO, José Joaquim Gomes. *Direito constitucional e teoria da constituição*. 7. ed. Coimbra: Almedina, 2003. p. 1.224).
37. HESSE, Konrad. *A força normativa da constituição*. Trad. Gilmar Ferreira Mendes. Porto Alegre: Sérgio Antônio Fabris Editor, 1991. p. 11-19.
38. A morosidade vem evidenciada pelo Conselho Nacional de Justiça: o tempo médio de tramitação das ações penais relativas a crimes dolosos contra a vida é de seis anos e oito meses, com destaque negativo

ampliativamente o cabimento da apelação do art. 593, III, "d", do CPP. Da mesma forma, seria esdrúxulo prever soberania se, em uma nova relação processual, especificamente na ação de revisão criminal, fosse possível ao juízo togado absolver o réu condenado por crime doloso contra a vida, sem submetê-lo a um novo júri popular.

3.1 Cumprimento imediato da pena no júri

A decisão sobre a culpabilidade do acusado da prática de crime doloso contra a vida é exclusiva da sociedade. A soberania dos veredictos assegura que essa decisão não pode ser reformada (alterada) pela magistratura togada; ela pode ser apenas rescindida: ante algum vício de forma ou desrespeito ao princípio da plenitude de defesa do réu (art. 5º, XXXVIII, "a", da CF). Na hipótese de rescisão, um novo conselho de sentença integrado por jurados diversos do conselho de sentença original fará o julgamento.

A sociedade sempre julgará o mérito – condenação ou absolvição – do caso; esse julgamento nunca será feito pela magistratura togada. Logo, inexiste motivo para deixar de cumprir imediatamente essa vontade soberana da sociedade.

Por outro lado, a execução imediata da pena não viola os direitos fundamentais do réu; ao contrário, é plenamente compatível com eles, especialmente a presunção de inocência, como já demonstrado alhures.[39]

Além disso, existem instrumentos processuais adequados para obstar a execução imediata em caso da sua ilegalidade, com destaque ao art. 492, §§ 3º e 5º, do CPP.

---

para dois casos: no Estado de São Paulo, o tempo médio é de dez anos e um mês, e, no Estado de Alagoas, de onze anos e cinco meses (CONSELHO NACIONAL DE JUSTIÇA. *Diagnóstico das Ações Penais de Competência do Tribunal do Júri 2019*. Brasília: CNJ, 2019. Disponível em: https://www.cnj.jus.br/wp-content/uploads/2019/06/1e9ab3838fc943534567b5c9a9899474.pdf. Acesso em: 03 out. 2020. p. 19).

39. KURKOWSKI, Rafael Schwez. A constitucionalidade da execução provisória da pena no júri. *XXII Congresso Nacional do Ministério Público*. Belo Horizonte, 2017a. Disponível em: https://congressonacional2017.ammp.org.br/public/arquivos/teses/93.pdf. Acesso em: 7 out. 2017; KURKOWSKI, Rafael Schwez. A justificação constitucional da execução provisória da pena privativa de liberdade na pendência dos recursos extraordinário e especial recebidos sem efeito suspensivo. *Revista Brasileira de Direito*, v. 18, n. 7, p. 242-262, São Paulo, set./dez. 2017b. Disponível em: http://www.rdb.org.br/ojs/index.php/rdb/article/view/504. Acesso em: 27 jan. 2018; KURKOWSKI, Rafael Schwez; PIEDADE, Antônio Sérgio Cordeiro. Justificação constitucional da execução provisória da pena privativa de liberdade na pendência dos recursos extraordinário e especial recebidos sem efeito suspensivo. *Revista Duc in Altum Cadernos de Direito*, v. 9, n. 18, p. 121-163, Recife, maio/ago. 2017. Disponível em: http://www.faculdadedamas.edu.br/revistafd/index.php/cihjur/article/view/609/521. Acesso em: 27 jan. 2018; KURKOWSKI, Rafael Schwez; SUXBERGER, Antônio Henrique Graciano. Execução provisória da pena privativa de liberdade: resultado da harmonização entre a presunção de inocência e a segurança pública. *E-civitas Revista científica do curso de direito do UNIBH*, v. IX, n. 2, p. 1-38, Belo Horizonte, dez. 2016. Disponível em: http://revistas.unibh.br/index.php/dcjpg/article/view/1994. Acesso em: 7 mar. 2017.

Em outro sentido, a imposição de qualquer limite de pena para obstar a execução imediata é inconstitucional. O mero aspecto quantitativo da pena privativa de liberdade não tem força, sequer pertinência, para influir na soberania dos veredictos, a qual fundamenta o cumprimento imediato da pena. Dessa forma, "tem cabimento a interpretação conforme a Constituição com redução de texto para afastar, do artigo 492 do CPP, a limitação de quinze anos de reclusão".[40]

Assim, a execução imediata da pena no júri é devida porque ela é exigência da soberania dos veredictos; porque não viola os direitos fundamentais do réu; e porque pode ser obstada em caso de ilegalidade.

3.2 Interpretação restritiva da apelação do artigo 593, III, "d", do Código de Processo Penal

Cabe apelação contra a decisão do júri quando ela for "manifestamente" contrária à prova dos autos (art. 593, III, "d", do CPP). Nos termos do art. 593, § 3º, *in fine*, do CPP, tal recurso somente pode ser interposto por uma vez, independentemente da parte que tenha recorrido.[41]

Afigura-se necessário, primeiramente, estabelecer o significado de decisão "manifestamente" contrária à prova dos autos. Antes, todavia, já se extrai imediatamente a seguinte ilação: a decisão "meramente" ou "simplesmente" contrária à prova dos autos não permite o cabimento do recurso sob estudo.

É manifestamente contrária à prova dos autos a decisão que não encontra justificativa mínima em nenhuma vertente probatória existente no processo.

Se houver mais de uma versão probatória – uma apontando para a condenação do réu e a outra para a absolvição –, a decisão dos jurados, segundo a sua íntima convicção, não pode ser considerada manifestamente contrária à prova dos autos. Não há espaço para a "anulação do julgamento, quando os jurados optam por uma das correntes de interpretação da prova possíveis de surgir".[42]

No atinente à revisão criminal, que exige, para o seu cabimento, a simples contrariedade da sentença à evidência dos autos (art. 621, I, do CPP[43]), no lugar

---

40. KURKOWSKI, Rafael Schwez. A execução provisória da pena no tribunal do júri. In: WALMSLEY, Andréa; CIRENO, Lígia; BARBOZA, Márcia Noll. (Org.). *Inovações da Lei 13.964, de 24 de dezembro de 2019*. Brasília: Ministério Público Federal, 2020. p. 422-444. Disponível em: http://www.mpf.mp.br/atuacao-tematica/ccr2/publicacoes. Acesso em: 11 jun. 2020.
41. GRINOVER, Ada Pellegrini; GOMES FILHO, Antônio Magalhães; FERNANDES, Antônio Scarance. *Recursos no processo penal*: teoria geral dos recursos, recursos em espécie, ações de impugnação, reclamação aos tribunais. São Paulo: Ed. RT, 2009. p. 104.
42. NUCCI, Guilherme de Souza. *Tribunal do júri*. 6. ed. Rio de Janeiro: Forense, 2015. p. 484.
43. Art. 621. A revisão dos processos findos será admitida:
    I – quando a sentença condenatória for contrária ao texto expresso da lei penal ou à evidência dos autos.

da "manifesta" contrariedade exigida pela apelação (art. 593, III, "d", do CPP[44]), o STF já decidiu desta forma: "Só há decisão contrária à evidencia dos autos quando não se apoia ela em nenhuma prova existente no processo, não bastando, pois, para o deferimento da revisão criminal, que os julgadores desta considerem que o conjunto probatório não é convincente para a condenação" (REXT 113.269, julgado em maio de 1987). Apesar de esse julgado ser anterior à CF de 1988, já se divisa o respeito pela soberania dos veredictos, que estava prevista no art. 141, § 28, da Constituição dos Estados Unidos do Brasil de 1946.

Mantendo a condenação do réu, o STJ reconheceu a possibilidade da "cassação do veredicto se flagrantemente desprovido de elementos mínimos de prova capazes de sustentá-lo" (HC 104.547/SP, julgado em abril de 2014). Também mantendo a condenação, o STJ pontificou que se permite a anulação do julgamento, quando a tese acolhida pelos jurados não encontra respaldo mínimo no contexto probatório, "situação em que os jurados decidem arbitrariamente, divergindo de toda e qualquer evidência probatória" (HC 470.517/SP, julgado em março de 2020).

Por outro lado, a qualificação do procedimento do júri torna muito improvável que uma decisão condenatória possa contrariar, de forma manifesta, a prova. O material probatório passa por vários "filtros" que impedem que os jurados julguem uma acusação desprovida de elementos mínimos de prova. O indiciamento no inquérito policial, o oferecimento da denúncia criminal, o recebimento desta, o afastamento da absolvição sumária e a decisão de pronúncia evidenciam a existência de prova mínima suficiente para o reconhecimento da materialidade e da autoria do crime doloso contra a vida.

Notadamente no tocante à pronúncia, por reconhecer materialidade e indícios "suficientes" de autoria ou participação do réu, ela assegura a viabilidade condenatória, segundo a íntima convicção dos jurados. As demais decisões possíveis nesse momento processual – encerramento da primeira fase do júri (*judicium accusationis*) – não remetem o julgamento para os jurados. Se existir certeza sobre a inexistência do crime, ou a atipicidade do fato, ou a não concorrência do agente para o fato ou excludentes de ilicitude ou culpabilidade, é caso de absolvição sumária, segundo o art. 415 do CPP. Caso haja certeza sobre a prática de crime não doloso contra a vida, do qual é exemplo a lesão corporal seguida de morte (art. 129, § 3º, do CP), é hipótese de desclassificação (art. 419 do CPP). Ainda, se não

---

44. Art. 593. Caberá apelação no prazo de 5 (cinco) dias: (Redação dada pela Lei 263, de 23.2.1948)
[...]
III – das decisões do Tribunal do Júri, quando: (Redação dada pela Lei 263, de 23.2.1948)
[...]
d) for a decisão dos jurados manifestamente contrária à prova dos autos.

houver materialidade ou indícios "suficientes" de autoria ou participação, é caso de impronúncia (art. 414 do CPP).

Já se sustentou, em outro lugar, que, se o contexto probatório reconhecido pela pronúncia não desaparecer por completo, no julgamento pelos jurados, a decisão condenatória sequer pode ser considerada "manifestamente" contrária à prova dos autos.[45]

Dessa forma, os jurados não julgam "aventuras jurídicas", e inexiste o risco de o conselho de sentença incorrer em tirania ao condenar, supostamente sem motivos, o réu. Num exemplo, se nenhuma prova for produzida após a pronúncia, já existe um lastro probatório que, ao constituir indícios suficientes de autoria ou participação, permite tanto a condenação quanto a absolvição, tudo a depender da íntima convicção dos jurados. Eventual condenação não poderá caracterizar decisão manifestamente contrária à prova exatamente porque a pronúncia já reconheceu a existência de uma vertente probatória suficiente para a condenação.[46]

No júri, o número de absolvições é proporcionalmente menor do que no rito comum, porquanto a pronúncia assegura viabilidade condenatória. Constatou o Conselho Nacional de Justiça, em avaliação estatística do júri:

> As absolvições não atingem a quinta parte dos processos decididos [...] É possível conjecturar que a própria dinâmica do procedimento do Tribunal do Júri exerça uma influência nesses resultados. *A sentença de pronúncia já veicula uma manifestação judicial formal no sentido da materialidade do crime e dos indícios de autoria* e, muito embora esteja assentada em um juízo prelibatório, seu conteúdo, somado à atuação do Ministério Público na persecução criminal, reforçam uma posição inicial do Estado pela punição do réu cujas influências sobre o Conselho de Sentença ainda estão por ser melhor estudadas (grifos nossos).[47]

Dessa sorte, no caso de interposição de apelação com base no art. 593, III, "d", do CPP, a soberania dos veredictos exige que o juízo *ad quem* interprete restritivamente essa hipótese. A apelação apenas poderá ser provida se a tese acolhida pelo conselho de sentença não encontrar lastro probatório mínimo, "situação em que os jurados decidem arbitrariamente, divergindo de toda e qualquer evidência

---

45. AMORIM, Eugênio Paes; KURKOWSKI, Rafael Schwez. Pronúncia: limite à apelação contra a decisão manifestamente contrária à prova dos autos. In: MONTEIRO, Rodrigo (Org.). *Tribunal do Júri*: O Ministério Público em defesa da Justiça. 2. ed. Belo Horizonte: Dialética, 2021. p. 377-403.
46. James Tubenchlak é incisivo: "pronunciado o réu, se ao final da segunda fase probatória, - a do *judicium causae* – os Senhores Jurados entenderem que o réu é realmente culpado, este jamais poderá lograr êxito em recurso de apelação fundada em decisão manifestamente contrária à prova dos autos, porquanto o Júri nada mais fez do que aceitar e referendar a vertente probatória já realçada na pronúncia" (TUBENCHLAK, James. *Tribunal do Júri*: contradições e soluções. 2. ed. São Paulo: Saraiva, 1990. p. 149).
47. CONSELHO NACIONAL DE JUSTIÇA. *Diagnóstico das ações penais de competência do tribunal do júri 2019*. Brasília: CNJ, 2019. Disponível em: https://www.cnj.jus.br/wp-content/uploads/2019/06/1e-9ab3838fc943534567b5c9a9899474.pdf. Acesso em: 3 out. 2020.

probatória", consoante já fundamentado pelo Superior Tribunal de Justiça (HC 218.476/RN, julgado em outubro de 2013).

3.3 Impossibilidade da absolvição na revisão criminal ajuizada contra a condenação pelo júri

Conforme o art. 626 do CPP, a procedência da ação de revisão criminal pode alterar a classificação do crime, absolver o réu, modificar a pena ou anular o processo.

Todavia, quanto ao júri, deve ser realizada uma interpretação conforme[48] do referido art. 626 do CPP com o art. 5º, XXXVIII, "c", da CF (que prevê a soberania dos veredictos): a revisão criminal, a qual é julgada pelo Tribunal de Justiça ou pelo Tribunal Regional Federal, não pode implicar a absolvição direta do seu autor, outrora réu, que foi condenado no tribunal do júri.

Caso o Tribunal absolva o réu, menoscaba a soberania dos veredictos. Obviar que o Tribunal possa absolver o réu em sede apelação interposta por ele contra a decisão do júri, mas permitir que ele adote essa providência em sede de ação de revisão criminal ajuizada por esse mesmo réu, constitui subterfúgio para violar o princípio da soberania dos veredictos. Essa crítica pode ser endereçada ao atual entendimento do STJ, que admite a absolvição em sede de revisão criminal.[49]

Quando dispôs acerca da soberania como princípio do tribunal do júri, a CF almejou "assegurar que o julgamento de última instância dos crimes dolosos contra a vida fosse do colegiado popular".[50]

Aqui, discorda-se de Heráclito Mossin[51] e de Hermínio Alberto Marques Porto.[52] Conforme a reflexão deles, por constituir uma garantia exclusiva do réu, a soberania dos veredictos vigoraria apenas até o trânsito em julgado da sentença condenatória. Após o trânsito em julgado, a soberania não mais subsistiria, de

---

48. A interpretação conforme a Constituição visa à "preservação da validade de determinadas normas, suspeitas de inconstitucionalidade, assim como à atribuição de sentido às normas infraconstitucionais, da forma que melhor realizem os mandamentos constitucionais" (BARROSO, Luís Roberto. *Curso de direito constitucional contemporâneo*: os conceitos fundamentais e a construção do novo modelo. 5. ed. São Paulo: Saraiva, 2015. p. 336).
49. Em estudo dos precedentes do STJ, Mion sublinha "dois momentos distintos: o primeiro, em que era incabível a absolvição do réu condenado no Júri como efeito da revisão criminal; em um segundo momento, pela possibilidade de absolvição em tal circunstância" (MION, Ronaldo de Paula. *Tribunal do júri e revisão criminal*: entre a preservação da soberania dos veredictos e a solução de erros judiciários. Rio de Janeiro: Lumen Juris, 2020. p. 153-156).
50. NOVAIS, César Danilo Ribeiro de. Revisão criminal contra condenação do Tribunal do Júri. *Cadernos do Júri*, v. 3, p. 95, Cuiabá, 2015.
51. MOSSIN, Heráclito Antônio. *Júri*: crimes e processo. 2. ed. Rio de Janeiro: Forense, 2008. p. 579.
52. PORTO, Hermínio Alberto Marques. *Júri*: Procedimentos e aspectos do julgamento. Questionários. 8. ed. São Paulo: Malheiros, 1996. p. 52.

forma que a magistratura togada não estaria submetida a nenhuma limitação para reformar a decisão dos jurados; poderia, até mesmo, absolver um réu condenado pelo júri.

Essa interpretação ignora que o tribunal do júri, na condição de instrumento de democracia participativa, constitui, ao lado de uma garantia individual do réu para exigir o seu direito de ser julgado pelos seus pares, uma garantia política para a sociedade julgar os réus acusados da prática de crime doloso contra a vida. Os jurados exercem democracia traduzida na participação na administração do Estado, especificamente do Poder Judiciário. Essa função de garantia política impede que o juízo togado reforme a decisão do juízo leigo representado pelos jurados.

Além disso, enquanto a soberania dos veredictos e a coisa julgada têm envergadura constitucional, a revisão criminal tem base, exclusivamente, infraconstitucional. Nesses termos, a "decisão da Corte Popular não pode ser desconstituída por meio processual de caráter ordinário, ainda que de competência originária de Tribunal de segunda, superior ou última instância".[53]

Logo, tratando-se de crime doloso contra a vida, em caso de procedência da ação de revisão criminal que diga respeito ao mérito do crime, a soberania dos veredictos determina a submissão do outrora réu, agora autor da revisão, a um novo julgamento popular, assegurada a proibição da *reformatio in pejus* (art. 626 do CPP).

O mérito do caso atina à materialidade delitiva, autoria, existência de qualificadora e de causas de aumento e diminuição de pena e consumação do crime.[54] Nesses casos, como a competência soberana toca ao júri, cabe ao órgão julgador apenas o juízo rescindendo; o juízo rescisório deve ser realizado por um novo conselho de sentença. Já as demais hipóteses de cabimento da revisão criminal não versam especificamente sobre o mérito do caso, razão por que o juízo rescisório pode ser realizado pelo próprio órgão julgador da revisão criminal.

4. CONCLUSÕES

Ao permitir a participação direta de cidadãos na administração da justiça (criminal), o júri constitui e reforça a democracia.

A soberania do júri decorre do seu caráter democrático. Como instrumento de democracia participativa, o júri não deve tolerar restrições ao exercício da fun-

---

53. GUEDES, Alexandre de Matos. Por uma nova exegese da soberania dos veredictos do Tribunal do Júri – equívocos atuais da doutrina e jurisprudência e senso comum teórico dos jurados. *Cadernos do Júri*, v. 3, p. 23, Cuiabá, 2015.
54. MION, Ronaldo de Paula. *Tribunal do júri e revisão criminal*: entre a preservação da soberania dos veredictos e a solução de erros judiciários. Rio de Janeiro: Lumen Juris, 2020. p. 157-162.

ção dos jurados. Limitações à função decisória do jurado constituem limitações à própria democracia.

O máximo potencial semântico da "soberania dos veredictos" passa pela equiparação entre o direito ao sufrágio e o direito de ser jurado. Ambos constituem o mesmo direito político de administrar os Poderes da República, que é exercido de forma idêntica: voto direto e secreto, com igual valor para cada votante.

O objetivo último da CF, ao positivar o princípio da soberania dos veredictos, consiste no respeito irrestrito à capacidade decisória do jurado. Somente assim se pode cumprir a vontade da sociedade representada pelo seu conselho de sentença.

O objetivo da CF de preservar a competência decisória dos jurados impede que a sua decisão seja reformada, ou seja, substituída no mérito. Admite-se apenas a sua rescisão (anulação), para que um novo conselho de sentença decida a causa. Essa regra básica observa que o júri é o único juiz natural da causa que cuida de crime doloso contra a vida.

Todavia, a máxima efetividade da soberania dos veredictos e a força normativa da Constituição preveem ainda outras três consequências que exsurgem da soberania dos veredictos.

Primeira consequência: se a decisão a respeito da culpabilidade do réu sempre compete à sociedade, pois, mesmo em caso de rescisão da primeira decisão dos jurados, um novo conselho de sentença apreciará a causa, nada justifica que não se cumpra, imediatamente, a vontade dos jurados. Assim, na hipótese de condenação do réu, inexiste motivo suficiente para condicionar a execução da pena ao trânsito em julgado ou a qualquer outro fator, como eventual limite mínimo do *quantum* da pena privativa de liberdade.

Segunda consequência: a soberania dos veredictos, vista como garantia do direito coletivo da sociedade de julgar, sob o critério da íntima convicção, os réus acusados da prática de crimes dolosos contra a vida, reclama uma interpretação restritiva sobre a apelação prevista no artigo 593, III, "d", do CPP. Para essa mesma finalidade, deve-se considerar também que a decisão de pronúncia, ao exigir certeza da materialidade e indícios suficientes de autoria ou participação quanto ao réu, impede que o conselho de sentença aprecie uma causa desprovida de uma vertente probatória minimamente suficiente para a condenação do réu. Nesses termos, a decisão condenatória dos jurados, sob a íntima convicção, para ser considerada manifestamente contrária à prova dos autos, não pode encontrar amparo em nenhuma vertente probatória possível de ser extraída dos autos. Do contrário, encontrando suporte probatório mínimo, a decisão deve manter-se hígida.

Terceira consequência: a soberania do júri obstaculiza que o réu condenado pela prática de crime doloso contra a vida seja absolvido diretamente pelo Tribunal de Justiça ou pelo Tribunal Regional Federal, em sede de ação de revisão criminal. Se a procedência desta ação envolver o mérito do crime, o procedimento devido, em interpretação do artigo 626 do CPP conforme a Constituição Federal, resulta na submissão do autor a um novo julgamento popular.

Ademais, propõe-se que, caso a decisão dos jurados não seja cumprida de imediato; caso ela possa ser rescindida com base em interpretação ampliativa sobre o que consiste uma decisão manifestamente contrária à prova dos autos; ou caso ela possa ser reformada em ação de revisão criminal, a soberania dos veredictos é falsa: será, notoriamente, uma soberania de araque.

5. REFERÊNCIAS

ABRAMSON, Jeffrey. Four models of jury democracy. *Chicago-Kent Law Review*, v. 90, n. 3, p. 861-898, Chicago, oct. 2015. Disponível em: https://papers.ssrn.com/sol3/papers.cfm?abstract_id=2608747. Acesso em: 27 jan. 2018.

ALENCAR, José de. *Esboços jurídicos*. Rio de Janeiro: Garnier, 1883. Disponível em: https://www2.senado.leg.br/bdsf/handle/id/220536. Acesso em: 29 mar. 2020.

AMORIM, Eugênio Paes; KURKOWSKI, Rafael Schwez. Pronúncia: limite à apelação contra a decisão manifestamente contrária à prova dos autos. *In*: MONTEIRO, Rodrigo (Org.). *Tribunal do Júri*: o Ministério Público em defesa da Justiça. 2. ed. Belo Horizonte: Dialética, 2021.

ANSANELLI JUNIOR, Ângelo. *O tribunal do júri e a soberania dos veredictos*. Rio de Janeiro: Lumen Iuris, 2005.

ARAÚJO, Gladston Fernandes de. *Tribunal do júri*: uma análise processual à luz da constituição federal. 2. ed. São Luís: Associação do Ministério Público do Estado do Maranhão, 2010.

ARISTÓTELES. *Política*. Trad. Mário da Gama Kury. Brasília: UNB, 1985.

AVELAR, Daniel Ribeiro Surdi de. A democracia deliberativa e a busca pelo diálogo no Tribunal do Júri Brasileiro. In: CLEVE, Clemerson Merlin (Coord.). *Direito constitucional brasileiro*: teoria da constituição e direitos fundamentais. São Paulo: Ed. RT, 2014. v. 1.

AYALA, Lourdes *et al*. *Tribunales por jurados*: participación ciudadana en la administración de la justicia penal. Assunção: Lexijuris, 2015.

BARBOSA, Ruy. *A constituição e os actos inconstitucionais*. 2. ed. Rio de Janeiro: Atlântida, 1893. Disponível em: http://www2.senado.leg.br/bdsf/item/id/24278. Acesso em: 12 set. 2018.

BARREIROS NETO, Jaime. *A engenharia institucional e o debate contemporâneo da reforma política no Brasil*: Análise crítica das propostas e tendências. 2017. Tese (Doutorado em Ciências Sociais – Faculdade de Filosofia e Ciências Humanas, Universidade Federal da Bahia, Salvador.

BARROSO, Luís Roberto. *Curso de direito constitucional contemporâneo*: os conceitos fundamentais e a construção do novo modelo. 5. ed. São Paulo: Saraiva, 2015.

BEÇAK, Rubens. Considerações sobre a democracia participativa. In: ALMEIDA, Fernando Dias Menezes de et al. *Direito constitucional, estado de direito e democracia*: homenagem ao Prof. Manoel Gonçalves Ferreira Filho. São Paulo: Quartier Latin, 2011.

BOBBIO, Norberto. *Igualdade e liberdade*. 2. ed. Rio de Janeiro: Ediouro, 1997.

CANOTILHO, José Joaquim Gomes. *Direito constitucional e teoria da constituição*. 7 ed. Coimbra: Almedina, 2003.

CONSELHO NACIONAL DE JUSTIÇA. *Diagnóstico das Ações Penais de Competência do Tribunal do Júri 2019*. Brasília: CNJ, 2019. Disponível em: https://www.cnj.jus.br/wp-content/uploads/2019/06/1e9ab3838fc943534567b5c9a9899474.pdf. Acesso em: 3 out. 2020.

DEPARTAMENTO DE ESTADO DOS ESTADOS UNIDOS DA AMÉRICA. Anatomia de um tribunal de júri. *In*: *eJournal*, vol. 14, n. 7, jul. 2009. Disponível em: http://www.confrariadojuri.com.br/docs/anatomiadeumtribunal.pdf. Acesso em: 28 jan. 2018.

EILBAUM, Stacey P. The dual face of the american jury: the antiauthoritarian and antimajoritarian hero and villain in american law and legal scholarship. *Cornell Law Review*, Ithaca, v. 98, n. 3, p. 711-742, mar. 2013. Disponível em: http://scholarship.law.cornell.edu/cgi/viewcontent.cgi?article=3268&context=clr. Acesso em: 27 jan. 2018.

GRINOVER, Ada Pellegrini; GOMES FILHO, Antônio Magalhães; FERNANDES, Antônio Scarance. *Recursos no processo penal*: teoria geral dos recursos, recursos em espécie, ações de impugnação, reclamação aos tribunais. São Paulo: Ed. RT, 2009.

GUEDES, Alexandre de Matos. Por uma nova exegese da soberania dos veredictos do Tribunal do Júri – equívocos atuais da doutrina e jurisprudência e senso comum teórico dos jurados. *Cadernos do Júri*, v. 3, p. 11-26, Cuiabá, 2015.

HESSE, Konrad. *A força normativa da constituição*. Trad. Gilmar Ferreira Mendes. Porto Alegre: Sérgio Antônio Fabris Editor, 1991.

KURKOWSKI, Rafael Schwez. A constitucionalidade da execução provisória da pena no júri. *XXII Congresso Nacional do Ministério Público*. Belo Horizonte, 2017a. Disponível em: https://congressonacional2017.ammp.org.br/public/arquivos/teses/93.pdf. Acesso em: 07 out. 2017.

KURKOWSKI, Rafael Schwez. A justificação constitucional da execução provisória da pena privativa de liberdade na pendência dos recursos extraordinário e especial recebidos sem efeito suspensivo. *Revista Brasileira de Direito*, v. 18, n. 7, p. 242-262, São Paulo, set./dez. 2017b. Disponível em: http://www.rdb.org.br/ojs/index.php/rdb/article/view/504. Acesso em: 27 jan. 2018.

KURKOWSKI, Rafael Schwez. A execução provisória da pena no tribunal do júri. In: WALMSLEY, Andréa; CIRENO, Lígia; BARBOZA, Márcia Noll. (Org.). *Inovações da Lei 13.964, de 24 de dezembro de 2019*. Brasília: Ministério Público Federal, 2020. Disponível em: http://www.mpf.mp.br/atuacao-tematica/ccr2/publicacoes. Acesso em: 11 jun. 2020.

KURKOWSKI, Rafael Schwez. Execução provisória da pena em condenação no tribunal do júri. In: SOUZA, Renee do Ó. (Org.). *Lei Anticrime*: comentários à Lei 13.964/2019. Belo Horizonte: D'Plácido, 2019.

KURKOWSKI, Rafael Schwez; PIEDADE, Antônio Sérgio Cordeiro. Justificação constitucional da execução provisória da pena privativa de liberdade na pendência dos recursos extraordinário e especial recebidos sem efeito suspensivo. *Revista Duc in Altum Cadernos de Direito*, v. 9, n. 18, p. 121-163, Recife, maio/ago. 2017. Disponível em: http://www.faculdadedamas.edu.br/revistafd/index.php/cihjur/article/view/609/521. Acesso em: 27 jan. 2018.

KURKOWSKI, Rafael Schwez; SUXBERGER, Antônio Henrique Graciano. Execução provisória da pena privativa de liberdade: resultado da harmonização entre a presunção de inocência e a segurança pública. *E-civitas Revista científica do curso de direito do UNIBH*, Belo Horizonte, v. IX, n. 2, p. 1-38, dez. 2016. Disponível em: http://revistas.unibh.br/index.php/dcjpg/article/view/1994. Acesso em: 07 mar. 17.

MANUTENÇÃO do júri popular será pedido por advogado. *Correio da Manhã*, Rio de Janeiro, 10 dez. 1969, p. 6. Disponível em: http://memoria.bn.br/DocReader/Hotpage/HotpageBN.aspx?bib=089842_07&pagfis=106399&url=http://memoria.bn.br/docreader#. Acesso em: 12 jul. 2018.

MARQUES, José Frederico. *A instituição do júri*. Campinas: Bookseller, 1997.

MAXIMILIANO, Carlos. *Hermenêutica e aplicação do direito*. 20. ed. Rio de Janeiro: Forense, 2011.

MION, Ronaldo de Paula. *Tribunal do júri e revisão criminal*: entre a preservação da soberania dos veredictos e a solução de erros judiciários. Rio de Janeiro: Lumen Juris, 2020.

MOSSIN, Heráclito Antônio. *Júri*: crimes e processo. 2. ed. Rio de Janeiro: Forense, 2008.

NASSIF, Aramis. *Júri*: instrumento da soberania popular. 2. ed. Porto Alegre: Livraria do Advogado, 2008.

NOVAIS, César Danilo Ribeiro de. Revisão criminal contra condenação do Tribunal do Júri. *Cadernos do Júri*, v. 3, p. 85-98, Cuiabá, 2015.

NUCCI, Guilherme de Souza. *Tribunal do júri*. 6. ed. Rio de Janeiro: Forense, 2015.

PORTO, Hermínio Alberto Marques. *Júri*: Procedimentos e aspectos do julgamento. Questionários. 8. ed. São Paulo: Malheiros, 1996.

RANGEL, Paulo. *Tribunal do júri*: visão linguística, histórica, social e jurídica. 5. ed. São Paulo: Atlas, 2015.

SANTOS, Júlio Edstron Secundino; GODOY, Arnaldo Sampaio Godoy. Constitucionalismo e literatura: José de Alencar e o Tribunal do Júri. *Revista de Direitos e Garantias Fundamentais*, Vitória, n. 20. v. 3., p. 303-324, set./dez 2019. Disponível em: https://sisbib.emnuvens.com.br/direitosegarantias/article/view/1771. Acesso em: 20 jun. 2020. DOI: https://doi.org/10.18759/rdgf.v20i3.1771.

SARLET, Ingo Wolfgang. *A eficácia dos direitos fundamentais*: uma teoria geral dos direitos fundamentais na perspectiva constitucional. 12. ed. Porto Alegre: Livraria do Advogado, 2015.

SILVA, De Plácido e. *Vocabulário jurídico*. 20 ed. Rio de Janeiro: Forense, 2002.

SILVA, José Afonso da. *Curso de direito constitucional positivo*. 20. ed. São Paulo: Malheiros, 2002.

SUXBERGER, Antonio Henrique Graciano. *Ministerio público brasileño y política criminal en el marco de la teoría crítica de los derechos humanos*. 2008. 311 f. Tese (Doutorado em Derechos Humanos y Desarrollo) – Universidad Pablo de Olavide, Sevilha, Espanha, 2008.

TUBENCHLAK, James. *Tribunal do Júri*: contradições e soluções. 2. ed. São Paulo: Saraiva, 1990.

TUCCI, Rogério Lauria. Tribunal do júri: origem, evolução, características e perspectivas. In: TUCCI, Rogério Lauria (Coord.). *Tribunal do júri*: estudo sobre a mais democrática instituição jurídica brasileira. São Paulo: Ed. RT, 1999.

VIVEIROS, Mauro. *Tribunal do júri na ordem constitucional brasileira*: um órgão da cidadania. São Paulo: Juarez de Oliveira, 2003.

ASPECTOS RELEVANTES DA COLABORAÇÃO PREMIADA NO PROCEDIMENTO DOS CRIMES DOLOSOS CONTRA A VIDA

Ricardo Silvares

Doutor e Mestre em Processo Penal pela Universidade de São Paulo. Professor da Escola Superior do Ministério Público, do curso RSC Online e da Faculdade de Direito da Facamp Promotor de Justiça no Estado de São Paulo desde 1994, com atuação no Tribunal do Júri (1995-1999, 2003-2005 e 2007-2018), GAECO (2000-2003 e 2005-2007) e na Assessoria da Procuradoria-Geral de Justiça (desde 2018).

Sumário: 1. Limites materiais aos acordos de colaboração premiada: a impossibilidade das cláusulas de imunidade e perdão judicial ao autor, coautor ou partícipe de crime doloso contra a vida – 2. A celebração de acordo de colaboração premiada antes do oferecimento da denúncia: competência para sua homologação e a valoração dos elementos informativos da fase investigatória no recebimento da inicial – 3. Celebração do acordo de colaboração premiada na fase de instrução preliminar: competência para homologação e sigilo – 4. A pronúncia em face da colaboração premiada: a aplicação do art. 4º, § 16, da lei 12.850/2013 – 5. Acordo de colaboração premiada celebrado após a pronúncia e antes do julgamento: competência para homologação e sigilo – 6. A colaboração premiada e o julgamento pelo Tribunal do Júri: a quem compete a valoração da eficácia da colaboração – 7. Referências.

A literatura jurídica brasileira vem se dedicando muito pouco à aplicação de mecanismos de consenso e negociação no âmbito do procedimento previsto no Código de Processo Penal para os crimes dolosos contra a vida. A razão, possivelmente, se deve ao desenho normativo dos mecanismos consensuais implantados no Brasil, que trazem limitações materiais objetivas, incidindo apenas quando presentes delitos de pequeno potencial ofensivo ou de média gravidade.

Não obstante, há um mecanismo em nosso ordenamento com viés punitivo e que pode abranger os crimes de maior potencial ofensivo: a colaboração premiada. É aqui que questões jurídicas importantes se sobressaem.

É possível celebrar acordo de colaboração premiada com alguém acusado de homicídio e que possa, como consequência, obter os prêmios estipulados pela lei no próprio processo em que ocorre a imputação? Se a resposta for positiva, poderá ser pactuado qualquer prêmio, inclusive aquele que leva à não persecução (imunidade) ou à impunidade (perdão judicial)? A limitação do art. 4º, § 16, da Lei 12.850/2013, aplica-se à pronúncia? Deverá o colaborador ser julgado na mesma sessão do tribunal do júri que os demais delatados? Há cuidados que devam ser adotados quanto ao procedimento? Quem avaliará a eficácia da colaboração, o juiz-presidente ou os jurados?

Dadas as limitações de uma obra como esta, procuraremos apreciar, no texto a seguir, não todas, mas a maioria das questões acima, procurando respondê-las adequadamente.[1]

1. LIMITES MATERIAIS AOS ACORDOS DE COLABORAÇÃO PREMIADA: A IMPOSSIBILIDADE DAS CLÁUSULAS DE IMUNIDADE E PERDÃO JUDICIAL AO AUTOR, COAUTOR OU PARTÍCIPE DE CRIME DOLOSO CONTRA A VIDA

Em razão do bem jurídico tutelado pelo artigo 121 do Código Penal, é natural que a relação entre crimes dolosos contra a vida e o instituto da colaboração premiada mostre-se, do ponto de vista ético e moral, mais complexa do que se revela, por exemplo, em sua aplicação aos crimes contra a administração pública ou o patrimônio.

Porém, não se pode simplesmente ignorar que diversos crimes contra a vida são cometidos no âmbito da atividade de grupos, associações, organizações ou milícias criminosas, e que precisam ser descobertos e apurados, para que os responsáveis por eles possam ser, nos termos da Constituição e da lei, punidos.

Pense-se, por exemplo, nas execuções sumárias realizadas por facções criminosas, que simulam julgamentos, com agentes atuando na distribuição de ordens, a partir de penitenciárias ou esconderijos, mas que contam com a tecnologia para interagir no evento delitivo. Pense-se que em tais casos, há aqueles que colaboram para o sequestro e cárcere privado da vítima, aqueles que devem matá-la e outros com a incumbência de livrarem-se do corpo. Tem-se, assim, os mandantes, que decidem o futuro da vítima e ordenam sua morte, aqueles que possuem atividades menos relevantes e os agentes que matam o "condenado".

Casos assim evidenciam não só a necessidade de o Estado cumprir sua função de persecução, mas, também, a forma como são cometidos traz aos órgãos envolvidos com a segurança pública a oportunidade de obter a colaboração de envolvidos nessa cadeia de eventos e de tarefas. Há espaço, assim, para a colaboração premiada.

---

1. Abordamos essas questões e outras mais em nossa tese de doutorado intitulada "Espaços de consenso e negociação no âmbito do tribunal do júri", defendida, em 2022, perante a Faculdade de Direito do Largo de São Francisco, em banca composta por meu orientador, Professor Doutor José Raul Gavião de Almeida, e os Professores Doutores Antonio Magalhães Gomes Filho, Marcos Alexandre Coelho Zilli, Luiz Roberto Salles Souza, Gustavo dos Reis Gazzola e Fábio Ramazzini Bechara, trabalho ainda não publicado em livro.

Então, uma primeira questão pode surgir, considerando-se os prêmios previstos na Lei 12.850/2013 para aquele que colabora: pode-se negociar a imunidade com o autor ou partícipe de um homicídio, nos termos do seu art. 4º, § 4º? Em outras palavras, há limites materiais para o acordo de imunidade?

Defende-se neste texto que há limites materiais para a celebração do acordo de imunidade ou que envolva perdão judicial como prêmio, baseados no texto constitucional, que estipula verdadeiros mandados de criminalização, que não podem ser ignorados pelo legislador e pelo aplicador da lei, de modo a fazer com que os autores de tais crimes fiquem, na prática, impunes.

Comecemos com a ideia de *mandado constitucional de criminalização*.

Segundo Alexandre Rocha Almeida de Moraes e Fábio Ramazzini Bechara: "Na Constituição de 1988, ao lado das regras tradicionais de proteção do indivíduo investigado e processado (legalidade, anterioridade da lei penal, contraditório, ampla defesa, devido processo legal etc.), convivem normas que exigem a punição rigorosa de bens denominados de hediondos, novos gestores da moral média (ambientalistas, movimentos feministas, idosos etc.), além da necessidade de proteção dos interesses sociais, coletivos e difusos (meio ambiente, ordem tributária, segurança viária, incolumidade e segurança públicas, sistema financeiro etc.). A Carta de 1988, no entanto, não apresenta somente um viés de garantismo negativo ou de limitação do poder de punir do Estado. Ela também rompe a dialética exclusivamente iluminista, legitimando direitos sociais e difusos que funcionam, sob a ótica de um garantismo social ou positivo, como verdadeiros mandados de criminalização, exigindo do legislador infraconstitucional a devida proteção jurídica".[2]

Trata-se de uma transposição do princípio da proporcionalidade para o campo penal. A proporcionalidade, aqui, age com suas duas vertentes: na proibição do excesso, há o combate às leis que restringem, de modo excessivo, os direitos dos acusados; na proibição da insuficiência, atua para coibir leis e decisões judiciais que, de modo desproporcional, não protejam o direito à justiça das vítimas e o direito à segurança de todos os beneficiados pela prevenção da tutela penal.[3] Sob a ótica desse *garantismo social*, calcado na segunda vertente da proporcionalidade, há um dever do Estado em legislar para proteger, de modo adequado e suficiente, os bens jurídicos, nascendo, a partir daí, a ideia dos mandados de criminalização, com base constitucional.[4]

---

2. Acordo de não persecução penal e restrições das hipóteses de cabimento a partir dos mandados constitucionais de criminalização. In: SALGADO, Daniel de Resende; KIRCHER, Luis Felipe Schneider; QUEIROZ, Ronaldo Pinheiro de. *Justiça consensual*: acordos criminais, cíveis e administrativos. Salvador: JusPodivm, p. 419-448, 2022, p. 429.
3. RAMOS, André de Carvalho. *Curso de direitos humanos*. 4. ed. São Paulo: Saraiva, 2017, p. 125-126.
4. MORAES, Alexandre Rocha Almeida de; BECHARA, Fábio Ramazzini, op. cit., p. 430. Há, porém, discordâncias na doutrina quanto à efetiva existência desse mandado de criminalização. Janaína Con-

Aponta-se, como fontes desses mandados de criminalização, os dispositivos constitucionais referentes ao racismo (art. 5º, XLII); crimes hediondos e equiparados (art. 5º, XLIII); a ação de grupos armados, civis ou militares, contra a ordem constitucional e o Estado Democrático (art. 5º, XLIV); proteção do salário (art. 7º, X); meio ambiente (art. 225, § 3º); e abuso, violência e exploração sexual e de adolescente (art. 227, § 4º).[5] De fato, em todos esses exemplos retirados da Constituição, há nos respectivos textos expressa referência à um imperativo sancionador das condutas que lesem ou exponham a perigo de lesões os bens jurídicos acima referidos. Moraes e Bechara, além de mencionarem alguns dos dispositivos acima citados, entendem que a Constituição também indica, nos arts. 1º e 3º, quais são os fundamentos dos mandados de criminalização: os objetivos fundamentais da República Federativa do Brasil.[6]

Do que interessa ao presente texto, verifica-se um cuidado especial por parte da Constituição com os crimes hediondos e equiparados, a ponto de serem vedadas a graça e a anistia, que são formas, respectivamente, de perdão e esquecimento por parte do Estado. Como consequência, inevitável que concordemos com a visão de Moraes e Bechara, no sentido de que a concessão de imunidade material e perdão judicial não são opções disponíveis quando se tiver pela frente um crime hediondo.

Dos crimes dolosos contra a vida, é hediondo apenas o homicídio, quando praticado em atividade típica de grupo de extermínio, ainda que cometido por um só agente, e sua forma qualificada, conforme disposto no art. 1º, I, da Lei 8.072/1990.

Ora, se o constituinte entendeu inaceitável que, sob a forma de anistia ou graça, o Estado perdoe os que cometem homicídios nas circunstâncias acima delineadas, haveria óbvia contradição em se conceder imunidade material aos acusados por homicídio qualificado ou cometido em atividade típica de grupo de extermínio, pois isso significaria óbvia burla ao mandado constitucional sancionador, que espera, sempre, a punição dos culpados dessas infrações penais. E a imunidade material prevista no art. 4º, § 4º, da Lei 12.850 tem o efeito de não

---

ceição Paschoal, por exemplo, entende que há na Constituição apenas um limite à atuação punitiva do Estado, e não uma obrigação de criminalizar condutas (*Constituição, criminalização e direito penal mínimo*. São Paulo: Ed. RT, 2003, p. 77-84). Mas, parece haver maior aderência à tese aqui esposada, sendo explicitamente defensores dela, além de Moraes e Bechara: FELDENS, Luciano. *A constituição penal*. Porto Alegre: Livraria do Advogado, 2005; CARVALHO, Márcio Augusto Friggi de. *Colaboração premiada aplicada ao procedimento do tribunal do júri*. 2020. Tese (Doutorado) – Pontifícia Universidade Católica de São Paulo, São Paulo, 2020; TURESSI, Flávio Eduardo. *Bens jurídicos coletivos*: proteção penal, fundamentos e limites constitucionais à luz dos mandados de criminalização. Curitiba: Juruá, 2015; PONTE, Antônio Carlos da. *Crimes eleitorais*. São Paulo: Saraiva, 2008; LUISI, Luis. *Os princípios constitucionais penais*. 2. ed. Porto Alegre: Sergio Antonio Fabris Editor, 2003; ANDRADE, Carlos Gustavo. Mandados implícitos de criminalização e sua repercussão no tribunal do júri. Conselho Nacional do Ministério Público. *A promoção da justiça no tribunal do júri*. Brasília: CNMP, p. 61-69, 2021, p. 63.

5. CARVALHO, Márcio Augusto Friggi de, op. cit., p. 153.
6. Op. cit., p. 434.

persecução, impedindo o Estado de buscar a aplicação da sanção penal, enquanto o perdão judicial traz a impunidade para esses delitos, eis que igualmente impede a incidência do preceito secundário da norma penal.

Logo, em se tratando de colaboração premiada, não será possível que se pactue com o autor ou partícipe de homicídio qualificado ou cometido em atividade típica de grupo de extermínio, a imunidade à ação penal ou o perdão judicial, pois tais prêmios mostram-se incompatíveis com o tratamento constitucional.[7]

Resta, porém, verificar se a mesma lógica deve ser aplicada ao homicídio classificado como *simples*, não considerado pelo legislador infração com caráter hediondo, tampouco constante de qualquer mandado explícito de criminalização. Defende-se, aqui, que a proibição de conceder imunidade e perdão judicial, como prêmios pela colaboração, também se aplica a qualquer pessoa que seja autora ou partícipe de crime de homicídio, mesmo que em sua modalidade básica.

Sobre o direito à vida, expressamente assegurado no *caput* do art. 5º da Constituição Federal, assim se exprime André de Carvalho Ramos: "Para o Estado, a 'inviolabilidade do direito à vida' resulta em três obrigações: (i) obrigação de respeito; (ii) a obrigação de garantia; e (iii) a obrigação de tutela. A obrigação de respeito consiste no dever dos agentes estatais em não violar, arbitrariamente, a vida de outrem. A obrigação de garantia consiste no dever de prevenção da violação da vida por parte de terceiros e eventual punição àqueles que arbitrariamente violam a vida de outrem. A obrigação de tutela implica o dever do Estado de assegurar uma vida *digna*, garantindo condições materiais mínimas de sobrevivência".[8]

Assim, a vida é direito inviolável, na dicção do art. 5º da Constituição, e como tal deve ser tratada, inclusive quando da atuação do sistema criminal, pois espera-se, sempre, que os culpados por um crime de homicídio sejam punidos, na forma da lei. Não há diferença, portanto, entre homicídio cometido por grupo de extermínio, por motivo fútil ou por qualquer outra razão (desde que esta não represente causa de exclusão da ilicitude ou da culpabilidade). Embora não se tenha um mandado explícito de criminalização, o imperativo sancionador é implícito, decorrendo da própria importância do bem jurídico, do direito sob tutela, sem o qual não se faz possível a fruição de nenhum dos demais.[9]

As conclusões acima não prejudicam a incidência de mecanismos de consenso em casos de condutas dolosas contra a vida previstas nos demais tipos penais

---

7. No mesmo sentido: HORVATH, Antonio Carlos. O tribunal do júri e a justiça penal consensual ou negociada. In: SILVA, Rodrigo Monteiro (Org.). *Tribunal do júri*: o Ministério Público em defesa da justiça. Rio de Janeiro: Lumen Juris, p. 21-44, 2019, p. 36.
8. Op. cit., p. 558.
9. Nesse sentido: FELDENS, Luciano, op. cit., p. 141-142; CARVALHO, Márcio Augusto Friggi de, op. cit., p. 155-157.

do capítulo onde está previsto o homicídio. É que, nessas outras hipóteses, não há a mesma exigência sancionatória extraída do texto constitucional, tanto assim que muito se discute uma possível descriminalização das formas de aborto com consentimento da gestante e um tratamento especial da participação em suicídio e no infanticídio. Portanto, não se enxerga, quanto a esses outros delitos, qualquer impedimento de eventual aplicação do instituto consensual, mesmo que este venha a produzir a não persecução.

Por fim, não se está aqui afirmando que o acordo de imunidade e o perdão judicial sejam completamente vedados no procedimento dos crimes dolosos contra a vida. O que se afirma, em realidade, é que não pode ser concedida imunidade ou perdão judicial ao autor ou partícipe de homicídio, simples ou qualificado. Mas, sendo a imputação relativa a outro crime cometido no âmbito das atividades da organização criminosa, conexo ao homicídio, nada impede que tais prêmios sejam pactuados com o colaborador que possa fornecer dados que permitam a identificação dos demais coautores e partícipes, inclusive, e sobretudo, do crime contra a vida, bem como a revelação da estrutura hierárquica e da divisão de tarefas da organização, a prevenção de infrações decorrentes das atividades desta, a recuperação total ou parcial do produto do crime ou do proveito das infrações penais ou a localização de eventual vítima.

2. A CELEBRAÇÃO DE ACORDO DE COLABORAÇÃO PREMIADA ANTES DO OFERECIMENTO DA DENÚNCIA: COMPETÊNCIA PARA SUA HOMOLOGAÇÃO E A VALORAÇÃO DOS ELEMENTOS INFORMATIVOS DA FASE INVESTIGATÓRIA NO RECEBIMENTO DA INICIAL

Como meio de obtenção de prova que é, a colaboração premiada muitas vezes é negociada, e o acordo celebrado, ainda durante a fase de investigação. Por isso, pode-se dizer que será mais comum a celebração do acordo ainda nessa etapa, gerando-se interesse em relação a dois aspectos: a competência para homologação do acordo e os efeitos sobre o recebimento da denúncia, especialmente em face do disposto no art. 4º, § 16, II, da Lei 12.850.

Vejamos esses pontos separadamente.

A) Competência para homologação do acordo

A competência para homologar o acordo de colaboração premiada será do juiz de direito de primeiro grau[10] que tenha competência para apreciar qualquer

---

10. VERÍSSIMO, Carla. Principais questões sobre a competência para a homologação do acordo de colaboração premiada. In: MOURA, Maria Thereza de Assis; BOTTINI, Pierpaolo Cruz. *Colaboração premiada*. São Paulo: Ed. RT, 2017, p. 119.

requerimento que venha a ser apresentado pelo Ministério Público, ou qualquer representação da autoridade policial, durante o trâmite do inquérito policial ou procedimento de investigação criminal, incluindo a competência para o recebimento da denúncia, o que depende, hoje, das leis de organização judiciária.

Assim, nas comarcas com centrais de inquéritos policiais, serão os juízes ali atuantes que deverão apreciar e homologar o acordo de colaboração, salvo se houver expressa ressalva legal. Em outras, será o juiz diretor da vara com competência criminal e para a qual for distribuído o inquérito, podendo, nesse caso, incidir regras de especialização, como as que preveem varas do júri. Nesta última hipótese, havendo investigação de homicídio, com ou sem crimes conexos, caberá aos juízes de direito de tais varas homologar o acordo.

Até aqui, não há maiores dificuldades. Onde há centrais de inquérito, normalmente a competência do juiz cessa com o oferecimento da denúncia ou com seu recebimento, de forma que o magistrado que homologou o acordo não será o mesmo que irá sentenciar o caso.

Porém, onde não há tais centrais, há um potencial inconveniente: o juiz responsável pela homologação do acordo será o mesmo que irá julgar o caso, o que pode afetar, em algum grau, sua imparcialidade, dado o risco de estabelecer uma identificação precoce com a hipótese acusatória. No procedimento do Júri, o inconveniente é mitigado pelo fato de que o julgamento de mérito será, sempre, dos jurados, embora o juiz tenha importante papel de admissão da acusação, por meio do recebimento da denúncia e da decisão de pronúncia.

Caso efetivamente seja instalada no país a figura do juiz das garantias, já criada pela Lei 13.964/2019, caberá a este a homologação do acordo de colaboração premiada, *ex vi* do disposto no art. 3º-B, XVII, do Código de Processo Penal, atualmente com eficácia suspensa por liminar do Supremo Tribunal Federal. Então, somente depois do recebimento da denúncia, o processo seguirá à vara competente para a tramitação da primeira etapa do procedimento escalonado dos crimes dolosos contra a vida.

B) A valoração dos elementos informativos da fase investigatória no recebimento da denúncia

O valor probatório da colaboração premiada para a sentença de mérito é tema dos mais pertinentes, sobretudo quando sua valoração deve ficar a cargo do juiz singular ou de tribunal colegiado. Naturalmente, já não se verifica a mesma relevância quando o tema é estudado no campo do tribunal do júri, visto que a decisão de mérito e, portanto, a valoração da prova decorrente da colaboração, será realizada pelos jurados, não havendo no Brasil os filtros existentes nos júris do *common law*, onde o controle sobre o que chega ao conhecimento do conselho de sentença é mais rigoroso.

Fato é que, após o julgamento pelo júri, jamais se saberá se os meios utilizados pelo Ministério Público para provar a hipótese acusatória foram ou não convincentes, visto que, ainda que venham os jurados a condenar os acusados, incluindo eventuais delatados, o impacto dos elementos angariados a partir da cooperação não poderá ser efetivamente medido. Em realidade, a discussão sobre o julgamento pelos jurados ganha relevância em apenas dois pontos: se cabe a eles decidir sobre a eficácia da colaboração; e a possibilidade de anulação do julgamento em caso de condenação, na ausência de corroboração da colaboração. Desse último ponto não trataremos nesse texto.

Fora da hipótese de decisão de mérito do crime sob julgamento, o valor probatório da colaboração premiada será assunto importante no procedimento dos crimes dolosos contra a vida no que tange às decisões de recebimento da denúncia e de pronúncia, e isso se dá por duas razões: a Lei 13.964 alterou o § 16 do art. 4º da Lei 12.850 e, onde antes constava que nenhuma sentença condenatória poderia ser proferida com fundamento apenas nas declarações do colaborador, agora menciona-se igualmente o recebimento da denúncia (inciso II); e a pronúncia é um momento decisório importante no procedimento dos crimes dolosos contra a vida, cabendo verificar se o dispositivo acima, embora o não mencione, a ele deve ser aplicado. Por ora, será tratado apenas o recebimento da denúncia.

Como explica Gustavo Badaró, do ponto de vista probatório, a colaboração e, especificamente, a delação sempre enfrentou preconceitos, tendo em vista a natural potencialidade de gerar injustiças,[11] como ocorreu, nos séculos XVI e XVII, logo que começou a ter larga utilização na Inglaterra.[12]

Por conta disso, a partir do direito inglês, criou-se a *regra de corroboração*, trazida ao nosso ordenamento pelo § 16 do art. 4º da Lei 12.850. É Gustavo Badaró quem explica a natureza dessa norma legal: "A regra legal de valoração das declarações do colaborador premiado não tem por objetivo determinar qual meio de prova ou quantos meios de prova são necessários para que um fato seja considerado verdadeiro. Ao contrário, trata-se de um regime de *prova legal*

---

11. A valoração probatória da colaboração premiada. In: AMBOS, Kai; ZILLI, Marcos; MENDES, Paulo de Sousa (Org.). *Colaboração premiada*: perspectiva comparada. São Paulo: Tirant lo Blanch, 2020, p. 96.
12. Sobre como surgiram e foram utilizadas as delações premiadas na Inglaterra e os abusos então cometidos, dentre outros: ALSCHULER, Albert W. Plea bargaining and its history. *Columbia Law Review*, v. 79, n. 1, p. 1-43, January 1979; LANGBEIN, John H. Shaping the eighteenth-century criminal trial: a view from the Ryder sources. *University of Chicago Law Review*, v. 50, n. 1, p. 1-136, Winter, 1983; LANGBEIN, John H. The criminal trial before the lawyers. *The University of Chicago Law Review*, v. 45, n. 2, p. 263-316, Winter, 1978; LANGBEIN, John H. *The origins of adversary criminal trial*. Oxford: Oxford University Press, 2003; PEZZOTTI, Olavo Evangelista. *Colaboração premiada*: uma perspectiva de direito comparado. São Paulo: Almedina, 2020.

negativa, em que se estabelece que isolada ou sem elementos de corroboração, a colaboração premiada é *insuficiente para a condenação do delatado*. O legislador não estabeleceu, abstratamente, o que é necessário para condenar, mas apenas, em reforço à presunção de inocência, o que é insuficiente para superar o *standard* de prova 'além da dúvida razoável'. Trata-se de uma *regra de corroboração* probatória, exigindo que o conteúdo da colaboração processual seja confirmado por outros elementos de prova".[13]

A novidade é que, com a alteração trazida pela Lei 13.964/2019 à Lei 12.850, tampouco a denúncia poderá ser recebida tendo como base apenas as declarações do colaborador. A regra é muito relevante, pois estabelece um padrão probatório: se, em qualquer feito criminal, é possível o recebimento da denúncia, ainda que a base seja o relato de uma única testemunha que afirme, de modo convincente, a autoria, o mesmo já não pode ocorrer se o relato vier de um colaborador premiado.[14] É que, nesse caso, a desconfiança se assenta sobre ele, pois é possível que tenha delatado outrem porque, acuado pela investigação, tendo como provável sua futura condenação, tenha delatado terceiros para obter prêmios e amenizar o quadro sancionatório.

A rejeição da denúncia, faltando corroboração, está baseada, assim, na falta de justa causa (art. 395, III, Código de Processo Penal).

Antes da extensão da regra de corroboração também para o momento do recebimento da denúncia, já havia quem propugnasse por uma aplicação mais rigorosa da noção de justa causa às colaborações.[15] Porém, poderia o juiz encontrar dificuldades na fundamentação jurídica da rejeição da denúncia por esse fundamento, pois tinha-se a seguinte situação: havia declarações muito convincentes, detalhadas e harmônicas do colaborador, que representavam, sem dúvida, prova do crime e indícios de autoria em relação ao delatado, mas sem corroboração suficiente; o juiz tinha diante de si uma denúncia embasada nas noções tradicionais de justa causa, mas, sabia, desde aquele momento, que, esgotada a busca por fontes de provas, nada seria acrescido a tal quadro probatório na fase processual, com a consequente absolvição ao final.

---

13. Idem, p. 98-99.
14. "Antes do advento do Pacote Anticrime, a posição adotada por alguns Ministros do Supremo Tribunal Federal era no sentido de que a colaboração premiada, por si só, configurava elemento indiciário, autorizando o recebimento da denúncia. Tal posicionamento se constatava nos votos dos Ministros Luiz Edson Fachin e Celso de Mello. No mesmo sentido, o Ministro Marco Aurélio compreendia que 'o objeto da delação premiada não serve, por si só à condenação'" (MACHADO, Luís Henrique. A fase de recebimento da denúncia – críticas e perspectivas. In: MADEIRA, Guilherme; BADARÓ, Gustavo; CRUZ, Rogério Schietti (Coord.) *Código de processo penal*: estudos comemorativos aos 80 anos de vigência. São Paulo: Ed. RT, 2021, v. 2, p. 417-418).
15. BADARÓ, Gustavo, op. cit., p. 112.

Poder-se-ia, é verdade, cogitar da rejeição da denúncia, não por ausência de justa causa, mas por falta de outra condição da ação penal (e sem entrar na tormentosa discussão sobre se a justa causa é ou não uma das condições da ação), mas qual? Se a ação penal deduz uma pretensão punitiva e se esta se mostra inviável, não haveria impossibilidade jurídica do pedido? Ou não seria melhor considerar que, fazendo-se um prognóstico futuro, o processo mostrar-se-ia inútil e, desse modo, faltaria interesse de agir?[16] Pensávamos assim.

Essas dúvidas ficaram, porém, totalmente superadas com a nova regra legal, de modo que, ausente corroboração às declarações do delator, a denúncia deverá ser rejeitada, por falta de justa causa.

3. CELEBRAÇÃO DO ACORDO DE COLABORAÇÃO PREMIADA NA FASE DE INSTRUÇÃO PRELIMINAR: COMPETÊNCIA PARA HOMOLOGAÇÃO E SIGILO

O acordo de colaboração premiada pode ser celebrado em qualquer fase do processo, inclusive depois de recebida a denúncia e, nos crimes dolosos contra a vida, na fase de instrução preliminar. Trata-se da chamada *colaboração intercorrente*.[17]

Nesse caso, a homologação caberá ao juízo natural do feito, ou seja, aquele com competência para julgá-lo,[18] o que, considerando-se o procedimento especial do júri, significa que será o juízo responsável pela condução da instrução preliminar e que deverá posteriormente decidir se o caso será ou não remetido a julgamento pelo júri.

Uma questão que poderá surgir diz respeito ao sigilo da colaboração, uma vez que o § 3º do art. 7º da Lei 12.850 determina que o acordo de colaboração e os depoimentos do colaborador devem ser mantidos em sigilo *até o recebimento da denúncia*. Ora, na hipótese aqui tratada, como a denúncia já foi recebida, surge a dúvida: deve o juiz, automaticamente, levantar o sigilo da colaboração?

Pensamos que não, pois, em nossa compreensão, deve-se conjugar o dispositivo do § 3º do art. 7º da Lei 12.850 com as novas regras instituídas pelo art. 3º-B. Assim, caso sejam iniciadas negociações, o sigilo deverá sempre prevalecer, devendo o Ministério Público, se necessário, requerer a suspensão do processo,

---

16. A respeito das condições da ação penal: ZILLI, Marcos. Ainda sobre as condições da ação penal. In: VAZ, Denise Provasi; DEZEM, Guilherme Madeira; ZILLI, Marcos; LOPES, Mariangela Tomé (Org.). *Eficiência e garantismo no processo penal*: estudos em homenagem a Antonio Scarance Fernandes. São Paulo: LiberArs, 2017, p. 248-249.
17. VASCONCELLOS, Vinicius Gomes de. *Colaboração premiada no processo penal*. 3. ed. São Paulo: Ed. RT, 2020, p. 275.
18. Idem, ibidem.

nos termos do art. 4º, § 3º, da mesma Lei, para que aquelas sejam finalizadas e as medidas decorrentes do acordo possam ser implementadas.

O problema é que, em virtude de conexão ou continência, pode o processo conter corréus sob custódia preventiva e que tenham sido delatados como resultado da colaboração. A suspensão do feito, nesse caso, mostra-se inviável, sob pena de constrangimento ilegal.

Sendo essa a hipótese, pensamos que poderá ser aplicado o art. 80 do Código processual penal, com a consequente cisão do feito. Assim, o processo dos corréus prosseguirá seu curso, podendo a acusação, posteriormente, produzir as provas decorrentes da colaboração, devendo-se, correlatamente, permitir às defesas dos delatados produzir outras, inclusive determinando-se novos interrogatórios destes ao final.

Uma vez cumpridas as medidas decorrentes da colaboração e seus resultados comecem a ser utilizados pelo Ministério Público, deverá o sigilo ser levantado, pois perderá qualquer justificação legal e instrumental, razão pela qual sua mantença poderá configurar cerceamento de defesa.

4. A PRONÚNCIA EM FACE DA COLABORAÇÃO PREMIADA: A APLICAÇÃO DO ART. 4º, § 16, DA LEI 12.850/2013

Em relação à pronúncia, há um aspecto específico que merece atenção quando celebrado acordo de colaboração premiada.

Como visto, o art. 4º, § 16, da Lei 12.850/2013, vedou a tomada de algumas decisões com base apenas nas declarações do colaborador, nominando, expressamente, o recebimento da denúncia, a decisão condenatória e a adoção de medidas cautelares. Não houve, assim, qualquer menção à pronúncia. Porém, tendo em vista a natureza desta e sua função de filtro da admissibilidade da acusação, pensamos que não se pode afastar tal regra dessa importante decisão proferida no procedimento dos crimes dolosos contra a vida.

Com efeito, os filtros acusatórios são conhecidos na dinâmica processual,[19] e a maioria dos modelos processuais preveem uma fase processual intermediária, conhecida como juízo de acusação, que perfaz um exame judicial inicial incidente sobre o direito de acusar: "trata-se de uma verificação sobre a legitimidade do ato acusatório como instrumento suficientemente apto a movimentar todo o aparato judicial dirigido à aplicação do Direito Penal".[20] Nessa fase, não se faz o

---

19. ZILLI, Marcos, op. cit., p. 233.
20. Idem, p. 233-234.

julgamento de procedência do poder-dever punitivo, mas apenas evita-se que acusações infundadas cheguem ao *juízo da causa*.[21]

O que se acabou de afirmar aplica-se, segundo acreditamos, a qualquer procedimento pensado como filtro de admissibilidade, função que é exercida pela fase de instrução preliminar nos crimes dolosos contra a vida, procedimento que, no Brasil, atua como fase intermediária. Dessa forma, a ultrapassagem desta última e a inauguração da etapa de julgamento é possível apenas naqueles casos que vençam os critérios legais de admissibilidade.

O art. 413 do Código de Processo Penal apenas exige, para a pronúncia, que o juiz se convença da materialidade do fato e da existência de indícios suficientes de autoria ou participação. Logo, com base na dicção do próprio dispositivo legal, o juiz deve se convencer da existência de tais requisitos.

Havendo colaboração premiada no processo relacionado ao crime doloso contra a vida e advindo delação que atinja o acusado por tal crime, à valoração do juiz, para se convencer da presença da materialidade e dos indícios de autoria, não pode faltar a aplicação do *regime de prova legal negativa* estabelecido pelo § 16 do art. 4º da Lei 12.850. Ora, viu-se que a regra da *corroboração* do depoimento do colaborador deve ser obrigatoriamente aplicada ao momento do filtro de admissibilidade realizada pelo juiz sobre a denúncia e, assim pensamos, deve ser repetida quando da pronúncia, dada sua semelhante função, desta feita, para a admissão do posterior julgamento pelo júri.

Diante do resultado da instrução probatória realizada sob o contraditório, e ao final da fase preliminar, uma nova filtragem deve ser realizada pelo juiz, o que justifica a incidência da regra legal mencionada: tanto na denúncia quanto na pronúncia quer-se evitar acusações infundadas e o peso do processo sobre o imputado. No caso da pronúncia, um "sobrepeso", representado por um julgamento público pelo tribunal do júri.

Assim, pode-se imaginar hipótese em que o filtro do recebimento da denúncia não tenha funcionado e durante a instrução preliminar tenha-se produzido, a título de prova, apenas o depoimento do colaborador, corréu ou não. Ou pode-se pensar também no caso de a colaboração ter sido celebrada na própria fase de instrução preliminar, persistindo, ao final, apenas o relato daquele que colaborou. Nessas duas hipóteses, a regra legal pode impedir a decisão de pronúncia, por ausência de corroboração.

É verdade que, fora da hipótese de colaboração, as declarações do corréu, delator espontâneo, têm peso importante para a decisão de recebimento da denúncia e pode servir de fundamento para ela. Porém, havendo colaboração formal, na

---

21. Idem, p. 234.

qual o delator espera o recebimento de um prêmio previamente negociado, deve sempre incidir a exigência do legislador, ou seja, a corroboração no momento dessa primeira filtragem da acusação.

A mesma lógica deve ser aplicada ao segundo filtro, a pronúncia. A razão da não inclusão desta no citado § 16 é fruto, assim pensamos, do fato de a colaboração premiada não ter sido projetada com olhos para o procedimento dos crimes dolosos contra a vida, tanto assim que não há uma única regra que o mencione, deixando duas lacunas importantes, sendo esta uma delas – a outra, sobre a competência para avaliação da eficácia da colaboração, tema ao qual se voltará adiante.

5. ACORDO DE COLABORAÇÃO PREMIADA CELEBRADO APÓS A PRONÚNCIA E ANTES DO JULGAMENTO: COMPETÊNCIA PARA HOMOLOGAÇÃO E SIGILO

Como a colaboração premiada pode ser celebrada em qualquer momento da persecução, pode se dar também depois da pronúncia, mas antes do julgamento pelo júri.

Nesse caso, a competência para homologação será do juiz que deve cuidar da preparação do processo para julgamento em plenário, fase que se inicia com a estabilização da decisão de pronúncia. Nem sempre será o mesmo juiz da fase anterior, pois leis de organização judiciária há que permitem a tramitação da instrução preliminar em todas as varas criminais, especializando a atuação voltada ao júri somente depois da pronúncia.

Da mesma forma como se dá quando a colaboração é realizada na instrução preliminar, aqui igualmente surge o problema de como proceder em relação ao sigilo. As soluções não podem ser muito diferentes e, por isso, cabe a conjugação do § 3º do art. 7º da Lei 12.850 com as novas regras instituídas pelo art. 3º-B. Assim, caso sejam iniciadas negociações, o sigilo deverá prevalecer, devendo o Ministério Público, se necessário, no momento de sua manifestação nos termos do art. 422 do Código de Processo Penal, ou mesmo depois, requerer a suspensão do processo, conforme o art. 4º, § 3º da Lei de Organizações Criminosas, para que o procedimento de barganha seja finalizado e as medidas decorrentes do acordo possam ser implementadas.

O problema, também aqui, é que pode o processo conter corréus, em virtude de conexão ou continência, eventualmente delatados e sob custódia preventiva. A suspensão, nesse caso, mostra-se inviável, podendo ser aplicado, porém, o art. 80 do Código processual penal, com cisão do feito. Assim, o processo dos corréus prosseguirá seu curso, podendo a acusação, posteriormente, produzir, em plenário de julgamento pelo júri, provas decorrentes da colaboração, devendo-se, correlatamente, permitir às defesas dos delatados produzir outras provas, inclusive determinando-se novos interrogatórios ao final.

Evidentemente, a celeridade do Ministério Público no procedimento de colaboração será crucial para a eficiência probatória buscada com a colaboração, e para que seja eficaz no julgamento dos delatados pelo júri.

O sigilo deverá ser totalmente levantado, uma vez que sejam cumpridas as medidas decorrentes da colaboração e assim que seus resultados comecem a ser utilizados pelo Ministério Público no processo, sob pena de cerceamento de defesa.

Problema mais complexo envolve a celebração da colaboração quando o processo já estiver em fase de recurso, o que recebe o nome de *colaboração tardia*.[22] Nos procedimentos comuns, a resposta da doutrina é que a competência para homologação deve ser do tribunal onde tramita o recurso.[23] Mas as peculiaridades do procedimento dos crimes dolosos contra a vida, especialmente aquelas referentes aos recursos cabíveis na primeira etapa do procedimento, embora o não impeçam, dificultam a aplicação desse mesmo entendimento.

De fato, nos recursos do procedimento ordinário, o tribunal faz a revisão do mérito da decisão de primeiro grau. Em outras palavras, será mantida ou reformada a condenação ou a absolvição, o que significa dizer que o tribunal irá condenar ou absolver o acusado. Desse modo, faz mesmo todo sentido que o tribunal aprecie a colaboração premiada. Já no procedimento dos crimes dolosos contra a vida, qualquer que tenha sido a decisão ao final da instrução preliminar, pode-se buscar, com o recurso, a pronúncia, a despronúncia (impronúncia), a absolvição sumária ou a desclassificação. Em nenhum desses casos, salvo no pedido de absolvição, o tribunal proferirá uma decisão terminativa de mérito, mas exercerá apenas a revisão do filtro de admissibilidade realizado pelo juiz de primeiro grau.

Apesar dessa diferença, é certo que o tribunal terá de decidir sobre o pedido formulado no recurso, qualquer que seja ele, e a novidade da colaboração não deve passar-lhe em branco, pois pode ter o condão de influenciar o *decisum*. Afinal, se um dos imputados resolveu sair de sua posição de silêncio ou de negativa de autoria, para admitir a prática criminosa e delatar terceiros, sem dúvida o quadro probatório passa a ser outro, até então desconhecido do juiz *a quo*, e que gera, inevitavelmente, impacto na decisão de pronunciar, despronunciar, desclassificar ou absolver o recorrente.

Conclui-se, com isso, que também no procedimento dos crimes dolosos contra a vida, celebrado acordo durante o recurso contra a decisão da primeira fase, caberá ao tribunal recursal decidir sobre sua homologação.

Agora, o último ponto que pretendemos tratar neste texto.

---

22. VASCONCELLOS, Vinicius Gomes de, op. cit., p. 275.
23. Nesse sentido: VERÍSSIMO, Carla, op. cit., p. 120; VASCONCELLOS, Vinicius Gomes de, op. cit., p. 276.

6. A COLABORAÇÃO PREMIADA E O JULGAMENTO PELO TRIBUNAL DO JÚRI: A QUEM COMPETE A VALORAÇÃO DA EFICÁCIA DA COLABORAÇÃO

Realizado o julgamento do colaborador, com ou sem o simultâneo julgamento dos delatados, a questão que se coloca é: deve a eficácia da colaboração ser objeto de quesito, ou cabe inteiramente ao juiz-presidente decidir a respeito? A questão divide a doutrina.

Marcelo Batlouni Mendroni entende que a colaboração premiada deve constar de quesito aos jurados,[24] no que é seguido por Rodrigo Iennaco de Moraes[25] e Vinicius Gomes de Vasconcellos, por entenderem que se trata de instituto com reflexos na determinação da pena, "em respeito à lógica do referido sistema".[26]

Fernando Zardini Antonio, no mesmo diapasão aduz que: "Nessas hipóteses, a concessão está subordinada ao voto dos jurados, que deverão responder a quesitos específicos sobre o favor legal, sob pena de ofensa à regra de competência constitucional que reserva ao Tribunal do Júri a apreciação de todos os caracteres objetivos e subjetivos relacionados ao julgamento dos crimes dolosos contra a vida. Somente após a deliberação do Conselho de Sentença, no sentido de reconhecer as circunstâncias que autorizam o benefício, é que o juiz togado o fará incidir, quando da individualização da pena. (...) Logo, os jurados deverão responder a um quesito, a ser apresentado, conforme artigo 483, inciso IV, do Código de Processo Penal, depois do quesito absolutório genérico. O júri avaliará se, em vista do resultado ou resultados da colaboração, deve o réu ser premiado. Assim, por exemplo, se a colaboração resultou na identificação dos coautores e partícipes e na descoberta dos crimes da organização criminosa, tais circunstâncias devem constar do quesito, de forma simples e direta, nos seguintes moldes: 'o réu colaborou efetiva e voluntariamente com a investigação e com o processo criminal, e dessa colaboração adveio a identificação dos demais coautores e partícipes da organização criminosa e das infrações penais por ele praticadas?'. Se a resposta for negativa, a benesse não será aplicada, pouco importando os termos do acordo de colaboração. Obviamente, a defesa poderá manejar recurso de apelação fundado em uma das alíneas do artigo 593, inciso III, do Código de Processo Penal".[27]

Victor Augusto Estevam Valente e Thamiris Rossato Finotti comungam da opinião acima, entendendo que, caso o prêmio pactuado tenha sido a redução

---
24. *Comentários à Lei de Combate ao Crime Organizado*: Lei 12.850/13. São Paulo: Atlas, 2014, p. 45.
25. Colaboração premiada no tribunal do júri. *Boletim do IBCCRIM*, v. 8, n. 98, p. 7, São Paulo, jan. 2001.
26. Op. cit., p. 161.
27. A colaboração premiada e os crimes de competência do tribunal do júri. In: SILVA, Rodrigo Monteiro (Org.). *Tribunal do júri*: o Ministério Público em defesa da justiça. Rio de Janeiro: Lumen Juris, 2019, p. 250-251.

de pena, deverão os jurados apenas votar quesito sobre a eficácia da colaboração. Porém, se o benefício for a pena restritiva de direito ou o perdão judicial, os jurados deverão decidir especificamente a respeito.[28]

Márcio Augusto Friggi de Carvalho, por sua vez, entende que, embora não se refira ao fato principal, a colaboração premiada é, ainda assim, matéria de fato, que pode ser inserida no questionário, pois o rol do art. 483 do Código de Processo Penal não esgota as possibilidades de mérito a serem deliberadas pelo Conselho de Sentença.[29]

Antonio Carlos Horvath, em sentido diametralmente oposto, entende que a homologação do acordo e a verificação dos requisitos legais é matéria técnica, aos cuidados do juiz togado, cabendo aos jurados apenas o julgamento da causa, ou seja, do fato criminoso, enquanto os prêmios pela colaboração versam sobre a sanção, não sendo tarefa dos julgadores leigos estabelecer critérios para a fixação da pena.[30]

No mesmo sentido, Vitor Anhoque Cavalcanti, que assim argumenta: "Em caso de condenação pelo Conselho de Sentença, entendemos caber ao juiz togado aferir posteriormente a utilidade das declarações e a eficácia dos compromissos, para definir a aplicabilidade dos benefícios acordados, vez que transferir aos jurados uma tal atribuição significa defrontá-los com quesitação excepcional e complementar, que aos olhos do colaborador apenas desestimularia o acordo por o condicionar, em última instância, à apreciação de sete juízes (e não um), criando insegurança jurídica a que ele e a sua defesa muito provavelmente não se submeterão quando da avaliação inicial da viabilidade do acordo".[31]

---

28. Crimes dolosos contra a vida e a colaboração premiada no tribunal do júri. In: TORRICELLI, Marcelo Rodrigues da Silva; MANDARINO, Renan Posella; BROETO, Filipe Maia (Org.). *Colaboração premiada*: estudos em homenagem ao professor Luiz Flávio Gomes. Belo Horizonte: Editora D'Plácido, 2021, p. 195-197.
29. Op. cit., p. 172-173. Afirma o autor: "Ainda que a discussão relacionada à eficácia da colaboração seja derivada de um negócio jurídico e exista por conveniência probatória, seus reflexos de natureza penal devem implicar em efetivo exame pelo juízo competente para a matéria de fundo. Alijar o Corpo de Jurados dessa decisão significa fazer rosto para a sua competência e a soberania desenhada no caderno constitucional. Sem dúvida, além da competência mínima para a deliberação de *toda* a matéria de fato pertinente à imputação de crime doloso contra a vida, o necessário questionamento aos jurados acerta da eficácia da colaboração também se arrima no princípio da soberania dos veredictos. Absoluta perplexidade causaria se o Conselho de Sentença, após o reconhecimento da culpabilidade do acusado e dando azo à consequente condenação, ouvisse a leitura de sentença a declarar a extinção da punibilidade do acusado por força de perdão judicial ou mesmo a redução da pena em patamar de dois terços derivado do acordo cuja efetividade sequer foi objeto de apreciação pelos jurados" (idem, p. 175).
30. Op. cit., p. 35.
31. A colaboração premiada e alguns reflexos na tutela do direito à vida. In: SILVA, Rodrigo Monteiro (Org.). *Tribunal do júri*: o Ministério Público em defesa da justiça. Rio de Janeiro: Lumen Juris, p. 555-590, 2019, p. 578-579.

Convém apresentar um posicionamento a respeito do tema, adiantando-se que aqui defendemos o entendimento de que a *eficácia* da colaboração é tema para decisão do juiz-presidente do tribunal do júri, e não dos jurados.

Não acreditamos que o problema resida na clássica divisão de tarefas entre juiz-presidente e jurados, segundo a qual permanece com estes a decisão das *matérias de fato*, e com o primeiro, das *matérias jurídicas*, dentre as quais, a aplicação da pena. Essa divisão vem sendo criticada pela doutrina nacional há bastante tempo.

Com efeito, José Frederico Marques observava ser comum a afirmação de que o sistema de quesitos repousa "na separação entre o juízo sobre as questões de fato, da competência dos jurados, e o juízo sobre questões de direito, da atribuição do juiz togado que preside ao Júri: *de jure judices, de facto juratore*".[32] Porém, o autor considerava "falso e errônea" essa pretensa separação da competência funcional, um dos "muitos *slogans* equívocos de que está prenhe a instituição do Júri".[33] Lembrou, ainda, que a doutrina estrangeira já havia observado a "inanidade da regra", pois os jurados, ao apreciarem as condições de culpabilidade, resolvem também questões de direito: "Muitas vezes, o que pareceria objeto de premissa que expõe um juízo de fato, já constitui cristalização de juízo sobre o próprio Direito. É o que acontece, *verbi gratia*, com o Júri, quando, respondendo ao chamado quesito sobre o fato principal, está julgando sobre a existência do primeiro elemento jurídico do crime, que é o fato típico, ou tipicidade. Aos demais, como em breve exporemos, o jurado, ao decidir sobre esse quesito, está, outrossim, julgando da culpa em sentido lato, do indigitado autor do crime – o que constitui juízo de valor (...)".[34]

Frederico Marques reconhecia que o Júri e o juiz "possuem atribuições funcionais distintas, mas não é na separação do direito e do fato que dividirão as competências de um e de outro".[35] Baseando-se nas lições de Garraud, afirmava que os jurados apreciam a culpabilidade do acusado, não só em relação ao fato principal, "mas ainda no que concerne às circunstâncias acessórias que o podem agravar ou atenuar", enquanto os juízes decidem sobre os incidentes contenciosos da ação penal e sobre a aplicação da pena em face do veredicto".[36] E, com a doutrina italiana, concluiu que se confere aos jurados o conhecimento das questões que diretamente se ocupam do crime e da responsabilidade criminal do acusado, sejam elas puramente de fato ou contenham aspectos de direito, afetando-se ao conhecimento e resolução do presidente do tribunal todas as outras questões de direito e de fato.[37]

---

32. *A instituição do júri*. Campinas: Bookseller, 1997, p. 69.
33. Idem, p. 70.
34. Idem, p. 71.
35. Idem, p. 72.
36. Idem, ibidem.
37. Idem, ibidem.

Olavo Oliveira, de seu turno, observava, com escólio na doutrina italiana da época, que há questões de fato que envolvem, necessariamente, questões de direito, como o reconhecimento ou a negação das circunstâncias dos fatos, que informam ou configuram o crime.[38]

Embora no direito anglo-americano também se costume dizer que a referida separação entre questões de fato, afetas aos jurados, e questões de direito, território dos juízes, exista, é certo que tal afirmação é inexata, visto que a própria noção de "culpado" ou "inocente" (*guilty or not guilty*) avança, na realidade, por questões de direito.

Ademais, no júri francês, implantado no período revolucionário e inspirado no modelo inglês, a separação entre matéria de fato e de direito foi erodida a partir de 1824, no período da Restauração, com a permissão dada aos juízes leigos de decidir sobre atenuantes, não obstante continuassem a ser consideradas matéria legal pelas cortes de apelação, Era uma tentativa de podar a excessiva leniência dos jurados,[39] encontrando-se nessa permissão de avanço dos jurados sobre matéria jurídica uma forma de dar a estes uma alternativa à absolvição pura e simples.[40]

Pois bem. Os dois autores nacionais citados acima parecem ter plena razão.

O art. 482 do Código de Processo Penal, que abre o tópico sobre a quesitação no júri, afirma que o "Conselho de Sentença será questionado sobre matéria de fato e se o acusado deve ser absolvido".

Assim, há uma mescla de situações fáticas e jurídicas que devem ser solucionadas pelos jurados, pois, à toda evidência, a decisão sobre se o acusado "deve ser absolvido" não é questão fática, mas uma decisão jurídica, à vista da apreciação das teses defensivas (ou considerações de outra ordem), que não têm apenas conteúdo fático. Pense-se, por exemplo, no conceito de "agressão injusta" na legítima defesa e ver-se-á, com alguma facilidade, que não se está a tratar de consideração de natureza meramente fática.

Por isso, o entendimento aqui esposado não caminha na linha dessa pretensa separação entre matéria de fato e de direito, ao menos não na forma tradicional-

---

38. *O júri na terceira república* (Comentários ao at. 141, § 28 da Constituição de 18 de setembro de 1946 e à Lei n. 263 de 23 de fevereiro de 1948). Rio de Janeiro: Livraria Freitas Bastos, 1949, p. 158.
39. MUNDAY, Roderick. Jury trial, continental style. *Legal Studies*, v. 13, n. 2, p. 210-211, July 1993. O tema também é tradado em: PRADEL, Jean. Les méandres de la cour d'assises françaises de 1791 à nos jours. *Revue Juridique Themis*, v. 32, n. 1, , p. 141-145, 1998.
40. HANS, Valerie P., GERMAIN, Claire M. The French jury at a crossroads. *Chicago-Kent Law Review*, v. 86, n. 2, , p. 744, 2011. Sobre as críticas, que eram focadas principalmente na tendência favorável do júri pós-revolucionário em relação aos acusados: SOLEIL, Sylvain. Le jury criminel en procès. Les opinions doctrinales des auteurs français (1750-1830). *Revista Brasileira de Direito Processual Penal*, v. 7, n. 2, p. 763-800, maio/ago. 2021.

mente delineada. Na realidade, adota-se outro caminho: pensamos que a eficácia da colaboração premiada é questão que não está relacionada à prática do fato típico, ilícito e culpável, mas a um aspecto processual, com reflexos materiais.

Com efeito, cabe aos jurados a decisão sobre pontos relacionados ao injusto penal e à culpabilidade. Assim, cabe a eles decidir, primeiramente, se o fato existiu e, em seguida, se dele foi autor ou partícipe o acusado. Pode-se cogitar de teses desclassificatórias, que indicam a presença de culpa ou de outra finalidade na conduta, com afastamento do *animus necandi*. Depois, fazem os jurados uma avaliação sobre a presença da ilicitude e culpabilidade, apreciando as teses defensivas, oportunidade em que votam o quesito obrigatório sobre a absolvição. Por fim, são submetidos aos jurados questionamentos sobre pontos *do fato criminoso* que podem influir na pena, para agravar seus patamares máximo e mínimo (qualificadora), aumentá-la ou diminuí-la (causas de aumento e de diminuição da pena, respectivamente).

Logo, a decisão dos jurados pode influenciar na pena, o que é uma constatação elementar. No entanto, *todas as considerações julgadas pelos jurados devem girar em torno do fato criminoso*, composto pela tipicidade, ilicitude e culpabilidade.

Ora, não se pode simplesmente ler o inciso IV do art. 483 do Código ("se existe causa de diminuição de pena alegada pela defesa") e concluir que, como a colaboração pode envolver redução da sanção, cabe a formulação de um quesito nesse sentido. Não. Todos os quesitos mencionados pelo art. 483 devem partir do parâmetro estipulado pelo art. 482, que não se situa, inutilmente, como regra de abertura do tópico: é esse dispositivo que determina ser necessário questionar o conselho de sentença sobre *matéria de fato* e *se o acusado deve ser absolvido*. Ora, matéria de qual fato? Absolvição de qual imputação?

A resposta é inequívoca, respeitadas as opiniões em contrário: os jurados serão questionados sobre *matéria do fato imputado ao acusado, tal como delimitado na pronúncia*; ou *absolvição dessa mesma imputação*.

O que se decide ao final do processo quanto à colaboração? Decide-se sobre a *eficácia* da colaboração, a personalidade do colaborador, a natureza, as circunstâncias, a gravidade e a repercussão social dos fatos criminosos, que são os parâmetros trazidos pelo § 1º do art. 4º da Lei 12.850 para a valoração da concessão dos benefícios. Em seguida, à vista do padrão punitivo pactuado – que atua no mínimo como "teto" sancionatório a ser observado, caso o imputado venha a cumprir seus deveres – são aplicados benefícios e sanções.

Portanto, nada, absolutamente nada do que é valorado para o reconhecimento da eficácia e graduação dos prêmios diz respeito ao injusto penal ou à culpabilidade relacionada ao fato criminoso julgado.

Por fim, note-se que o § 11 do art. 4º da mesma Lei 12.850 confirma esse entendimento ao dispor: "A sentença apreciará os termos do acordo homologado e sua eficácia". Atenção para a palavra *sentença*.

Pode-se alegar que o legislador não previu a aplicação do procedimento ao júri. Mas, pode-se também afirmar que o legislador *não proibiu* sua aplicação ao júri, e que *não desconhecia* a existência deste. Logo, se faltam regras específicas, deve-se ficar com as regras gerais, *aplicáveis a todo o processo, sempre que a colaboração premiada for utilizada*. Assim, será na *sentença* do juiz-presidente – pois a decisão dos jurados de sentença não se trata – que a eficácia da colaboração será apreciada.

Essa a solução que reputamos mais afinada com a tarefa dos jurados e do juiz, e com os dispositivos da Lei 12.850, que exige segurança jurídica, diante das expectativas do colaborador de ver cumprido, pelo Estado, o que foi acordado. Não se concebe como seria possível negociar benefícios, em processo no qual se deixa sua concessão ao final da sempre incerta decisão dos jurados. Seria a inaplicabilidade prática da colaboração premiada aos crimes julgados pelo tribunal do júri.

7. REFERÊNCIAS

ALSCHULER, Albert W. Plea bargaining and its history. *Columbia Law Review*, v. 79, n. 1, p. 1-43, January 1979.

ANDRADE, Carlos Gustavo. Mandados implícitos de criminalização e sua repercussão no tribunal do júri. In: BRASIL. Conselho Nacional do Ministério Público. *A promoção da justiça no tribunal do júri*. Brasília: CNMP, 2021.

ANTONIO, Fernando Zardini. A colaboração premiada e os crimes de competência do tribunal do júri. In: SILVA, Rodrigo Monteiro (Org.). *Tribunal do júri: o Ministério Público em defesa da justiça*. Rio de Janeiro: Lumen Juris, 2019.

BADARÓ, Gustavo. A valoração probatória da colaboração premiada. In: AMBOS, Kai; ZILLI, Marcos; MENDES, Paulo de Sousa (Org.). *Colaboração premiada*: perspectiva comparada. São Paulo: Tirant lo Blanch, 2020.

CARVALHO, Márcio Augusto Friggi de. *Colaboração premiada aplicada ao procedimento do tribunal do júri*. 2020. Tese (Doutorado) – Pontifícia Universidade Católica de São Paulo, São Paulo, 2020.

CAVALCANTI, Vitor Anhoque. A colaboração premiada e alguns reflexos na tutela do direito à vida. In: SILVA, Rodrigo Monteiro (Org.). *Tribunal do júri*: Ministério Público em defesa da justiça. Rio de Janeiro: Lumen Juris, 2019.

FELDENS, Luciano. *A constituição penal*. Porto Alegre: Livraria do Advogado, 2005.

HANS, Valerie P., GERMAIN, Claire M. The French jury at a crossroads. *Chicago-Kent Law Review*, v. 86, n. 2, p. 737-768, 2011.

HORVATH, Antonio Carlos. O tribunal do júri e a justiça penal consensual ou negociada. In: SILVA, Rodrigo Monteiro (Org.). *Tribunal do júri*: o Ministério Público em defesa da justiça. Rio de Janeiro: Lumen Juris, 2019.

LANGBEIN, John H. The criminal trial before the lawyers. *The University of Chicago Law Review*, v. 45, n. 2, p. 263-316, Winter, 1978.

LANGBEIN, John H. Shaping the eighteenth-century criminal trial: a view from the Ryder sources. *University of Chicago Law Review*, v. 50, n. 1, p. 1-136, Winter, 1983.

LANGBEIN, John H. *The origins of adversary criminal trial*. Oxford: Oxford University Press, 2003.

LUISI, Luis. *Os princípios constitucionais penais*. 2. ed. Porto Alegre: Sergio Antonio Fabris Editor, 2003.

MACHADO, Luís Henrique. A fase de recebimento da denúncia – críticas e perspectivas. In: MADEIRA, Guilherme; BADARÓ, Gustavo; CRUZ, Rogério Schietti (Coord.) *Código de processo penal*: estudos comemorativos aos 80 anos de vigência. São Paulo: Ed. RT, 2021. v. 2.

MARQUES, José Frederico. *A instituição do júri*. Campinas: Bookseller, 1997.

MENDRONI, Marcelo Batlouni. *Comentários à Lei de Combate ao Crime Organizado: Lei 12.850/13*. São Paulo: Atlas, 2014.

MORAES, Alexandre Rocha Almeida de; BECHARA, Fábio Ramazzini. Acordo de não persecução penal e restrições das hipóteses de cabimento a partir dos mandados constitucionais de criminalização. In: SALGADO, Daniel de Resende; KIRCHER, Luis Felipe Schneider; QUEIROZ, Ronaldo Pinheiro de. *Justiça consensual*: acordos criminais, cíveis e administrativos. Salvador: Juspodivm, 2022.

MORAES, Rodrigo Iennaco de. Colaboração premiada no tribunal do júri. *Boletim do IBCCRIM*, São Paulo, v. 8, n. 98, p. 7, jan. 2001.

MUNDAY, Roderick. Jury trial, continental style. *Legal Studies*, v. 13, n. 2, p. 204-224, July 1993.

OLIVEIRA, Olavo. *O júri na Terceira República* (Comentários ao at. 141, § 28 da Constituição de 18 de setembro de 1946 e à Lei n. 263 de 23 de fevereiro de 1948). Rio de Janeiro: Livraria Freitas Bastos, 1949.

PASCHOAL, Janaína Conceição. *Constituição, criminalização e direito penal mínimo*. São Paulo: Ed. RT, 2003.

PEZZOTTI, Olavo Evangelista. *Colaboração premiada*: uma perspectiva de direito comparado. São Paulo: Almedina, 2020.

PONTE, Antônio Carlos da. *Crimes eleitorais*. São Paulo: Saraiva, 2008.

PRADEL, Jean. Les méandres de la cour d'assises françaises de 1791 à nos jours. *Revue Juridique Themis*, v. 32, n. 1, p. 135-156, 1998.

SOLEIL, Sylvain. Le jury criminel en procès. Les opinions doctrinales des auteurs français (1750-1830). *Revista Brasileira de Direito Processual Penal*, v. 7, n. 2, p. 763-800, maio/ago. 2021.

TURESSI, Flávio Eduardo. *Bens jurídicos coletivos*: proteção penal, fundamentos e limites constitucionais à luz dos mandados de criminalização. Curitiba: Juruá, 2015.

VALENTE, Victor Augusto Estevam; FINOTTI, Thamiris Rossato. Crimes dolosos contra a vida e a colaboração premiada no tribunal do júri. In: TORRICELLI, Marcelo Rodrigues da Silva; MANDARINO, Renan Posella; BROETO, Filipe Maia (Org.). *Colaboração premiada*: estudos em homenagem ao professor Luiz Flávio Gomes. Belo Horizonte: Editora D'Plácido, 2021.

VASCONCELLOS, Vinicius Gomes de. *Colaboração premiada no processo penal*. 3. ed. São Paulo: Ed. RT, 2020.

VERÍSSIMO, Carla. Principais questões sobre a competência para a homologação do acordo de colaboração premiada. In: MOURA, Maria Thereza de Assis; BOTTINI, Pierpaolo Cruz. *Colaboração premiada*. São Paulo: Ed. RT, 2017.

ZILLI, Marcos. Ainda sobre as condições da ação penal. In: VAZ, Denise Provasi; DEZEM, Guilherme Madeira; ZILLI, Marcos; LOPES, Mariangela Tomé (Org.). *Eficiência e garantismo no processo penal*: estudos em homenagem a Antonio Scarance Fernandes. São Paulo: LiberArs, 2017.

COLOCANDO EM PRÁTICA OS DIREITOS DAS VÍTIMAS NO TRIBUNAL DO JÚRI

Simone Sibilio do Nascimento

Bacharel em Direito pela Pontifícia Universidade Católica do Rio de Janeiro (PUC-RJ). Graduada na Academia de Formação de Oficiais da Polícia Militar do Estado do Rio de Janeiro. Promotora de Justiça do Ministério Público do Rio de Janeiro (MPRJ). Foi Delegada de Polícia do Estado do Rio de Janeiro. Titular da 1ª Promotoria de Justiça em atuação junto ao II Tribunal do Júri da Comarca da Capital do Estado do Rio de Janeiro.

Sumário: 1. Introdução – 2. Desenvolvimento – 3. Conclusão – 4. Referências.

1. INTRODUÇÃO

O filme "O enfermeiro da noite", tradução do nome original "The Good Nurse",[1] lançado no Brasil em setembro de 2022, dirigido por Tobias Lindholm, baseado no livro de Charles Graeber "The Good Nurse", narra a história real de Charles Cullen, enfermeiro que nesta condição foi o autor de aproximadamente 40 assassinatos elucidados, todos pacientes internados em hospitais por onde ele atuava. Estima-se, inclusive, que ele pode ter causado a morte de um número bem maior de pessoas.

No filme, Charlie, o enfermeiro assassino, conhece uma enfermeira, dedicada profissional, de quem se torna amigo. Entretanto, quando as mortes suspeitas começam a ocorrer no hospital onde trabalhavam, a enfermeira desconfia de seu amigo e passa a ajudar na elucidação dos crimes.

Após a conclusão das investigações, com ajuda da enfermeira, Charles Cullen foi preso, julgado e condenado. Descortinou-se que em diversos outros hospitais também ocorriam mortes suspeitas, contudo, por questões de interesse econômico dos estabelecimentos de saúde, não denunciavam para não sofrerem prejuízos. Desse modo, preferiam demitir o enfermeiro que continuava com sua sanha homicida em outros nosocômios.

Ao final do filme, um impactante diálogo entre o assassino e a enfermeira, que vai lhe visitar buscando explicação para tamanha crueldade, faz apenas uma indagação ao criminoso: "Por que?" Ao que ele responde: "Porque eles não me impediram".

---

1. *The good nurse.* Direção: Tobias Lindholm. FilmNation Entertainment. Netflix, 2022.

Estaria se referindo, evidente, ao fato de que nos diversos hospitais onde trabalhou e matou, providências não eram adotadas para lhe impor limites e os homicídios foram ocorrendo sem responsabilização, criando terreno fértil para os subsequentes.

A cena do diálogo no filme nos remete à indagação que insiste em povoar mentes e corações de centenas de milhares de familiares de vítimas da letalidade violenta. Em um país que é citado no ranking mundial de homicídios, dentre os quais, muitos impactados pela existência de organizações criminosas e existência de mercados ilícitos.

Em 2021, o Brasil foi o país com mais homicídios do mundo em número de vítimas. Brasil, Nigéria, México, Índia e Estados Unidos respondem por 33% dos homicídios mundiais. Entre as 35 cidades do mundo com maior taxa de homicídios, seis estão no Brasil segundo dados divulgados pelo Observatório de Homicídios do Instituto Igarapé.[2]

Em 2017, o Basil alcançou a marca história de 31,6 mortes para cada 100 mil habitantes.[3] Já o índice de elucidação dos homicídios não guarda qualquer simetria com este alto índice de crimes, variando entre 5% e 8 % de elucidação. Vale dizer, há um total descompasso entre o número de homicídios com o seu reflexo no Sistema de Justiça. Ademais, mesmo nos casos em que há conclusão das investigações, os quais se inserem na taxa de 5% a 8%, muitos processos não culminam com a punição do culpado, gerando, assim, o erro judiciário negativo, fator irrelevante para a maioria da população, exceto para as vítimas, familiares ou amigos das vítimas.

No diagnóstico das ações penais de competência do tribunal do Júri, realizado em 2019, o desfecho das ações penais de competência do tribunal do Júri julgadas entre 2015 e 2018, alcançou o patamar de 20% de absolvições, 32% extinção da punibilidade e apenas 48% de condenação.[4] Sempre existiu certa indiferença em relação aos assassinatos que ocorrem diariamente, a ponto de já ter sido comparado esses índices à queda de um Boeing 737 por dia no Brasil,[5] com capacidade para transportar, em média, 150 pessoas, embora a queda de um avião em apenas um dia choca muito mais do que os índices diários de homicídios no país.

Apesar das teorias surgidas para explicar o comportamento criminoso, não se pode negar que todo criminoso faz uma conta mental entre os custos e

---

2. Instituto Igarapé. *Observatório de Homicídios*. 2021. Disponível em: https://igarape.org.br/temas/seguranca-publica/observatorio-de-homicidios/. Acesso em: 10 mar. 2023.
3. CERQUEIRA et al. *Atlas da violência*. São Paulo: FBSP, 2021.
4. Brasil. Conselho Nacional de Justiça (CNJ). *Diagnóstico da Ações penais de competência do tribunal do júri*. Conselho Nacional de Justiça-Brasília: CNJ, 2019, p. 16.
5. Faces da indiferença, Fórum Brasileiro de Segurança Pública. Por Samira Bueno e Renato Sergio de Lima, acessado em 28.02.2023.

benefícios do ato criminoso, sendo evidente que a insignificância das penas, os benefícios concedidos após a prisão ou mesmo a grande probabilidade de não punição[6] contribuem diretamente para a prática delitiva.

Retomando ao filme que iniciou este texto, a resposta do enfermeiro criminoso a sua colega de trabalho, talvez, possa ser a mesma para a maioria dos casos de homicídios no país: os criminosos não são impedidos de prosseguirem na sanha assassina. Os índices de homicídios no Brasil estarrecedores e alarmantes, escancaram uma verdadeira crise civilizatória, sendo inegável que a impunidade gerada, tanto pelo baixo índice de elucidação, como pela ausência de punição exemplar aos que foram elucidados, servem de estímulo a este cenário caótico.

A certeza de punição efetiva para o criminoso reforça a credibilidade no Sistema de Justiça e dissipa tendências de se questionar o monopólio punitivo estatal. A pena efetiva é uma conquista civilizatória, não é castigo, mas remédio e exemplo, regenera e intimida.[7] Já a ausência de pena é o melhor estímulo para o crime.

A punição efetiva é o remédio específico para curar a cegueira de quem se arvora na condição de um semideus para eliminar um ser humano da face da terra sem qualquer possibilidade de retorno a sua condição de ser vivo. Assim como brilhantemente eternizou em palavras atribuídas a Shanakya Pandita: "Nem com milhões de moedas de ouro pode-se recuperar um só instante da vida".

Quando não há punição correlata ao mal praticado, além de contribuir para a decisão de praticar o crime, cria-se oportunidade para outros remédios. Não à toa, o Brasil está entre os países que mais pratica a vingança privada com a prática dos cruéis linchamentos.[8] Estima-se que, na atualidade, haja quatro linchamentos e tentativas de linchamentos por semana em todo o território nacional. E mais, nas últimas seis décadas, estima-se que de um milhão a um milhão e meio de brasileiros já participaram de tais atos. Qualquer que seja o motivo que levou à esta atitude, o que temos é a justiça da rua disputando espaço com a do tribunal. É a desordem regulando a ordem, a morte regulando a vida, conforme bem observado por José de Souza Martins (2019).

A impunidade, como já dito, seja pela punição branda dos criminosos, seja por benefícios concedidos com prodigalidade, seja pela não indicação da autoria dos homicídios redundando nos arquivamentos é, sem dúvida, um estímulo para os crimes. Todavia, ela não é o único mal que povoa este cenário e que remete a uma crise social. Existe um outro mal, igualmente danoso e cruel, que mata com uma lancetada na alma a mesma vítima já morta: a vitimização secundária.

---

6. No Brasil, dados estatísticos demonstram que apenas 5 % a 8 % dos homicídios são elucidados.
7. Lyra, Roberto. *O amor e a responsabilidade criminal*. Livraria acadêmica. São Paulo: Sarica & Cia., 1932.
8. MARTINS, José de Souza. *Linchamentos*: justiça popular no Brasil. 2. ed., 1. reimp. São Paulo: Contexto, 2019.

É indene de dúvida que toda vítima[9] deseja a efetiva punição do culpado, assim como a punição também importa para sociedade que se pretenda civilizada. Desde que o monopólio do poder punitivo passou a ser do estado, passou ele a ser o garantidor da punição, não mais permitindo à vítima aquilo que originalmente e primariamente lhe fora permitido um dia, qual seja, a vingança privada. Nesta linha de raciocínio, a não punição do culpado deságua, também, na vitimização secundária. Passa a ser tão catastrófica quanto a própria impunidade para o Sistema de Justiça, com a agravante de que o crime, em regra, é praticado às escondidas, já a revitimização é praticada às escâncaras, nas barras dos tribunais.

A impunidade está para o aumento dos homicídios, assim como a vitimização secundária está para o descredito na Justiça. Um reforça o outro, a impunidade também gera a nova vitimização que se eterniza e cicatriza. Torna-se a cicatriz invisível. A vitimização secundária, grosso modo, é aquela que ocorre nas Unidades Policiais, nos tribunais, quando a vítima não é acolhida, respeitada, é humilhada consciente ou inconscientemente, quando ela ou seus familiares revivem todo o caminho do crime sem cuidado por parte dos atores do Sistema de Justiça, sejam Policiais, Defensores Públicos, Advogados, Promotores, Juízes e serventuários da Justiça.

Após o crime praticado, não há como voltar no tempo, impedi-lo, revertê-lo. Já a vitimização secundária, pode ser impedida e evitada. Embora de uma maneira ainda acanhada – já que as vítimas no Brasil ainda não contam com um estatuto próprio – percebe-se uma mudança em relação ao tratamento dado às vítimas de modo evitar a vitimização secundária. A começar pelo artigo 245, da CRFB/88, que se refere à necessidade de assistência pelo poder público às vítimas indiretas dos crimes dolosos e condiciona à legislação específica, ainda inexistente.

Depois, o próprio Código de Processo Penal e alterações, ao estabelecer em linhas gerais, que a vítima merece acolhimento, atenção, participação, proteção, informação (artigo 201, do CPP) e reparação (decorrente da fixação de indenização

---

9. Adotamos neste texto o conceito amplo de vítima previsto na Resolução 243/2021 do CNMP. Art. 3º Entende-se por vítima qualquer pessoa natural que tenha sofrido danos físicos, emocionais, em sua própria pessoa, ou em seus bens, causados diretamente pela prática de um crime, ato infracional, calamidade pública, desastres naturais ou graves violações de direitos humanos, sendo destinatários da proteção integral de que trata a presente Resolução: I – vítima direta: aquela que sofreu lesão direta causada pela ação ou omissão do agente; II – vítima indireta: pessoas que possuam relação de afeto ou parentesco com a vítima direta, até o terceiro grau, desde que convivam, estejam sob seus cuidados ou desta dependam, no caso de morte ou desaparecimento causado por crime, ato infracional ou calamidade pública; III – vítima de especial vulnerabilidade: a vítima cuja singular fragilidade resulte, especificamente, de sua idade, do seu gênero, do seu estado de saúde ou de deficiência, bem como do fato de o tipo, o grau e a duração da vitimização terem resultado em lesões com consequências graves no seu equilíbrio psicológico ou nas condições de sua integração social; IV – vítima coletiva: grupo social, comunidades ou organizações sociais atingidas pela prática de crime, ato infracional ou calamidade pública que ofenda bens jurídicos coletivos, tais como a saúde pública, o meio ambiente, o sentimento religioso, o consumidor, a fé pública, a administração pública; V – familiares e pessoas economicamente dependentes da vítima.

de valor mínimo para reparação dos danos causados pela infração, considerando os prejuízos sofridos pela vítima, artigo 387, inciso IV, CPP). Caminhou-se também no terreno da legislação extravagante, à guisa de ilustração, a edição do estatuto do idoso (Lei 10.741/2003), a Lei Maria da Penha (Lei 11.340/2006), a Lei de proteção às vítimas e testemunha (Lei 9.807/1999).

Percebe-se, no entanto, que o avanço da legislação não foi suficiente para proteger as vítimas e os abusos não foram freados, a despeito das normas expressas. Foram necessárias outras leis, como, por exemplo, a Lei 14.245/21, apelidada como "Lei Mariana Ferrer". Em seguida, veio a lume a Lei 14.321/2022 que acrescentou tipo específico na Lei de abuso de autoridade. Ambas como um "recado" claro para os que teimam em revitimizar, muitas vezes, pela omissão, com o silêncio eloquente ao invés de se levantar contra o abuso.

Este texto visa, portanto, jogar luz neste tema, trazer algumas sugestões de como dar efetividade a estes diplomas legais. Buscar demonstrar aos Promotores de Justiça, especialmente aqueles que militam no Tribunal do Júri, como materializar a proteção integral aos direitos das vítimas que não devem ser consideradas apenas como informante útil nos processos, e sim como sujeitos de direitos.

Sendo assim, em que medida os Promotores de Justiça podem exigir o cumprimento dos diplomas legais direcionados a elas? Qual seria o mecanismo adotado, na prática do Foro, para promover o reencontro das vítimas com seus direitos vilipendiados pelo autor do crime e, depois, novamente vilipendiados nas audiências, nos plenários de Júri pelas suas defesas técnicas e pelo próprio acusado no interrogatório?

Pensando nas respostas a estas indagações, chegamos à conclusão de que a legislação vigente, embora não havendo ainda o estatuto das vítimas, pode atender e proteger os seus direitos, sendo necessário para dar efetividade adotar protocolos de atuação para proteção das vítimas e de seus familiares em cada caso concreto, garantido a elas o direito de informação, de participação, de proteção e, ao final do processo, de reparação.

Pela limitação de espaço, focaremos no direito de proteção e como ele pode ser exercitado ao longo da persecução penal, compartilhando um processo em que atuamos, dentre vários outros semelhantes, sem a pretensão, é claro, de esgotar o tema, sujeito a constante aprimoramento e sugestões.

2. DESENVOLVIMENTO

Evidente que os direitos fundamentais das vítimas de homicídios não se restringem à reparação dos danos, há que se garantir os direitos previstos no artigo 201, CPP, com destaque para o que preconiza o § 6º do referido artigo:

O juiz tomará as providências necessárias à preservação da intimidade, vida privada, honra e imagem do ofendido, podendo, inclusive, determinar o segredo de justiça em relação aos dados, depoimentos e outras informações constantes dos autos a seu respeito para evitar sua exposição aos meios de comunicação.

Impõe ao Ministério Público um controle efetivo para cumprimento da Constituição da República, do Código Processo Penal, dos Tratados Internacionais aos quais o Brasil se obrigou a cumprir, bem como das determinações contidas em Resoluções, seja do Conselho Nacional de Justiça, seja do Conselho Nacional do Ministério Público, todos orbitando na defesa da vítima.

Lembrar sempre que aqueles esquemas de lesões constantes dos autos não servem apenas para comprovar a materialidade delitiva e inseridos nas pastas dos processos eletrônicos, e sim para demonstrar que naquele corpo habitava (ou habita, no caso de tentativa) uma alma que povoa os corações das pessoas e que merece ser exortada, dignificada e reverenciada a verdade e a memória da vítima.

Neste contexto, buscando retirar a vítima da invisibilidade e jogando luz em seus direitos, atuamos em um processo no II Tribunal do Juri da Comarca da Capital do Estado do Rio de Janeiro em face de acusado por homicídio tentado, assistido pela Defensoria Pública, em que foi necessário o manejo de medida efetiva para garantir a proteção integral da vítima durante todo o tramitar do processo. Após oferecimento e recebimento da denúncia por crime de homicídio tentado qualificado, a defesa, fazendo uso do direito de reposta, na fase do artigo 406, do CPP,[10] requereu a juntada de cópia de um processo (a peça indicava o número do processo que tramitava junto ao 5º Juizado de Violência Doméstica da Comarca da Capital do Estado do Rio de Janeiro), em que a vítima de tentativa de homicídio era acusada.

Vale dizer, a vítima de tentativa de homicídio respondia a um processo no Juizado de Violência Doméstica por ter agredido sua companheira. Estes fatos não guardavam qualquer relação com o processo de tentativa de homicídio (processo em que atuamos), tampouco eram fatos contemporâneos.

Remetidos os autos para o Ministério Público se manifestar na fase do artigo 409, do CPP,[11] pugnamos no sentido do imediato desentranhamento dos documentos juntados, arguindo atipicidade legal, constitucional e convencional, diante do nítido propósito da defesa em macular a imagem da vítima do homicídio tentado. Dito de outro modo, o acusado através de sua defesa técnica, adotando a postura de todo culpado quando não consegue se defender do bárbaro crime

---

10. Art. 406. O juiz, ao receber a denúncia ou a queixa, ordenará a citação do acusado para responder à acusação, por escrito, no prazo de 10 (dez) dias.
11. Art. 409. Apresentada a defesa, o juiz ouvirá o Ministério Público ou o querelante sobre preliminares e documentos, em 5 (cinco) dias.

praticado, decidiu acusar a vítima, novamente, a violentando. O que é pior, agora com ajuda de sua defesa técnica.

Neste cenário criado, o Ministério Público não poderia permitir flexibilização dos direitos da vítima sobrevivente, sob pena de uma proteção deficiente do direito à vida, proteção esta que não pode ser seletiva, a depender de quem seja a vítima, bem como independente da sorte final do processo. Apesar dos argumentos alvitrados pelo Ministério Público, foi deferida a juntada da documentação atentatória à honra, imagem, privacidade, dignidade e integridade psicológica da vítima, obrigando o Ministério Público a manejar pedido de reconsideração preparatório de reclamação, prevista no artigo 219, do Código de Organização Judiciária do Estado do Rio de Janeiro.

O Ministério Público requereu a reconsideração da decisão aduzindo, em síntese, o seguinte:

> Requer a reconsideração da decisão acostada no index XXX, nos termos dos artigos 210 do CODJERJ e 211 do RITJRJ, pelos fundamentos a seguir expostos.
>
> Conforme sobejamente expendido na última manifestação, index XXX, os documentos acostados no index XXX, juntados pela defesa técnica do acusado, violam a dignidade da vítima sobrevivente, devendo ser desentranhada nos termos dos artigos 245, da CRFB/88, e artigos 201, 400-A e 474-A, todos do manual processual pátrio.
>
> A juntada de documentos referentes a fatos alheios que não guardam relação com a presente ação penal e que, sobretudo, tem único e nítido propósito de desqualificar, constranger, vilipendiar a imagem da vítima e violar, uma vez mais, os seus direitos, é atentatória à sua dignidade – em flagrante atipicidade legal e constitucional, razão pela qual o seu desentranhamento é imperiosa medida que se impõe nos termos da legislação pátria ora em vigor.

O Juízo de piso manteve a decisão ao fundamento de não vislumbrar:

> qualquer ato atentatório à dignidade da vítima, tampouco tendente à sua revitimização, esta, sim, a exigir provimento jurisdicional para coibi-la e que estaria a defesa dentro dos limites do seu "munus" no exercício da plenitude de defesa, quando busca contextualizar, ao focar em determinado viés da personalidade da vítima, possível motivação e/ou possíveis circunstâncias ambientais do fato em apuração, o que pode ou não se justificar ao longo da instrução criminal.

Em razão disso e na esteira dos protocolos adotados para proteção às vítimas durante o processo, manejamos reclamação prevista no artigo 219, do Código de Organização Judiciária do Estado do Rio de Janeiro, por consideramos que a decisão atacada não estava contemplada por recurso específico previsto no estatuto de ritos. Dito de outro modo, naquele momento processual, a decisão que deferiu diligência abusiva requerida pela defesa técnica, violadora do direito à vida, dignidade, honra e imagem da vítima não previa recurso específico. A reclamação contou com vários fundamentos que se passa a expor de maneira resumida.

Consabido que no universo jurídico nenhum princípio é absoluto. Não é diferente com o princípio da plenitude de defesa. Deve-se harmonizar a plenitude de defesa com os demais princípios e garantias constitucionais, os extraídos diretamente da Constituição da República, entre eles, o princípio da dignidade da pessoa humana, vetor do Estado brasileiro e, portanto, com prevalência hermenêutica em relação aos demais princípios constitucionais, produzindo limites aplicáveis ao exercício da defesa, sobretudo no procedimento que tramita sob o rito do Tribunal do Júri.

A Carta de 1988 tem como fundamento constitucional a dignidade da pessoa humana, conforme dispõe artigo 1º, inciso III:

> A República Federativa do Brasil, formada pela união indissolúvel dos Estados e Municípios e do Distrito Federal, constitui-se em Estado Democrático de Direito e tem como fundamentos: *a dignidade da pessoa humana.*

A vítima do crime de homicídio, tentado ou consumado, é aquela atingida não apenas em sua integridade física, mas também na esfera psicológica. Relativizar a dignidade da vítima é violar, uma vez mais, os seus direitos fundamentais – já violados quando da prática do crime.

Como já afirmado e reafirmado por doutrinadores de escol, as condenações[12] do Brasil em sede da Corte Interamericana de Direitos Humanos se deram em razão da proteção deficiente aos direitos das vítimas violentados quando suportaram a prática de crimes,[13] reconhecendo-se a violação ao dever de proteção das vítimas.

É contra a *revitimização* ou vitimização secundária que deve se insurgir o Ministério Público. Não pode a máquina pública ser movimentada para novamente violentar os direitos das vítimas. Compete aos agentes estatais realizar verdadeiro controle de constitucionalidade e convencionalidade, adotando todas as medidas cabíveis à proteção judicial das vítimas, e de repressão e prevenção contra a violação dos direitos humanos das vítimas.

O Estado deve conferir à vítima maior amparo, respeitando-a como sujeito de direitos e não apenas como mero objeto de prova no âmbito processual, tratando-a como informante útil. O dever do Estado de proteção aos direitos das

---

12. O Brasil já ostenta dez condenações em razão da violação ao dever de proteção aos direitos das vítimas.
13. Sobre o tema, sugerimos a leitura do texto de Luísa Mozetic Plastino. Disponível em: https://pp.nexojornal.com.br/linha-do-tempo/2021/As-decis%C3%B5es-da-Corte-Interamericana-de-Direitos-Humanos-sobre-o-Brasil. Acesso em: 02 mar. 2023. Bem como o texto do artigo publicado no Conjur de autoria de Valerio de Oliveira Mazuolli, Marcelle Rodrigues da Costa e Faria e Kledson Dionisysio de Oliveira, acesso em 02.03.2023. Disponível em: https://www.conjur.com.br/2020-nov-01/opiniao-brasil-novamente-condenado-corte-interamericana. Ainda, artigo de Douglas Fischer, disponível em: https://temasjuridicospdf.com/1a-condenacao-do-brasil-na-corte-interamericana-de-direitos-humanos/. Acesso em: 02 mar. 2023.

vítimas encontra-se positivado na legislação constitucional, infraconstitucional, em diversos dispositivos, como, por exemplo, o artigo 5º, inciso LIX, CRFB/88, artigo 245, da CRFB/88, artigos 30, 31 e 201, do CPP, artigo 7º, inciso XIV, da Lei 8080/90, artigo 15-A da Lei de abuso de autoridade, introduzido pela Lei 14.321/2022, bem como pela "Lei Mariana Ferrer", que passou a prever o óbvio e ululante, mas que foi preciso reiterar diante das graves violações aos direitos das vítimas durante a persecução penal.

Eis a redação do dispositivo do Código de Processo Penal introduzido pela Lei Mariana Ferrer:

> Art. 400-A. Na audiência de instrução e julgamento, e, em especial, nas que apurem crimes contra a dignidade sexual, todas as partes e demais sujeitos processuais presentes no ato deverão zelar pela integridade física e psicológica da vítima, sob pena de responsabilização civil, penal e administrativa, cabendo ao juiz garantir o cumprimento do disposto neste artigo, vedadas:
>
> I – A manifestação sobre circunstâncias ou elementos *alheios aos fatos objeto de apuração nos autos*;
>
> II – A utilização de linguagem, de informações ou de material que ofendam a dignidade da vítima ou de testemunhas.
>
> Art. 474-A. Durante a instrução em plenário, todas as partes e demais sujeitos processuais presentes no ato deverão respeitar a dignidade da vítima, sob pena de responsabilização civil, penal e administrativa, cabendo ao juiz presidente garantir o cumprimento do disposto neste artigo, vedadas:
>
> I – A manifestação sobre circunstâncias ou elementos *alheios aos fatos objeto* de apuração nos autos;
>
> II – A utilização de linguagem, de informações ou de material que ofendam a dignidade da vítima ou de testemunhas.

Nos termos dos dispositivos legais supra indicados, qualquer que seja o crime, durante o processo, cabe ao Juiz zelar pela integridade física e psicológica da vítima, bem como vedar manifestação sobre circunstâncias ou elementos alheios ao objeto de apuração nos autos, bem como a utilização de informação ou de material que ofenda a dignidade das vítimas.

Assim é que a juntada de documentos referentes a fatos alheios que não guardam relação fática e temporal com a ação penal e que, sobretudo, tem único e nítido propósito de desqualificar, constranger e vilipendiar a imagem da vítima, significa violar, uma vez mais, os seus direitos, protraindo esta violação no tempo, gerando uma flagrante atipicidade legal, constitucional e convencional. Em processo penal garantista, vigente em um país que adota o regime democrático de direitos, com a promessa de tratar a todos igualmente e respeitar a dignidade humana, não se pode perder de vista, nem por um segundo, quem é a vítima no processo em julgamento.

Costuma-se importar para os processos um falacioso e raso argumento no sentido de que se o Ministério Público junta a folha de antecedentes criminais (FAC) ou cópias de processos do réu, teria também a defesa o direito de requerer a juntada de FAC da vítima e cópias de seu processo.

Entretanto, este argumento deve ser posto à deriva, pois não se pode perder de vista que a FAC do acusado ou cópia de processos que responde ou que respondeu é acostada aos autos para fins específicos legais, como a verificação da necessidade da custódia cautelar; ao final do processo, se condenado pelo Tribunal do Júri, em homenagem ao princípio da individualização da pena, para fins de dosimetria da pena. Aliás, isso é imperativo não só do artigo 59, do CP, como também do artigo 6º, inciso IX, do CPP, ao determinar que a Autoridade Policial, tão logo tome conhecimento de um crime, deve, dentre outras diligências:

> averiguar a vida pregressa *do indiciado*, sob o ponto de vista individual, familiar e social, sua condição econômica, sua atitude e estado de ânimo antes e depois do crime e durante ele, e quaisquer outros elementos que contribuírem para a apreciação do seu temperamento e caráter.

O artigo 6º, do CPP, se refere ao autor do fato e não à vítima. Quisesse o legislador uma devassa na vida da vítima, haveria dispositivo análogo, e não tem. Em relação à vítima, não se verifica qualquer utilidade na análise de eventual antecedente e cópia de registros de ocorrências/processos, se não vilipendiar, uma vez mais, os seus direitos. O que pretende a defesa técnica com esta manobra é subverter os personagens da ação penal, bem assim submeter a vítima a constrangimento desnecessário, além do já suportado quando da prática da tentativa de homicídio em face dela. Não é o histórico da vítima que está em apuração, mas a prática do crime levada a cabo pelo acusado – e o acusado se defende dos fatos sobejamente narrados na denúncia.

Dito de outro modo, em nada auxiliará aos jurados para o esclarecimento dos fatos postos em julgamento eventual processo instaurado em face da vítima, sem contemporaneidade com os fatos a que respondeu o acusado, além de serem fatos estranhos à ação penal. Da mesma sorte, em relação ao juízo de admissibilidade da acusação realizado na primeira fase do rito escalonado do Tribunal do Júri, pois nos termos do artigo 413, do CPP: *O juiz, fundamentadamente, pronunciará o acusado, se convencido da materialidade do fato e da existência de indícios suficientes de autoria ou de participação.*

Eventual procedimento instaurado no passado em face da vítima não tem o condão de robustecer ou mitigar as provas amealhadas ao longo da instrução criminal para fins de pronúncia, mas, tão somente, evidencia o ensaio das defesas técnicas em uma tentativa de desqualificar e descredibilizar a vítima – já aviltada pela conduta perpetrada pelo acusado, o que se mostra inadmissível, sobretudo em um Estado Democrático de Direitos.

Não é só o acusado que é detentor de Direitos e Garantias Fundamentais, mas a vítima, e cabe ao estado, ao Judiciário e ao Ministério Público o dever de assegurar a proteção ao direito das vítimas.

O sistema jurídico pátrio evoluiu, havendo uma miríade de dispositivos que protegem a vítima, cabendo ao Poder Judiciário realizar verdadeiro controle de constitucionalidade e legalidade, adotando todas as medidas cabíveis à proteção judicial às vítimas, e de repressão e prevenção contra a violação dos direitos humanos das vítimas, vedando a juntada de documentos que tenham nítida finalidade de atentar contra a sua honra, imagem e dignidade.

Quando o juízo autoriza a juntada de procedimento que não guarda qualquer relação com a ação penal, está permitindo que se subverta os personagens e causando, igualmente, constrangimento desnecessário, além do já suportado quando da prática do crime – em flagrante inobservância a mandamento legal expresso e violação a princípio vetor do Estado Democrático de Direitos. Ao permitir a juntada deste tipo de documento, está maximizando o acusado e minimizando a vítima, conferindo-lhe um tratamento de objeto de direito e não de sujeito de direitos.

É evidente que a juntada de todo ou parte de um procedimento estranho ao feito movido contra a vítima, em nada contribuirá para o esclarecimento dos fatos em apuração, não passando de uma tentativa da defesa, além de protelatória e desprovida de qualquer fundamentação, violadora da dignidade humana da vítima sobrevivente, o que se revela constrangimento inadmissível e que serve apenas para causar tumulto processual, sem falar no grave precedente que será criado no Tribunal do Júri.

Dentre outros dispositivos, citamos os artigos 245, da CRFB/88, artigos 30, 31, 201, 400-A e 474-A, todos do CPP e artigo 15-A, da Lei de Abuso de Autoridade, todos inseridos no sistema brasileiro para tutelar o direito das vítimas que, por anos, foram esquecidas e ao que parece continua sendo no processo a que se deferiu a juntada de cópia do processo em que constou como autora a vítima sobrevivente.

A violação dos dispositivos legais já citados acaba por timbrar os documentos juntados pela defesa como prova ilícita. Nos exatos termos previsto no artigo 157, do CPP:

> Art. 157. São inadmissíveis, devendo ser desentranhadas do processo, as provas ilícitas, assim entendidas as obtidas em violação a normas constitucionais ou legais.

Nestas senda, quando a defesa utiliza desta endrômina, faz letra morta os dispositivos constitucionais e legais, já citados, sendo forçoso o reconhecimento da ilicitude da prova com o consequente desentranhamento. Ainda que assim não fosse, nos termos da jurisprudência do Superior Tribunal de Justiça, não se acolhe alegação de nulidade por cerceamento de defesa, em função do indeferimento de diligências requeridas pela defesa, pois o magistrado pode, de maneira fundamentada, indeferir a realização daquelas que considerar protelatórias ou desnecessárias ou impertinentes (REsp. 1.519.662/DF, Rel. Min. Maria Thereza De Assis Moura, Sexta Turma, DJe 1º.09.2015).

No mesmo sentido:

> Agravo regimental. Processual penal. Ação penal originária. Fase de diligências. Art. 10 da Lei 8.038/90. Juntada de documentos. Princípios. Celeridade, economia e razoável duração do processo. Condução da marcha processual. Dever do magistrado. [...] 3. Apesar de as partes terem direito de ampla produção de provas que embasem suas teses, o magistrado tem o dever de conduzir a instrução criminal com celeridade e eficiência, o que implica indeferir as diligências protelatórias, irrelevantes ou impertinentes, sobretudo na circunstância de o processo já se encontrar suficientemente instruído. Precedentes. [...][14]

> Processo penal. Recurso em habeas corpus. Crimes contra a dignidade sexual. Vista dos autos ao ministério público após resposta à acusação. Nulidade. Inocorrência. Produção de prova. Ouvida de testemunha menor de idade, vítima em processo diverso. Indeferimento motivado. Inexistência de cerceamento do direito de defesa. Recurso não provido. 1. Esta Corte Superior firmou o entendimento no sentido de que a manifestação do Ministério Público após a juntada da resposta à acusação e antes da apreciação das teses da defesa, não viola os princípios do contraditório e da ampla defesa. Precedentes. 2. Ao magistrado é facultado o indeferimento, de forma fundamentada, do requerimento de produção de provas que julgar protelatórias, irrelevantes ou impertinentes, devendo a sua imprescindibilidade ser devidamente justificada pela parte. Precedentes do STJ e do STF. 3. No caso, o pleito formulado foi motivadamente indeferido, porquanto a prova requerida se revelou, na concepção das instâncias ordinárias, desnecessária ao deslinde da causa. 4. Hipótese em que a testemunha requerida é menor de idade e foi vítima em outro processo no qual o recorrente foi sentenciado por crime também contra a dignidade sexual, não tendo ligação com os fatos em discussão. Ainda, tratando-se de testemunha menor de idade, vítima de crimes sexuais, por certo, "trazê-la novamente a juízo, como testemunha de defesa do paciente [ora recorrente], provocaria sua revitimização com o afloramento de tudo o que ela já viveu", em total contraponto ao que prevê a Lei 13.341/2017, que assegura que crianças e adolescente nesse contexto de violência sejam ouvidas somente uma vez, assegurando-se sua proteção integral garantida constitucionalmente. 5. Para uma melhor aferição acerca da concreta indispensabilidade da prova requerida, necessária seria uma profunda incursão em todo o acervo fático-probatório dos autos, providência incompatível com a via eleita. 6. Recurso não provido.[15]

O próprio tribunal local também se manifesta desta forma, senão vejamos:

---

14. Agravo regimental desprovido (AgRg na APn 702/AP, Rel. Ministra Nancy Andrighi, Corte Especial, julgado em 04.04.2018, DJe 10.04.2018).
15. RHC 107.772/DF, Rel. Ministro Ribeiro Dantas, Quinta Turma, julgado em 06.08.2019, DJe 13.08.2019.

Apelação 0002114-11.2016.8.19.0077, Des(a). Joaquim Domingos de Almeida Neto – Julgamento 08.08.2017 – Sétima Câmara Criminal.
Apelação criminal. Artigo 15, *caput*, e 16, *caput*, ambos da Lei 10.826/03. Artigo 147 do cp. Sentença de procedência. Condenação. Recurso defensivo pretendendo, preliminarmente, o reconhecimento do cerceamento da defesa pelo indeferimento de provas, consistente na juntada da FAC da vítima. No mérito, pugna pela absolvição por atipicidade de conduta quanto ao crime do artigo 16, caput, da lei 10826/2003 e, quantos às demais imputações, por fragilidade das provas. Recurso desprovido. Regime de pena abrandado de ofício. Preliminar. Como cediço, configura cerceamento de defesa o indeferimento produção de prova documental, quando relevante para colher elementos acerca das circunstâncias de fato que embasam a petição inicial e a defesa, o que não é o caso, uma vez que a juntada da FAC da vítima nada acrescentaria de relevante à instrução processual. Ademais, cabe ao magistrado a prerrogativa de, na direção do processo, indeferir a produção de provas dispensáveis e que representem desnecessária dilação da instrução, como no presente caso. Mérito. Materialidade e autoria incontestes, sendo incabível a absolvição pretendida. A versão apresentada pela defesa não se sustenta frente a prova oral trazida pela acusação, consistentes nos testemunhos do policial, da tia do acusado, que viu os disparos de arma de fogo, e da vítima da ameaça, senhor Ednilson, os quais esclareceram plenamente a dinâmica delitiva, aptos a comprovar a ciência inequívoca do envolvido quanto à existência da arma, ao porte, ao disparo e à ameaça. Quanto à atipicidade alegada pela defesa, ressalto que, segundo o entendimento prevalente, o tipo penal previsto no artigo 16 da Lei 10.826/03, visa proteger a incolumidade pública, transcendendo a mera proteção à incolumidade pessoal, bastando, para tanto, a probabilidade de dano, e não a sua efetiva ocorrência. Trata-se, pois, de delito de perigo abstrato, tendo como objeto jurídico imediato a segurança pública e a paz social, bastando para configurar o delito a simples posse de arma de fogo, ressaltando estar efetivamente comprovada a potencialidade lesiva neste caso. Precedente STJ. De efeito, por se tratar de bem jurídico coletivo, típico das sociedades modernas, não pode prever condutas de lesão ou de perigo concreto. Assim, sempre que o agente realiza determinada conduta, presume-se que coloca em risco o bem jurídico. Portanto, deve ser mantida a condenação pelo crime previsto no artigo 16, *caput*, da Lei 10.826/03. Delineados os tópicos quanto à legalidade da prova e materialidade dos delitos, da mesma forma, a autoria restou irrefutavelmente demonstrada por meio da firmeza dos relatos acusatórios, censurando o réu pelas práticas delitivas previstas nos artigos 15, caput, e 16, *caput*, ambos da Lei 10.826/03 e no artigo 147 do CP. Em que pese não tenha havido insurgência acerca da dosimetria, ressalta-se que a pena aplicada deva ser mantida, por seus próprios fundamentos. Quanto ao regime de pena, entendo que o mesmo deva ser o aberto, em razão do tempo em que o apelante esteve preso preventivamente e considerando sua primariedade. Desprovimento ao recurso.

Cioso destacar que cabe ao Juízo direcionar a marcha processual e indeferir as provas irrelevantes e impertinentes, sobretudo as atentatórias aos direitos das vítimas. Além de afrontar a Constituição e a legislação brasileira, a decisão que defere a juntada de documentos que não se relacionam com os autos está em desacordo com a jurisprudência da Corte Interamericana de Direitos Humanos (corte IDH).

Consabido que o Brasil ratificou a Convenção Americana em 1992, e, portanto, desde essa data está obrigado a cumprir a totalidade das obrigações emanadas da Convenção, dentre outras sancionar a privação do direito à vida, a violação da dignidade das vítimas. Assim, reconheceu-se expressamente que a Corte IDH poderá examinar e pronunciar-se sobre o eventual descumprimento dessa obrigação convencional.

Conforme artigos 1º, 25, 67 e 68, da Convenção Americana dos Direitos Humanos, a toda vítima tem que ser assegurada a proteção de seus direitos, dentre os quais o de não ser revitimizada e vilipendiada em sua dignidade, razão pela qual, descabe a juntada de fotos, FAC ou qualquer outro documento que se transmude em ato atentatório a sua dignidade.

Ainda, o Decreto 4463, de 08 de novembro de 2002, que promulgou a Declaração de Reconhecimento da Competência Obrigatória da Corte Interamericana de Direitos Humanos, sob reserva de reciprocidade, em consonância com o artigo 62 da Convenção Americana sobre Direitos Humanos (Pacto de São José), de 22 de novembro de 1969, estabelece em seu artigo 1º:

> Art. 1º É reconhecida como obrigatória, de pleno direito e por prazo indeterminado, a competência da Corte Interamericana de Direitos Humanos em todos os casos relativos à interpretação ou aplicação da Convenção Americana de Direitos Humanos (Pacto de São José), de 22 de novembro de 1969, de acordo com art. 62 da citada Convenção, sob reserva de reciprocidade e para fatos posteriores a 10 de dezembro de 1998.

Portanto, todos os órgãos brasileiros, dentre deles, os Juízes e Tribunais, se submetem à jurisprudência da Corte IDH, vale dizer, todos os órgãos integrantes do Sistema de Justiça criminal, têm a obrigação de interpretar os artigos 8º e 25 da Convenção Americana de maneira a salvaguardar os direitos das vítimas e de seus familiares.

Conforme bem timbrado na obra coletiva, Controle de Convencionalidade pelo Ministério Público,[16] a partir do caso *Cabrera Garcia e Montiel Flores vs. México*, julgado em 26.11.2010, a Corte IDH (à unanimidade) firmou, em definitivo, doutrina sobre controle de convencionalidade e, a partir daquele momento, fixou-se que todos os Juízes e Tribunais nacionais devem aplicar a Convenção Americana segundo a interpretação que dela faz a Corte.

Pois bem. Ao não determinar o desentranhamento dos documentos juntados pela defesa que são violadores do direito da vítima sobrevivente, o juízo protrai a violação dos direitos da vítima praticada pela defesa, sendo ele, agora diretamente, o violador dos direitos.

No caso concreto em que atuamos havia ainda outro problema grave. Nas cópias do processo juntados pela defesa, tinha fotos da vítima da violência domés-

---

16. MAZZUOLLI, Valerio de Oliveira; FARIA, Marcelle Rodrigues da Costa e; OLIVEIRA, Kledson Dionysio de. *Controle de convencionalidade pelo Ministério Público*. Rio de janeiro: Forense, 2021.

tica, que passou também a ser exposta desnecessariamente. O abuso praticado pela defesa ao expor desnecessariamente outra vítima, pessoa totalmente estranha ao processo de homicídio tentado, também precisava ser coibido pelo juízo, sob pena de um grave precedente para os demais casos que certamente viriam.

Reforça-se que não se pode perder de vista que o artigo 4º, do Código Penal, ao tratar do tempo do crime, limita a apreciação dos jurados em relação aos fatos principais que parametrizarão a pronúncia com reflexo nos quesitos, ou seja, no dia dos fatos quem foi vítima foi X e não Y, ainda que no passado, eventualmente, X tenha sido investigado por fatos outros.

Neste sentido decidiu a Corte IDH no caso emblemático que pode ser citado como paradigma, caso *Favela Nova Brasília vs. BRASIL*, sentença de 16 de fevereiro de 2017. Decidiu a Corte IDH, grosso modo relembrando, no sentido de que pouco importava se as vítimas eram ou não criminosas, pois o que apurava era a responsabilidade dos autores e não das vítimas.

Reitere-se a desimportância de se juntar cópia de processo em que a vítima foi denunciada e/ou investigada no passado, escancarando a tentativa defensiva de justificar o injustificável, colocando no banco dos réus a vítima, praticando a pior das acusações que é aquele praticada sem prova e por um advogado ou defensor público, quando deveriam ombrear o Ministério Público nas fileiras no combate às violações de todos os direitos, inclusive das vítimas, não apenas de seus clientes/assistidos.

Conforme assevera Douglas Fisher, ao abordar em capítulo específico de sua obra as condenações do Brasil na Corte Interamericana,[17] em emblemático julgado foram estabelecidas as premissas gerais no sentido de que os Estados possuem obrigações de assegurar recursos judiciais efetivos às vítimas de violações de direitos humanos (art. 25), decorrência direta da obrigação genérica dos Estados de garantir o exercício dos direitos afirmados na Convenção (art. 1.1) (§174). Mais que isso, está expressamente reconhecido que esse "dever de "garantir" os direitos implica a obrigação positiva de adoção, por parte do Estado, de uma série de condutas, dependendo do direito substantivo específico de que se trate" (§175).

A corte IDH, ao criticar as investigações com base na conduta das vítimas mencionou no §§ 195-7 que a referência à morte da vítima ter decorrido de resistência à prisão, seria uma forma de direcionar a investigação policial a apurar "responsabilidades" da vítima, e não do agente policial.

Segundo o precedente jurisprudencial de San José, citado pelo autor, resta claro que não se pode compensar a conduta da vítima com a do acusado para fins

---

17. Obrigações processuais penais positivas segundo a jurisprudência das cortes europeia e interamericana de direitos humanos.

de responsabilização, tampouco vilipendiar sua honra, imagem, integridade física e moral como quer a defesa com a juntada desses documentos.

Registre-se que quando da elaboração da nossa peça processual ainda não estava em vigor a Recomendação do CNMP 96 de 28 de fevereiro de 2023, publicada em 01 de março de 2023, recomendando aos ramos e às unidades do Ministério Público a observância dos tratados, convenções e protocolos internacionais de direitos humanos, das recomendações da Comissão Interamericana de Direitos Humanos e da jurisprudência da Corte Interamericana de Direitos Humanos.

O artigo 3ª da Recomendação 96 prevê, *verbis*:

> Art. 3º Recomenda-se aos membros do Ministério Público, respeitada a independência funcional, que: I – promovam o controle de convencionalidade das normas e práticas internas; II – priorizem a atuação judicial e extrajudicial nos casos relacionados com recomendações ao Estado brasileiro expedidas pela Comissão Interamericana de Direitos Humanos, especialmente quanto às medidas cautelares; e III – priorizem a atuação judicial e extrajudicial a fim de garantir a reparação material e imaterial das vítimas de violações a direitos humanos, bem como o cumprimento das demais obrigações determinadas pela Corte Interamericana de Direitos Humanos ao Estado brasileiro, inclusive quanto às medidas provisórias.

Antes mesmo de haver a recomendação acima citada, já havíamos protocolado a peça e em nossa manifestação sustentamos que a decisão do juízo padecia do vício de inconstitucionalidade, inconvencionalidade e ilegalidade, sendo certo que houve total acolhimento do Tribunal local no sentido de determinar o desentranhamento dos documentos atentatórios à dignidade e honra da vítima, acordão transitado em julgado.

Embora o acordão não tenha enfrentado expressamente o assunto referente ao controle de convencionalidade, fizemos todos os registros e prequestionamento para que a questão pudesse, futuramente, ser levadas as Tribunais Superiores, caso não fosse revista a decisão pelo Tribunal local.

Ainda, expusemos as decisões da Corte IDH no sentido de ser dever primário dos Estados e de seus agentes públicos a realização, de ofício, do controle de convencionalidade das normas e práticas internas, para se obter maior proteção ao ser humano, razão pela qual, o Juiz deve, desde a primeira fase do processo, atuar com firmeza de modo a impedir manobras que permitam uma inversão de valores no processo penal.

Cumpre pontuar, seja na primeira fase quando o juiz impede a juntada de documentos atentatórios às vítimas, seja em Plenário, quando impede e adverte a defesa para não fazer menção a eventuais crimes praticados pela vítima no passado ou outros fatos atentatórios a sua honra, imagem e dignidade, não estará o juiz apequenando sua imparcialidade, tampouco influenciando os jurados, mas sim cumprindo rigorosamente seu mister: Presidir com firmeza.

Não à toa a jurisprudência brasileira já se manifestou sobre a necessidade de atuação firme do Juízo, independente de provocação do Ministério Público, conforme alguns julgados que, por todos, citamos a ementa do julgamento em sede *de habeas corpus* 780.310 – MG (2022/0341654-5), julgado em 14 de fevereiro de 2023.

> Processo penal. Habeas corpus substitutivo de recurso próprio. Condenação transitada em julgado. Writ sucedâneo de revisão criminal. Inadmissibilidade. Alegação de nulidade ocorrida na sessão de julgamento do tribunal do júri. Questão não suscitada no momento oportuno. Preclusão. Art. 571, VIII, do CPP. Art. 563 do CPP. Princípio do *pas de nullité sans grief*. Súmula 523 do STF. Discordância da atuação da defesa anterior. Nulidade processual. Ausência. Parcialidade do juiz-presidente em plenário do júri. Ausência de flagrante imparcialidade verificada de plano. Desconstituição da conclusão da corte estadual. Revolvimento de matéria fático-probatória. Inadequação da via eleita. Habeas corpus não conhecido. 1. Esta Corte – HC 535.063, Terceira Seção, Rel. Ministro Sebastião Reis Junior, julgado em 10.06.2020 – e o Supremo Tribunal Federal – AgRg no HC 180.365, Primeira Turma, Rel. Min. Rosa Weber, julgado em 27.03.2020; AgRg no HC 147.210, Segunda Turma, Rel. Min. Edson Fachin, julgado em 30.10.2018, pacificaram orientação no sentido de que não cabe habeas corpus substitutivo do recurso legalmente previsto para a hipótese, impondo-se o não conhecimento da impetração, salvo quando constatada a existência de flagrante ilegalidade no ato judicial impugnado. 2. Na espécie, o presente writ seria sucedâneo de revisão criminal, sendo, pois, esta Corte incompetente para o processamento do pleito revisional, na medida em que a condenação proferida contra o paciente já transitou em julgado. Precedentes. 3. As nulidades ocorridas durante a sessão de julgamento do Tribunal do júri devem ser suscitadas na própria sessão, com o respectivo registro em ata, art. 571, VIII, do Código de Processo Penal, sob pena de preclusão. Ainda que se entenda, tratar-se de nulidade absoluta a jurisprudência desse Superior Tribunal de Justiça "em respeito à segurança jurídica e a lealdade processual, tem se orientado no sentido de que mesmo as nulidades denominadas absolutas também devem ser arguidas em momento oportuno, sujeitando-se à preclusão temporal" (AgRg no HC 527.449/PR, Rel. Ministro Joel Ilan Paciornik, Quinta Turma, julgado em 27.08.2019, DJe 05.09.2019). 4. No campo das nulidades no processo penal, seja relativa ou absoluta, o art. 563 do CPP institui o conhecido princípio *pas de nullité sans grief*, segundo o qual o reconhecimento de nulidade exige a comprovação de efetivo prejuízo e, na mesma linha, a Súmula 523/STF enuncia que "no processo penal, a falta da defesa constitui nulidade absoluta, mas a sua deficiência só o anulará se houver prova de prejuízo para o réu". 5. Ora, "o fato de a nova defesa não concordar com a linha defensiva adotada pela defesa anterior também não revela nulidade. Com efeito, "a simples discordância do atual Defensor com a pretensão deduzida ou não pelo defensor anterior em suas manifestações não caracteriza deficiência/ausência de defesa capaz de gerar nulidade processual". (AgRg no HC 463.316/GO, Rel. Ministra Laurita Vaz, Sexta Turma, julgado em 10.03.2020, DJe 24.03.2020). 6. O acórdão atacado entendeu que o Magistrado não atuou com parcialidade no caso em exame e que a defesa atual não demonstrou de plano a nulidade alegada, além de que, entendimento contrário, demandaria o exame aprofundado do acervo probatório, inviável no rito do writ.
>
> 7. *No procedimento dos processos da competência do Tribunal do Júri, o magistrado presidente não é um mero espectador inerte do julgamento, possuindo, não apenas o direito, mas o dever de conduzi-lo de forma eficiente e isenta na busca da verdade real dos fatos, em atenção a eventual abuso de uma das partes durante os debates, nos termos do art. 497 do CPP. A atuação firme do*

magistrado na condução da sessão plenária do Tribunal do Júri não deve ser confundida com eventual parcialidade do julgador e também não acarreta, necessariamente, a quebra da imparcialidade dos jurados. 8. A desconstituição da conclusão alcançada pelo Tribunal estadual, a fim de concluir pela suposta nulidade, qual seja, parcialidade do Juiz, exigiria a toda evidência, ampla e profunda valoração de fatos e provas, o que é sabidamente incompatível com a via estreita do habeas corpus. Precedentes. 9. Habeas corpus não conhecido.

Não se pode perder de vista, ainda, o contemplado no artigo 1º, da Resolução 253, de 04 de setembro de 2018, do Conselho Nacional de Justiça, determinando que o Poder Judiciário deve garantir à vítima de crime um tratamento digno:

> Art. 1º O Poder Judiciário deverá, no exercício de suas competências, adotar as providências necessárias para garantir que as vítimas de crimes e de atos infracionais sejam tratadas com equidade, dignidade e respeito pelos órgãos judiciários e de seus serviços auxiliares.

No âmbito do Ministério Público, há duas importantes normativas. A primeira, a Resolução 181/2017,[18] com alterações posteriores que, dispondo sobre a instauração e tramitação do procedimento investigatório criminal (PIC) a cargo do Ministério Público, dedica o capítulo IV aos direitos das vítimas.

E, de forma bem mais ampla, a Resolução 243, de 18 de outubro de 2021,[19] escancara a importância que a vítima tem para o Ministério Público brasileiro, aos dispor sobre a Política Institucional de Proteção Integral e de Promoção de Direitos e Apoio às vítimas, timbrando no artigo 4º:

> Art. 4º Incumbe ao Ministério Público zelar para que sejam assegurados os direitos à informação, segurança, apoio, proteção física, patrimonial, psicológica, documental, inclusive de dados pessoais, participação e reparação dos danos materiais, psicológicos e morais suportados pelas vítimas em decorrência de delitos penais e atos infracionais.
>
> Parágrafo único. A vítima tem o direito de ser protegida contra a repetição de delitos da mesma natureza e contra a vitimização secundária e terciária.

Os documentos atentatórios à vítima foram desentranhados dos autos, conforme a ementa do acórdão do julgamento em referência, cumprindo-se, assim, os mandamentos constitucionais, convencionais e legais:

> Correição Parcial 0074627-04.2022.8.19.0000.
> Reclamante: Ministério Público do Estado do Rio de Janeiro.
> Reclamado: Juízo de Direito da 2ª Vara Criminal da Comarca da Capital.
> Interessado: XXXXXX
> Relator: Des. Luiz Márcio .Victor Alves Pereira.

---

18. Conselho Nacional do Ministério Público (Brasil). Resolução 181, de 07 de agosto de 2017. Brasília, DF.
19. Conselho Nacional do Ministério Público (Brasil). Resolução 243 de 18 de outubro de 2021. Brasília, DF.

Acórdão

Correição parcial. Interessado denunciado por crime de homicídio qualificado tentado. Decisão que defere a juntada de cópia de medida cautelar na qual a vítima da ação penal em curso figurou como suposto autor do ilícito. Pretensão ministerial ao desentranhamento da referida documentação que se concede. Fatos descritos na medida cautelar que tramitou junto ao v juizado de violência doméstica da comarca da capital que não possuem qualquer relação com a ação penal em curso junto à 2ª Vara Criminal da Comarca da Capital, onde se apura a prática de homicídio qualificado tentado cometido, em tese, contra a vítima Ronny. Conduta processual que ofende a dignidade da vítima ao submetê-la a constrangimento desnecessário, com o objetivo único de desqualificar as declarações a serem apresentadas perante os jurados. partes que devem produzir provas pertinentes ao deslinde da demanda e não sobre a vida pregressa do ofendido, sob pena de indevida revitimização e ofensa à sua dignidade. *Procedência da correição para cassar a decisão impugnada.*

Vistos, relatados e discutidos estes autos de *Correição Parcial 0074627-04.2022.8.19.0000*, acordam os Desembargadores que compõem a Quarta Câmara Criminal do Tribunal de Justiça do Estado do Rio de Janeiro, *por unanimidade, julgar procedente a correição para cassar a decisão impugnada*, nos termos do voto do Relator.

Nesta ordem de ideias, o manancial de normas de proteção às vítimas exige que o membro do Ministério Público fique atento aos movimentos que as fragilizam e apequenam, repudiando, por dever funcional, previsão legal, constitucional e convencional a postura defensiva, seja a autodefesa, seja a defesa técnica, que vai de encontro aos direitos da vítima, manejando medidas judiciais cabíveis tão logo o abuso seja identificado.

3. CONCLUSÃO

Há que se ter em mente que no rito do Tribunal do Júri, o julgamento não começa no dia do Plenário, ele começa bem antes, desde o dia em que o crime foi praticado. A partir deste momento, a vítima[20] deve ser maximizada, deve ser

---

20. Vítima tal qual o conceito adotado na resolução 243, do CNMP. A vítima no conceito amplo, tal qual previsto no artigo art. 3º da Resolução 243, de 18 de outubro der 2021:
    Art. 3º Entende-se por vítima qualquer pessoa natural que tenha sofrido danos físicos, emocionais, em sua própria pessoa, ou em seus bens, causados diretamente pela prática de um crime, ato infracional, calamidade pública, desastres naturais ou graves violações de direitos humanos, sendo destinatários da proteção integral de que trata a presente Resolução: I – vítima direta: aquela que sofreu lesão direta causada pela ação ou omissão do agente; II – vítima indireta: pessoas que possuam relação de afeto ou parentesco com a vítima direta, até o terceiro grau, desde que convivam, estejam sob seus cuidados ou desta dependam, no caso de morte ou desaparecimento causado por crime, ato infracional ou calamidade pública; III – vítima de especial vulnerabilidade: a vítima cuja singular fragilidade resulte, especificamente, de sua idade, do seu gênero, do seu estado de saúde ou de deficiência, bem como do fato de o tipo, o grau e a duração da vitimização terem resultado em lesões com consequências graves no seu equilíbrio psicológico ou nas condições de sua integração social; IV – vítima coletiva: grupo social, comunidades ou organizações sociais atingidas pela prática de crime, ato infracional ou calamidade pública que ofenda bens jurídicos coletivos, tais como a saúde pública, o meio ambiente, o sentimento religioso, o consumidor, a fé pública, a administração pública; V – familiares e pessoas economicamente dependentes da vítima.

informada, acolhida e protegida para, ao final, ser reparada. Compete ao Ministério Público, portanto, promover diariamente o reencontro da vítima com os seus direitos que lhe foram arrostados pelo autor do crime.

Seria de rigor, à luz da normativa vigente no Brasil, a adoção de todas as medidas para paralisar a violação dos direitos das vítimas em um processo penal que se pretenda justo. Entretanto, o melhor cenário seria que sequer fossem iniciadas estas violações. Mas enquanto isto não ocorre, o desentranhamento dos documentos que maculam a honra, memória e dignidade da vítima configura-se, a nosso viso, medida que se impõe em todos os processos que tramitam no Tribunal do Júri, compondo um mosaico de medidas, não apenas esta, mas todas as demais que devem ser adotadas de modo inflexível pelo Promotor de Justiça.

O futuro de um processo no Tribunal do Júri não é o tempo que vem e acontece, ele é o tempo que se constrói. "Construir" um processo significa instruí-lo de acordo os ditames da Constituição, das Leis, dos Tratados Internacionais, e de acordo com os princípios que regem o processo penal, dentre eles, a lealdade processual. Ao promover o reencontro das vítimas e familiares com seus direitos, o Promotor de Justiça está promovendo o reencontro diário com a sua missão.

Nesta toda, sugerimos que sempre que houver pedido de juntada de Folha de antecedentes da vítima, cópias de processos a que já respondeu a vítima, fotos, documentos, declarações das vítimas enviadas a outras pessoas em sua intimidade ou algo que o valha, seja objeto de protesto imediato do Ministério Público e, caso não haja atendimento por parte do Juízo de piso, o manejo de medida judicial cabível, com os seguintes pedidos, que à guisa de exemplo citamos:

1. Seja exercido por Tribunal local o controle de constitucionalidade e convencionalidade da decisão do Juízo que permitiu a juntada de documentos atentatórios aos direitos e dignidade da vítima conforme artigos 5º, § 1º, 2º, 3º e 4º, da CRFB/88, artigos 1º, 67, 68 e 25, da Convenção Americana de Direitos Humanos e Decreto 4463/2002, pois os documentos juntados estão em desacordo com a jurisprudência da Corte IDH;

2. Seja deferida liminar para o imediato desentranhamento dos documentos indicados, tendo em vista a atipicidade constitucional, convencional e legal, se tratando, portanto, de prova ilícita violadora da dignidade da vítima, garantindo-se, assim, uma proteção eficiente aos direitos à vida e à dignidade da vítima, nos termos dos artigos 1º, inciso III, artigo 5º, inciso LIX, artigo 5º, §§ 1º, 2º, 3º, artigo 245, todos da CRFB/88, e artigos 30, 31, 157, 201, 400-A e 474-A, todos do CPP;

3. Expressamente, o Ministério Público prequestiona a matéria constitucional, convencional e legal envolvida na presente causa, para efeitos de eventual recurso especial e extraordinário;

4. O não acolhimento da pretensão formulada pelo Ministério Público, contraria e nega vigência à Lei Federal, consubstanciada nos artigos 30, 31, 157, 201 e 400, § 1º, 400-A e 474-A, todos do Decreto-Lei Federal 3.689/1941 – Código de Processo Penal;

5. O não acolhimento da pretensão formulada pelo Ministério Público contraria dispositivos da Constituição da República Federativa do Brasil de 1988, consubstanciado nos artigos 1º, inciso III, artigo 5º, inciso LIX, §§ 1º, 2º 3 º e artigo 245;

6. O não acolhimento da pretensão formulada pelo Ministério Público contraria o decreto 4463/2002 que determina que todos os órgãos Brasileiros se submetem à jurisprudência da CIDH, bem como art. 5º, §§ 1º, 2º e 3º e 4º, da CRFB/88.

São estas, pois, as medidas que foram adotadas em caso concreto e, longe de esgotar o tema, essas breves considerações fazem parte de protocolo adotado em nossa atividade diária que se acrescem a outras tantas medidas para que a vítima e seus familiares possam, ao final do processo, concluir que é o Ministério Público que empenha-se, luta, peleja pelo seu direito à informação, à proteção, à participação e reparação, que jamais serão flexibilizados ou menoscabados por abuso de direito defensivo.

4. REFERÊNCIAS

BRASIL. Convenção Americana sobre Direitos Humanos (Pacto de São José da Costa Rica). 22 de novembro de 1969.

BRASIL. Código de processo penal. Disponível em: http://http://www.planalto.gov. br/ccivil_03/decreto-lei/del3689.htm. Acesso em: 10 mar 2023.

BRASIL. Constituição (1988). Constituição da República Federativa do Brasil. Brasília, DF: Senado Federal, 2016. 496 p. Disponível em: https://www2.senado.leg.br/bdsf/bitstream/handle/id/518231/CF88_Livro_EC91_2016.pdf. Acesso em: 10 mar 2023.

BRASIL. Conselho Nacional de Justiça (CNJ). Diagnóstico das Ações Penais de Competência do Tribunal do Júri. Brasília, DF, 2019.

CERQUEIRA et al. *Atlas da violência*. São Paulo: FBSP, 2021.

CONSELHO NACIONAL DO MINISTÉRIO PÚBLICO (Brasil). Resolução 181, de 07 de agosto de 2017. Brasília, DF.

CONSELHO NACIONAL DE JUSTIÇA (Brasil). Resolução 253, de 04 de setembro de 2018. Diário da Justiça do Conselho Nacional de Justiça, Brasília, DF.

CONSELHO NACIONAL DO MINISTÉRIO PÚBLICO (Brasil). Recomendação de 28 de fevereiro de 2023. Brasília, DF.

CONSELHO NACIONAL DO MINISTÉRIO PÚBLICO (Brasil). Resolução 243 de 18 de outubro de 2021. Brasília, DF.

GRAEBER, C. *The good nurse*: A True Story of Medicine, Madness, and Murder. Atlantic Books, 2022.

G1. BUENO, S. e DE LIMA, R. Faces da indiferença. *Fórum Brasileiro de Segurança Pública*, 2017. Disponível em: https://g1.globo.com/monitor-da-violencia/noticia/faces-da-indiferenca.ghtml. Acesso em: 10 de mar de 2023.

INSTITUTO IGARAPÉ. *Observatório de homicídios*. 2021. Disponível em: https://igarape.org.br/temas/seguranca-publica/observatorio-de-homicidios/. Acesso em: 10 mar. 2023.

LYRA, Roberto. *O amor e a responsabilidade criminal*. Livraria acadêmica. São Paulo. Sarica & Cia. 1932.

MARTINS, José de Souza. *Linchamentos*: justiça popular no Brasil. São Paulo: Editora contexto, 2019.

MAZZUOLLI, Valerio de Oliveira; FARIA, Marcelle Rodrigues da Costa e; OLIVEIRA, Kledson Dionysio de. *Controle de convencionalidade pelo Ministério Público*. Rio de Janeiro: Forense, 2021.

THE GOOD NURSE. Direção: Tobias Lindholm. FilmNation Entertainment. Netflix, 2022.

FEMINICÍDIO E "ILEGÍTIMA" DEFESA DA HONRA

Valéria Diez Scarance Fernandes

Doutora e Mestre em Processo Penal. Especialista em Vitimologia pela IUC – Dubrovnik. Professora Doutora da PUC-SP. Promotora de Justiça de Enfrentamento à Violência Doméstica. Exerceu funções de Secretária Nacional – COPEVID e Coordenadora Estadual do Núcleo de Gênero. Palestrante nacional e internacional.

"Enquanto a maioria de homicídios é de homens, mortos por estranhos, mulheres morrem nas mãos de alguém que conhecem" – ONU[1]-[2]

Sumário: 1. Sumário – 2. A morte violenta de mulheres no Brasil – 3. A morte violenta de mulheres no mundo – 4. Femicídio e feminicídio – 5. Feminicídio e a tese de defesa da honra – 6. Considerações finais – 7. Referências.

1. SUMÁRIO

O Brasil é um país perigoso para as mulheres e, apesar de algumas oscilações, os índices de feminicídio permanecem muito elevados.

As alterações legislativas que sucederam à criação da Lei Maria da Penha foram importantes para desnaturalizar a violência contra a mulher e torná-la pública. Nessa linha, a tipificação do feminicídio serviu para demonstrar que as mortes de mulheres configuram um ato de ódio e extermínio e ocorrem, em regra, no final de uma história de violência.

O conceito de feminicídio traz em si a ideia de uma morte evitável pelo rompimento do silêncio da vítima e pela atuação estatal no caminho crescente da violência, mas, para tanto, é preciso que o Estado cumpra sua parte.

A tese da legítima defesa da honra já constou expressa ou implicitamente de legislações e foi publicamente repudiada desde o julgamento de Doca Street, quando se lançou o slogan "quem ama não mata".

---

1. UNODC – United Nations Office on Drugs and Crime. *Global study on homicide*: gender-related killing of women and girls. Vienna: Division for Pollicy Analysis and Public Affairs, 2018, p. 3.
2. Tradução livre. Versão original: "While the vast majority of homicide victims are men, killed by strangers, women are far more likely to die at the hands of somenone they know".

Apesar de formalmente ter desaparecido do direito, a legítima defesa da honra de fato nunca sumiu e continuou a ser usada como argumentos de defesa para obtenção de "clemência" (quesito genérico do júri) ou redução da pena pelo privilégio.

Esse tema ressurgiu em julgamento do STF em que, em respeito à soberania dos veredictos, réu absolvido por legítima defesa não foi levado a novo julgamento. Como reação, foi proposta ação no STF que reconheceu a inconstitucionalidade da tese.

Essa decisão do STF é paradigma e deve informar todo o direito e processo penal para que mulheres, em quaisquer processos, para que não sejam vítimas de crimes bárbaros. Sem uma postura firme, o Brasil continuará a ser um local muito perigoso para meninas e mulheres.

2. A MORTE VIOLENTA DE MULHERES NO BRASIL

A violência de gênero atinge todas as mulheres em maior ou menor dimensão em seus trabalhos, nas ruas, relacionamentos. Mas há casos em que essa violência atinge patamares mais severos e termina com o extermínio violento de mulheres.

Desde a Lei Maria da Penha, observou-se uma maior conscientização da população em geral e o aumento dos registros de violência doméstica. Violências antes invisíveis ou banalizadas, como a importunação sexual, *stalking* e a violência psicológica, ganharam tipificação e passaram a ser reconhecidas não só juridicamente como socialmente.

Apesar disso, os índices de violência contra a mulher têm oscilado ao longo dos anos. Houve o aumento de violência durante o período de pandemia mas, logo depois, a redução dos índices de feminicídios, que voltaram a crescer em 2022.

A pesquisa Visível e Invisível do Fórum Brasileiro de Segurança Pública revela os índices de violência a mulheres no nosso país:

- *503* agressões físicas por hora em 2016 (FBSP, Visível e Invisível)[3]
- *536* agressões físicas por hora em 2017 (FBSP, Visível e Invisível, 2. ed.)[4]
- *480* agressões físicas por hora em 2020 (8 por minuto) (FBSP, Visível e Invisível, 3. ed.)[5]

---

3. Fórum Brasileiro de Segurança Pública. *Visível e Invisível*. 2016. Disponível em: https://forumseguranca.org.br/wp-content/uploads/2017/03/visivel_invisivel_infografico.pdf. Acesso em: 16 fev. 2023.
4. Fórum Brasileiro de Segurança Pública. *Visível e Invisível*, 2. ed. 2017. Disponível em: https://www12.senado.leg.br/institucional/procuradoria/proc-publicacoes/Incografico%20-vitimizacao-de-mulheres-no-brasil-2deg-edicao-1. Acesso em: 16 fev. 2023.
5. Fórum Brasileiro de Segurança Pública. *Visível e Invisível* 3. ed. 2020. Disponível em: https://forumseguranca.org.br/wp-content/uploads/2021/06/infografico-visivel-e-invisivel-3ed-2021-v3-3.pdf. Acesso em: 16 fev. 2023.

– *50.962* mulheres vítimas em 2022, o que equivale a um estádio de futebol lotado (FBSP, Visível e Invisível, 4. ed.).[6]

A violência não atinge todas as mulheres da mesma maneira. Uma análise interseccional revela que mulheres negras sofrem mais violência do que mulheres não negras.

Em 2022, *mulheres negras* representaram:[7] 62% das vítimas de feminicídio, 70,7% das vítimas de mortes violentas intencionais, 52,2% de estupro e estupro de vulnerável 43,3% das mulheres negras já sofreram assédio sexual.

A maior causa de morte de mulheres no Brasil é a violência praticada por seus parceiros. Conforme o Anuário da Violência 2021, do Fórum Brasileiro de Segurança Pública, ocorreram *1.350* feminicídios em 2020, com crescimento de 0.7%. Desse total, 61,8% das vítimas eram negras, 74,7% tinham idade de 18 a 44 anos, 81,5% foram assassinadas por companheiro ou ex-companheiro e 8,3% por outros parentes.[8] Houve queda de 7,4% dos registros de boletins de ocorrência por lesão, mas aumento de 16,3% de ligações o 190, totalizando 694.131 denúncias (1 por minuto).[9] A pesquisa do ano anterior referia que, no primeiro semestre de pandemia, houve queda do registro de boletins de ocorrência em 7,4%, mas aumento de 3,8% nos acionamentos da Polícia Militar.[10]

Em 2021, ocorreram *1.341 feminicídios, com queda de 1.7%,* sendo 68,7% de mulheres entre 18 e 44 anos, 65,6% de mortes dentro de casa e 62% de vítimas negras.[11] No ano seguinte, os índices de feminicídio voltaram a aumentar. Conforme dados do Monitor da Violência, em 2022 ocorreram 1,4 mil feminicídios, o que representou *um aumento de 5%.* De se notar que, no mesmo período, as mortes em geral caíram 1% no país.[12]

---

6. Fórum Brasileiro de Segurança Pública. *Visível e Invisível* 4. ed. 2023. Disponível em: https://forumseguranca.org.br/wp-content/uploads/2023/03/visiveleinvisivel-2023-infografico.pdf. Acesso em: 11 mar. 2023.
7. Fórum Brasileiro de Segurança Pública. *Violência contra pessoas negras no Brasil 2022*. Disponível em: https://forumseguranca.org.br/wp-content/uploads/2022/11/infografico-violencia-desigualdade-racial-2022.pdf. Acesso em : 16 fev. 2023.
8. Fórum Brasileiro de Segurança Pública. *Anuário Brasileiro de Segurança Pública 2020*. Disponível em: https://forumseguranca.org.br/anuario-brasileiro-seguranca-publica/. Acesso em: 23 fev. 2021.
9. Fórum Brasileiro de Segurança Pública. *Anuário Brasileiro de Segurança Pública 2021*. Disponível em: https://forumseguranca.org.br/wp-content/uploads/2021/07/infografico-2020-v6.pdf. Acesso em: 19 jul. 2021.
10. Acesse infográfico no seguinte link: https://forumseguranca.org.br/wp-content/uploads/2021/02/infografico-2020-final-100221.pdf. Acesso em: 23 fev. 2020.
11. Fórum Brasileiro de Segurança Pública. *Anuário Brasileiro de Segurança Pública 2022*. Disponível em: https://forumseguranca.org.br/wp-content/uploads/2022/06/anuario-2022-infografico.pdf. Acesso em: 11 mar. 2023.
12. GLOBO. *Brasil bate recorde de feminicídios em 2022 com uma mulher morta a cada seis horas*. Disponível em: https://g1.globo.com/monitor-da-violencia/noticia/2023/03/08/brasil-bate-recorde-de-feminicidios-em-2022-com-uma-mulher-morta-a-cada-6-horas.ghtml. Acesso em: 11 mar. 2023.

Índices de feminicídio espelham o ódio contra as mulheres. Quanto mais difundido o ódio, maior a chance de as mulheres morrerem.[13]

3. A MORTE VIOLENTA DE MULHERES NO MUNDO

Embora os feminicídios espelhem questões culturais específicas de determinados países, há um padrão universal que se observa na maioria – ou quase totalidade dos casos – as mulheres são mortas como manifestação de ódio e, prioritariamente, por parceiros ou parentes no contexto doméstico.

O que se observa no Brasil é o mesmo ao redor do mundo: homens morrem mais do que mulheres nas mãos de desconhecidos, enquanto mulheres morrem nas mãos dos homens conhecidos. O machismo mata homens e mulheres, em disputas de poder e de uma masculinidade hegemônica assentava na premissa de superioridade.

A maioria das mortes envolve parceiros íntimos ou familiares. Dados coletados pela ONU revelam que:[14]

> um total de *87.000 mulheres* foram intencionalmente mortas em 2017. Mais da metade delas (58 %) – 50.000 – foram assassinadas por um parceiro íntimo ou membros da família, significando que *137 mulheres ao redor do mundo são mortas por um membro da própria família todos os dias*. Mais da metade (30.000) das mulheres intencionalmente mortas em 2017 foram assassinadas pelos atuais ou ex-parceiros – alguém que normalmente se espera confiar.[15]

Conforme se observa do gráfico abaixo, os homens estão 4 vezes mais propensos a morrer em razão de um homicídio (total de homicídios – 80% homens e 20% mulheres). Contudo, as mulheres representam a grande maioria de vítimas no contexto íntimo: 64% das mortes por parceiros íntimos e familiares, 82% das mortes praticadas por parceiro íntimo.[16]

---

13. Shelma Lombardi de Kato refere que "a violência doméstica tem ceifado a vida de milhares de mulheres, com motivação abjeta e por meios extremamente cruéis; por motivos banais, ou sem qualquer motivo, sendo recorrentes as desconfianças de supostas traições, o alcoolismo, o uso de drogas, ou simplesmente o caráter violento do agressor e, âmago da questão, o machismo exacerbado" (Kato, Shelma Lombardi de. Lei Maria da Penha: uma lei constitucional para enfrentar a violência doméstica e construir a difícil igualdade de gênero. *Revista Brasileira de Ciências Criminais*, São Paulo, v. 71, p. 268, mar. 2008).
14. UNODC. Global Study on homicide..., p. 10.
15. Tradução livre. Versão original: "a total of 87.000 women were intencionalmently killed in 2017. More than half of them (58 per cent) – 50.000 – were killed by intimate partners or family members, meaning tha 137 women across the world are kille by a member of their own family erery day. More than a third (30.000) of the women intentionally killed in 2017 were killed by their current or former intimate partner – someone they normally expect to trust".
16. UNODC, op. cit., p. 11.

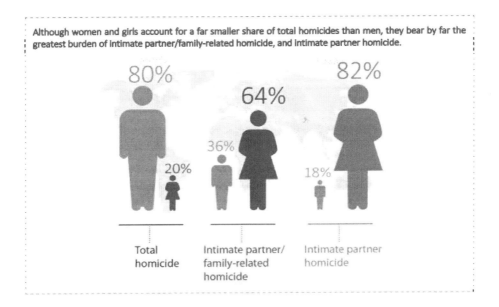

Além disso, ao redor do mundo, 34% das mortes são praticadas por parceiros conhecidos, 24% por outros membros da família e apenas 42% por pessoas fora do âmbito doméstico e familiar:[17]

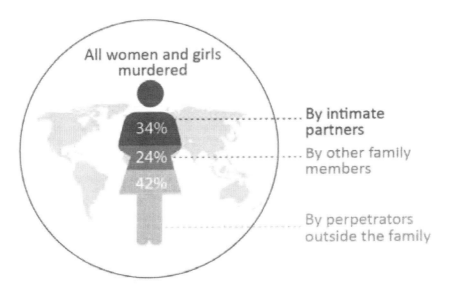

---

17. UNODC, op. cit., p. 17.

Nos países, as legislações disciplinam de modo diverso a morte violenta de mulheres (como tipos autônomos, homicídios com pena agravada por exemplo). A existência de um tipo penal específico tem um importante papel de conscientização, mas, ao mesmo tempo, caso não seja aplicado adequadamente, pode mascarar o número real de mortes de mulheres.[18]

> *A legislação específica sobre feminicídio ajuda a combater a impunidade e a conscientizar a sociedade sobre sua gravidade, mas os dados resultantes dessa legislação de feminicídio podem levar a uma errônea interpretação quanto ao nível de cometimento de crimes.* Certos países criminalizaram o feminicídio como um crime autônomo, mas em muitos casos os crimes ainda estão sendo registrados e processados apenas como homicídio. Isso se deve aos obstáculos encontrados durante o processo penal e a falta de provas para identificar autor ou circunstâncias de cometimento dos crimes. *Nesses casos, os dados registrados como feminicídio podem subestimar o número de homicídios relacionados a gênero*[19] (grifo nosso).

Estudos mostram que homens são mais propensos a cometer violência se possuem "educação limitada, histórico de maus-tratos na infância, exposição à violência doméstica contra suas mães, uso abusivo de álcool, normas de gênero desiguais, incluindo atitudes que normalizam o uso da violência, assim como um senso de superioridade sobre mulheres".[20]

O perfil dos agressores parceiros íntimos é de homens ciumentos e com medo do abandono, enquanto na hipótese de crimes praticados por mulheres o motivo relatado é uma longa exposição à violência física. Um estudo da Austrália revelou que quase metade das mortes aconteceu nos primeiros três meses do fim da relação.[21]

Um país tem se destacado no cenário mundial.

A Espanha tornou-se referência no enfrentamento à violência contra a mulher em razão da legislação e protocolos para o atendimento de mulheres vítimas de violência, o que tem impactado diretamente para a redução dos índices de feminicídios.[22]

---

18. UNODC, op. cit., p. 26.
19. Tradução livre. Versão original: "Legislation that addresses "femicide" helps to combat impunity and raise awareness in society of its gravity, but data resulting from specific "femicide" legislation may misinterpret the level of the crime. Even though certain countries have criminalized "femicide" as a separate criminal offence, in many instances such crimes are still being recorded and prosecuted purely as homicide. This is because of obstacles encountered during criminal proceedings and a lack of evidence in identifying a perpetrator or the circumstances in which the crime was committed. In such cases, data recorded as "femicide" may underestimate the number of gender-related killings".
20. UNODC, Op. cit., p. 30.
21. Apud UNODC, Op. cit. p. 38.
22. Sobre a legislação da Espanha, acesse o Código de Violencia de Género y Doméstica. Disponível em: https://www.boe.es/biblioteca_juridica/codigos/codigo.php?id=200&modo=2&nota=0&tab=2. Acesso em: 11 mar. 2023.

4. FEMICÍDIO E FEMINICÍDIO

Há várias formas de se tipificar a morte de mulheres ao redor do mundo, mas na América Latina existe uma tendência em se criar um tipo penal específico de femicídio ou feminicídio.

Assim, há duas tendências ao redor do mundo:

> 1. *Estabelecer um crime específico de femicídio ou feminicídio.* Os elementos que caracterizam este crime variam consideravelmente nas legislações. Essa abordagem tem sido adotada primordialmente em países da América Latina, onde as taxas de assassinatos de mulheres e meninas motivados por gênero são mais altas quando comparadas com outras regiões, como a Europa.
>
> 2. *Incluir fatores de agravamento para os crimes de homicídio.* Isso inclui circunstâncias objetivas, como o relacionamento entre vítima e agressor, a gravidez da vítima, ou circunstâncias subjetivas, como ódio, preconceito ou honra".[23-24]

O conceito de femicídio foi criado por Diana Russel para distingui-lo das demais formas de homicídio, enquanto um crime de ódio e uma morte evitável.

Em 1976, mais de 2.000 mulheres de 40 países participaram do 1º Tribunal Internacional de Crimes contra a Mulher em Bruxelas, entre os dias 04 e 08 de março. Nesse evento, Simone de Beauvoir enviou um texto com palavras inspiradoras e Diane Russel sustentou que a morte de mulheres deveria receber uma categoria apartada, "femicídio", expressão criada por Carol Orlock mas que não havia sido publicada oficialmente até então. Segundo consta dos anais

> Nós devemos atentar que muitos homicídios são de fato femicídios. Nós devemos reconhecer uma política sexual nos assassinatos. Desde a queima de bruxas no passado, o generalizado costume de infanticídio feminino em muitas sociedades, até o assassinato de mulheres por honra, percebemos que o feminicídio vem ocorrendo há muito tempo. Mas, como envolve meras mulheres, não havia nome para isso até Carol Orlock inventar a palavra femicídio.[25-26]

Adriana Ramos de Mello refere que:

---

23. Tradução livre. Versão original: "1. The establishment of the specific crime of 'femicide' or 'feminicide'. The elements that characterize this crime vary considerably across legislation. This approach has been taken primarily in Latin American countries, Where rates os gender-related killing of women and girls are relatively higt compared with those in Other regions, such as Europe. 2. The inclusion of aggravating factors of homicide offences. These include objective circumstances, such as the relationship between victim and perpetrator, and the pregnancy of the victim, or subjetive elements, i.e., hatred, prejudice or honour".
24. UNODC, op. cit., p. 48.
25. Tradução livre. Versão original: "Femicide We must realize that a lot of homicide is in fact femicide. We must recognize the sexual politics of murder. From the burning of witches in the past, to the more recent widespread custom of female infanticide in many societies, to the killing of women for "honor," we realize that femicide has been going on a long time. But since it involves mere females, there was no name for it until Carol Orlock invented the word "femicide."
26. RUSSEL, Diana E. H; VEM, Nicole Van de. *Crimes Against Women*: Proceedings of The International Tribunal. California: Russel Publications, 1990, p. 104.

O termo femicídio foi usado pela primeira vez por Diana Russel e Jill Radford, em seu livro *The politics of woman killing*, publicado em 1992, em Nova York. A expressão já tinha sido usada pelo Tribunal Internacional Sobre Crimes Contra as Mulheres, em 1976, e foi retomada, nos anos 1990, para ressaltar a não acidentalidade da morte violenta de mulheres (ALMEIDA, 1998, p.1). A opção deste termo serve para demonstrar o caráter sexista presente nesses crimes, desmistificando a aparente neutralidade subjacente ao termo assassinato, evidenciando tratar-se de fenômeno inerente ao histórico processo de subordinação das mulheres (GOMES, 2010).[27]

Anos mais tarde, em razão da morte sistemática de mulheres em Juarez-México, Marcela Lagarde criou o termo "feminicídio" para expressar a responsabilidade do Estado que se omite na prevenção e apuração das mortes de mulheres. Assim, entende que "feminicídio" é um crime de Estado.

Marcela Lagarde constatou que "no caso de Cidade Juarez, já foi possível detectar, em um período importante de anos, a responsabilidade de funcionários negligentes, omissos ou que estiveram envolvidos em atos de corrupção vinculados aos processos".[28]

A cidade de Juarez, México, ficou conhecida pela morte sistemática de mulheres, cujos corpos foram encontrados mutilados ou marcados, como uma demonstração de poder. Algumas vítimas tiveram seios arrancados, outras foram encontradas com um grande triângulo gravado nas suas costas, por algum instrumento cortante, outras foram estranguladas. As mortes eram extremamente cruéis e indicavam uma demonstração de poder.

Diana Washington Valdez em seu livro *Corsecha de Mujeres: safari em el desierto mexicano* refere:[29]

> Ainda que nem todos os crimes estejam relacionados entre si, todos demonstravam uma extrema violência. *Aparentemente, as vítimas eram escolhidas e seus sequestros estavam muito bem organizados.* As mulheres desapareciam na zona do centro, em plena luz do dia, sem que ninguém observasse algum detalhe em particular. Ao que parece, os criminosos eram homens poderosos que gozavam de influência nas mais elevadas esferas do governo mexicano. Mas os investigadores mexicanos, os quais sabiam que esses homens escolhiam as suas vítimas entre as mais jovens integrantes de famílias muito pobres, nada fizeram para freá-los (...)
>
> *Os crimes que converteram esta cidade fronteiriça na capital mundial dos assassinatos de mulheres não começaram da noite para o dia.* Tiveram seu início na guerra suja do México, quando apenas se iniciava uma rede de quarteis de narcotráfico, empresários, militares, policiais e funcionários corruptos (grifo nosso).

---

27. MELLO, Adriana Ramos de. Feminicídio: uma realidade oculta. Interação: Revista do Poder Judiciário do Estado do Rio de Janeiro, n. 43, p. 18, Rio de Janeiro, 2012.
28. LAGARDE, Marcela. *Del femicidio al feminicidio*. Disponível em: file:///C:/Users/Val%C3%A9ria/Downloads/Dialnet-DelFemicidioAlFeminicidio-2923333.pdf. Acesso em: 07 mar. 2023.
29. VALDEZ, Diana Washington. *Cosecha de Mujeres*: safari en el desierto mexicano. Mexico: Océano, 2005, p. 15-18.

Nas *Diretrizes Nacionais Feminicídio* – Investigar, processar e julgar com perspectiva de gênero a morte violenta de mulheres, da ONU Mulheres, consta a diferenciação:[30] "A distinção política deve-se principalmente ao componente da impunidade e da responsabilidade do Estado no cometimento desses crimes – presente na definição de feminicídio proposta por Marcela Lagarde".

A Lei 13.104, de 09 de março de 2015, tipificou o feminicídio como qualificadora de homicídio no art. 121, par. 2º, VI e par. 2-A do Código Penal.[31] Assim:

> Art. 121. Matar alguém
>
> *Homicídio qualificado*
>
> § 2º Se o homicídio é cometido:
>
> *Feminicídio*
>
> VI – contra a mulher por razões da condição de sexo feminino:
>
> § 2º-A Considera-se que há razões de condição de sexo feminino quando o crime envolve:
>
> I – violência doméstica e familiar;
>
> II – menosprezo ou discriminação à condição de mulher.

A referência a "feminicídio" e não "femicídio" no Código Penal incorpora, assim, a ideia de que a morte de mulheres ocorre por omissão do Estado Brasileiro na prevenção e responsabilização dos agentes.

O legislador não adotou a expressão "gênero", que constava do projeto de lei original, mas manteve a ideia central de uma morte praticada porque a vítima é mulher. Assim, feminicídio é o homicídio qualificado "por razões da condição do sexo feminino", quando envolve violência doméstica e familiar (inciso I) ou menosprezo ou discriminação à condição de mulher (inciso II).

5. FEMINICÍDIO E A TESE DE DEFESA DA HONRA

> *"A honra está em cada um de nós*
> *e não em outra pessoa".*[32]

A tese da legítima defesa da honra sempre foi uma mácula em nossa história e chegou a constar expressamente da legislação.

---

30. ONU MULHERES. *Diretrizes Nacionais Feminicídio* – investigar, processar e julgar com perspectiva de gênero a morte violenta de mulheres. Disponível em: https://www.onumulheres.org.br/wp-content/uploads/2016/04/diretrizes_feminicidio_FINAL.pdf. Acesso em: 1º mar. 2021.
31. . BRASIL. Lei 13.104, de 09 de março de 2015. Disponível em: http://www.planalto.gov.br/ccivil_03/_Ato2015-2018/2015/Lei/L13104.htm#art1. Acesso em: 03 mar. 2021.
32. Frase do Promotor de Justiça no julgamento do Procurador de Justiça Augusto Carlos Eduardo da Rocha Monteiro Gallo – pai de uma renomada atriz – que matou a esposa por ciúmes, apud ELUF, Luiza Nagib, Op. cit., p. 69.

Nas Ordenações Filipinas, havia autorização expressa para matar a mulher surpreendida em adultério (Título XXXVIII).

No Código de 1830 constava uma atenuante para o crime cometido em desafronta a alguma injúria ou desonra (art. 18, § 4º).

No Código Penal de 1890, havia isenção de culpabilidade àquele réu que se achasse em estado de completa privação de sentidos e de inteligência no ato do cometimento do crime (art. 27, § 4º).

Apesar da aparente evolução legislativa, a legítima defesa da honra sempre existiu de forma declarada ou oculta em nosso Direito. Como salientamos na obra Lei Maria da Penha: o processo penal no caminho da efetividade,

> Embora formalmente a legítima defesa da honra tenha sido abolida da legislação, de fato nunca desapareceu. Nos julgamentos, essa tese remanesce em argumentos relacionados ao comportamento da vítima, alegações de traição, pedido de reconhecimento de crime *privilegiado*, ao mesmo tempo em que o réu se apresenta como um homem que amou ou sofreu demais.[33]

O Direito reflete a lógica patriarcal com a qual foi construído, como salienta Soraia da Rosa Mendes

> O direito não passa incólume ao simbolismo de gênero e muito menos ainda ao patriarcado. Por consequência, o modo de funcionamento do sistema de justiça criminal também não. Pelo contrário, o processo penal e o modo de funcionamento do sistema penal não só reproduzem desigualdades baseadas no gênero, mas também produzem muitas destas próprias desigualdades.[34]

Em estudo feito em 2015 pela Secretaria de Reforma do Judiciário – Brasília com base em estudo qualitativo de processos por homicídio tentado e consumado de mulheres revelou a presença da legítima defesa da honra nos julgamentos:[35]

> Advogados de defesa e defensores costumam explorar o perfil *transgressor* da mulher *versus* o do homem trabalhador violado em sua honra para justificar o comportamento de seus clientes (...) Os argumentos utilizados, especialmente pela defesa, evocam a outrora difundida e crítica tese da legítima defesa da honra que, embora não tenha sido citada de modo explícito em nenhum dos processos analisados para justificar a atitude do agressor, parece ter alguma repercussão na operação que procura afastar a culpabilidade do réu e legitimar a violência perpetrada, a partir do comportamento da vítima.

Luiza Nagib Eluf ressalta que o assassino passional tem "uma preocupação exagerada com sua reputação. O horror ao adultério se manifesta claramente, mas não pelo que este último significa para o relacionamento a dois e sim em face da

---

33. FERNANDES, Valéria Diez Scarance. *Lei Maria da Penha*: o processo penal no caminho da efetividade. 4. ed. São Paulo: JusPodivm, 2023, p. 164.
34. MENDES, Soaria da Rosa. *Processo Penal feminista*. 2. ed. Barueri: Atlas, 2021, p. 94.
35. Secretária de Reforma do Judiciário. *A violência doméstica fatal*: o problema do feminicídio íntimo no Brasil. Brasília: CEJUS, 2015, p. 48.

repercussão social que fulmina o homem traído". É dominador, necessita de "autoafirmação", "o assassino não é amoroso, é cruel... Sua histórica de amor é egocêntrica. Em sua vida sentimental, existem apenas ele e sua superioridade. Sua vontade de subjugar".[36]

Isso porque "com base em construções culturais que vigoram há séculos, muitos (homens) ainda acham que a submissão e o recato são deveres das mulheres e sentem que podem mandar na vida e nos desejos delas. Acreditam, ainda, que a violência é uma resposta legítima diante dos conflitos".[37]

Na história do nosso país, muitos julgamentos foram marcados por ataques à honra, até o surgimento do slogan "quem ama não mata" com o caso Doca Street, responsável pela morte de Ângela Diniz.

Em 31 de dezembro de 1976, Doca matou a namorada Ângela após uma discussão por ciúmes, quando ela terminou o relacionamento de apenas quatro meses após uma briga do casal em Búzios. No julgamento, o advogado alegou que Doca foi vítima do comportamento de Ângela, apresentando-a como uma mulher que tinha se afastado dos bons costumes, abandonado os filhos. Literalmente, Ângela foi chamada de "libertina" e "depravada". A tese de defesa da honra foi acolhida e Doca recebeu uma ínfima punição. Surgiu o movimento "quem ama não mata" e, em novo julgamento, Doca foi condenado a 15 anos de prisão.[38]

Mesmo após esse julgamento, a tese de legítima defesa da honra nunca desapareceu por completo dos nossos Tribunais, mas apenas mudou sua forma.

Como salientado por Carmen Hein de Campos e Paula Franciele da Silva "a lógica masculina do direito penal assenta-se em uma ideia patriarcal de passividade feminina que *cria e perpetua a ideologia de separação entre as esferas pública e privada* e coloca as mulheres sempre em situação de dependência ou passividade.[39] Quanto à legítima defesa da honra, ressaltam

> Dizer que o amor exacerbado e ciúme intenso podem ser considerados como violenta emoção é uma estratégia que há muito tem sido utilizada para legitimar e relativizar a violência contra corpos femininos ou feminizados. Prova disso é que durante muito tempo, os tribunais aceitaram a tese da injusta provocação da vítima e da violenta emoção para diminuir a pena de homens que matavam mulheres em suposto adultério (...) Esse tipo de narrativa não pode mais ser admitida na dogmática penal, pois não acompanha os avanços da sociedade,

---

36. ELUF, Luiza Nagib. *A paixão no banco dos réus*. 4. ed. São Paulo: Saraiva, 2011, p. 139.
37. Instituto Patrícia Galvão. *Feminicídio #invisibilidade mata*. São Paulo: Instituto Patrícia Galvão, 2017, p. 56-57.
38. O crime e o julgamento são detalhadamente retratados no podcast Praia dos Ossos, disponível em: https://www.radionovelo.com.br/praiadosossos/. Acesso em: 1º mar. 2021.
39. CAMPOS, 2017, p. 227.

e principalmente, os estudos feminista que há muito denunciam a lógica masculina, sexista, racista e patriarcal que permeia a visão de grande parte dos penalistas.[40]

O debate voltou à tona em 2020 em razão do HC 178.177/MG. Neste caso, o réu foi pronunciado por feminicídio tentado com mais duas qualificadoras e, levado a julgamento, os jurados reconheceram a existência do crime e a autoria, mas absolveram o réu pelo quesito genérico – "o jurado absolve o acusado?" (artigo 483, III e parágrafo 2º, CPP). Tratava-se de réu confesso, que admitiu ter tentado matar a companheira com várias facadas por achar que estava sendo traído. Houve recurso do Ministério Público e foi determinado novo julgamento por contrariedade à prova dos autos. Contudo, em sede de habeas corpus, o STF manteve a absolvição com base na soberania dos veredictos (art. 5º. XXXVIII, "c", CF).[41]

No julgamento, foram vencidos os Ministros Alexandre de Moraes e Luís Roberto Barroso. Em seu voto, o Ministro Alexandre de Moraes salientou:[42]

> E, pasmem, o paciente confessou o crime. Ele confessou que tentou matar a sua companheira, à época dos fatos, por acreditar que a mesma estava traindo-o, o que teria sido confirmado pela própria vítima em depoimento prestado por testemunha ocular, segundo ele. E, a partir disso, ele paciente, sentiu-se no direito de desferir diversos golpes de faca na vítima. Ou seja, crime gravíssimo, um crime estruturalmente gravíssimo contra a mulher. E, aqui, pelo motivo mais abjeto possível: o fato de seu companheiro entender que a mulher lhe pertence; o fato de companheiro entender que pode matar sua companheira para lavar sua honra.

No voto vencedor do relator Ministro Marco Aurélio constou o seguinte:[43]

> O quesito versado no dispositivo tem natureza genérica, não estando vinculado à prova. Decorre da essência do júri, segundo o qual o jurado pode absolver o réu com base na livre convicção e independentemente das teses veiculadas, considerados elementos não jurídicos e extraprocessuais. A pergunta, conforme se depreende do preceito legal, há de ser formulada obrigatoriamente, no que a resposta afirmativa não implica nulidade da decisão, independentemente dos argumentos suscitados, em Plenário, pela defesa.

O renascimento da tese, agora acolhida sob o quesito genérico "o jurado absolve o réu", fez ressurgir o temor de que homens assassinos de mulheres ficassem impunes.

---

40. CAMPOS, Carmen Hein; SILVA, Paula Franciele da. *Crimes contra a vida*. Apud: CAMPOS, Carmen Hein; CASTILHO, Ela Wiecko V. de (Org.). *Manual de Direito Penal com perspectiva de gênero*. Rio de Janeiro, Lumen Juris, 2022.
41. STF. HC 178.177. 1ª Turma do STF, Rel. Min. Marco Aurélio, j. 29 set. 2020. Disponível em: http://portal.stf.jus.br/processos/downloadPeca.asp?id=15345249895&ext=.pdf. Acesso em: 08 jul. 2021.
42. STF. HC 178.177. 1ª Turma do STF, Rel. Min. Marco Aurélio, j. 29 set. 2020. Disponível em: http://portal.stf.jus.br/processos/downloadPeca.asp?id=15345249895&ext=.pdf. Acesso em: 08 jul. 2021.
43. STF. HC 178.177. 1ª Turma do STF, Rel. Min. Marco Aurélio, j. 29 set. 2020. Disponível em: http://portal.stf.jus.br/processos/downloadPeca.asp?id=15345249895&ext=.pdf. Acesso em: 08 jul. 2021.

O Partido Democrático Trabalhista (PDT) ingressou com arguição de descumprimento de preceito fundamental ADPF 779-DF para conferir interpretação conforme a Constituição aos artigos 23, II, 25, *caput* e parágrafo único CP, bem como artigos 65 e 483, III, par. 2º, CPP. Cautelarmente, o relator Ministro Dias Toffoli proferiu decisão, posteriormente referendada pelo Plenário, para: (i) firmar o entendimento de que a tese de legítima defesa da honra é inconstitucional, por contrariar os princípios constitucionais da dignidade da pessoa humana (art. 1º, II, CF), da proteção à vida e da igualdade de gênero (art. 5º *caput*, CF). (ii) conferir interpretação conforme à Constituição aos arts. 23, inciso II, e 25, *caput* e parágrafo único, do Código Penal e ao art. 65 do Código de Processo Penal, de modo a excluir a legítima defesa da honra do âmbito do instituto da legítima defesa; (iii) obstar à defesa que sustente, direta ou indiretamente, a legítima defesa da honra (ou qualquer argumento que induza à tese) nas fases pré-processual ou processual penais, bem como no julgamento perante Tribunal do Júri, sob pena de nulidade do ato e do julgamento".[44]

Na ementa da decisão que referendou a medida liminar constou quão odiosa é a tese de legítima defesa da honra:

> 1. "Legítima defesa da honra" não é, tecnicamente, legítima defesa. A traição se encontra inserida no contexto das relações amorosas. Seu desvalor reside no âmbito ético e moral, não havendo direito subjetivo de contra ela agir com violência. Quem pratica feminicídio ou usa de violência com a justificativa de reprimir um adultério não está a se defender, mas a atacar uma mulher de forma desproporcional, covarde e criminosa. O adultério não configura uma agressão injusta apta a excluir a antijuridicidade de um fato típico, pelo que qualquer ato violento perpetrado nesse contexto deve estar sujeito à repressão do direito penal.
>
> 2. A "legítima defesa da honra" é recurso argumentativo/retórico odioso, desumano e cruel utilizado pelas defesas de acusados de feminicídio ou agressões contra a mulher para imputar às vítimas a causa de suas próprias mortes ou lesões. Constitui-se em ranço, na retórica de alguns operadores do direito, de institucionalização da desigualdade entre homens e mulheres e de tolerância e naturalização da violência doméstica, as quais não têm guarida na Constituição de 1988.
>
> 3. Tese violadora da dignidade da pessoa humana, dos direitos à vida e à igualdade entre homens e mulheres (art. 1º, inciso III, e art. 5º, caput e inciso I, da CF/88), pilares da ordem constitucional brasileira. A ofensa a esses direitos concretiza-se, sobretudo, no estímulo à perpetuação da violência contra a mulher e do feminicídio. O acolhimento da tese tem a potencialidade de estimular práticas violentas contra as mulheres ao exonerar seus perpetradores da devida sanção.
>
> 4. A "legítima defesa da honra" não pode ser invocada como argumento inerente à plenitude de defesa própria do tribunal do júri, a qual não pode constituir instrumento de salvaguarda de práticas ilícitas. Assim, devem prevalecer a dignidade da pessoa humana, a vedação a todas as formas de discriminação, o direito à igualdade e o direito à vida, tendo em vista os riscos elevados e sistêmicos decorrentes da naturalização, da tolerância e do incentivo à cultura da violência doméstica e do feminicídio.

---

44. STF. Medida Cautelar na Arguição de Descumprimento de Preceito Fundamental 779-DF. Rel. Min. Dias Toffoli, j. 26 fev. 2021.

5. Na hipótese de a defesa lançar mão, direta ou indiretamente, da tese da "legítima defesa da honra" (ou de qualquer argumento que a ela induza), seja na fase pré-processual, na fase processual ou no julgamento perante o tribunal do júri, caracterizada estará a nulidade da prova, do ato processual ou, caso não obstada pelo presidente do júri, dos debates por ocasião da sessão do júri, facultando-se ao titular da acusação recorrer de apelação na forma do art. 593, III, a, do Código de Processo Penal.

6. Medida cautelar parcialmente concedida para (i) firmar o entendimento de que a tese da legítima defesa da honra é inconstitucional, por contrariar os princípios constitucionais da dignidade da pessoa humana (art. 1º, III, da CF), da proteção à vida e da igualdade de gênero (art. 5º, *caput*, da CF); (ii) conferir interpretação conforme à Constituição aos arts. 23, inciso II, e 25, caput e parágrafo único, do Código Penal e ao art. 65 do Código de Processo Penal, de modo a excluir a legítima defesa da honra do âmbito do instituto da legítima defesa; e (iii) obstar à defesa, à acusação, à autoridade policial e ao juízo que utilizem, direta ou indiretamente, a tese de legítima defesa da honra (ou qualquer argumento que induza à tese) nas fases pré-processual ou processual penais, bem como durante o julgamento perante o tribunal do júri, sob pena de nulidade do ato e do julgamento. 7. Medida cautelar referendada. (STF, ADPF 779 MC-Ref, Tribunal Pleno, Relator(a): Min. Dias Toffoli, Julgamento: 15.03.2021, Publicação: 20.05.2021).

A decisão do STF extrapola o âmbito dos processos de feminicídio e impõe uma regra geral: a tese de defesa da honra é inconstitucional e não está inserida no âmbito jurídico da excludente de ilicitude. Restringir a aplicação da decisão aos processos de feminicídio levaria ao absurdo jurídico de a mesma tese ser constitucional para alguns casos e inconstitucional para outros. Ora, se a legítima defesa da honra afronta a dignidade da pessoa humana nos processos de feminicídio, também produz o mesmo efeito para os demais processos de violência contra a mulher.

Erica Canuto[45] sustenta que essa interpretação atinge também processos cíveis:

A decisão nos autos da ADPF 779 STF tem repercussão nos processos cíveis criminais da Lei Maria da Penha e nas ações de Direito das Famílias sempre que uma mulher em situação de violência doméstica e familiar for parte interessada, havendo a limitação argumentativa e probatória da tese da legítima defesa da honra, direta ou indireta, por todas as partes no processo, por igual ofensa a preceitos fundamentais da dignidade da pessoa humana, da proteção da vida e integridade física e psicológica, e da igualdade de gênero. A decisão que reconhece a inconstitucionalidade tem efeito *erga omnes* e não sofre limitação sobre em que causa irá ser aplicada.

No Protocolo para Julgamento com Perspectiva de Gênero do CNJ, há referência a esta decisão como um norte para a persecução penal, conforme abaixo

---

45. CANUTO, Erica. *Repercussões da inconstitucionalidade da legítima defesa da honra (ADPF 779 STF) na Lei Maria da Penha e nas varas de família*. Disponível em: https://ibdfam.org.br/artigos/1664/Repercuss%C3%B5es+da+inconstitucionalidade+da+leg%C3%ADtima+defesa+da+honra+da++ADPF+779+do+STF+na+Lei+Maria+da+Penha+e+nas+varas+de+fam%C3%ADlia. Acesso em: 05 abr. 2021.

mencionado,[46] valendo ressaltar que em 15 de fevereiro de 2022, foi publicada a Recomendação 128 do CNJ[47] ao Poder Judiciário para a adoção do documento. Consta do Protocolo:

> **CNJ- c.4. Legítima defesa da honra**
>
> Em março de 2021, o Supremo Tribunal Federal, na ADPF 779139, declarou inadmissível sustentar a tese de "legítima defesa da honra" em qualquer fase processual ou pré-processual do julgamento dos processos de feminicídio tentado ou consumado, por contrariar os preceitos constitucionais da dignidade da pessoa humana, da vedação de discriminação e os direitos à igualdade e à vida.
>
> Referida decisão, se por um lado coloca em evidência a construção da sociedade brasileira em bases de desigualdade entre os gêneros, ao registrar histórico de desvalia da vida e da integridade de mulher, por outro lado constitui marco histórico no julgamento com perspectiva de gênero pela Corte Constitucional, *a nortear não só julgamentos, mas os atos desenvolvidos nas duas fases da persecução penal* (grifo nosso).

6. CONSIDERAÇÕES FINAIS

Ao mesmo tempo em que se reconhece a importância do tipo penal de feminicídio, enquanto crime com características específicas e categoria de análise que permite mapear a violência e adotar políticas públicas em prol das mulheres, persistem julgamentos discriminatórios.

O julgamento pela honra é uma mácula em nosso país e, apesar de formalmente abolido da legislação, está vivo em argumentos e no dia a dia forense. Por isso, a decisão que reconhece a inconstitucionalidade desse argumento deve ir além do Tribunal do Júri e informar todo e qualquer ato processual.

Mulheres não podem ser violadas, ofendidas, ameaçadas ou mortas por serem mulheres e o direito não pode fechar os olhos para as artimanhas que impedem a aplicação da lei e a justa repressão a esses crimes tão graves.

7. REFERÊNCIAS

BRASIL. Lei 13.104, de 09 de março de 2015. Disponível em: http://www.planalto.gov.br/ccivil_03/_Ato2015-2018/2015/Lei/L13104.htm#art1. Acesso em: 03 mar. 2021.

CAMPOS, Carmen Hein; SILVA, Paula Franciele da. *Crimes contra a vida*. Apud: CAMPOS, Carmen Hein; CASTILHO, Ela Wiecko V. de (Org.). *Manual de Direito Penal com perspectiva de gênero*. Rio de Janeiro, Lumen Juris, 2022. CANUTO, Erica. *Repercussões da inconstitucionalidade da legítima defesa da honra (ADPF 779 STF) na Lei Maria Da Penha e nas varas de família*. Disponível

---

46. Conselho Nacional de Justiça. Protocolo para julgamento com perspectiva de gênero 2021. Brasília: Enfam, 2021, p. 95.
47. Conselho Nacional de Justiça (CNJ). Recomendação 128. Disponível em: https://atos.cnj.jus.br/atos/detalhar/4377. Acesso em: 19 fev. 2022.

em: https://ibdfam.org.br/artigos/1664/Repercuss%C3%B5es+da+inconstitucionalidade+-da+leg%C3%ADtima+defesa+da+honra+da++ADPF+779+do+STF+na+Lei+Maria+da+Penha+e+nas+varas+de+fam%C3%ADlia. Acesso em: 05 abr. 2021.

CONSELHO NACIONAL DE JUSTIÇA (CNJ). Recomendação 128. Disponível em: https://atos.cnj.jus.br/atos/detalhar/4377. Acesso em: 19 fev. 2022.

ELUF, Luiza Nagib. *A paixão no banco dos réus*. 4. ed. São Paulo: Saraiva, 2011.

FERNANDES, Valéria Diez Scarance. *Lei Maria da Penha*: o processo penal no caminho da efetividade. 4. ed. São Paulo: JusPodivm, 202

FÓRUM BRASILEIRO DE SEGURANÇA PÚBLICA. *Visível e Invisível*. 2016. Disponível em: https://forumseguranca.org.br/wp-content/uploads/2017/03/visivel_invisivel_infografico.pdf. Acesso em: 16 fev. 2023.

FÓRUM BRASILEIRO DE SEGURANÇA PÚBLICA. *Visível e Invisível*. 3. ed. 2020. Disponível em: https://forumseguranca.org.br/wp-content/uploads/2021/06/infografico-visivel-e-invisivel-3ed-2021-v3-3.pdf. Acesso em: 16 fev. 2023.

FÓRUM BRASILEIRO DE SEGURANÇA PÚBLICA. Anuário de Segurança Pública 2020. Disponível em: https://forumseguranca.org.br/wp-content/uploads/2022/06/anuario-2022-infografico.pdf. Acesso em: 16 fev. 2023.

FÓRUM BRASILEIRO DE SEGURANÇA PÚBLICA. *Violência contra pessoas negras no Brasil 2022*. Disponível em: https://forumseguranca.org.br/wp-content/uploads/2022/11/infografico-violencia-desigualdade-racial-2022.pdf. Acesso em: 16 fev. 2023.

FÓRUM BRASILEIRO DE SEGURANÇA PÚBLICA. *Anuário Brasileiro de Segurança Pública 2021*. Disponível em: https://forumseguranca.org.br/wp-content/uploads/2021/07/infografico-2020-v6.pdf. Acesso em: 19 jul. 2021.

KATO, Shelma Lombardi de. Lei Maria da Penha: uma lei constitucional para enfrentar a violência doméstica e construir a difícil igualdade de gênero. *Revista Brasileira de Ciências Criminais*, v. 71, p. 268, São Paulo, mar. 2008.

LAGARDE, Marcela. *Del femicidio al feminicidio*. Disponível em: file:///C:/Users/Val%C3%A9ria/Downloads/Dialnet-DelFemicidioAlFeminicidio-2923333.pdf. Acesso em: 07 mar. 2023.

MELLO, Adriana Ramos de. Feminicídio: uma realidade oculta. *Interação: Revista do Poder Judiciário do Estado do Rio de Janeiro*. n. 43, p. 18. Rio de Janeiro, 2012.

MENDES, Soraia da Rosa. *Processo Penal feminista*. 2. ed. Barueri: Atlas, 2021.

ONU MULHERES. Diretrizes Nacionais Feminicídio – investigar, processar e julgar com perspectiva de gênero a morte violenta de mulheres. Disponível em: https://www.onumulheres.org.br/wp-content/uploads/2016/04/diretrizes_feminicidio_FINAL.pdf. Acesso em: 1º mar. 2021.

ONU. Declaração dos Princípios Básicos de Justiça Relativos às Vítimas de Criminalidade e Abuso de Poder. Resolução 34/40.

RUSSEL, Diana E. H; VEM, Nicole Van de. *Crimes Against Women*: Proceedings of The International Tribunal. California: Russel Publications, 1990.

SECRETARIA DE REFORMA DO JUDICIÁRIO. *A violência doméstica fatal*: o problema do feminicídio intimo no Brasil. Brasília: CEJUS, 2015.

UNODC – United Nations Office on Drugs and Crime. Global study on homicide: gender-related killing of women and girls. Vienna: Division for Pollicy Analysis and Public Affairs, 2018.

VALDEZ, Diana Washington. *Cosecha de Mujeres*: safari en el desierto mexicano. Mexico: Océano, 2005.